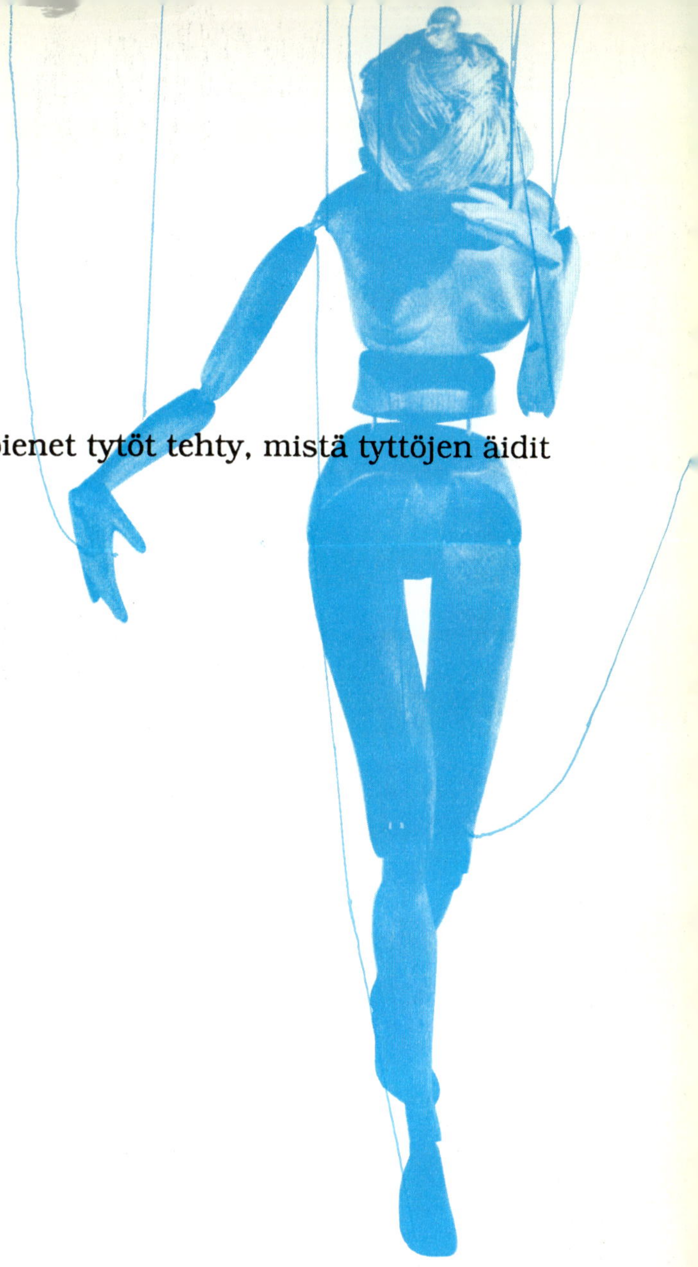

Naisen elämä. Mistä on pienet tytöt tehty, mistä tyttöjen äidit

NAISEN ELÄMÄ

Mistä on pienet tytöt tehty, mistä tyttöjen äidit

Vuokko Aromaa
Pirjo Markkola
Aili Nenola
Anne Ollila
Helena Rautala
Päivi Setälä

Toimittanut
Kari Immonen

OTAVA 1890

HELSINGISSÄ KUSTANNUSOSAKEYHTIÖ OTAVA

Toinen painos

Kuvatoimitus Kari Immonen
Taitto ja ladonta Totti Tuhkanen
Kustannusosakeyhtiö Otavan painolaitokset
Keuruu 1994

ISBN 951-1-10772-0

SISÄLLYS

Naisen elämä – määrätty ja määritelty

Kari Immonen

Ei kuitenkaan riitä, että tytöt olisivat yksinomaan »kunnon tyttöjä», sieviä ja kilttejä. Itse asiassa sellaiset tytöt ovat miesten ja poikien mielestä aika tylsiä. Tytön pitää olla seksikäs, mutta ei seksuaalinen; hän voi olla sukupuolisesti haluttava, mutta ei sukupuolisesti kokenut.

Näin kuvaa englantilainen Paul Willis englantilaisten työläispoikien ristiriitaisia käsityksiä tytöistä. Esimerkki on tyypillinen. Tytölle ja naiselle asetetut odotukset ja toiveet ovat meidän yhteiskunnassamme olleet — ja ovat — pääosin miesten. He sanovat, millainen naisen tulee olla, miten hänen tulee käyttäytyä, jotta hän on oikeanlainen nainen. Henrik Tikkanen on ironisoinut asetelmaa toteamuksella: »Kaikki miehet haluavat hyvän rakastajattaren. Mutta jos he sellaisen löytävät, he eivät tee mitään hankkiakseen hänelle hyvän rakastajan.» Mies otetaan siis eräällä tavoin valmiina ja kaikkivoipaisena, nainen puolestaan vajaana — ja tämä vajaus on täytettävä miehen ohjeiden mukaan.

Nämä esimerkit kertovat myös siitä, että meidän miehisessä kulttuurissamme nainen määritellään ensisijaisesti seksuaalisuuden kautta; hänen ruumiinsa on seksuaalisuudella kyllästetty. Saksalainen taiteilija Georg Grosz on erinomaisesti kuvannut tätä asetelmaa. Hänen piirroksissaan naiset ovat aina kokonaan tai osittain alasti, miehet taas korostetun peittävästi puettuja. Naiset ovat vain naisia, miehet herroja ja työläisiä, partureita ja poliiseja.

Sillä naisen elämäntehtävä on enemmän passiivista kuin aktiivista. Se on rytmiä, joka ei estä tai hidasta elämän liikuntoja, vaan johtaa ne totuutta, kauneutta kohden. Naisille on suotu joukko passiivisia ominaisuuksia, kuten siveyttä, herttaisuutta, uskollista antaumusta, suloutta ja ennen muuta voimaa palvella ja uhrautua, ja näitä ominaisuuksia hänellä on paljon suuremmassa määrässä kuin miehellä.

Rabindranath Tagore

Seksuaalisuus ei tietenkään ole ainoa naisen määrittelyn muoto — vaikkakin kenties meidän läntisessä yhteisössämme tärkein. Jos ajatellaan, että naisen ensimmäinen maailma on hänen seksuaalisesti houkutteleva ruumiinsa, hänen toinen maailmansa on koti ja äitiys. Niihin liittyvillä viisauksilla ovat monet vuosisadan ajattelijat rikastuttaneet kulttuuriamme. Lutherin mukaan »naisten tuli pysyä kotona, istua hiljaa, hoitaa taloutta ja kasvattaa lapsia». Myös Snellman meni suoraan ytimeen: »missä sulosopu vallitsee puolisoiden välillä, nainen aina mielellään myöntää miehen etevämmän älyn ja taidon».

Siitä, että nainen on määritelty ensisijaisesti seksuaalisuuden, kodin ja äitiyden kautta, on seurannut, että työtä tekevä nainen ei ole oikein sopinut kuvioon. Vaikka esimerkiksi Suomessa lähes kaikki aikuiset naiset käyvät työssä, koko ajan vallitsee eräänlainen epävarmuuden tunne: tämä ei oikein sovi. Ajatus siitä, että nainen on työssä ikään kuin väliaikaisesti ja luontoaan vastaan, on syvällä. Aina kun käydään keskustelua pikkulasten hoitamisesta tai kodin asemasta yhteiskunnassa, nousee voimakas rintama, joka vakuuttaa, että jokainen oikea nainen jää tarvittaessa kotiin. Kääntäen tämä näkyy miesten haluttomuutena vanhempainlomaan tai hoitovapaaseen. Aivan erityisesti se näkyy työnantajien vastahakoisuutena laskea miehiä kotiin, edes väliaikaisesti.

Kun naisten asema yhteiskunnassa ja työelämässä on vahvistunut, he ovat yhä useammin halunneet itse osallistua itsensä määrittelemiseen. Miesten puheessa painopiste on naisen luonnossa. Naiset puolestaan ovat kehittäneet sosiaalisen sukupuolen käsitteen. Sen mukaan biologia ei yksin määrää naisena oloa: »Jos Jumala on halunnut meidän ajattelevan kohdullamme, miksi hän antoi meille aivot?» Yhtä tärkeää — ja kenties tärkeämpääkin — kuin biologia on historia, kulttuuri ja yhteisö.

QVINNANS ÅLDRAR.

MANNENS ÅLDRAR.

Näet joka eukkosessa asuu pieni tyttö ja punastuva neito, ja jokaisessa pikkutytössä on jo kätkössä äiti lapsineen, ja jo vanha mummelikin hänessä lymyää.

Kaarina Helakisa

Naisten halu osallistua itse itsensä määrittelemiseen on synnyttänyt ristiriidan, jota miesten on ollut vaikea kestää: »Jos miesmäisiä taipumuksia omaavien naisten, joiden ymmärryspuoli on voimakkaampi kuin tunnepuoli, lukumäärä liiaksi kasvaisi, olisi pian odotettavissa niillä onnellistettujen kansojen kuolema.» Naisen kuvitellun uhkan torjuminen on synnyttänyt uudenlaista vastarintaa ja antanut pontta naisvihalle. Vastakkainasettelun vahvistumisesta kertovat myös ne haastattelulausunnot ja puheenvuorot, joissa julkisuuden naiset kukin vuorollaan kiiruhtavat irtautumaan feminismistä: »Olen nainen, en feministi.»

Uudenlainen tietoisuus ja uudenlainen vuoropuhelu on siis myös naisille ongelmallinen. Yhden puolen tätä ongelmallisuutta ja ristiriitaa ilmaisee Irma Kerppola runossaan näin:

Toissavuonna
monille kielille käännetyssä kirjassaan
— nimeltänsä Naispuolinen eunukki —
australialainen Germaine Greer julisti
jokaisen naisen toivovan

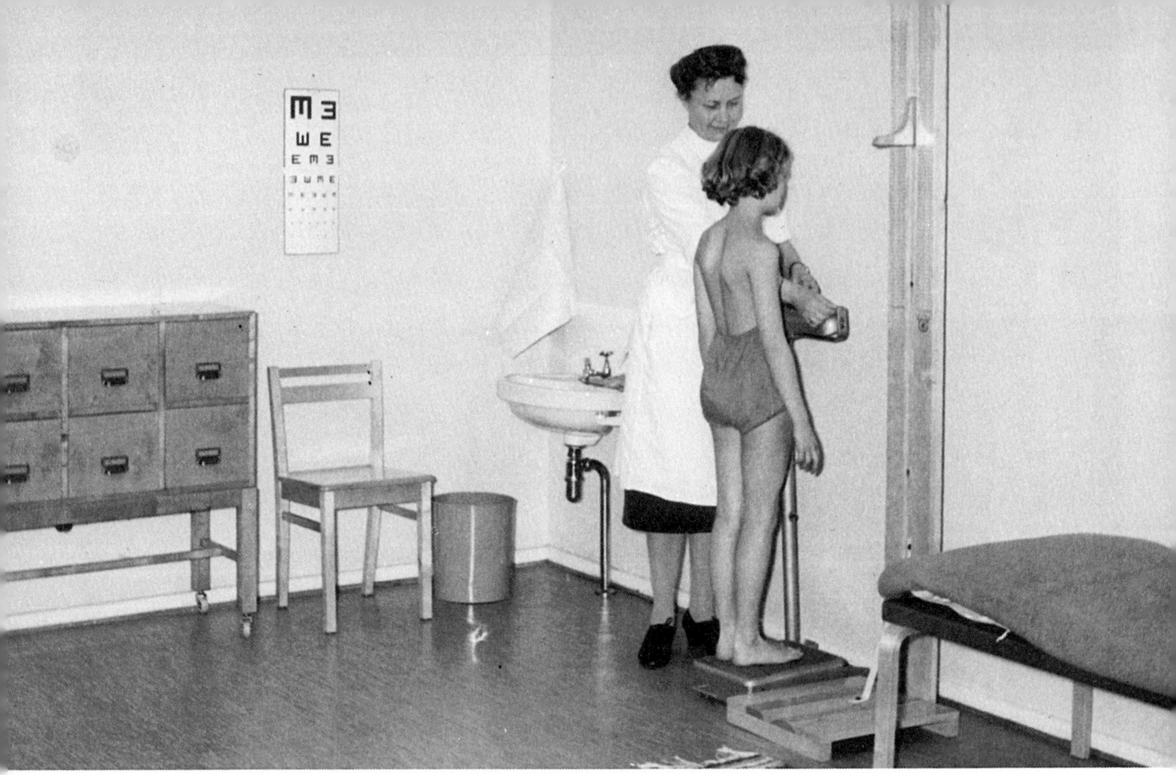

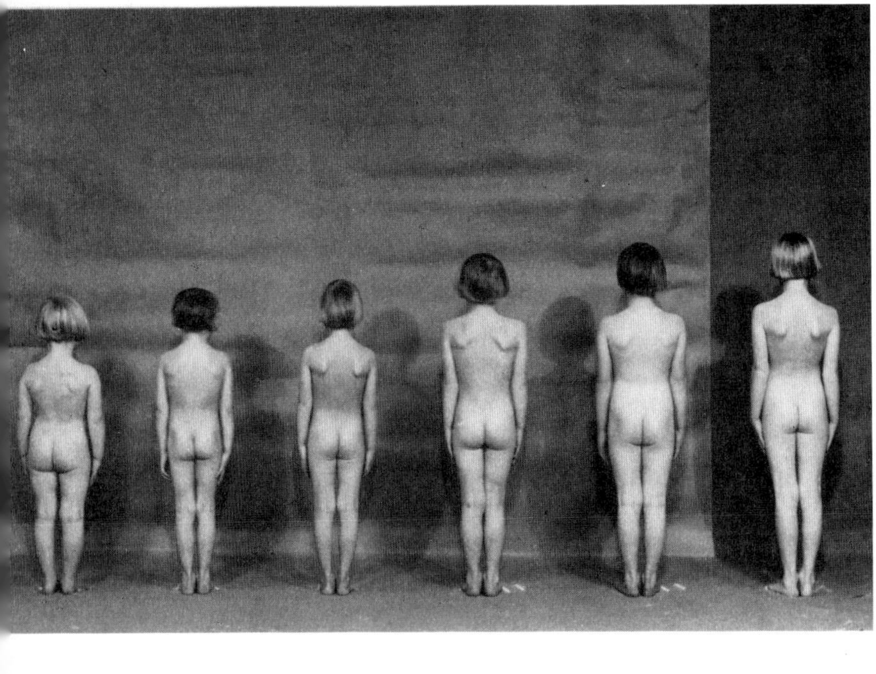

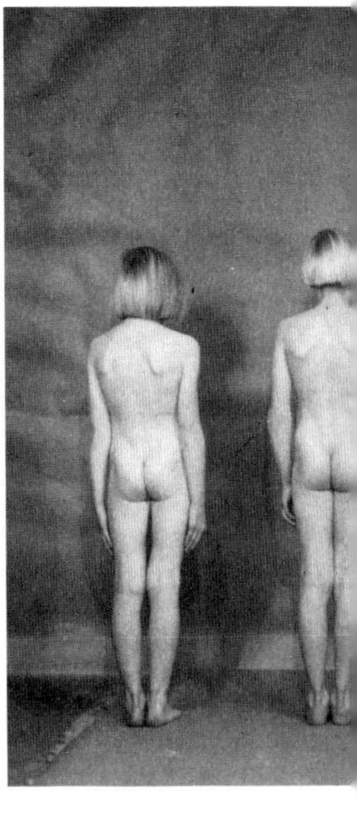

Jos naisen määritteleminen ainoastaan naaraana ei riitä, ja jos kieltäydymme myös selittämästä häntä »ikuisesti naisellisen» avulla mutta tunnustaen, että ainakin ohimenevästi naisia on maan päällä olemassa, meidän täytyy kysyä itseltämme: mikä nainen on?

Simone de Beauvoir, Toinen sukupuoli

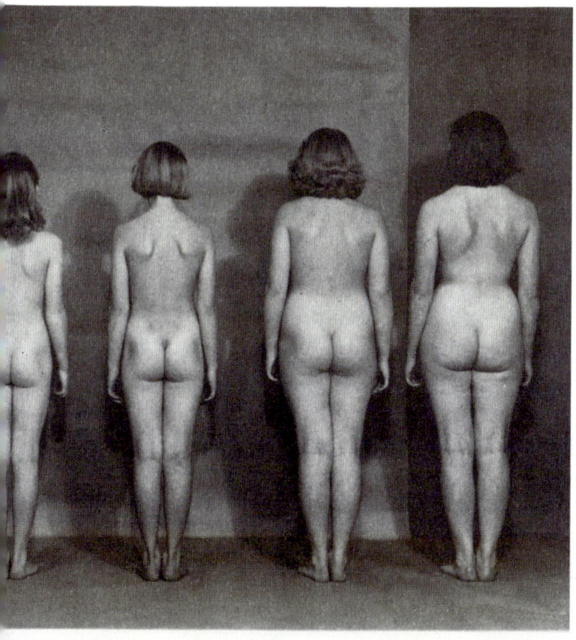

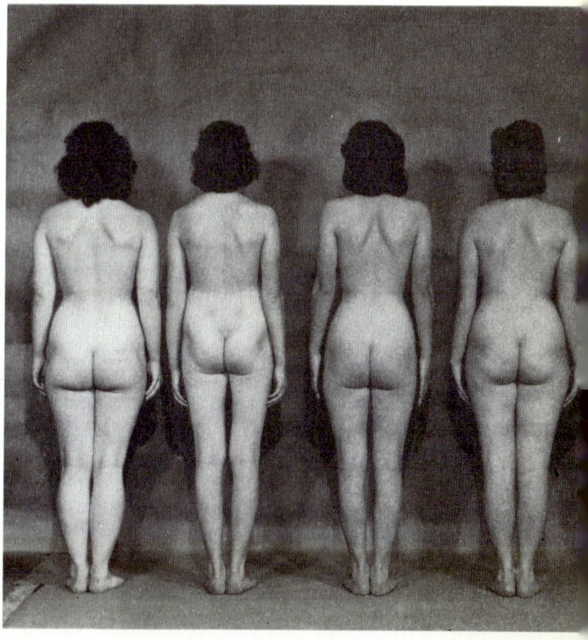

pääsevänsä eroon kuukautisistaan
— pelkkä riesa ja kiusa —
Täsmälleen päinvastoin
suhtautui elämänsä biologiseen todellisuuteen
kaksitoistavuotias vangittu juutalaistyttö Anne Frank.
Hän odotti malttamattomasti
kuukautisvuotojen pikaista alkamista
koska se saisi hänet tuntemaan itsensä
niin tärkeäksi ja naiselliseksi.

Nyt esillä olevassa kirjassa tarkastellaan sitä, miten naisesta on tehty nainen. Painopiste on 1800- ja 1900-luvuissa ja läntisessä kulttuuripiirissä, mutta retkiä suoritetaan myös varhaisempiin aikoihin ja muihin kulttuureihin. Kirja etenee naisen biologista elämää myötäillen: pikkutytöstä mummojen maailmaan. Tarkastelun kohteena ei kuitenkaan ole biologia eikä psykologiakaan. Kohteena on nainen kulttuurissa ja yhteisössä.

Kirja koostuu kahdesta osasta. Rungon muodostavat naisen elämää käsittelevät luvut. Niiden rinnalla kulkevat kuvat ja niihin liittyvät tekstit. Vaikka ne myötäilevätkin lukujen rytmiikkaa, ne muodostavat oman tarinansa. Tähän tarinaan itse lukujen kirjoittajilla ei ole osuutta: kuvitus ja kuvatekstit ovat kokonaan minun vastuullani.

Kokonaisuudesta kannamme kuitenkin vastuun yhdessä. Tämä kirja on tiiviin ryhmätyön tulos, ei artikkelikokoelma. Toivon, että se johdattaa lukijan entistä paremmin ymmärtämään, miksi ja miten olemme päätyneet nykyiseen tapaamme puhua naisista.

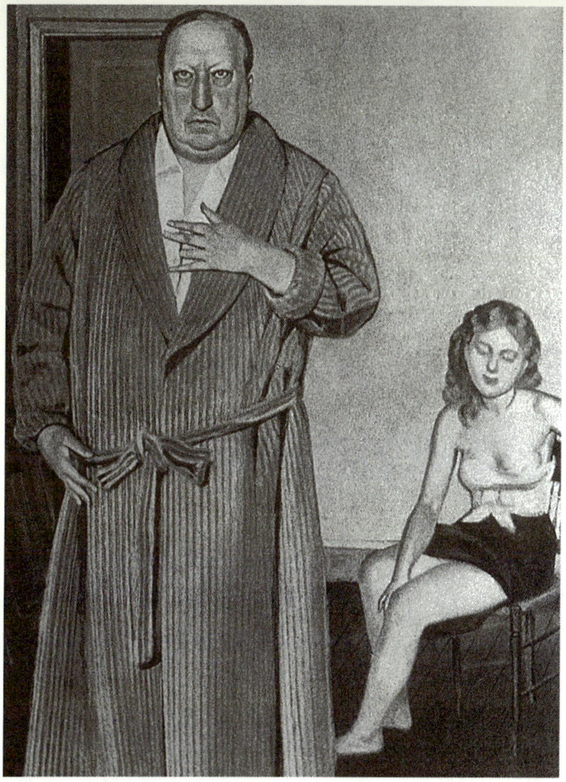

»Raapaise tasa-arvosta puhuvan miehen pintaa,
mene sen kanssa naimisiin»,
kehotti eräs.
Ja minä raapaisin.
Niin kävi ennustus toteen:
sisällä istui ikivanha taata joka jyrisi
ilmoitti missä kaappi seisoo
ja seisoi itse sen sisällä.
Se oli sen panssari varmuuden vuoksi.
Mutta pää, pää oli nostettu kaapin päälle
ja valettu kipsiin,
sieltä kuuluivat vuosisataiset puheet.
»Pää pää», se määki
»mää mää se olen».
»Mää olen pää
ja pää olen mää».
Niin minä opin runouden alkeet.
Ja vielä sillä oli parta valtansa merkiksi,
ettei kukaan erehtyisi
sukupuolesta.

Eira Stenberg

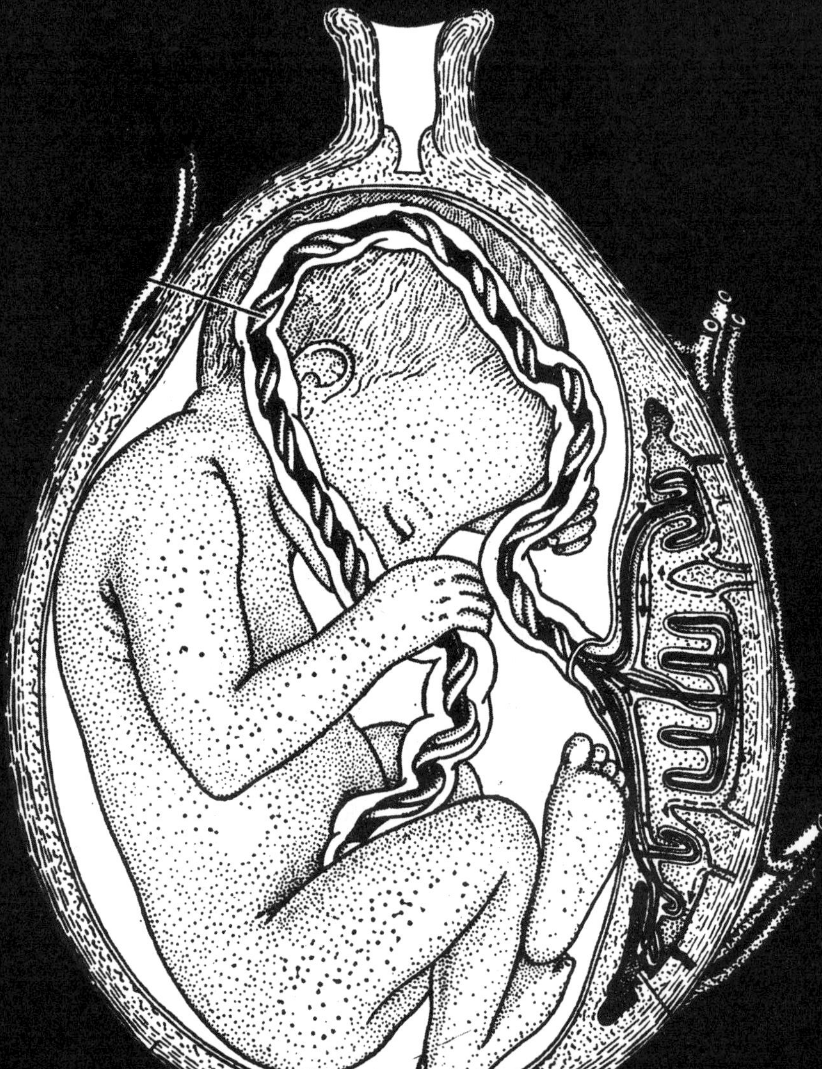

»Tyttöjä ne on pienet pojatkin»

Päivi Setälä

Lapsen historia — myöhään keksitty

> Poliisimestari Lenoir totesi vuonna 1780 melkoisella katkeruudella, että kahdestakymmenestä tuhannesta Pariisissa vuosittain syntyvästä lapsesta tuskin tuhatkaan sai imeä äitinsä rintaa. Toinen tuhat oli kyllin onnellisessa asemassa saadakseen pysyä kotonaan imettäjän ruokittavana. Kaikki muut joutuivat jättämään syntymäkotinsa ja lähtemään etäälle, vieraan imettäjän hoiviin. Heistä monet kuolivat ilman, että koskaan enää kohtasivat äitinsä katsetta. Ne, jotka muutaman vuoden kuluttua palasivat, tapasivat naisen, joka oli antanut heille elämän - tapasivat muukalaisen. Mikään ei Lenoir'n mielestä osoittanut, että nämä uudelleenkohtaamiset olisivat olleet onnellisia ja iloisia, ei myöskään että äidit olisivat nähneet minkäänlaista vaivaa tyydyttääkseen heille vieraan lapsen hellyydentarvetta.

Tällaisia ovat ne kertomukset, joissa menneen ajan lapsuus on kärsimyksen, kivun ja vaivan maailma. Niin sanottu kurjuushistoria hakee aineistonsa näistä tarinoista, kun se haluaa osoittaa lapsen oikeudettoman aseman menneisyydessä. Kurjuushistoria ja myönteisempi käsitys lasten kohtelusta ovat vastakkain, kun käydään suurta kiistaa lapsuuden historiasta.

Kiinnostus lapsen historiaan heräsi kuusikymmenluvulla. Aluksi se nähtiin kehityksenä kurjuudesta ja välinpitämättömyydestä oman aikamme hyvinvointivaltion lapsiystävällisyyteen. Korostettiin lapsen julmaa kohtaloa antiikista 1800-luvulle. Väitettiin, että lapsia myytiin, lyötiin ja hylättiin ja että lapsenmurhat olivat yleinen tapa ennen meidän aikaamme.

Tämän kurjuustutkimuksen edustajia voi kutsua pessimisteiksi. He katsoivat, että lasten heitteillejättö ja huono kohtelu olivat tavallisia kaikissa teollistumista edeltäneen ajan yhteiskunnissa. Heidän mukaansa hyvä äitiys on vasta modernin ajan keksintö. He väittävät, että aikaisemmin ihmiset olivat tunteettomampia ja välinpitämättömämpiä.

Optimistit ovat asettuneet tätä tulkintatapaa vastaan. He lähtevät siitä, että laajasta lasten heitteillejätöstä ei ole näyttöä. He ajattelevat, että aina on olemassa tietty minimimäärä hoivaa, jota ihmiset antavat jälkeläisilleen. Lasten hoivaaminen ei siis olennaisesti muutu historian kuluessa. Se pysyy ikäänkuin vakiona. Vanhemmat ovat enimmäkseen ajatelleet lastensa parasta ja huolehtineet heistä riittävästi ja joskus myös hellästi - kuten eläimetkin yleensä tekevät.

Kurjuustutkimus lähtee myös siitä, että lapsuutta sanan nykymerkityksessä ei oikeastaan ole ollut olemassakaan ennen uutta aikaa. Oli vain lasten heitteillejätön historiaa, ei lapsuuden historiaa. Kiintymyksen ja mielihyvän tunteet lasta kohtaan heräsivät vasta 1500-luvulla. Vähitellen huomattiin, että lapsi oli erilainen kuin aikuinen. 1700-luvulla lapsia alettiin suojella ja heidän fyysisestä terveydestään huolehtia. Havaittiin, että lapsi oli tärkeä vanhuuden turva maailmassa, jossa ei tunnettu eläkkeitä. Aikaisemmin lapsilla ei Euroopassa ollut merkitystä vanhempiensa elättäjinä. Heistä koitui vain kustannuksia. Mahdollista kuitenkin oli, että suotuisissa olosuhteissa lapsi saattoi parantaa suvun yhteiskunnallista asemaa. Poikalapsen myötä suvun jatkuvuus turvattiin. Tyttären järjestetty avioliitto puolestaan saattoi turvata vanhempien taloudenkin.

Kurjuustutkimuksen perhekäsityksessä keskeistä oli ajatus siitä, että ydinperhe sellaisena kuin me sen tunnemme syntyi vasta 1800luvulla. Vasta silloin myös lapsi koettiin ainutlaatuiseksi ja hänestä alettiin huolehtia. Silloin myös lapsen terveys ja koulutus tulivat keskeisiksi. 1900-luvun puolimaissa tämä ajattelutapa oli tullut yleisesti hyväksytyksi kaikkialla länsimaisen yhteisön piirissä.

Tarkoitukseni on asettaa kyseenalaiseksi kurjuustutkimuksen keskeisiä väitteitä ja pyrkiä esittämään myönteisempi kuva lapsen historiasta. Menneisyydessä lasten kurjuus on ollut helpommin havaittavissa kuin hyvinvointi. Siksi siitä on myös enemmän kerrottu. Niidenkin lähteiden perusteella, jotka ovat säilyneet meidän tutkittaviksemme, kurjuustutkimuksen tulokset ovat yksipuolisia ja kärjistäviä. Kyseenalainen on myös näkemys, jonka mukaan nykyaika on jonkinlaisen lineaarisen, yksisuuntaisen kehityksen huippu ja varhempi aika siten nykyajan kannalta puutteellinen. Meillä ei ole oikeutta yksioikoisesti väittää menneisyyden vanhempia huonoiksi ja nykyajan hyviksi. Lasta on tarkasteltava sekä aineellisten olojen että emotionaalisen kohtelun näkökulmasta. Tiedämme, että lapsia kohdellaan yhä huonosti eri puolilla maailmaa, myös niinsanotuissa hyvinvointiyhteiskunnissa. Siksi onkin tärkeää kysyä, mikä muuttuu ja mikä on pysyvää. Sitä haluan lapsenkin kohdalla kysyä.

Lähden siitä, että menneisyydessäkin on pidetty lapsista ja heidät on ymmärretty lapsiksi. Samoin uskon ydinperheen — vanhempien ja lasten — keskeisyyteen antiikista alkaen.

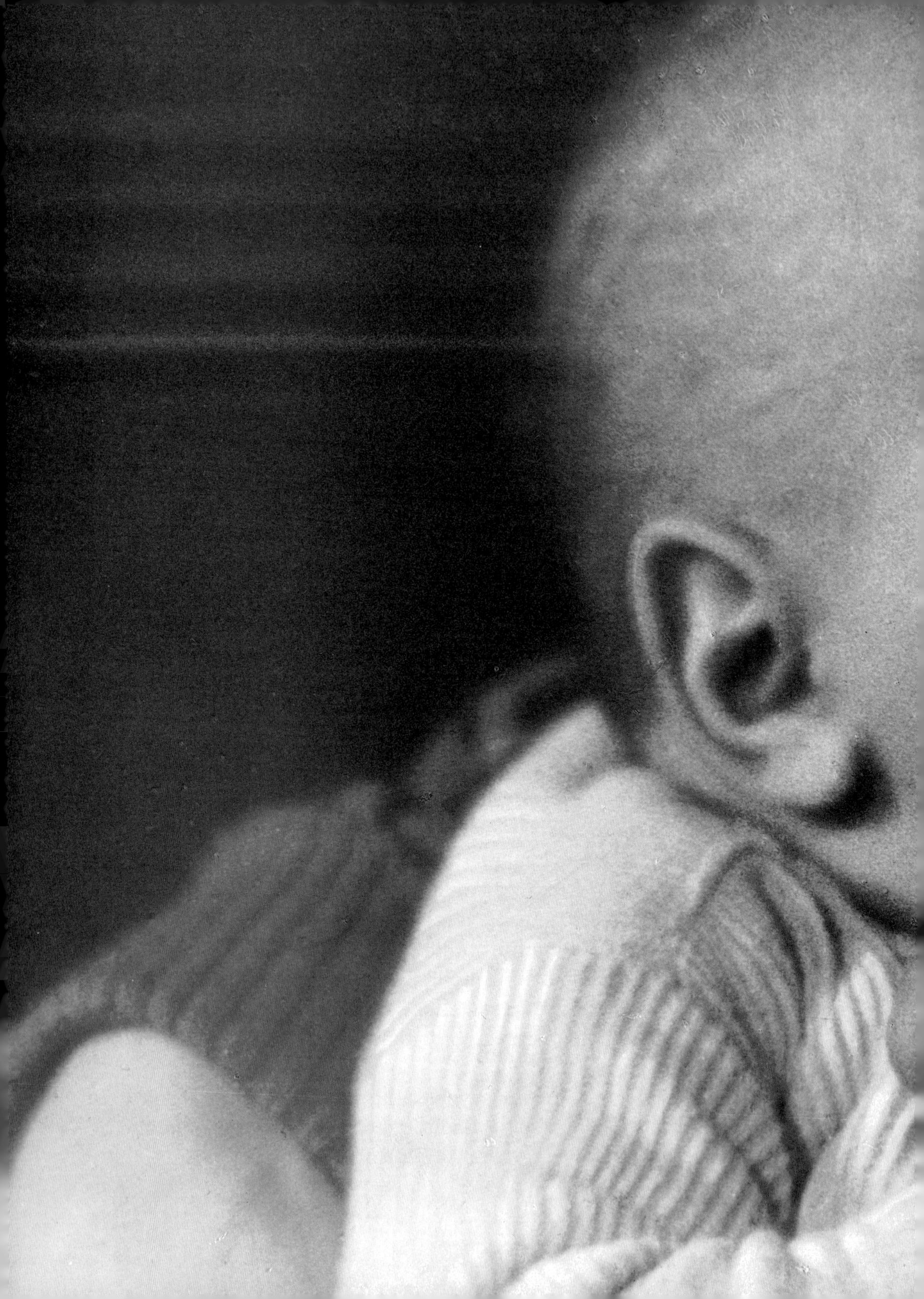

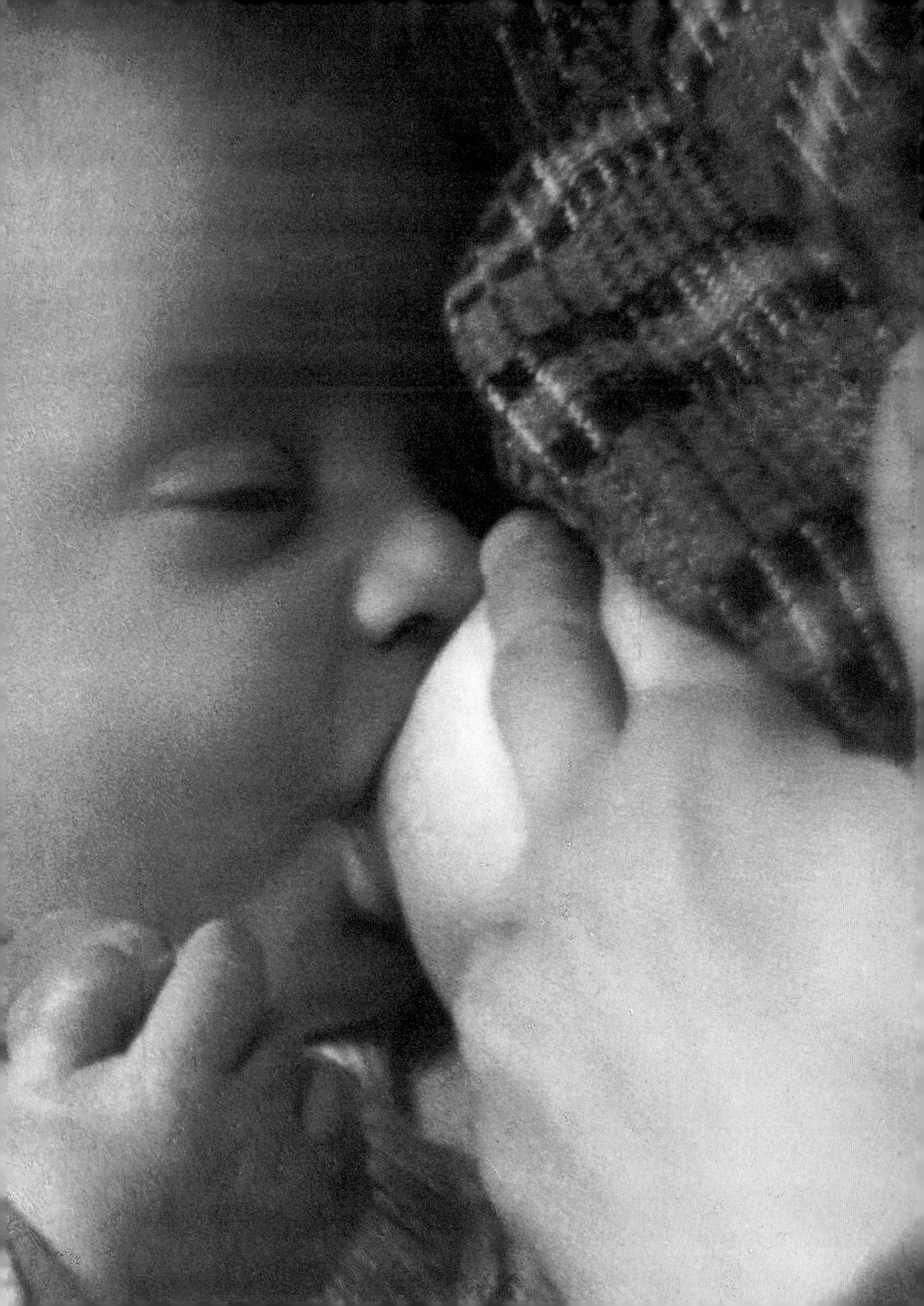

Poika syntyi, polte syntyi
polte syntyi, kaski kasvoi.
Tytär syntyi, tyhjä syntyi
tyhjä syntyi, kaiho kasvoi.

Ken se tuuti poikalasta
sepä totta torjuttavi.
Ken se tuutivi tytärtä
se vaan tyhjeä tekevi.

Äyri äijistä pojista
yksi tyhjä tyttäristä:
jos kylälle naitakohon
tahi koissa kasvakohon
tahi tauti tappakohon
surma suin lopettakohon.

Kanteletar

Lapsia ei tutkimuksessakaan voi eristää muusta yhteiskunnasta. He olivat ja ovat tietyn ajan ja paikan, tietyn yhteiskuntaryhmän lapsia, samojen elinolosuhteiden alaisia kuin vanhempansa. Köyhien lapset ovat aina tehneet työtä, ei vanhempien julmuudesta vaan taloudellisesta pakosta. Aina on ollut ja on edelleen vanhempia, jotka esimerkiksi onnettomien olosuhteiden takia kääntävät selkänsä lapsilleen ja siksi näyttävät suhtautuvan heihin välinpitämättömäti. Välinpitämättömyys ja ahdinko ovat kuitenkin kaksi eri asiaa.

Lapsia jätettiin heitteille ja pikkulapsia saatettiin surmata, mutta tällaiset tavat eivät olleet keskeisiä missään kulttuurissa. Yhteisöissä, jotka eivät tunteneet aborttia, lasten heitteillejättö oli syntyvyyden säännnöstelyn keino. Vanhemmat pyrkivät takaamaan aiemmille lapsilleen riittävät elämisen edellytykset luopumalla pikkulapsista, joiden henkiinjääminen oli joka tapauksessa epävarmaa. Motiivina ei siis ollut julmuus tai välinpitämättömyys vaan välttämättömyyden pakko. Ratkaisu ei aina ollut suinkaan helppo. Se aiheutti tuskaa vanhemmille jo antiikinkin perheissä.

Aiemmin on oletettu, että tyttölapsia on surmattu tai laiminlyöty useammin kuin poikia. Olettamus on perustunut teoriaan, jonka mukaan naispuolisia jälkeläisiä vähentämällä on kontrolloitu perheen kasvua ja väestön lisääntymistä yleisemminkin. Teoriaa ei voida ainakaan eurooppalaisessa yhteisössä osoittaa todeksi. Poikien ja tyttöjen kuolleisuudessa on ollut joinain aikoina ja joissain yhteisöissä eroja. Ei kuitenkaan ole todisteita siitä, että tyttövauvoja olisi surmattu jatkuvasti ja järjestelmällisesti tai jätetty heitteille useammin kuin poikia. Vaikka eurooppalaisessa perheessä pojalle annettiin etusija, ei voida osoittaa että tyttölapsia olisi kokonaan lyöty laimin.

Lapsityövoiman käyttö on toinen eurooppalaisen lapsen historian myytti. Teollistumisen myötä uudet aatteet alkoivat korostaa koulutuksen merkitystä lasten kehityksessä. Samalla asenne lasten työssäkäyntiin muuttui epäilevämmäksi. Toisaalta lapsityötä pidettiin itsestään selvänä eikä sen katsottu vahingoittavan työläislapsia. On ilmeistä, että lasten käyttö teollisuuden työvoimana ei raskaista epäkohdista huolimatta merkinnyt rajua käännettä pahempaan lapsen historiassa. Työ tuli näkyväksi ja sitä alettiin vähitellen valvoa. Maatalousyhteiskunnassa sellaista valvontaa ei tunnettu.

Lapsi koettiin menneisyydenkin perheessä emotionaalisesti merkittäväksi. Hän toi iloa, oli tervetullut ja arvostettu. Hän oli lapsi

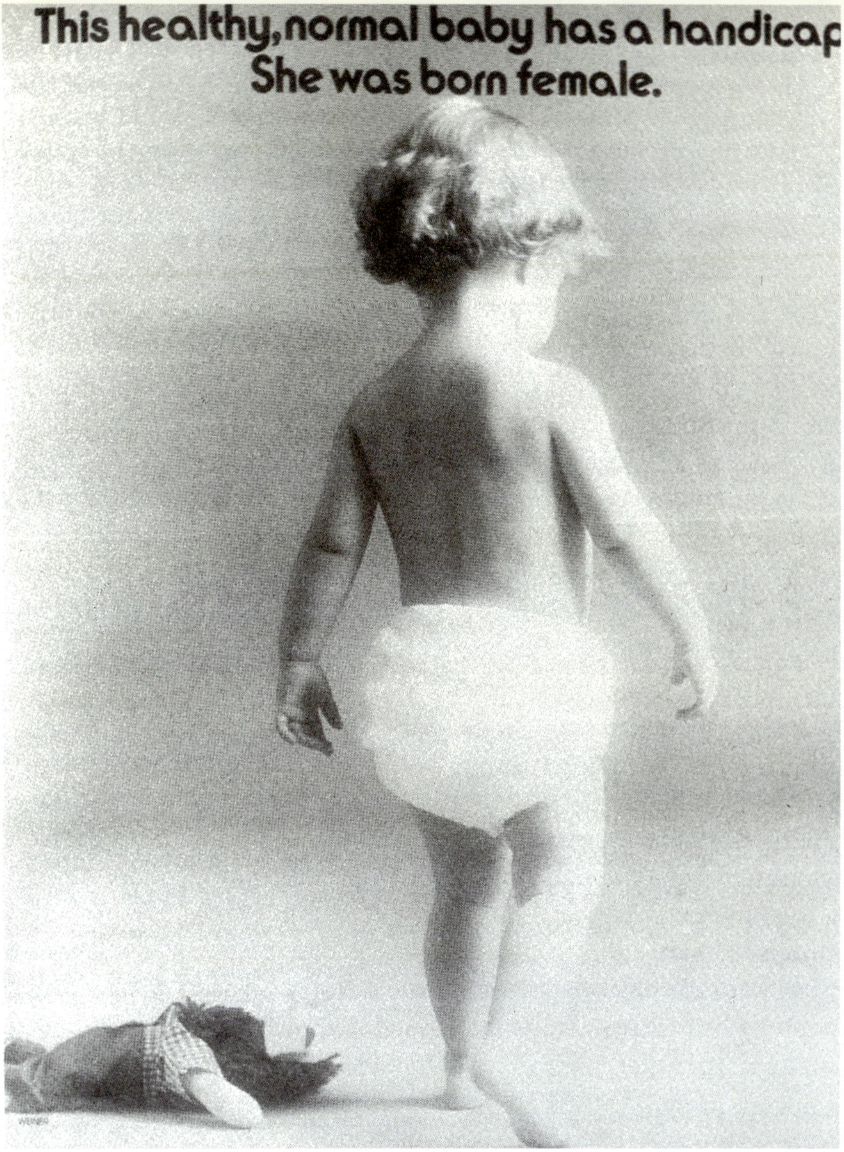

Tällä terveellä, normaalilla lapsella on vajavaisuus. Hän syntyi tytöksi. Kun hän kasvaa isoksi, hänen työmahdollisuutensa tulevat olemaan rajoitetut ja hänen palkkansa alhainen. Esimerkiksi kauppa-apulaisena hän tulee ansaitsemaan puolet siitä, mitä mies. Lukion käytyäänkin hän ansaitsee vähemmän kuin monet keskikoulun käyneet miehet. Voi olla, että sinä et välitä siitä, mutta tosiasia on, että sukupuoleen perustuva syrjintä työelämässä on vastoin lakia. Se on myös tuhlausta. Ajattele omaa tytärtäsi. Hänelläkin on vajavaisuus.
Naisten työvoima, aivan liian hyvä tuhlattavaksi.

— myös menneisyydessä. Hän myös leikki, niinkuin myöhempienkin aikojen lapset. Suhtautuminen lapsiin on ollut monimuotoista. Tunteiden puutetta ja välinpitämättömyyttä on aina esiintynyt ja esiintyy yhä. Se on voinut kohdistua lapsiin, mutta myös vanhuksiin tai vammaisiin. Aina on ollut vanhempia, jotka ovat rakastaneet lapsiaan, aina myös niitä, jotka eivät siihen ole kyenneet.

Tarkastelen seuraavassa lapsen elämän monimuotoisuutta antiikin avulla. Sillä tavoin voimme kenties saada välähdyksenomaisen kuvan lapsen elämän tietynlaisesta muuttumattomuudesta.

Vastasyntynyt ja pieni lapsi

Roomalaisessa laissa sanotaan, että perhe on riippuvainen äidistä: »mulier autem familiae suae caput et finis est», perhe alkaa äidistä ja päättyy häneen. Lapsen saaminen ei antiikinkaan aikana ollut sukupuolisen kanssakäymisen itsestäänselvä seuraus. Tiedämme, että jo silloin tunnettiin erilaisia tapoja estää lapsen syntyminen. Lääketieteen isä Hippokrates esittelee noin sata ehkäisykeinoa ja roomalainen Soranos hiukan vähemmän. Ehkäisy oli selvästi osa gynekologiaa ja se liitettiin enemmän sikiöön kuin yhdyntään. Siksi ehkäisyn ja abortin käsitteet menivät helposti sekaisin. Abortti oli pahasti myöhästyneen ehkäisyn muoto. Vaikka Hippokrateen valassa luvataan, että »en tule antamaan naiselle sikiötä tuhoavia aineita», niistä kuitenkin annettiin lääketieteellisessä kirjallisuudessa hyvin yksityiskohtaisia ohjeita. Esimerkiksi keisari Justinianuksen puoliso Theodora oli nuoruudessaan turvautunut abortteihin, joiden seurauksena hän ei kyennyt synnyttämään elinkelpoisia lapsia. Abortti sisälsi siis huomattavia riskejä.

Antiikin lääketiede suhtautui lapseen kahtalaisesti. Yleensä vain terve vastasyntynyt tuli säästää, ja lääkärit määrittelivät terveen lapsen kriteerejä kätilöitä varten. Jos vastasyntynyt selvisi tarkastuksesta, hänestä huolehdittiin valppaasti ja tarkasti. Hippokrateen mukaan vastasyntynyt tuli puhdistaa, kapaloida ja laittaa kehtoon ja hygienian piti olla terveen järjen mutta samalla myös estetiikan lakien mukainen. Lapsi piti kylvettää — suositeltava neste vaihteli vedestä viiniin — ja puuteroida suolalla. Vastasyntyneitä oli varjeltava silmäsairauksilta tiputtamalla silmiin oliiviöljyä. Lapsi oli myös kapaloitava parin kuukauden ajaksi. Kapalon käyttöä perusteltiin muun muassa sillä, että näin lapsen kehosta tuli sopusuhtainen. Vauvoille suositeltiin kehtoa, koria tai yleensä omaa vuodetta. Filosofi Platonin mukaan lasta tuli rauhoittaa liikuttelemalla ja laulamalla melodisia lauluja. Soranos huomautti lapsen itkun olevan luonnollista harjoitusta hengityselimien vahvistamiseksi, mutta hänkin suositteli tuudittamista. Lääketieteessä annettiin siis toisaalta hyvin huolellisia ohjeita siitä, miten kasvattaa kaunis lapsi, mutta toisaalta harjoitettiin myös valikointia: vain terveet lapset haluttiin säästää.

Jo antiikin aikana keskusteltiin rintaruokinnan tarpeellisuudesta, mutta enemmän käsiteltiin sitä, tulisiko imettäjänä olla oma äiti vai vieras nainen. Filosofit ja kirjailijat puolustivat oman äidin merkitystä maksettuun imettäjään verrattuna. Myös Soranos julisti, että jos äiti on hyvässä kunnossa, hänen on parasta imettää itse. Soranoksen mukaan imettäminen vahvisti äidin kiintymystä lapseen. Toisessa yhteydessä hän kuitenkin totesi, että ammattimainen rintaruokinta oli tarpeellista siksi, »ettei äiti ikäänny liian aikaisin». Hän siis asetti äidin hyvinvoinnin lapsen edelle.

Kirjallisuudessa esiintyy tietoja hoitajien rikkeistä ja huolimattomuudesta. Mutta tiedämme myös, että imettäjän ammatti oli arvostettu; se sopi jopa yläluokan tytöille. Lääkärit neuvoivat valitse-

Mistä on pienet tytöt tehty?

maan huolellisesti imettäjän ja määräämään hänelle tarkat säännöt. Tällaiset neuvot olivatkin tarpeen; imettäjiä käytettiin runsaasti. Eräässä papyruksena säilyneessä sopimuksessa määrättiin, että: »Didyma sitoutuu hoitamaan ja imettämään lasta 16 kuukautta omassa talossaan kaupungin ulkopuolella... Tänä aikana hänen on hyvin huolehdittava itsestään ja lapsesta, hän ei saa olla tekemisissä miehen kanssa eikä imettää muita lapsia...»

Vaikka yleisesti toivottiinkin, että äiti imettäisi itse, ammatti-imettäjien käyttö oli yleistä. Imettäjäjärjestelmän on arveltu höllentäneen vastasyntyneen ja vanhempien tunnesiteitä ja näin helpottaneen mahdollisesta menettämisestä koituvaa surua. Samoin on ajateltu, että imettäjä kiintyi lapseen ja seurasi tämän kehitystä myöhemmässäkin elämässä. Voi kuitenkin olla pelkkää romantiikkaa korostaa imettäjän ja lapsen suhdetta, vaikka imettäjille pystytettiin jopa hautakiviä ja esimerkiksi roomalainen kirjalija Plinius nuorempi järjesti lastensa imettäjälle turvatun toimeentulon vanhuuden varalle.

Soranoksen mukaan lapsi oli vieroitettava rintaruokinnasta kahden kuukauden ikäisenä. Galenos suositteli, että lapset tuli totuttaa kiinteään ruokaan, jota naiset olivat ensin pureskelleet. Soranos tuomitsi tämän tavan, koska se toi mukanaan limaa. Hän ehdotti vieroitetulle lapselle velliä ja leipäkeittoa. Hän piti kevättä parhaana vieroitusaikana. Vaikka varsinaista pulloruokintaa ei tiettävästi tunnettu, niin lasten haudoista on löydetty gutti-nimisiä pulloja, joita arvellaan käytetyn vieroituksen jälkeen keiton ja juoman syöttämiseen.

Lasta koskeva lääketieteellinen tietämys oli antiikin aikana toisarvoisessa asemassa. Kukaan lääkäri ei ollut siitä erityisen kiinnostunut. Vaikka Hippokrates luetteli lastentauteja ja kuvasi joitakin oireita, hän ei tarjonnut hoito-ohjeita. Soranos taas antoi neuvoja kätilöille toimenpiteistä, joita piti välttää. Vaikuttaa siltä, että lääkärin mielenkiinto kohdistui vasta puberteetin ohittaneisiin nuoriin. Voidaan olettaa, että pieni lapsi jätettiin kätilöiden hoitoon eikä lääkäriä kutsuttu paikalle edes silloin kun lapsi sairastui. Lääketieteellisessä kirjallisuudessa näkyy myös ajatus, jonka mukaan heikko vastasyntynyt tai sairas lapsi ei välttämättä »ansainnut» elämää. Ainakaan tällaisten lasten hoitoon ei kirjallisuudessa kiinnitetty juurikaan huomiota.

Tyttölasten heitteillejättö — tarua vai totta

Tietomme antiikin väestön ja avioliittojen määristä sekä syntyvyydestä ja kuolleisuudesta ovat satunnaisia ja vaikeasti yleistettäviä. Eurooppalaiset tilastot teollistumista edeltävältä ajalta kertovat, että lapsikuolleisuus oli korkea. On laskettu, että pikkulapsista kuoli ainakin 20 - 30 prosenttia. Antiikin lapsikuolleisuuden on arveltu olleen vähintään samaa luokkaa, mutta mitään luotettavia lukuja ei ole olemassa. Pessimistisimmät tutkijat ovat olettaneet, että puolet lapsista kuoli ennen kuin täytti 15 vuotta. Optimistit puhuvat 10 - 20 prosentin kuolleisuudesta. Joka tapauksessa antiikin lapsikuolleisuus oli erittäin korkea nykyisiin teollisuusmaihin verrattuna. Pääasiallinen syy olivat taudit. Toisella vuosisadalla jälkeen Kristuksen, jolloin yläluokka suosi monilapsisuutta, kuoli Rooman ylhäisimmissä perheissä normaalisti ainakin joka kolmas lapsi pienenä. Näiden kuolemien syynä ei ollut ainakaan ravinnon eikä — sikäli kuin tiedämme — huolenpidon puute.

Lasten heitteillejättö antiikin maailmassa kauhistuttaa nykyihmistä. Mutta myös antiikin aikana oli sekä valtiomiehiä että filosofeja, jotka kritisoivat lasten hylkäämistä. Joissain antiikin yhteis-

Rakkaani lattialla, lapsi
hyvä ja ehjä.
Hän ei ole säikkynyt vielä
eikä epävarmuutta ole.

Hän ja maailma kohtaavat
vähitellen.
Kun häntä osaisi varoittaa.
Kun osaisi kertoa
että maailma muuttaa meitä niin
että vain harva ehtii ollenkaan
muuttaa maailmaa.

Liisa Laukkarinen

kunnissa rajoitettiinkin vanhempien oikeutta hylätä vastasyntynyt. Olisi siis väärin leimata antiikki yksipuolisesti lapsenmurhien aikakaudeksi. Itse asiassa lasten tappamista esimerkiksi sodassa pidettiin tuomittavana. Ajateltiin, että lapsi oli heikko ja siksi häntä tuli suojella.

Ei tiedetä, kuinka monta lasta syntyneistä keskimäärin jätettiin heitteille. Useimmille antiikin kirjailijoille näyttää olleen itsestään selvää, että lapsia hylättiin, eikä tämän katsottu osoittavan erityistä julmuutta. Asenne käy ymmärrettäväksi antiikin ihmiskäsityksen kautta. Yksilö ymmärrettiin ensi sijassa yhteisön jäseneksi. Sellainen vastasyntyneestä tuli vasta, kun isä oli hyväksynyt hänet perheeseensä. Kreikassa lapsi otettiin yhteisöön juhlallisessa nimenantojuhlassa (amfidromia). Roomassa isä otti lapsen perheeseen nostamalla hänet käsillään ylös (liberum tollere). Mikäli lasta ei tunnustettu, häntä ei yhteisön kannalta ollut olemassa. Antiikin käsitystä voi verrata nykyiseen aborttikeskusteluun: yhteisö määrittää milloin elämä katsotaan alkaneeksi. Antiikin maailmassa, jossa abortti oli vaarallinen toimenpide ja ehkäisymenetelmät epävarmoja, hyväksyttiin vastasyntyneen hylkääminen mahdollisuutena säädellä lapsilukua vielä syntymän jälkeen.

Erityisesti kreikkalaisten on sanottu jättäneen heitteille ei-toivo-

Mikä pikkutyttö ensinnäkin on? Joskus »epäonnistunut» poika, niinkuin sanotaan, mutta vielä useammin pikkuinen nainen eli varsinaista pikkutyttöä ei ole olemassakaan. Koulutyttöjen koomisen kiltti ulkonäkö johtuukin siitä että he ovat kääpiönaisia.
Uskon todella, että pikkutyttöä ei ole olemassakaan. Hän on vain symmetristä kangastusta. Luonto ei näet pysty vastustamaan symmetriaa. Koska aikuiset ovat miehiä ja naisia, on luonto luullut, että lastenkin pitää olla poikia ja tyttöjä. Mutta tyttöpä onkin vain valeikkuna, tyttö harhauttaa samalla tavalla kuin miehen nisät tai suurten matkustajalaivojen toinen savupiippu.

Michel Tournier, Keijujen kuningas

tut lapset, jotka yleensä olivat tyttövauvoja. Tähän on löydetty viittauksia lääketieteellisestä ja muustakin kirjallisuudesta. Kreikassa arkaaisena ja klassisena kautena (700–300 eKr.) on naisen katsottu olleen huonosti arvostettu. Tiedetään, että niissä yhteisöissä, joissa naisten arvostus on vähäinen, heitteille jätetyt lapset ovat enimmäkseen tyttöjä. Runoilija Poseidippos kertoo, että »köyhäkin kasvattaa pojan, mutta jopa rikas saattaa hylätä tyttären». Kreikkalainen historioitsija Ksenofon ylisti spartalaisia, koska he hoitivat tyttäriään yhtä hyvin kuin poikiaan; näin ei ilmeisesti tapahtunut muualla Kreikassa. Toisaalta spartalaiset sallivat vain todella terveiden jäädä eloon. Thebassa taas laki eräässä vaiheessa kielsi kokonaan lasten heitteillejätön. Kreikkalaiset siirtokuntien perustajat olivat yleensä miehiä, jotka lähtivät kotikaupungistaan, koska sen väestö kasvoi liian nopeasti. Naisia ei näytä olleen liikaa, mikä viittaa tyttölasten määrän rajoittamiseen. Tyttölasten heitteillejättöä on selitetty myös myötäjäisten rasituksilla. Ateenassa valtio saattoi 400-luvulta lähtien maksaa varattomien perheiden tyttärille myötäjäisiä. Siksi näyttää ilmeiseltä, että köyhätkään perheet eivät ilman muuta hylänneet tyttäriään.

Siirryttäessä klassisesta Kreikasta hellenistiseen kauteen suhtautuminen tyttövauvoihin parani. Papyrukset kertovat, että perheissä oli joskus useita tyttäriä, ja he olivat jopa ylpeyden aihe. Hellenistisessä yhteisössä naisen asema parani yleisestikin. Naiselle avautui myös uudenlaisia taloudellisia mahdollisuuksia. Väkiluvun rajoittaminen ei ollut tarpeen hellenististen valtakuntien kreikkalaisyhteisöissä, koska asutusmahdollisuudet olivat lähes rajattomat. Hallitsijat pyrkivät vahvistamaan alueittensa väestöpohjaa ja suosivat monilapsisia perheitä. Kaikki tämä johti siihen, että tyttölasten heitteillejättö väheni. On kuitenkin todisteita siitä, että varattomissa perheissä poikalapsia suosittiin. Säilyneessä papyruskirjeessä Hilarion kirjoitti vaimolleen, jota hän egyptiläiseen tapaan kutsui sisarekseen:

> Hilarion sisarelleen Alikselle: ... Jos käy niin, että saat poikalapsen, pidä se. Jos saat tytön, jätä se heitteille...

Hilarionin kirjettä on usein käytetty osoittamaan, että tyttövauvoja kohdeltiin järjestelmällisesti huonommin kuin poikia, mutta muut lähteet puhuvat tällaista yleistystä vastaan. Piirtokirjoituksissa säilyneet sotilaiden perhelistat eivät viittaa tyttöjen syrjimiseen. Lisäksi papyruksissa on mainintoja myös köyhyyden vuoksi heitteillejätetyistä poikalapsista. Poseidippoksen väite, että köyhäkin kasvattaa pojan ja rikas voi hylätä tyttären, ei siten näytä päteneen hellenistisessä maailmassa. Taloudelliset syyt ratkaisivat kuinka monta lasta perhe pystyi elättämään: lapsia ei hylätty, koska he olivat väärää sukupuolta, vaan koska perheellä ei ollut mahdollisuuksia heidän elättämiseen.

Longos kertoo romaanissaan »Dafnis ja Khloe», kuinka isä Megakles oli pakotettu jättämään tyttärensä heitteille:

> Aluksi olin vähissä varoissa ... Tällöin minulle syntyi tytär. En halunnut kasvattaa häntä köyhyydessä, vaan jätin hänet heitteille ja annoin mukaan tavaroita, joista voisin hänet myöhem-

min tunnistaa. Tiesin, että monet tulevat vanhemmiksi ottamalla löytölapsen omakseen.

Longoksen teksti valaisee myös löytölasten kohtaloa: heitteillejättö ei suinkaan useimmissa tapauksissa johtanut lapsen kuolemaan, vaan joku löysi hänet ja otti hoiviinsa.

Roomassa asunut kreikkalainen historioitsija Dionysios Halikarnassolainen kertoo kuninkaiden säätäneen Roomassa lain, jonka mukaan isän oli kasvatettava kaikki poikansa, mutta vain ensimmäinen tyttärensä. Toisaalta Dionysios puhuu samanaikaisesta säädöksestä, joka kielsi alle kolmevuotiaiden lasten hylkäämisen. Dionysioksen kertomus ei ehkä ole täysin luotettava, mutta se kertoo varhaisen Rooman isäkeskeisestä yhteiskunnasta, jonka selkein ilmentymä oli miltei rajaton isänvalta, patria potestas. Isällä oli varhaisen tasavallan ns. kahdentoista taulun lakien mukaan oikeus myydä vaimonsa ja lapsensa orjiksi tai jopa surmata nämä. On huomattavaa, että tässä vaiheessa ei lasten sukupuolella näytä olleen vaikutusta siihen, miten isä isänvaltaansa käytti. Ei ole myöskään todisteita siitä, että tasavallan tai keisariajan Roomassa tyttölapsia olisi jätetty heitteille useammin kuin poikia. Taustalla on epäilemättä naisen aseman parantuminen tasavallan ja keisariajan Roomassa, mikä johti myös tytärten statuksen kohoamiseen. Lapsen kohtelu ei näytä riippuneen sukupuolesta. Tähän viittaa mm. pikkulasten kuvaaminen ilman selviä sukupuolen tunnusmerkkejä. Perheen varallisuus ja lapsen arvioitu elinkelpoisuus olivat sukupuolta tärkeämpiä päätettäessä siitä, pitikö perhe lapsen. Kahdentoista taulun lait antoivat isälle oikeuden surmata epämuodostunut ja siis elinkelvoton lapsi. Kaikkia sairaita lapsia ei kuitenkaan jätetty heitteille. Eräs hautakivi kertoo roomalaisesta tytöstä nimeltä Lasciva. Tämä oli sokea ja kuoli seitsenvuotiaana.

Onnellisen ja jalon villin kuva hallitsi pitkään länsimaiden tietoisuutta. Todellisuus on kuitenkin toinen. Köyhä ja nälkäinen etelä sekä ruokkii että rahoittaa rikasta ja ylensyönyttä pohjoista. Laskun maksavat heikoimmat; sadat ja taas sadat tuhannet kehitysmaiden lapset kuolevat kotimaansa velkojen lyhennysten uhreina ja miljoonat kärsivät aliravitsemuksesta. Esimerkiksi Brasilian köyhtyneessä koillisosassa kuolleiden osuus imeväisistä nousi vuosina 1983-84 taloudellisen laman seurauksena 25 prosenttiin.

Vammaisuudesta huolimatta tyttöä ei hylätty vaan häntä hoidettiin hyvin. Roomassa hautakiven sanoma oli kohdistettu eläville, ohikulkijoille. Siksi Lascivan keisariaikainen hautakiveä voi käyttää myös todisteena alkavasta asennemuutoksesta.

Perheenjäsenten myymistä orjiksi ja lasten surmaamista alettiin paheksua ja isänvaltaa rajoitettiin säädöksillä. Lasten heitteillejätöstä tuli sosiaalikriittisen keskustelun kohde. Erityisesti stoalaiset arvostelivat lasten heitteillejättöä. Näyttää siltä, että uudet lapsimyönteiset asenteet levisivät melko nopeasti, sillä ainakin yläluokassa perhekoko kasvoi. Monilapsisuus osoitti korkeaa sosiaalista asemaa eikä poikia suosittu tyttärien kustannuksella. Keisariperheessä tyttärien syntymää juhlistettiin samalla tavoin kuin poikienkin.

Lasten heitteillejättö pysyi kuitenkin osana sosiaalista todellisuutta varsinkin alemmissa kansanluokissa. Jo roomalaisilla oli erilaisia käsityksiä siitä kuinka moni hylätty lapsi selviytyi. Lapsensa hylänneet vanhemmat näyttävät usein toivoneen, että lapsi löydettäisiin. Vauvat jätettiin koreissa tai saviastioissa määrättyihin paikkoihin, joista tarvitsevat saattoivat heidät noutaa. Kysymyksessä oli siis varhainen adoption muoto. Tällaista hakumatkaa kuvataan Plautuksen näytelmässä Cistellaria eli Pieni lipas. Kuten kreikkalainen Megakles antoivat roomalaisetkin hylkäämilleen pienokaisille mukaan leluja tai muita tunnusmerkkejä. Näin vanhemmilla oli mahdollisuus hakea lapsi takaisin, mikäli heidän tilanteensa sen salli. Koska Rooman laki tunnusti biologisen vanhemmuuden, oli vanhemmilla oikeus vaatia lapsi kasvattivanhemmilta. Oikeusoppineet olivat kiinnostuneita ennen muuta siitä, miten biologiset vanhemmat korvaisivat kasvattivanhemmille lapsen aiheuttamat kustannukset. Yhteisö loi aikansa Pelastakaa lapset -toiminnan. Vain poikkeustapauksissa lapsen haluttiin menehtyvän ja tällöin hänet jätettiin vaatteitta heitteille. Näin teki keisari Claudius vaimonsa synnyttämälle tyttärelle, jonka Claudius epäili olleen uskottomuuden hedelmä. Keisariperheessä tällainen lapsi olisi voinut olla uhka hallitsevalle suvulle.

Roomalaisten nimien tutkimus on osoittanut, että perheissä oli paljon löytölapsia. Nimet Inventus, Inventa ja kreikkalaisperäinen Heuresis viittaavat kaikki lapsen alkuperään löytölapsena. Suuri osa löytölapsista päätyi orjiksi, mutta kirkkoisä Lactantius ehkä kärjisti väittäessään löytölasten päätyvän »orjuuteen tai porttolaan», vel ad servitutem vel ad lupanar. Mikäli ottoisä tai ottoäiti otti löytölapsen omakseen, ei tämä joutunut takaisin orjuuteen, vaikka alkuperäiset vanhemmat olisivatkin olleet orjia. Mikäli löytölapsi päätyi orjaksi, oli hän vapaa, jos hänen vapaat vanhempansa vaativat hänet takaisin. Roomalainen laki pyrki siis takaamaan lapselle parhaan mahdollisen aseman.

Toiselta vuosisadalta jälkeen Kristuksen sekä valtio että julkinen mielipide alkoivat paheksua lasten heitteillejättöä yhä voimakkaammin. Kuitenkin vasta myöhäisantiikin aikana laki kutsui heittellejättöä murhaksi. On vaikea arvioida, oliko lasten heitteillejätön kieltävä lainsäädäntö kristinuskon vaikutuksen tulosta. Tiedetään, että muutkin kristilliset kirjailijat kuin Lactantius jyrkästi tuomitsivat lasten hylkäämisen. Asenteita muokkasi myös yleinen huoli väestön vähenemisestä. Toisaalta valtio ei myöhäisantiikinkaan aikana voinut ottaa kovin ankaraa asennetta onnettomiin vanhempiin, jotka ahdinkoaikoina yrittivät päästä ylimääräisistä suista eroon. Tällaista pakkotilannetta kuvaa egyptiläinen papyrus, jossa leski halusi antaa noin kahdeksanvuotiaan tyttärensä adoptoitavaksi:

> ... vuotta sitten mieheni kuoli, ja minä jäin vastuuseen tyttäreni hoidosta. Ponnistin voimani ja raadoin turvatakseni hänelle elä-

män välttämättömyydet. Nyt en enää kykene häntä elättämään. Siksi pyydän Teitä ottamaan hänet tyttäreksenne...

Vastasyntyneiden heitteillejättö oli kiinteämmin yhteydessä perheen ja koko yhteisön talodellisiin vaikeuksiin kuin uskontoon tai muihin ideologisiin muutoksiin. Mistään antiikin ihmisen julmuudesta tai välinpitämättömyydestä pikkulapsia kohtaan lasten heitteillejättö ei todista. Lapsen hylkääminen samoin kuin pikkulapsen ennenaikainen kuolema aiheutti vanhemmille tuskaa.

On vaikea arvioida, kuinka yleistä lasten heitteillejättö roomalaisessa maailmassa oli. Viime aikoina on painotettu sitä, että antiikin väestökehitys ei olisi kestänyt kovin laajaa lasten hylkäämistä. Jos laskennalliseksi perustaksi otetaan se, että viidennes tyttövauvoista tapettiin — kuten on esitetty — saadaan tulokseksi, että väkiluvun olisi pitänyt vähentyä puoleen runsaassa viidessäkymmenessä vuodessa. Näin ei kuitenkaan tapahtunut. Tilastollisesti on vaikea osoittaa tyttärien joutuneen systemaattisesti huonommin kohdelluiksi kuin poikien. Lasten heitteillejätön kriminalisoineet lait eivät myöskään viittaa siihen, että erityisesti pikkutyttöjä olisi hylätty. Arkikäytännöstä lait eivät suoraan kerro.

Lapsi ydinperheessä

Joudumme kirjoittamaan lapsen historiaa miehisen maailman silmälasien läpi. Miehen elämän päänäyttämö oli julkinen eli poliittinen toiminta. Siitä on säilynyt runsaasti todisteita. Kotia vallinneen naisen ääni taas kuuluu harvoin antiikin tai myöhempienkään aikojen lähteissä.

Ydinperheellä tarkoitetaan tavallisesti isän, äidin ja lasten muodostamaa perhettä erotukseksi laajemmasta perheyksiköstä, johon

Ihmisen nerokkaimmat vuodet: syntymästä seitsemään.
Helena Anhava

kuuluu myös muita perheenjäsenen asemassa olevia henkilöitä, kuten äidin- tai isänpuoleisia sukulaisia. Tällainen ydinperheen määritelmä ei sellaisenaan sovi antiikkiin. Kreikkalais-roomalaisessa antiikissa perheisiin kuului usein yksi tai useampia orjia, joita pidettiin henkilökohtaisena omaisuutena, mutta jotka perheessä asuessaan olivat tavallaan perheenjäsenen asemassa. Antiikin ydinperhe voidaan paremmin määritellä perheen sisäisten tunne- ja valtasuhteiden avulla.

Tunnetasolla voimme puhua ydinperheestä, mikäli vanhempien suhdetta toisiinsa ja yhteisiin lapsiin pidettiin perheen kannalta perustavimpana ja tärkeimpänä. Perheen sisäisessä vallankäytössä on ydinperheen olemassaololle ratkaisevaa, että lasten vanhemmat tekevät näitä ja perheyksikköä koskevat päätökset muiden samaan perheeseen kuuluvien puuttumatta asiaan.

Mitä sinä tänään tarhassa opit? Aamen, aamen ja sit saa ruokaa.

Klassisessa Ateenassa 400-luvulla eKr. suhtautuminen perheeseen ja sen jäseniin muuttui. Perheestä alettiin puhua emotionaalisena yksikkönä ja harmonisesta kotielämästä tuli tärkeä osa muuten julkista elämää viettäneen miehen onnea. Vanhempien keskinäistä suhdetta ja siihen sisältynyttä tunnelatausta idealisoitiin. Tästä muutoksesta kertovat kirjallisuus ja kuvataide, erityisesti hautamuistomerkit ja niiden kirjoitukset. Perheiden hautakivissä kuvataan yhdessä sekä isä ja äiti että tyttäret ja pojat. Tämä on puhuva esimerkki siitä, kuinka tärkeänä perheenjäsenten keskinäistä kiintymystä pidettiin. Komediakirjailija Aristofanes puolestaan näki myös kuvan toisen puolen. Näytelmässä »Ampiaiset» on kohtaus, jossa isä Philokleon saapuu kotiin ansaittuaan kolme obolia tuomioistuimen valamiehenä:

Minkä vastaanoton siitä saankaan, tyttäreni ensin rientää jalkojani pesemään ja huolella ne salvaamaan. Niihin tarttuu suudellen ja »isi, isi» sulokkaasti sopertain hän oboleitani kolmea kärkkyy. Sitten pikku vaimoseni pöydän kattaa houkutellen ja minuun kiinni käpertyy, sitä tätä pöydästä kokeilemaan yllyttää.

Yksityisyyttä pidettiin jo 400-luvulla ennen Kristusta tärkeänä. Tuon ajan filosofia korosti perhettä ensimmäisenä inhimillisenä sosiaaliryhmänä. Filosofian tuli antaa ohjeita avioliitosta, lasten kasvatuksesta, vanhuudesta ja kuolemasta. Perheen merkityksen korostuminen muutti myös naisten ja lasten asemaa. Naista ei ajateltu enää vain laillisten lasten synnyttäjänä vaan myös miehensä kumppanina. Naisille pystytettiin komeita hautamonumentteja, joissa heidät esitettiin kodin valtiattarina ja kaivattuina vaimoina ja lasten äiteinä. Lapsen saanti pysyi naisen elämän päämääränä ja hänen kotoisen asemansa perustana. Lysiaan eräässä oikeuspuheessa kantaja kuvailee suhdettaan vaimoonsa:

> Aluksi minä pidin häntä silmällä, mikä olikin järkevää. Mutta lapsen synnyttyä aloin luottaa häneen ja annoin kaikki asiani hänen hoitoonsa, koska oletin meidän nyt olevan luottamuksellisissa väleissä.

Myös käsitykset lapsista muuttuivat. Lapset kuvataan hautamuistomerkeissä ja vaasimaalauksissa lapsina eikä miniatyyriaikuisina. He pelaavat pelejä ja puuhaavat leikkikalujensa kanssa. Tavaksi tuli antaa vanhemmille lapsen syntymää juhlistavia maalattuja astioita, joihin oli kuvattu touhukkaita pikkulapsia. Astioiden realistinen kuvitus tarjoaa meille silmäyksen ateenalaiseen kotiin, jossa naisten huoneet, gynaikeion, olivat pikkulasten elämänpiirinä. Lasten ja äidin suhde kuvataan helläksi ja läheiseksi: äiti hoitaa itse lastaan, vaikka perheessä olisi palveluskuntaa. Kirjallisuudessa kerrotaan, kuinka äidit nousevat yöllä rauhoittamaan itkevää lasta tai juoksevat naapuriin lainaaman öljyä sytyttääkseen lapsen sammuneen yölampun. Isät eivät näytä juurikaan osallistuneen pikkulasten hoitoon. Lähinnä heitä nähdään gynaikeionissa vitsa kädessä aikeissa kurittaa tottelemattomia pienokaisia. Usein äidit nukkuivat yksin lasten kanssa. Äidin ja lasten läheinen suhde johti siihen, että varsinkin tyttäret joskus kuvattiin muistomerkeissä äitinsä tyttärinä, vaikka Ateenan sukujärjestys oli isälinjainen. Sukupuolten välillä ei pikkulasten kasvatuksessa tehty suurta eroa. Mutta silloin, kun tyttö tai poika täytti seitsemän vuotta, tiet erkanivat ja poikaa alettiin kasvattaa julkista elämää varten. Kunnialliset perhetytöt puolestaan oleskelivat pääasiassa gynaikeionissa, kunnes noin neljäntoista ikäisinä olivat avioliitokelpoisia ja valmiita vaimon ja äidin rooliin.

Sukupuolta enemmän vaikuttivat pikkulasten elämään sosiaaliset erot. Klassisen ajan Ateena tarjosi kansalaisilleen suhteellisen turvatun elämän, mutta lukuisan orja- ja muukalaisväestön asema oli varsin suojaton. Meillä on useita esimerkkejä ankarasti työskentelevistä muukalais- ja orjalapsista. Orjalasten seksuaalinen hyväksikäyttö näyttää myös olleen yleistä. Orjat olivat omaisuutta eivätkä eettiset ideaalit koskeneet heidän kohteluaan, niin perheenjäseniä kuin he usein olivatkin.

Hellenistisenä aikana ydinperhe vahvistui. Itsevaltiaasti hallituissa hellenistisissä valtakunnissa politiikka näivettyi ja yksityisyyden merkitys kasvoi julkisen elämän kustannuksella.

Naiset saavuttivat perheessä, taloudessa ja yhteiskunnassa huomattavan aseman, vaikka mistään tasa-arvosta miesten kanssa ei voi puhua. Vaimo oli miehensä kumppani ja lapset perheen jatkuvuuden toivottuja turvaajia. Heidän kasvatukseensa kiinnitettiin suurta huomiota. Papyruskirjeet kertovat myös lasten huomattavan suuresta itsenäisyydestä suhteessa vanhempiinsa. On vaikea sanoa, esiintyikö tällaista varhempina aikoina, koska lähteet puuttu-

On huomattava, että minä haluan saada tytöistä terveitä, kilttejä ja ymmärtäväisiä emännöitsijöitä, perheenemäntiä tai piikoja; ja haluan, että heidän elintapansa, vaatteensa, leikkinsä, harjoituksensa ja opetuksensa suunnataan sen mukaisesti.
Ruotsalainen pastori ja pedagogi Anud Bengtsson Hammar, 1700-luvulla.

vat. Tunteenomaisesta suhtautumisesta lapsiin kertoo myös hellenistinen kuvataide, jonka arkinen realismi oli uutta.

Hellenistiset perheideaalit levisivät Roomaan viimeisellä vuosisadalla ennen Kristusta. Vaikka isänvalta Roomassa säilyi lain edessä rajoittamattomana, heikkeni isän asema käytännössä. Naiset saivat aiempaa itsenäisemmän aseman yhteisössä ja tämä lisäsi hänen vaikutusvaltaansa myös perhepiirissä. Cicero kävi pitkiä neuvotteluja vaimonsa kanssa perheen taloudesta, eikä nähtävästi voinut sivuuttaa tämän tahtoa. Kun avioliitto instituutiona heikkeni, tulivat perheenjäsenten väliset tunnesiteet entistä tärkeämmiksi. Tämä koski erityisesti vanhempien ja lasten välistä suhdetta. Perheen sisäistä kiintymystä kuvaavat selkeästi Ciceron kirjeet. Niistä käy ilmi myös, että Cicerolla oli tyttäreensä läheisempi ja lämpimämpi suhde kuin poikaansa.

Roomassa pienen lapsen persoonallisuuteen alettiin kiinnittää huomiota viimeisellä vuosisadalla ennen Kristusta. Kunniapaikan lapsi sai keisari Augustuksen propagandassa. Hänen hovirunoilijansa Vergiliuksen neljännessä Bucolica-runoelmassa on ennustus »jumalaisen lapsen syntymästä ja kultakauden koittamisesta». Lapsesta tuli uuden aikakauden symboli. Runo loppuu kuvaukseen äidistä katsomassa kehtoon ja odottamassa lapsen ensimmäistä hymyä. Uusi suhtautuminen lapseen näkyi sekä julkisessa että yksityisessä taiteessa, niin temppeleiden koristeissa kuin hautamuistomerkeissä. Taiteellinen mielenkiinto kohdistui ensimmäistä kertaa pikkulapseen ja hänet voitiin kuvata myös yksilönä, vaikka suurin osa lapsikuvista on ajan maun mukaisesti idealisoituja. Augustus kuvautti keisarillisen perheen tyttöjä ja poikia rauhanalttarinsa (Ara Pacis Augustae) kuvakoristeluun. Lapset esitetään osallistumassa uhrikulkueeseen, mutta heidän kuvaustapansa on kaukana

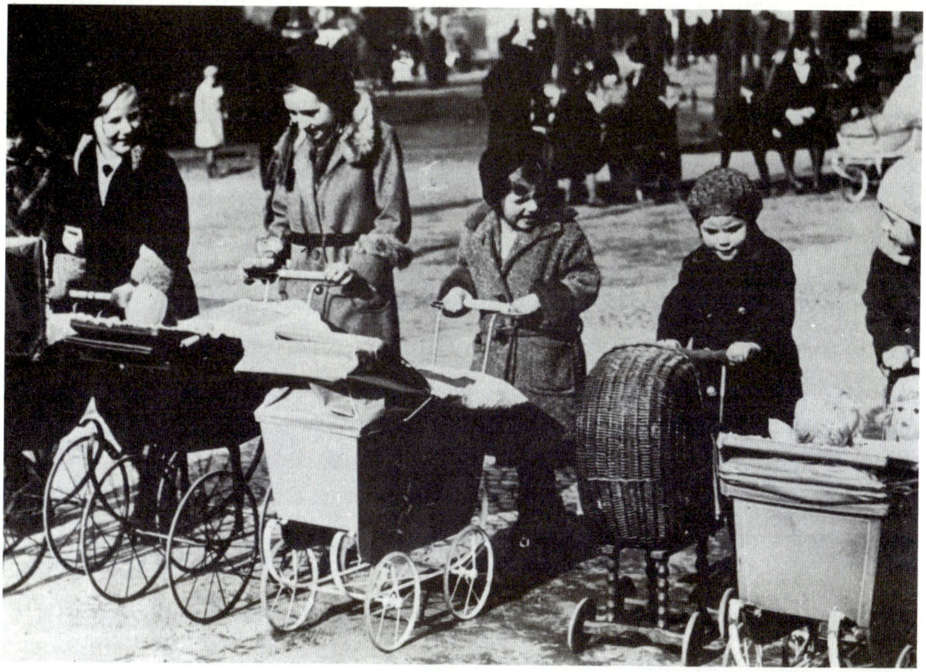

jäykän juhlallisesta. He katselevat ympärilleen uteliaina, heitä pidetään kädestä etteivät he livistäisi joukosta. Huomiota kiinnittää myös, että tytöt ja pojat on kuvattu samanlaisiin asuihin. Lasten sukupuolierot eivät olleet merkittäviä Augustuksen propagandan kannalta. Augustus lyötätti perheensä lapsien kuvia myös rahoihin ja tapa jatkui koko keisariajan. Hautamuistomerkkien lisäksi pikkulasten kuvia ilmestyi talojen seiniin ja niillä koristeltiin jopa talouslamppuja. Lapsilla oli siis yhteisössä näkyvä ja keskeinen asema.

Keisari Augustukselta kävi käskyjä myös naisten ja perheen suuntaan. Hänen perhelakinsa tähtäsivät lapsiluvun kasvattamiseen: onnellisessa roomalaisessa perheessä tuli olla vähintään kolme lasta. Vaikka perhelait epäonnistuivat, kun erityisesti ylimpien yhteiskuntaryhmien naiset edelleen kieltytyivät synnyttämästä lapsia, ne osaltaan muuttivat suhtautumista lapseen myönteisemmäksi. Augustus sai aikaan perheen statuksen nousun.

Avioliitto oli Roomassa miehen ja naisen välinen persoonallinen suhde, jolla oli keskinäisen sopimuksen luonne. Vaikka vanhemmat saattoivat valita lapselleen sopivan puolison, ei avioliitto ollut varsinaisesti perheiden tai sukujen välinen liitto. Erityisesti tasavallan aikana avioliittoja saatettiin käyttää poliittisten sopimusten vakuutena. Yläluokassa avioliittoja solmittiin ja purettiin poliittisten suhdanteiden mukaan. Keisariajalla poliittiset avioliitot olivat harvinaisia. Lainsäädäntö pyrki pitämään perheiden omaisuudet erillään. Avioliiton purkautuessa vaimo vei myötäjäisensä mukanaan. Mikäli mies jäi leskeksi, saattoi vaimon perhe vaatia myötäjäisiä takaisin lukuunottamatta lasten elatukseen käytettäviä varoja. Omaisuuden kannalta roomalainen perhe oli itsenäinen niin kauan kuin avioliitto oli voimassa. Puolisot tekivät päätökset perheen varallisuuden käytöstä. Roomalainen perhe oli siis taloudessaan ydinperhe. Vai-

Miehellä on hoidettavanaan koko joukko asioita kotielämän ulkopuolella. Niitä naisella ei ole. Häntä läpi elämän seuraavia luontaisia rajoituksia ei saa unohtaa. Hänen erityinen vaikutusalueensa on — ja sen tulee aina olla — neljän seinän sisällä.
Amerikkalainen kirjailija ja Heart and Home -lehden toimittaja Margaret Elizabeth Munson Sangster viime vuosisadan vaihteessa.

Kauniin naisen pitäisi rikkoa peilinsä varhain.
Baltasar Gracián

molla oli kuitenkin päätösvaltaa oman omaisuutensa suhteen.

Roomalaisen perheen on nähty keisariajalla kehittyneen myös tunnetasolla ydinperheeksi. Filosofia alkoi korostaa, että yhteinen elämä kuului luonnon harmoniaan. Avioliiton side määriteltiin vah-

'Istuin ruskean huoneen nurkassa huomaamattomana, kun äiti ja Julie juttelivat uusista mekkomalleistamme, ja löysin uusia maailmoja... Äiti ja Julie olivat opettaneet kävelyretkillä minulle kirjaimia värikkäistä julisteista, ja äkkiä minulle valkeni, että ne liittyivät yhteen sanoiksi. Kokeilin keksintöäni kirjaan, jonka kuvista ja runoista pidin. Siinä oli runo haikarasta katolla ...
»Äiti», minä huudahdin, »äiti — katso! — minä osaan lukea!» Ja siinä samassa minä purskahdin itkuun.

Anne Fried, Elämän värit

vaksi ja läheiseksi. Puolisoa alettiin pitää elämänkumppanina. Moraalinen ihanne oli aviollinen uskollisuus, puolisoiden välistä tunnesidettä ja keskinäistä kunnioitusta korostettiin. Uskottomuus tuo kärsimystä, sanoi Plutarkhos. Molemmat puolisot olivat yksilöitä ja sellaisina arvokkaita; nainen oli tärkeä ja aviomiehen oli se tunnustettava. Uusi aviollinen ideaali ei rajoittunut ainoastaan yläluokkaan. Myös alempiin kansankerroksiin levisi tapa kuvata puolisot hautakivessä vastakkain kättelemässä. Ele merkitsi roomalaisessa taiteessa kumppanuutta ja yhteisyyttä. Vaimon aseman perheessä onkin katsottu parantuneen keisariajalla, vaikka perheoikeudellisesti hän oli jatkuvasti miestä heikommassa asemassa.

Roomalaiset juristit katsoivat perheen olleen olemassa laillisten jälkeläisten hankkimista varten. Monilapsisuutta pidettiin ihanteena, sillä sen katsottiin takaavan perheen ja yhteiskunnan säilymisen. Todellisuus oli toisenlainen. On arveltu, että roomalaisessa perheessä pysyi hengissä yleensä 2–3 lasta. Piirtokirjoitusten perusteella kaksi lasta oli tavallinen määrä. Ylemmät yhteiskuntaryhmät olivat erityisen vähälapsisia. Cicero piti alhaista syntyvyyttä yhtenä Rooman tasavallan rappion syistä. Kirjailija Plinius vanhempi pitää tärkeänä huomauttaa, että oli täysin lapsettomia avioliittoja ja sellaisia, joissa syntyi vain yksi lapsi. Jos perhe oli lapseton vastoin tahtoaan, adoptio oli aina mahdollinen. Myös kasvattilapset olivat roomalaisissa perheissä tavallisia. Avioerojen yleisyydestä seurasi, että perheisiin kuului usein lapsipuolia. Uusperhe ei suinkaan ole nykyaikainen keksintö.

Roomalainen ydinperhe käsitti usein huomattavan määrän palvelijoita, joista useimmat olivat orjia. Orjat laskettiin perheen, familian jäseniksi. Jos orja vapautettiin, hän sai isäntänsä tai emäntänsä sukunimen. Useiden sukupolvien tai sukulaisten asuminen samassa taloudessa oli harvinaista ja perheen isällä oli teoriassa rajaton valta kaikkien familian jäsenten suhteen. Ydinperhe saattoi olla vain yhden huoltajan varassa. Yksinhuoltaja saattoi olla myös perheen äiti isän kuoltua.

Palveluskunnan läsnäolo vaikutti erityisesti pikkulasten suhteisiin vanhempiinsa. Äiti kuvataan usein lapsen hoidossa passiiviseksi osapuoleksi. Hän ottaa lapsen vastaan imettäjältä tai hoitajalta. Me odottaisimme oman ideaalimme mukaisesti, että äiti kuvattaisiin helläksi hoivaajaksi. On kysytty, kasvatettiinko roomalaisista tunteettomia, koska äidin ja lapsen suhde ei ollut niin intiimi, kuin nykyisin pidetään tarpeellisena lapsen emotionaaliselle kehitykselle.

Tunteettomuutta on pidetty myös seurauksena siitä, että roomalainen kasvatusihanne korosti itsehillintää. Ei voida kuitenkaan esittää mitään todisteita sille, että meidän perhemallimme turvaisi lapsen kehityksen paremmin kuin roomalainen malli, jossa äiti ei ollut ainoa vaikuttaja lapsen kehityksessä. Itsehillinnän opettamisen osuutta roomalaisessa kasvatuksessa on liioiteltu. Tietomme ovat peräisin kirjallisuudesta, joka puhuu yläluokan suulla ja on idealisoivaa: itsehillintä oli tavoiteltava arvo ja osa normatiivista persoonallisuutta, mutta ei yksinomainen eikä edes kattavin

Kymmenvuotias
on hyvin, hyvin kevyt.
Kymmenvuotiaat
hyppivät
lähes painottomina
katukäytävillä,
kiviaidoilla,
sillan kaiteilla,
puiden oksilla
ja pysähtyvät
silmänräpäykseksi
ihmettelemään
täysikasvuisten
hidasta ja kankeaa
etenemistä.

Irma Kerppola

piirre roomalaisessa luonteessa. Ei myöskään pidä ajatella, että hellyys ja läheisyys olisi kokonaan puuttunut roomalaisten pikkulasten ja vanhempien suhteesta. Synnynnäinen kiintymys, nativa pietas, oli käsite. Esimerkiksi lääkäri Favorinus piti myös lapsen ja äidin fyysistä kontaktia tärkeänä. Tacitus puolestaan paheksui fyysisiä hellyydenosoituksia, mutta hänen karua asennettaan ei voi yleistää. Tärkeätä on huomata, että lapsuus tunnustettiin elämänvaiheena ja kuvaukset hellyydestä ovat muutakin kuin yleisiä korulauseita.

Vastasyntyneiden ja pienten lasten suuren kuolleisuuden on sanottu tehneen vanhemmista kylmiä lapsia kohtaan. Heihin uskallettiin kiintyä vasta sitten, kun oltiin varmoja eloonjäämisestä. Ei voi kieltää sitä, että imeväisiä muistetaan hautapiirtokirjoituksissa vähemmän kuin heidän kuolleisuuslukunsa edellyttäisivät. Plutarkhos kuitenkin kirjoitti äitien suunnattomasta surusta pienokaisten kuollessa. Hänen teoksensa »Vaimon lohdutus» oli tarkoitettu lapsensa menettäneille äideille. Myös aivan pienille lapsille pystytettiin muistomerkkejä. Alle kaksivuotiaana kuollutta Hateria Superbaa kunnioittivat hänen vanhempansa hautakivellä, johon pikkutyttö oli kuvattu Isiksen palvojan asussa. Pikkulastenkin kuolemaa siis saatettiin surra ja sitä, että lapsi kuoli ennen vanhempiaan pidettiin luonnottomana. On vaikea arvata, mitkä olivat vanhempien surun ensisijaiset syyt. Kyse saattoi olla tunteista yhtä hyvin kuin siitä, että lapsessa menetettiin monia häneen kohdistettuja toiveita. Äidin tunteista kertoo pienen tytön hautakivi:

> Posilla Senenia, Quartuksen tytär, ja Quarta Senenia, Gaiuksen vapautettu orjatar. Vieras, pysähdy ja lue tämä kirjoitus. Äiti ei saanut iloita ainoasta tyttärestään, jonka elämää uskoakseni jokin jumala kadehti. Koska äidin ei sallittu koristaa tytärtään

lahjoilla tämän eläessä, hän tekee niin tyttärensä mentyä pois. Äiti kunnioittaa tällä hautakivellä rakastamansa tyttären muistoa.

Empatian puolesta puhuu sekin, että äidin rakkaus, amor maternus, oli käsite. Sitä pidettiin äidin tärkeimpänä hyveenä ja luonnollisena asiana. Äidin roolissa toimivat sekä äiti että palveluskunta, mikä erottaa Rooman äitimallin selvästi nykyisestä. Kulttuurirelativismissa ei kuitenkaan ole syytä mennä liian pitkälle. Vaikka Roomassa tunteiden arvot ja painotukset olivat toisia kuin nykyisin, ei voi puhua tunteettomasta suhtautumisesta lapsiin. Kun moralistit neuvoivat Roomassa vanhempia hillitsemään suruaan lapsen kuoltua, olettivat he ilman muuta, että vanhemmat tunsivat surua menetettyään pienokaisensa.

Tyttären velvollisuudet ja oikeudet

Roomalaisen perheen erityispiirre oli tytärten ja poikien tasa-arvoisuus perheen sisällä. »Minkä asian luonto olisi halunnut olevan meille niin miellyttävä, minkä niin rakas kuin meidän tyttäremme», kysyi Cicero. Tyttäret saattoivat olla isilleen rakkaampia kuin pojat, huomautti Juvenalis. Plutarkhos taas katsoi, että isillä oli erikoissuhde tyttäriinsä, koska tyttäret tarvitsivat heidän apuaan. Käytännössä äiti oli usein vaikuttavampi hahmo tyttären elämässä, koska hän saattoi isää paremmin valvoa lasten kasvatusta kotona. Äidin sivistystasoon kiinnitettiinkin huomiota. Juvenalis huomautti kitkerästi, että monet naiset kilpailivat miesten kanssa kirjallisuuden, retoriikan, politiikan ja lainopin tuntemuksessa. Yläluokan tytöt oppivat siis muutakin kuin kotitaloustöitä ja vaimon roolia. Tyttäret osallistuivat perheen sisäiseen elämään ja perheen ulkoiseen edustamiseen siinä missä pojatkin. Perheiden hautamonumenteissa heillä on sama arvoasema kuin miespuolisilla jälkeläisillä.

Tyttöjen alhainen avioliittoikä, noin 14 vuotta, merkitsi että he olivat avioituessaan monessa suhteessa lapsia. Tuoreimman arvion mukaan tytöt avioituivat yleisimmin 15–20 -vuotiaina, vaikka vaihtelu oli suurta ja osa, ehkä ylhäisimmät, meni naimisiin pian saavutettuaan 12 vuoden laillisen iän. On melko luonnollista, että puolison valintaa ei jätetty näiden lähes leikki-ikäisten morsianten arvostelukyvyn varaan. Isä saattoi kuitenkin olla poissa, jolloin äidin ja tyttären yhdessä oli mahdollista katsoa sopiva aviomies. Ciceron tytär Tullia meni äitinsä suostumuksella naimisiin Ciceron ollessa komennuksella provinssissa, eikä isä voinut muuta kuin hyväksyä tapahtuneen. Tyttäret säilyttivät suhteensa omaan perheeseensä läheisinä pitkään. He pitivät aina tyttönimensä eli kuuluivat isän eikä aviomiehen perheeseen; tämä lisäsi yhteenkuuluvaisuutta. Tyttärissä isillä oli poikaa varmempi vakuus suvun jatkumisesta, vaikka lapsi saikin isänsä nimen. Varhainen avioliittoikä paransi tytärten mahdollisuutta jatkaa sukua ja lisäksi äidin verisukulaisuutta pidettiin isän sukulaisuutta taatumpana. Äiti on varma, mater semper certa est, kuului juridinen määritelmä. Isät huolehtivat tyttärensä hyvinvoinnista myös tämän mentyä naimisiin. Myöhäisantiikin ajalta on peräisin papyruskirje, jossa isä purkaa tyttärensä avioliiton:

> Katson parhaaksi purkaa avioliittosi tyttäreni kanssa, koska olen kuullut sinun käyttäytyneen sopimattomasti. Haluan tyttäreni viettävän turvattua ja rauhallista elämää...

Vanhan tavan mukaan isän piti huolehtia tyttärestään myös kuoltuaan. Tyttärellä säilyi avioduttuaankin käytännössä tasaveroinen

rbanus leikki tässä 7. joulu-
uuta.

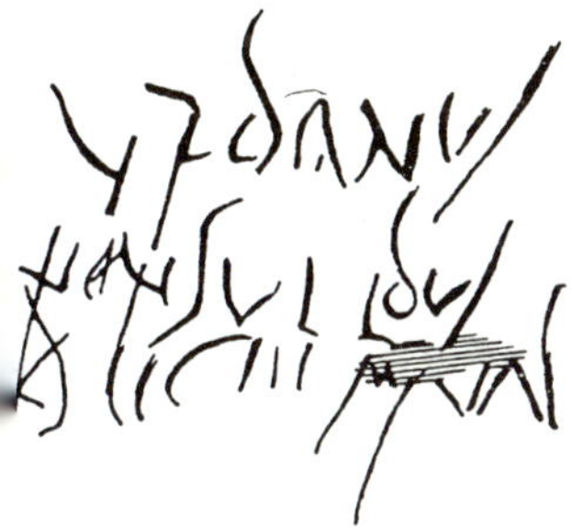

ämä leikit on leikitty noin
00 vuotta ennen ajanlas-
umme alkua.

perintöoikeus, mikä takasi hänelle arvostusta ja usein itsenäisen taloudellisen asemankin. Tytärten perimysoikeutta yritettiin tasavallan aikana rajoittaa lailla, mutta säädöstä kierrettiin yleisesti. Muuten laki ei tehnyt eroa tytärten ja poikien välillä perheoikeudessa. Isällä oli yhtäläinen mahdollisuus emansipoida niin tyttäriään kuin poikiaankin, mutta emme pysty mittaamaan ilmiön yleisyyttä. Emansipoinnin eli isänvallasta vapauttamisen tärkein käytännön seuraus oli lapsen taloudellinen itsenäisyys. Tiedämme, että Roomassa oli paljon varakkaita naisia, jotka itse päättivät omaisuutensa käytöstä. Tyttärellä oli myös taloudellisia velvollisuuksia isäänsä kohtaan. Jo 100-luvun lopulla lapsilla ja vanhemmilla oli molemminpuolinen elatusvelvollisuus, joten tytär voitiin pakottaa isänsä elättämiseen oikeuden päätöksellä. Yksityisyyden historian näkökulmasta roomalaista perhettä on kutsuttu jopa tytärkeskeiseksi.

Äidin perhe oli roomalaisille vähintään yhtä tärkeä kuin isän. On muistettava demografiset olosuhteet: puolisoiden ikäeron takia äidinäiti oli keskimäärin parikymmentä vuotta isänisää nuorempi, isänäiti ja äidinisä tällä välillä. Tietomme viittaavat siihen, että isät eivät useinkaan eläneet lasten aikuisikään asti. Roomassa oli paljon isättömiä perheitä, joissa naisilla oli tosiasiallinen valta. Varsinaista juridista »äidinvaltaa» isänvallan tapaan roomalainen oikeus ei tuntenut. Monin tavoin äiti kuitenkin rinnastettiin ajattelussa isään. Tämä oli myöhemmällä keisariajalla entistäkin helpompaa, sillä isänvalta oli yhä rajoitetumpi. Vanhan roomalaisen isälinjaisen järjestelmän mukaan lapsi oli vain isänpuoleisen perheensä jäsen eikä äidillä esimerkiksi avioerossa ollut häneen mitään oikeuksia. Sen mukaan myös lapsen huolto oli isän taloudellinen velvollisuus. Isän kuolema ei teoriassa aiheuttanut elatusongelmia, koska lapset perivät hänen omaisuutensa. Äiti ei voinut olla viral-

Sillä silmät vielä loistaa
  sen suu nauraa eikä sillä
ole vielä pettymyksen
  pahaa makua suussa.
Sillä on sateenkaari
  ja kesän kirkkaus.
Sillä on kevätaurinko
  ja pisamat
Se tekee tuulesta
  ystävän itselleen
ja sen lapsenmieli
  antaa anteeksi.
Sillä on vielä unelmat
  hyvästä huomisesta.
Sillä on kaikki,
  muttei silti mitään

Jasmiina Savolainen,
13-vuotias

lisesti isättömien lastensa eikä heidän perimänsä omaisuuden holhooja. Tätä tarkoitusta varten nimettiin virallinen holhooja, tutor, jonka valinta äidin oli hyväksyttävä. Käytännössä leskellä oli käytettävissään jopa laillisia keinoja pakottaa holhooja alistumaan tahtoonsa, ja juristit alkoivat miettiä koko holhousinstituution mielekkyyttä niissä tapauksissa, joissa lasten äiti oli elossa. Esitettiin, että äitien sallittaisiin holhota alaikäisiä lapsiaan, mutta keisarit kieltäytyivät vahvistamasta tällaista järjestelyä. Käytännössä äidin oletettiin tarvittaessa osallistuvan lasten huoltoon omalla omaisuudellaan, ja jos lapset olivat aviottomia, se oli suorastaan ainoa mahdollisuus. Mutta jos lapsi oli laillinen ja isä elossa, äidillä oli oikeus hakea häneltä korvausta jälkikäteenkin. Myöhäisantiikin aikana yleistyi käytäntö, jonka mukaan avioeron sattuessa oikeus lapsiin voitiin ratkaista tapauskohtaisesti. Keisari Justinianus esitti: eroon syytön osapuoli sai lapset hoitoonsa, mutta kulut maksoi aina isä, paitsi jos hän oli vähävarainen ja äiti selvästi varakkaampi.

Uusi tutkimus haluaa painottaa, että Roomassa ydinperhe ja perhesiteet olivat vahvoja. Ydinperhe muodostui perusvelvollisuuksien keskukseksi, jossa lapselle tarjottiin hyvä kasvuympäristö. Yhteisölle lapsi oli tärkeä jo sen jatkuvuuden takia. Valtio suosi lapsien hankkimista ja avusti köyhiä perheitä eräänlaisilla lapsilisillä, alimonia. Lapset olivat näkyvillä sekä julkisessa että yksityisessä elämässä.

Kasvatus ja koulutus

Roomalainen yhteisö oli kasvatuskeskeinen. Yksilö oli yhteisössä arvokas, mikäli hän hallitsi yhteisön kulttuurin käsitteistön ja kykeni sen avulla osallistumaan yhteiskunnalliseen toimintaan. Kasvatus ja koulutus mahdollistivat näiden taitojen omaksumisen. Lapsi oli roomalaisille luonnostaan tietämätön, tavoiltaan ja taidoiltaan hiomaton, rudis. Pääasiallinen vastuu koulutuksesta oli kodilla. Lasten oletettiin jäljittelevän vanhempiaan ja vanhempien opettavan heille tärkeimmät käytännölliset ja sosiaaliset taidot.

Ihmisen keskeisin kyky on kommunikaatiotaito. Puheeseen kiinnitettiin antiikissa suurta huomiota, perustuihan kulttuuri sanaan. Roomalainen menestyi julkisessa elämässä nimenomaan puhujana. Oikea puhetapa oli tärkein sivistyksen ja sosiaalisen aseman osoittaja. Oli tärkeää, keneltä pikkulapsi kuuli ensimmäiset sanansa, miten ja mitä hänelle puhuttiin. Äidin asemaa puheopetuksessa korostettiin. Reettori Quintilianus antoi vanhemmille ohjeita lapsen puheopetuksesta:

> Vanhempien tulisi olla niin hyvin koulutettuja kuin mahdollista. En puhu tässä ainoastaan isistä. Tiedämmehän, että Cornelia, Gracchusten äiti, vaikutti suuresti heidän kaunopuheisuuteensa.

Cornelia ei ollut ainoa äiti, joka itse koulutti lapsiaan. Julius Caesarin ja Augustuksen äidit kunnostautuivat poikiensa opettajina. Äitien rooli ei rajoittunut puheopetukseen, vaan he opettivat joskus lapsilleen myös kirjallisuutta ja kreikan kieltä, mikäli lapsia opetettiin kotona. Myöhemmin keisariajalla historioitsija Tacitus oli huolissaan siitä, että lapset jätettiin oppimattomien imettäjien ja orjanaisten hoitoon, joiden puhetapa turmeli lasten puheen. Tacituksen ihanne oli äiti, joka itse hoiti lapsiaan ja opetti nämä puhumaan. Tacituksen päinvastaisista vakuutteluista huolimatta hänenkin aikanaan suurin osa roomalaisista äideistä epäilemättä opetti itse lapsensa puhumaan. Tacituksen näköala rajoittui yläluokkaan.

Tacitus arvosteli myös niitä »hyödyttömiä kertomuksia», joita hoitajat lapsille kertoivat. Satujen kerronta kuului Tacituksen paheksunnasta huolimatta roomalaisen lapsen ja aikuistenkin arkipäivään. Ehkä tyypillinen satu on Apuleiuksen kertoma Psykhen tarina:

> Eräässä kaupungissa oli kuningas ja kuningatar. Heillä oli kolme hyvin kaunista tytärtä...

Eläinsadut sen sijaan olivat oma kirjallisuuden lajinsa, jota pidettiin lapsille hyödyllisenä. Quintilianuksen mukaan tällaisia satuja tuli lasten oppia ulkoa. Mikäli eläinsadut kuuluivat lasten tavalliseen oppimateriaaliin, oppi roomalainen lapsi varhain elämän tosiasioita. Eläinsadut eivät karttaneet väkivallan tai sukupuolisuuden kuvaamista toisin kuin nykyisin lapsille suositellut kertomukset.

Kun lapsi oli päässyt imettäjän hoivista, hän sai roomalaisissa yläluokan perheissä hoitajan, jota kutsuttiin nimellä paedagogus. Hoitajan tehtävänä oli valvoa lapsen leikkejä ja ilmeisesti antaa jonkinlaista alkeisopetusta. Roomalaiset kirjoittajat olivat kiinnostuneita lasten leikeistä. Niitä pidettiin tärkeinä lapsen kehityksen kannalta. Latinan sanaa ludus käytettiin sekä leikeistä, peleistä että koulunkäynnistä. Quintilianuksen mukaan »monet pelit ovat hyödyksi lasten älyllisille valmiuksille kuten arvoitusten kyseleminen. Leikki valmentaa lapsia koulun tavoin aikuisuutta varten». Ensimmäinen lapselle annettava lelu oli helistin, sistrum, crepitaculum. Niitä oli monen muotoisia. Kirjailijat kertovat savisista palloista, joiden sisällä oli kiliseviä helmiä. Joissakin helistimissä oli metallinen kädensija, toiset taas oli muotoiltu linnun näköisiksi. Puolen vuoden ikäiselle lapselle annettiin naruun sidottuja pikku leluja, crepundia, jotka olivat samalla amuletteja.

Parin vuoden iässä lapset alkoivat rakennella hiekkalinnoja ja vähitellen heidän kekseliäisyytensä kasvoi, kuten Horatius kertoo:

> Taloja rakennetaan, hiiret vaunujen eteen valjastetaan, sormin pelataan ja luudalla heinikossa ratsastetaan.

Varsinkin varakkaiden lapsilla oli paljon lemmikkieläimiä, eräällä pikkupojalla oli poneja, koiria ja lintuja hoidokkeinaan. Ponit saatettiin valjastaa sellaisten pikkuvaunujen eteen, joilla lapsivainajat ajelevat sarkofagien veistoksissa.

Monet lasten leikit eivät olleet moralistien suosiossa. Varsinkin nopan pelaamista paheksuttiin. Sitä harrastivat kuitenkin innokkaasti myös aikuiset. Lapset olivat Horatiuksen mukaan innoissaan kepposista, joilla aikuiset saatiin hämilleen. Suosittu kuje oli viskata lantti mutaan ja katsella, kuinka aikuiset ryvettyivät sitä kalastellessaan.

Tyttöjen ja poikien leikeissä ei ollut suuria eroja. Heidät puettiin samanlaisiin vaatteisiin jopa juhlatilaisuuksissa, he leikkivät ja oppivat yhdessä. Tyttöjen erikoisleikeistä onkin niukasti tietoja. Nukkeleikit näyttävät kuitenkin olleen tyttöjen yksinoikeus. Tyttöjen haudoista on löydetty runsaasti erilaisia nukkeja. Useimmat olivat poltettua savea, mutta myös räsynukkeja on löydetty. Ylhäisöperheiden tytärten nuket saattoivat olla jopa kullalla koristeltua norsunluuta.

Nukeilla leikkiminen valmisti tyttöä lähinnä vaimon rooliin, sillä nuket kuvasivat aikuisia naisia eivätkä vauvoja. Nykytyttöjen Barbiet ja Daisyt ovat samanlaisia naisen malleja. Roolileikeissä ne sopivat paremmin samastumisen kuin hoivaamisen kohteiksi. Nykypäivän tytöt eivät kuitenkaan naimisiin mennessään lahjoita nukkejaan juhlallisesti Venukselle kuten Rooman tytöt tekivät.

Seitsemän vuoden iässä lapsen oletettiin »asettavan pähkinänsä

Jokaisella pikku siwa-tytöllä on kaulansa ympärillä hopearengas, ja siihen on kiinnitetty hopeakiekkoja. Ne ovat ns. neitsyyden kiekkoja, joita tytöt pitävät, kunnes menevät naimisiin. Häidensä aattona morsian lähtee kylpemään lähteelle. Hän ottaa kiekon kaulastaan ja viskaa sen lähteeseen. Sitten hän riisuu vaatteensa ja sukeltaa veteen. Pieni poika saa tavallisesti olla läsnä seremoniassa. Kun se on suoritettu, poika sukeltaa veteen ja tuo takaisin hopeakiekon, jonka morsian säilyttää tytärtään varten.

Mustalaistytön elämässä kehittyminen aikuiseksi tietää paitsi asun muutosta myös sosiaalista siirtymistä huolettomasta lapsuudesta aikuisia koskevien tarkkojen käyttäytymissääntöjen alaiseksi. Tämä merkitsee esimerkiksi erittäin tiukkojen siveys- ja häveliäisyyssääntöjen noudattamista. Ne ulottuvat myös perheen sisälle; esimerkiksi isä ei koskaan saa olla kaksin puberteetin sivuuttaneen tyttärensä kanssa.

Vieraat kulttuurit ovat useimmiten välittyneet meille eurooppalaisen katseen — ja kameranlinssin — läpi.

syrjään» ja keskittyvän vakavampiin asioihin. Seitsemää ikävuotta pidettiin sopivana ikänä aloittaa lukemaan opettelu. Alkeisopetus saatettiin antaa kotona, jolloin varakkaiden perheissä sen hoiti kotiopettaja. Lapsi voitiin lähettää myös opettajan luokse. Heidän pitämiään julkisia kouluja Roomassa oli 200-luvulta ennen Kristusta lähtien. Lukemisen lisäksi opeteltiin kirjoitusta ja laskentoa ja valmistauduttiin kirjallisuuden ja puhetaidon opintoihin, jotka olivat myöhemmän koulunkäynnin pääasiallinen sisältö. Roomalainen alkeisopetus näyttää tavoittaneen varsin hyvin myös alemmat sosiaaliryhmät eikä poikien ja tyttöjen välillä tehty eroa. Opinhaluisia tyttöjä arvostettiin: Plinius ylisti ystävänsä kolmentoista vuoden ikäisenä kuollutta tytärtä ahkeraksi ja tunnollliseksi opinnoissaan.

Kanarian tyttöjä

Kolmannen kuun kolmantena päivänä vietetään Japanissa persikankukkien juhlaa. Se on nukkejuhla, tyttöjen juhla. Sukupolvesta toiseen perintönä kulkeneet nuket sekä pienet taloustavarat asetetaan useiksi päiviksi perheen parhaaseen huoneeseen. Persikankukat ovat onnellisen avioliiton ja naisellisten hyveiden vertauskuvia. Vastaavassa poikien juhlassa esineet liittyvät sotaan ja sankareihin.

Tytön iästä käy ilmi, että hänen opintonsa eivät rajoittuneet pelkkään alkeiskoulutukseen. Tyttöjen opiskelua pidettiin tärkeänä: roomalaisaikainen papyruskirje Egyptistä kertoo, kuinka eräs isä halutessaan varmistaa tyttärensä opetuksen tason lähetytti opettajalle lahjoja. Oppineisuus kohotti naisen statusta: keisariajalla naiset antoivat mielellään kuvata itsensä kirjallisuuden harrastusta ilmentävien kirjoituspuikon ja vahataulun kera. Jo Rooman tasavallan ajalta on tietoja kaunopuheisista naisista, jotka menestyksellä ajoivat asioitaan julkisessa elämässä. Useimpien tyttöjen — kuten poikienkin — opiskelu rajoittui kuitenkin alkeiskouluun ja reettoreiden oppilaana nainen oli harvinaisuus.

Mikäli lasta ei pidetty oppimiskykyisenä tai hänellä ei ollut tilaisuutta saada opetusta, pidettiin luonnollisena, että hän ryhtyi tekemään jotain hyödyllistä työtä. Lasten työnteko oli tavallista esiteollisissa yhteiskunnissa, eikä Rooma muodosta poikkeusta. Tiedot siitä, missä iässä lapset lähetettiin työhön, ovat niukat. Juristit pitivät alle viisivuotiasta orjalasta kyvyttömänä mihinkään tuottavaan työhön. Vasta yli kymmenvuotiaalla orjalla katsottiin ilman muuta olevan arvoa työntekijänä. Aivan pieniä lapsia ei siis pantu työhön, missä suhteessa roomalainen yhteiskunta eroaa monista meidän aikamme kehitysmaista.

Erityisesti maatalous käytti lapsia työvoimana. Katsottiin että eläinten kaitseminen oli erityisen sopiva tehtävä lapsille, koska se ei edellyttänyt paljoakaan opittuja taitoja. Lapset avustivat myös viininkorjuussa. Oli tavallista, että kokonaisia perheitä palkattiin viinin ja oliivien korjuuseen sesongin aikana. Egyptin papyruksissa on säilynyt tietoja lapsille maksetuista palkoista. Vuoden 100 paikkeilla oliiveja keräämään palkatut lapset saivat 4 obolia päivässä, kun aikuisille miehille maksettiin kokonainen drakhma eli 6 obolia. Palkkasuhde oli lapsille edullisempi kuin esimerkiksi Euroopassa

maataloustöissä viime vuosisadalla. Maaseudun kausityöläisen sopimus on säilynyt papyruksella:

> Thenethuis, Heronin tytär, oliivinkantaja ... sitoutuu kantamaan oliiveja Lucius Bullenus Gemelluksen oliivipuristamoon Euhemeriassa ja tekemään kaiken, mikä kuuluu oliivinkantajan töihin, kunnes puristus on saatu päätökseen.

Kaupungeissa lapsia oli kodeissa palvelijoina ja käsityöläisten apulaisina. Pieni palvelustyttö on seinämaalauksissa ja hautamuistomerkeissä usein esiintyvä hahmo. Orjalapset koulutettiin yleensä omistajan talossa. Onnekkaimmat saivat opetusta kirjallisuudessa ja taiteissa. Useimmat harjoittelivat erilaisia käsitöitä. Kehruuta ja kudontaa pidettiin kunniassa vapaasyntyisenkin naisen tehtävänä.

Liioiteltuja ovat kuitenkin ne näkemykset, joiden mukaan roomalaisen naisen päivät kuluivat langan valmistuksessa ja kankaan kudonnassa. Villaa kehräävä nainen oli enemmän propagandakuva hyvästä perheenäidistä kuin vilpitön kuvaus roomalaisesta ylhäisönaisesta. Lapset, joiden vanhemmat toimivat käsityöläisinä tai kauppiaina, oppivat usein vanhempiensa ammatin. Tämä näyttää koskeneen myös perheen tyttäriä. Muuten on tuskin mahdollista selittää useiden tunnettujen liike-elämässä ja käsityöläisinä toimineiden naisten ammattitaitoa. Lapsi voitiin lähettää oppiin kodin ulkopuolelle. Egyptistä on löytynyt seuraava oppisopimus:

> Platonis, toiselta nimeltään Ofelia, on antanut Luciukselle oppiin neljäksi vuodeksi orjatyttönsä Thermutionin, jotta tämä oppisi kutojan ammatin. Tänä aikana Ofelia ruokkii ja vaatettaa tytön ja tuo hänet opettajalle auringon nousun ja laskun väliseksi ajaksi joka päivä ... Tytöllä on kahdeksantoista päivää lomaa vuodessa uskonnollisia juhlia varten. Jos hän on poissa työstä tai sairas, hän korvaa nämä päivät ylimääräisellä työllä palveluksensa loputtua.

Työnteko rajoittui alemman sosiaaliluokan ja orjien lapsiin. Yläluokan lasten ei oletettu työskentelevän ansion vuoksi, koska ruumiillisen työn ei katsottu sopivan heidän yhteiskunnalliseen asemaansa. Suurelle osalle antiikin lapsista työ oli jokapäiväinen ja luonnollinen osa elämää, kuten Euroopassa tälle vuosisadalle saakka ja kehitysmaissa edelleenkin.

Lapsi keskiajalla

Tutkijat ovat kysyneet, syntyikö perhe vasta varhaisteollisessa Euroopassa ja oliko niin, että keskiajalla perheen siteet sukuun ja yhteisöön olivat tärkeämmät kuin vanhempien suhteet lapsiinsa. Lähteistä johtuu, että — samoin kuin antiikista — kuvamme keskiajasta koskee lähinnä ylempiä yhteiskuntaryhmiä. Kuolinsyytilastot, joissa muutkin yhteiskuntaryhmät ovat mukana, osoittavat, että keskiajallakin hallitseva perhetyyppi oli ydinperhe, johon kuului 3–5 henkeä. Myös isän tai äidin ylläpitämiä yksinhuoltajaperheitä oli.

Lapset oppivat vanhempiensa työt näiden puuhia seuraamalla, mutta alle seitsenvuotiaille ei näytetä annetun pikkusisarten kaitsemista vaativampia tehtäviä. Kaikki kuolinsyytilastoista tunnetut alle seitsenvuotiaiden tapaturmat ovat sattuneet tavallisissa lasten leikeissä. Kuolinsyystilastot eivät tue sitä tulkintaa, että lapsenmurhat tai lapsen laiminlyönnistä johtuvat kuolemat olisivat kohdistuneet useammin tyttöihin kuin poikiin. Tilastojen mukaan poikia on kuoli imeväisiässä enemmän kuin tyttöjä.

Lapsenmurhien vähäisyys tilastoissa voidaan selittää joko siten, että lapsenmurha oli yleisesti hyväksytty käytäntö, joka sellaisena ei jättänyt jälkiä dokumentteihin tai siten, että lapsenmurhat salattiin tehokkaasti. Voidaan myös ajatella, että koska lapsikuolleisuus oli joka tapauksessa 50 prosentin tienoilla, oli tietoinen lasten tappaminen tarpeetonta. Halukkuutta tappamiseen vähensi sekin, että lapsia arvostettiin työvoimana talonpoikaisyhteisössä.

On esitetty myös, että lasten välillinen surmaaminen huonolla hoidolla oli vastaus niihin rajoituksiin, joita kirkko asetti ehkäisylle, abortille ja vastasyntyneen heitteillejätölle. Yläluokka saattoi ajatella, että lapsilukua oli syytä rajoittaa, koska lasten sosiaalistami-

nen tuli kalliiksi ja lukuisat jälkeläiset uhkasivat suvun taloudellista olemassaoloa. Tämä ajatustapa säilyi ja vahvistui yläluokassa vielä keskiajan jälkeenkin, kun lapsista aiheutuneet kustannukset nousivat. Yläluokan korkeaa kuolleisuutta ei voi selittää muilla kuin vanhemmista johtuvilla tekijöillä, koska sosiaalisesti vältettävissä olevia kuolemantapauksia ei vauraissa perheissä tietenkään ollut. Lapsen asemaa sääteli siis suuresti se, mitä hyötyä hänestä oletettiin olevan esimerkiksi perheen elättämisessä.

Maailman kuuluisimmassa keskiaikaisessa kylässä Montaillousa oli puhdas ydinperhe tavallisin perhetyyppi. Montailloun arkinen elämä on kirjattu inkvisitio-oikeuden pöytäkirjoihin vuosilta 1318–1325. Niistä näkyy, että perhe oli verisukulaisuutta ja perhesolidaarisuutta arvostava ihmisyhteisö. Perheeseen syntyi kylässä keskimäärin 4,5 lasta. Kylässä pidettiin itsestään selvänä, että jos lapsi kuoli, tilalle voitiin hankkia uusi, ellei oltu liian iäkkäitä. Mon-

Työ on keskeinen osa lapsen historiaa. Varhaishellenistinen köynnöskauppias ja englantilainen tulitikkuperhe ovat samalla tavoin torjuneet köyhyyttä ja nälkää. Tänään lapsityötä tekevät esimerkiksi Thaimaan lapsiprostituoidut, Rion kengänkiillottajat ja suomalaiset mainostenjakajatytöt ja pojat.

Seurakunnan avustuskassan virkailijalta kysyttiin Englannissa 1832: »Oletetaan, että vanhemmat, jotka hakevat apua lapselleen, kieltävät heidän käyttönsä työhön myllyssä tai tehtaalla sillä perusteella, että se vaarantaa lasten terveyden. Saavatko he avustusta? Virkailija vastasi: »Varmasti eivät.»

tailloulaisten katolisuudessa oli piirteitä kristinuskolle vieraista sielunvaellusopeista. Niinpä he uskoivat, että »kun sielut kuollessa poistuvat ruumiista, ne siirtyvät syntyvien lasten ruumiiseen.» Kylässä arveltiin myös, että kun talossa oli paljon varttuvia lapsia, siellä oli paljon työvoimaa ja näin se oli rikas talo.

Ennen kuin lapsista oli hyötyä, heidät oli kasvatettava ja ravittava. Lapsen antaminen imettäjän huostaan oli maalaisoloissa harvinaista. Imettäjiä oli vain varakkaan aatelin palveluksessa. Vuoristolaisen tytär Rousse Gonaud oli ensin aatelisella palvelijattarena ja sitten erään aatelisrouvan palveluksessa imettäjänä. Tällä välin hän oli siis saanut lapsen. Seuraavaksi hänestä tuli kylänvoudin rakastajatar, ja hän asui yhdessä tämän kanssa. Lopulta hän päätyi erään maanviljelijän lailliseksi vaimoksi.

Talonpoikaisperheissä imetys jatkui varsin pitkään. Lapsi vieroitettiin toisinaan vasta parin vuoden ikäisenä, kuten myöhemminkin on talonpoikaisyhteisöissä ollut tapana.

Eräs talonpoikaisnainen kertoo: »Eräänä päivänä olimme ylittämässä veneellä jokea, joka tulvi valtavasti. Pelkäsimme hukkuvamme, minä eniten, koska odotin lasta.» Pöytäkirjat osoittavatkin, että syntymä oli olennaisesti riemullinen tapahtuma. Äidit hellittelivät lapsiaan niiden ensimmäisistä elinkuukausista lähtien. Lapsen kuolema tai sairaus ja jopa pelkkä ero lapsesta aiheuttivat vanhemmille ja etenkin äidille tuskaa ja kärsimystä. Suru oli yhtäläinen niin pojan kuin tyttären kuollessa. Sairaat pienet lapset kastettiin oikeaan uskoon ennen kuolemaa, jotta heillä olisi parempi tuonpuoleinen elämä.

Kulttuuriperintö siirrettiin lapsille työn lomassa. Pojat nostivat nauriita yhdessä isien kanssa, tytöt leikkasivat viljaa äitiensä kanssa, ja työn aikana vanhemmat koko ajan juttelivat nuoremmilleen. Pöytäkirjoissa lapsi on lapsi kaksitoistavuotiaaksi asti, suunnilleen

12–14 -vuotiaasta lähtien hän oli nuori. Tytöillä oli eräänlainen siirtymäriitti nuoruusikään tultaessa. Kuukautisten alkaessa äiti ja tytär puhuivat suoraan keskenään: äiti kysyi, mikä tyttöä vaivasi ja sen jälkeen tyttärelle alettiin etsiä aviomiestä.

Vanhemmilla oli mahdollisuus jättää lapsensa luostariin, jos he eivät kyenneet häntä elättämään. Kasvatusvastuu siirtyi silloin vanhemmilta pois ja he luopuivat kaikista vaateistaan. Tämä oli parempi vaihtoehto kuin lapsen heitteillejättö. Luostarilaitos toteutti tässäkin perusideaansa ei-biologisesta perheestä. Keskiajalla perustettiin myös ensimmäiset orpokodit.

On kysyttävä, oliko naisella keskiajan perheessä tärkeämpi rooli talouden ylläpitäjänä vai äitinä. Näyttää siltä, että naisilla ei yleensä ollut mahdollisuutta vetäytyä pelkästään äitiyteen ja lasten hoitoon. Kotitalouden ylläpito vei pääosan hänen ajastaan.

Perhe muuttuu

Lapset olivat hyvin pitkään periaatteessa vanhempiensa yksityisomaisuutta. Uuden ajan alkamisen myötä lasta alettiin aikaisempaa selvemmin pitää yksilönä. Euroopassa suuri ideologinen vaikuttaja oli protestantismin nousu, joka korosti perheen ja lastenhoidon merkitystä. Kun keskiajan katolisuus näki lasten kuoleman paljolti Jumalan tahdosta riippuvaiseksi, korosti protestantismi vanhempien aktiivista roolia lasten hoidossa.

Luterilaisuus otti lapsia koskevan ajattelunsa lähtökohdaksi sen osan Raamattua, jonka mukaan lapsi oli yksilö, koska hänellä oli sielu. Lutherin Raamattu julisti: »Sallikaa lasten tulla minun tyköni» ja »Ellette käänny ja tule lasten kaltaisiksi, ette pääse taivasten valtakuntaan». Luterilaisuus loi myös sympaattista lapsikuvaa.

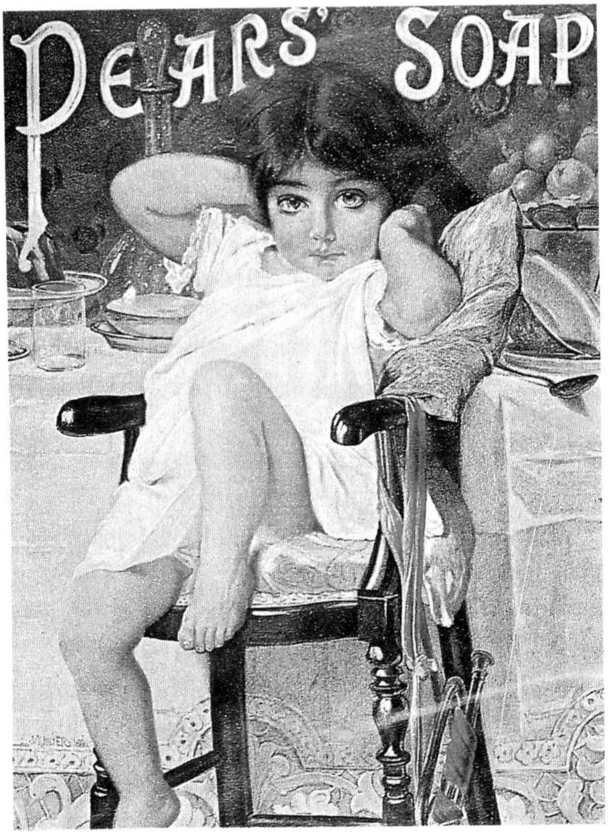

Tyttö myy hyvin.

Martti Luther kirjoitti: »Jos tahdot nähdä enkelin kuvan niin katsele sellaista hentoa, hurskasta sydänkäpyä kuin on pieni lapsi, joka ei ole kenellekään pahaa tehnyt eikä aiokaan tehdä.»

Modernin lapsikäsityksen juuret ovat valistuksen ajatusmaailmassa: tunteen merkitystä korostettiin, mikä johti esimerkiksi rintaruokinnan yleistymiseen ylemmissäkin yhteiskuntaryhmissä. 1700-luvulla syntyi käsitys lapsesta itseisarvoisena olentona, mikä toi mukanaan kasvatus- ja koulutustavoitteiden uudelleen arvioinnin. Kasvatusuudistaja Pestalozzi sai ideoita Rousseaun Emilestä ja kirjoitti: »Maailmanhistoria alkaa lastenhuoneesta.»

Eurooppalainen perhe käsitti yleensä vain 4–5 henkeä eli se oli kooltaan hyvin pieni. Perhe on Länsi-Euroopassa enimmäkseen tarkoittanut vanhempien ja lasten muodostamaa yksikköä eli ydinperhettä. 1700-luvun puolimaissa syntyi porvarillinen perhe, jolle on ollut ominaista tunteiden ensisijaisuus, yksityisyys, yksilöllisen valinnan mahdollisuus ja romantiikka. Sen myötä äidin ja lapsen suhde tuli keskeiseksi ja kotona olevalle äidille annettiin päävastuu lapsen kasvattamisesta.

Suomen maatalousvaltaisessa sääty-yhteiskunnassa, joka hajosi vasta 1800-luvun lopulla, lapsuuden maailmaa leimasi elämän yhteisöllisyys ja isäntävaltaisuus. Lapsen toimeentulosta ja kasvatuksesta piti huolta maatilan muodostama patriarkaalinen yhteisö, jossa isän auktoriteetti oli ehdoton niin vaimoon, lapsiin kuin palkollisiin nähden. Järjestelmää ylläpitivät ja valvoivat kirkko ja valtio. Niitä tukivat sukulais- ja naapuriyhteisöjen turvajärjestelmät.

Uusperhe ihmissuhdeongelmineen ei ollut vieras maatalousyhteisössäkään. Siitä kertoo esimerkiksi äitipuoli-aiheisten satujen yleisyys. Äidin ja lapsipuolten suhteet ovat olleet ongelma vanhassa talonpoikaiskulttuurissakin. Miesten jääminen leskeksi ei ollut har-

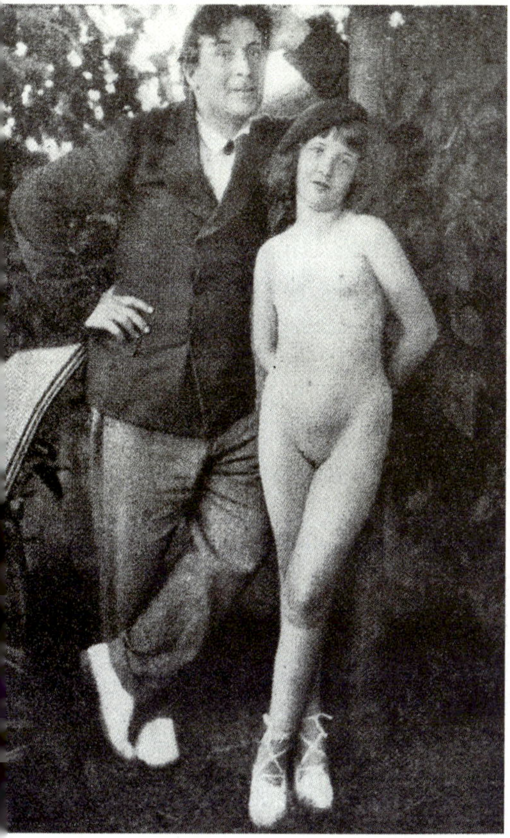

Alaston tytär on hyvä kulissi ja korostaja — niin kreivitär Hermine Zichylle, »joka oli ihmeellisestä kauneudestaan kuuluisa», kuin taiteilija Marc Chagallillekin.

vinaista kuten ei uudelleen avioituminenkaan — talonpito vaati molempien sukupuolten työpanoksen.

Teollistumisen edetessä sukulais- ja naapuriyhteisöt eivät pystyneet enää yksin huolehtimaan köyhistään. Yhteiskunnan oli pakko ryhtyä perustamaan lastenkoteja turvattomille lapsille. Myös julkisesta koululaitoksesta tuli sosiaalisen valvonnan ja moraalikasvatuksen väline. Kaupunkiköyhälistön lapsille tarjottiin leipää, työtä ja kristillistä kasvatusta.

1700-luvun puolivälin ensimmäisissä väestötilastoissa paljastui lapsikuolleisuuden yleisyys Suomessa. Silloin lastenhuollosta tuli erityinen poliittinen ongelma. Lastenkotien tehtävänä oli lapsen hengen välitön pelastaminen. Lapsi tuli siirtää laitoksesta talonpojille tai käsityöläisille heti, kun hän saavutti edes jonkinlaisen työkyvyn. Aluksi tämä tapahtui 6–8 -vuotiaana, mutta hyvin pian todettiin, että lapset tuli päästää pois lastenkodeista vasta 10–14 -vuotiaina. Jo 1763 ensimmäinen lastensuojelulaki painotti kotona tapahtuvan hoidon tukemista. Perusteluina perhehoidon suosimiselle olivat laitosten suuret menot, lasten parempi hoito kotona ja kulkutautien aiheuttamat tuhot. Lapsikuolleisuus vaati keskittymistä terveydenhuoltoon ja valistuksen parantamista. Meillä Lönnrot pyrki kirjoituksillaan romuttamaan yleisesti vallinneen näkemyksen korkean imeväiskuolleisuuden itsestäänselvyydestä. Hän kirjoitti: »Enin osa pieniä lapsia kuolee sopimattomasta ruoasta, Wilusta, likaisuudesta, huonosta hoidosta ja muista semmoisista syistä, jotka wanhemmat kyllä jos waan tietäisiwät ja tahtoisiwat, woisiwat wälttää ja poistaa.»

Vuoden ikäiseksi selviäminen ei suinkaan merkinnyt lapsen pelastumista. Alle 15-vuotiaista menehtyi 1750-luvulla suunnilleen 40 prosenttia ja vielä 1800-luvun lopullakin lähes 30 prosenttia. Aikuiseksi varttui siis ainoastaan joka toinen tai joka kolmas.

Sakari ja Emilie Topeliukselle syntyi 8 lasta, joista 5 tyttöä ja 3 poikaa. Näistä vain kolme tyttöä jäi eloon. Topelius on sadussaan »Kesästä joka ei koskaan tullut» ja runossaan »Pieni poikanen» kuvannut lapsen kuolemaa ja omaa murhettaan lastensa haudoilla. »Lapset ovat suurin rakkautemme ja toivomme, mutta mitään ei tapahdu ilman Jumalan sallimusta», kerrotaan Topeliuksen lohduttaneen vaimoaan.

Kampanjointi rintaruokinnan puolesta pienensi imeväiskuolleisuutta. Samaan suuntaan vaikutti hygieniaa koskevan tiedon lisääntyminen. Esimerkiksi Pohjanmaalla oli pieniä vauvoja ruokittu lehmänsarvista. Niissä maito pilaantui ja aiheutti lasten sairastumisen ja usein kuoleman. Sarvista luopuminen vähensi lapsikuolleisuutta jyrkästi.

Koulutettuja kätilöitä oli Suomessa jo 1750-luvulta lähtien, mutta heihin turvautui vielä 1900-luvun alussa vain neljäsosa synnyttäjistä. Tarttuvat taudit tappoivat eniten lapsia. Esimerkiksi hinkuyskään kuoli vuosina 1751–1865 lähes 200 000 henkeä. Heistä hiukan yli puolet oli alle vuoden ikäisiä. Hyvin pitkään erilaiset tarttuvat taudit, jotka esiintyivät epidemioina, olivat lasten kuolinsyistä suurimmat. Nyt nämä taudit on melkein taltutettu ja lisäksi synnyttäminen Suomessa on käynyt lähes riskittömäksi. Maamme lapsikuolleisuus onkin maailman pienimpiä.

Suomen maaseudulla suhtauduttiin vapaamielisesti aviottomiin lapsiin, jotka eivät välttämättä olleet este sen enempää työ- kuin avioliittomarkkinoillakaan. Aviottomat lapset voitiin nähdä myös todisteena hedelmällisyydestä ja taloon oli tärkeätä saada työvoimaa. Kaupungeissa sen sijaan yksinäiselle naiselle lapsen hoidon järjestäminen oli erittäin vaikeaa, ja aviottomien lasten kuolleisuus oli kaksinkertainen avioliitossa syntyneisiin verrattuna.

Lapsenmurhat eivät olleet yleisiä. Esimerkiksi vuosina 1816–65

Suomessa syntyi yli 170 000 aviotonta lasta, mutta lapsenmurhia voitiin todistaa tapahtuneen vain 356. Yhteiskunta perusti ns. löytölastenkoteja, joihin äidit saattoivat jättää ei-toivotut lapsensa. Ensimmäinen löytölastenkoti oli perustettu jo vuonna 787 Milanoon. Suomessa laitoksia kutsuttiin »enkelintekijälaitoksiksi» lasten suuren kuolleisuuden tähden.

Yhteiskunta saattoi harjoittaa muutoinkin julkista lastenkasvatusta. Kun yhdeksänvuotias torpparintytär Marja Pöyhönen oli varastanut jonkin verran rahaa, määrättiin moisesta teosta seuraamukseksi, että tyttö oli julkisesti »piiskattava raatihuoneen rappusilla rangaistukseksi ja kuritukseksi» ja ilmeisesti pelottavaksi esimerkiksi muille lapsille. Samat oululaislähteet tietävät kertoa, että äidit jopa hemmottelivat lapsiaan. Lasten kotikasvatus kuului heille.

Lasten osallistumista työntekoon on maataloudessa aina pidetty normaalina ja luonnollisena osana lapsen kasvua ja sosiaalistumista. On muistettava, että vielä 1900-luvun alussa 90 prosenttia suomalaisista asui maaseudulla. Kaikilla ei ollut varaa pitää lapsia kovin kauan tuottamattomina. Suomalainen sananlasku sanookin: »Lapsi tuo leivän tullessaan.» Lapset alkoivat tuottaa yhtä paljon kuin kuluttivat 14–15 -vuotiaina. Lapsen elämä jakaantui Suomessakin maagisiin 7-vuotisjaksoihin. Alle 7-vuotiaana lapsi ei tehnyt työtä. Sananparsi sanoi, että »seittemän vanhaan laps syliä kaipaa». 7–14 -vuotiaana hänen tuli tehdä jotakin työhön viittaavaa ja 14–21 -vuotiaana hän teki jo erilaisia päivätöitä. Tehdasteollisuuden läpimurto alkoi Suomessa 1850-luvulla ja lapsityövoima oli olennainen osa tehtaiden varhaishistoriaa. Moniin tehtäviin oli helpointa käyttää lapsia, joille ei tarvinnut maksaa kuin pieni osa aikuisten palkoista. Ehdottomasti lapsityövaltaisin ala oli tulitikkuteollisuus, jonka työvoimasta noin 60 prosenttia oli alaikäisiä. Myös

Tänään emme kävele. Tänään olemme kotona ja keskitymme olemaan kauniita, perhetyttöjä.

JR OKLAHOMA

tekstiili- ja tupakkateollisuudessa lasten osuus nousi yli 30 prosenttiin. Lapsityövoiman keskittyminen näille aloille oli kansainvälinen ilmiö. Vuonna 1845 manufaktuureissa ja tehtaissa oli alle 15-vuotiaita työntekijöitä 256 henkeä eli runsaat 12 prosenttia koko työvoimasta. Vuonna 1865 määrä nousi yli 26 prosentin. Joka neljäs teollisuustyöläinen oli lapsi. Lapsityövoiman määrä kasvoi 1880-luvulle saakka, mutta sen merkitys väheni nopeasti koneellisen suurtuotannon kasvaessa. Vuonna 1900 teollisuustyövoimasta oli lapsia Suomessa enää 1.5 prosenttia ja vuonna 1930 oltiin päästy 0.18 prosenttiin. Teollistumisen varhaisvaiheessa pienipalkkaiset, mutta näppäräsormiset lapset olivat niin haluttuja, että heitä etsittiin kirkoissa luetuin kuulutuksin. 1800-luvun lopulla suunniteltiin Forssaan kasarmi, johon voitiin vaihtoehtoisesti sijoittaa joko neljä poikamiesinsinööriä, kuusi työnjohtajaperhettä tai 60 tehtaantyttöä. Lapsityövoiman käytöstä virinnyt keskustelu ei Suomessa johtanut lainsäädäntöön vielä silloin, kun lapsityövoima oli tärkeää, vaan vasta sen menetettyä merkityksensä. Lapsityövoimasta käytiin kuitenkin jatkuvaa keskustelua muun muassa uudistettaessa elinkeinolainsäädäntöä 1860-luvulla.

Nykyään sanomme, että lapsuus on yhteiskunnallistettu. Jokainen suomalainen lapsi on moninkertaisen yhteiskunnallisen huolenpito- ja valvontajärjestelmän alainen. Tarkkailu alkaa maailman parhaissa neuvoloissa ja jatkuu päivähoidon ja peruskoulun kautta hyvinvointi-Suomen kansalaiseksi. Ongelmien ilmaantuessa tarjoavat apuaan kasvatus- ja perheneuvolat, koulukuraattorit, tukioppilaat ja erityisopetus. Samalla vanhemmuudesta on tullut ammatti, johon annetaan koulutusta niin neuvoloissa, päiväkodeissa, kouluissa kuin julkisuudessakin. Perhelehdet ja kasvatusoppaat tarjoavat jatkuvasti ohjeita. Myös vanhemmuus on yhteiskunnallistunut. Aivan viime aikoina on alkanut esiintyä vaatimuksia liiallisen holhouksen poistamiseksi. Ihmiset ovat ryhtyneet tekemään yksilöllisiä valintoja myös lastensa tulevaisuuden suhteen.

Peili on ikäänkuin kääntynyt väärin päin. Moni suomalainen, varsinkin yksilapsinen, perhe tuntee »lapsiterroristin», joka ei alistu vanhempien määrättäväksi vaan saattaa sanella koko perheen toimintatavan. Se, että lapsi on korotettu jalustalle, on usein merkinnyt äitien syyllistämistä: lapsen huono käytös johtuu äidistä, joka ei ole kantanut kasvatuksesta riittävää huolta. Taustalla on vanha ajatus äidin oikeasta paikasta: kotona ja lasten kanssa. Tämä on synnyttänyt hiukan ironisestikin yhdistyksen »Pelastakaa edes äidit», joka viittaa »Pelastakaa lapset» -järjestöön, joka tekee tärkeää työtä erityisesti adoptiolasten hyväksi.

Lapsuus ei ole vielä kaikkien onnela

Yhtyneitten Kansakuntien Lapsen oikeuksien julistuksessa maailman kansat ovat asettaneet tavoitteensa korkealle: Lapsen tulee saada nauttia erityistä suojelua. Hänen tulee saada kasvaa ja kehittyä terveenä. Hän on oikeutettu sosiaaliseen turvaan ja koulutukseen eikä häntä saa käyttää kaupankäynnin kohteena.

Todellisuus on kuitenkin toinen. Kehitysmaiden ihmisistä kuolee yhä 40 prosenttia alle viisivuotiaana. Heitä tappavat aliravitsemus, hygienian puute ja taudit. Lapsityö on useissa maissa yleisempää kuin teollistumisen alkuvaiheen Euroopassa. Lapsiprostituutio on monen maan turismin vetonaula; esimerkiksi Thaimaan syrjäkylien tytöt myydään Bangkokin katumarkkinoille perheen talouden turvaamiseksi. Muuallakin lapsen elämä on yhä kiinni hänen vanhempiensa sosiaalisesta asemasta. Silti kaikki yritykset parantaa lasten elämää ovat tärkeitä. Meidän tehtävämme on raken-

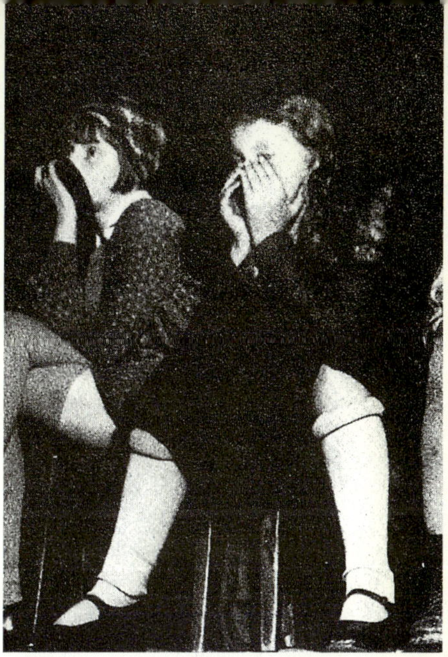

Isonsiskon, serkun tai
serkunsiskon iso hame päällä
ja essu
ja pässinpökkimät sukat syltyssä.
Sormi suussa ihailimme
mustia monoja.
Me juoksimme nenät märkinä
ja kumisaappaat jaloissamme
kesät talvet.
Me kipaisimme ja pinkaisimme
pian aikuisuuteen
— liian pian.

Maria Helena Nygård

taa heille kiitorata jolta nousta. Mutta lento ei ole meidän määrättävissämme. Kahlil Gibran sanoo: »Teidän lapsenne eivät ole teidän lapsianne. He ovat Elämän kaipuun tyttäriä ja poikia.»

Tyttöikä – tuulenpyörre ja tosipaikka

Vuokko Aromaa

Tyttö on myönteinen sana. Se tuo mieleen kuvia nuoruudesta, viehkeydestä ja viattomuudesta. Ehkä juuri siksi tytöksi voidaan ja halutaan nimittää hyvin eri-ikäisiä naisia.

Tyttöjä ovat yhtä hyvin tyttövauvat, koulutytöt kuin muutkin nuoret neidot. Tyttö-käsite on siirretty kuvaamaan myös varsinaisen tyttöiän ohittaneita naisia: voidaan puhua isoäiti-ikäisistä tytöistä tai nimitetään isoiksi tytöiksi kaikenikäisiä isonkokoisia naisia. Kapeimmillaan tyttöikä sijoittuu 7 ja 13 ikävuoden välille, vähän laajempana käsitteenä se tarkoittaa »naispuolista henkilöä, joka ei vielä ole saavuttanut sukukypsyyttä». Vielä useammin tyttönimitys on naimattomuuden merkki, tyttöjä ollaan kunnes avioidutaan tai tullaan vanhoiksi piioiksi. Osa tyttöydestä kuuluu siis lapsuuteen, osa aikuisuuteen.

Yksi tyttöjen ratkaisevista elämänvaiheista on lähtö vanhempainkodista. Se on ollut ja on elämän avainpiste, jossa yhdistyvät jo eletty elämä ja tulevaisuuden mahdollisuudet. Lähtö on elämän ulkoinen käännekohta. Samalla se on myös sisäinen käänne; se on oman minän pohdintaa ja asettumista uuteen asemaan.

Tyttöjen on lähes aina odotettu lähtevän kotoaan — ennemmin tai myöhemmin. Vanhemmille tytön syntymä oli jo muistutus hänen lähdöstään. Tyttö syntyi, tyhjä syntyi, sanoo suomalainen kansanperinne ja jatkaa, että tyttären kasvattaminen on kuin naapurin vasikoita ruokkis. Tytöstä ei yleensä odotettu talon pitäjää tai työn

Minä istun maailman katolla
jalat ristissä
istun ja katselen.

Johanna Suvanto

jatkajaa. Sen sijaan tytössä nähtiin myötäjäisten viejä, jonka tulevaisuus toteutui jossain muualla kuin omassa lapsuudenkodissa. Karjalaisissa ja virolaisissa häissä morsian oli antilas, se, joka jouduttiin antamaan pois. Lähdön ajatukseen sisältyy kuitenkin ristiriita, tytärtä on toisaalta pidetty huolehtijana. Hänen tehtävänään on ollut ottaa osaa hoivaamiseen — olivatpa kyseessä sitten omat vanhemmat tai muut lähisukulaiset. Kantelettaren äiti liekutti tytärtään laulaen

Tuuti, tuuti tyttöäni —
tuuti Turkuhun tytärtä
kauppamiehelle kanaksi
porvarille puolisoksi
viimein vanhemman varaksi
emonsa elättäjäksi!

Pitkälle 1900-lukua olivat niin nuorten naisten kuin nuorten miestenkin elämän vaihtoehdot vähäiset. Vapaa elämänuran, puolison tai asuinpaikan valinta oli harvinaista. Tarjolla olevat mahdollisuudet olivat tiukasti sidoksissa siihen yhteisöön, johon oli sattunut syntymään. Jos omia elämäntoiveita oli, ne eivät useinkaan päässeet toteutumaan, tytöillä vielä vähemmän kuin pojilla. Tyttöjen lähtö oli ulkoa ohjattu tai saneltu ratkaisu.

Maaseudulla ennen teollistumista lähtö tarkoitti lähtemistä töihin vieraalle tai naimisiinmenoa. Sama oli tilanne tuon ajan kaupungeissa: vaihtoehdot olivat työnteko tai avioituminen. Jotkut tytöt jäivät kokonaan kotiin, osallistuivat talon töihin, hoitivat vanhat vanhempansa hautaan ja päätyivät sitten jonkun sukulaisen talouteen.

1900-luku toi tytöille lisää valinnan mahdollisuuksia, julkinen maailma alkoi avautua myös naisille. He valtasivat itselleen uutta

the lunatic girl O.

Käärme on viisauden ja järkevyyden jumalattaren Pallas Athenen symboli, kyyhky rakkauden jumalattaren Afroditen. Tytön hallussa on siis viisaus, järki ja rakkaus — jumalmaailman tasolla. Kreikan ja Rooman käytännössä tytön viisaus tarkoitti usein hiljaisuutta ja nöyryyttä, rakkaus varhaista tietä äitiyteen.

tilaa työmarkkinoilla, koulutuksessa ja yhteisten asioiden hoidossa. Lisäksi tytöt saattoivat tai heidän piti valita myös yksityinen: koti, aviomies ja lapset. Oman vuosisatamme tytöt ovat lähteneet lapsuudenkodistaan joskus kauaskin, ensin mentiin kouluun, sitten töihin tai opiskelemaan. Lähdettävä oli maalta kaupunkiin ja kotimaasta muille maille. Monesta tytöstä tuli maassamuuttaja tai siirtolainen.

Nykytytötkin ovat uuden tilanteen edessä. He lähtevät entistä epävarmempaan maailmaan, joka kuitenkin on houkuttelevan täynnä vaihtoehtoja. Ahdistuksen paikka syntyy, kun jo valinta on vaikeaa, vaihtoehdot sulkevat toisensa pois tai niitä ei saa kiinni. Nämä tytöt ovat myös nähneet, minkä hinnan heidän äitinsä ja isoäitinsä ovat maksaneet toteuttaessaan kaksoisstrategiaansa: sekä yksityisen että julkisen maailman valloittamista.

Tytöt on valmennettu eri aikoina ja eri kulttuureissa kovin eri tavoin aikuistumiseen ja maailmalle lähtöön. Melkein kaikkia tyttöjä on tietoisesti valmennettu kohtaamaan täysi-ikäisyys. Maailmasta on varoiteltu, siitä on yritetty opettaa selviytymisen kannalta tärkeä. Mutta tyttöjä on kasvatettu myös tynnyrissä. Elämisen tärkeistäkään puolista ei ole kerrottu.

Yhteisenä piirteenä kautta aikojen on kuitenkin ollut se, että tyttöjen kasvamisen ja lähdön on määritellyt joku muu kuin tyttö itse. Usein määrittely on tehty raskaalla kädellä. Monet naiset ovat aikuisena kuvanneet vaikealta tuntunutta siirtymistään vapaasta lapsuudesta tyttöikään, jolloin ympäröivän yhteisön kieltojen ja käskyjen pakkopaita on alkanut estää spontaaneja elämänilmauksia. Samoin on tietysti käynyt myös pojille, tytöt on kuitenkin ohjattu vielä selvemmin annettuun rooliin kuin pojat. Simone de Beauvoirin lause »Naiseksi ei synnytä, naiseksi tullaan» tiivistää kasvuprosessin luonteen.

Nuoruus, kauneus ja koskemattomuus olivat varhaiskristillisen naiskäsityksen perusihanteet. Seksuaalisuuden torjuminen onkin ollut keskeistä koko länsimaisessa kristillisyydessä.

Aikuistumisriitti sitoo ja päästää

Siirtyminen lapsuudesta ja nuoruudesta aikuisuuteen on pohjimmiltaan biologinen ilmiö. Sukukypsyyden saavuttaminen, kyky tuottaa itse jälkeläisiä on ihmislajiin kuuluvan eläimen aikuisuuden mittari. Homo sapiensille siirtymä on kuitenkin myös sosiaalinen tapahtuma.

Porttina oikeaan aikuisten maailmaan ovat kautta ihmisheimojen historian olleet erilaiset siirtymäriitit. Näitten riittien tarkoituksena on ollut ja on yhä irrottaa yksilö entisestä olemisestaan ja liittää uuteen. Usein puhutaan elämänpolkuriiteistä, joissa ihminen tietyn ikäisenä siirretään elämänvaiheesta toiseen. Elämänpolun tyttövaiheeseen liittyvät puberteettiriitit. Murrosikää on monesti kuvattu ihmisen toiseksi syntymäksi, jossa saavutetaan sukukypsyys. Osa puberteettiriittiä onkin tytön irrottaminen uinuvan seksuaalisuuden maailmasta ja liittäminen aktiivimman sukupuolisuuden maailmaan. Samalla se on laajemminkin valtakirjan antaminen aikuisena olemiseen.

Murrosiän riitit eivät aina osu yksiin fyysisen kypsymisen kanssa. Joissakin yhteisöissä murrosriitteihin osallistutaan parikymmenvuotiaina, joissakin paljon varhemmin. Ikä riippuu aikuisikäiselle asetetuista odotuksista: jos aikuisuuteen liittyy raskaita velvollisuuksia, murrosriitti on myöhäinen. Jos taas täysi-ikäisyys merkitsee esimerkiksi oikeutta osallistua heimon rituaalitanssiin, murrosriitti voidaan suorittaa aiemmin. Nuoruuden muutosvaiheeseen voidaan suhtautua myös varsin välinpitämättömästi ja ohittaa se melkein huomiotta. Useimpien kulttuurien piirissä murrokseen kuitenkin suhtaudutaan merkittävänä kynnysvaiheena. Joidenkin piirissä se antaa aiheen jopa suurelliseen juhlintaan tai monimutkaisten riittimenojen suorittamiseen. Poikien murrosriitit ovat

Kaksi nuoruutta: tehdas 1900, Ruisrock 1985.

useammin näkyviä, koko yhteisön yhteisiä tapahtumia. Tyttöjen murros on ohitettu vähemmin menoin. Silti tyttöjenkin riittijuhlista löytyy runsaasti reippaita esimerkkejä.

Eteläafrikkalaisen basotho-heimon tytöille järjestettiin vielä 1930-luvulla lebollo, eräänlainen initiaatiokoulu ja -seremonia. Siihen aikaan kristityt basotholaiset eivät enää hyväksyneet pakanallisena pitämäänsä lebolloa, erityisesti rituaaliin liittynyt ympärileikkaus sai ankaran tuomion. Kristittyjen tyttäret eivät saaneet missään tapauksessa osallistua riittiin tai edes katsella juhlintaa. Le-

bollo kesti kaiken kaikkiaan kolme kuukautta, jona aikana tyttöjä opastettiin aikuisuuteen ja naiseuteen. Seksuaalikasvatus oli yksi oppiaineista. Lebolloon kuului myös tanssia, laulua ja huvittelua. Vanhemmiltaan salaa rituaalia seurannut Ellen Kuzwayo — myöhemmin mustien vapautusliikkeen aktivisti — lumoutui nuorten naisten rytmikkäästä tanssista, varmasta ryhdistä, asuista, koko tiiviistä tunnelmasta: tytöt hehkuivat nuoruutta ja punaista okranväriä. Okralla värjääminen, kaislahameet ja röyhelöt samoin kuin neitsyyden vertauskuvat, paljaat rinnat kuuluivat tyttöjen juhlaasuun. Asian luonteeseen kuului myös salaperäisyys: lebollon käyneet tytöt kieltäytyivät kertomasta kokemuksestaan, mutta näyttivät ylemmyydentuntonsa, jopa halveksuntansa vihkimättömiä kohtaan.

Cheyenne-intiaanien yhteisössä tytön murrosiän taitekohta olivat ensimmäiset kuukautiset. Tytön isä kuulutti tiipiinsä ovelta huutaen uutisen koko kylälle ja lahjoitti tyttärensä naiseksitulon kunniaksi jollekin köyhälle vanhukselle hyvän hevosen. Monien muiden Pohjois-Amerikan intiaaniheimojen piirissä tyttö eristettiin ensimmäisten kuukautistensa ajaksi. Tuona eristysaikana tytön oli oltava erityisen toimelias ja puuhakas, koska kaikki mitä hän silloin teki, vaikutti koko hänen

Tuomi vain kerran
kesän aikana kukkii, ei kahdesti.
Neitona kerran
sain iloisena elää, en kahdesti.

Latvialainen daina

Tyttö oli vain kuudentoista, mutta mitäpä sillä väliä, kun on nuori.

Galett Burgess

tulevaan elämäänsä. Ensimmäisen eristysajan lopuksi tytölle tuotiin uuden aseman merkiksi aikuisen naisen vaatteet.

Brittiläisen Kolumbian kantaja-heimo kärjisti eristävän siirtymäriitin huippuunsa. Tyttö eristettiin jopa 3–4 vuodeksi yksikseen erämaahan, elävältä haudattiin, kuten nimitys kuului. Uskottiin, että tänä aikana tyttö saattoi tuottaa onnettomuutta jokaiselle, joka vain vilkaisikin häneen, ja hänen jalkansa saastuttivat joka polun ja tien.

Bengalin lahden andamaanien murrosmenot puolestaan korostivat puhdistautumista. Tytön kuukautisten alkaessa naispuoliset sukulaiset ryhtyivät itkemään korostaakseen tilanteen tärkeyttä. Tyttö itse kahlasi mereen pariksi tunniksi: kyseessä oli rituaalinen puhdistautuminen. Kylvyn jälkeen tyttö puettiin lehtiin ja saveen, joiden peittämänä hän istui majassaan kädet ristissä ja jalat taivutettuina kolme päivää. Joka päivä ohjelmaan kuului merikylpy. Sitten tyttö palasi entiseen elämäänsä uuden aseman saavuttaneena.

Tyttöjen murrosmenot ovat usein olleet suoraa valmistautumista avioliittoon — joskus myös ulkoisesti. Keski-Afrikassa on harrastettu tyttöjen lihottamista erityisissä lihotustaloissa, koska naisen kauneus on siellä jokseenkin verrannollinen hänen pyöreyteensä. Suloa luotiin syöttämällä tyttöjä imelän rasvaisella ruualla ja kieltämällä liikunta. Poikien ei tällä eikä muullakaan tavoin tarvinnut kaunistua ennen avioitumista.

Suomessa siirtymäriittinä on halki kristillisen ajan ollut ensimmäinen ehtoollisella käynti. Lapsen kirjoista on päässyt vasta nautittuaan ehtoollistavan mukaiset Kristuksen ruumiin merkit. Rippikoulusta tuli ehtoolliselle ja seurakunnan täyteen jäsenyyteen valmistava tapa 1700-luvulla ja lopullisesti se vakiintui 1800-luvun puolella. Suomessa rippilapset ovat yleensä olleet 14–16 -vuotiaita.

Suomalainenkin siirtymäriitti on ollut tärkeä niin nuorille itsel-

Kauneus ei ole mulle niin tärkeätä. Mulla on yksi ruma tyttöystävä, mutta se on niin viisas. Sillä on omat mielipiteet ja just se miellyttää mua. Se on ollut mun luona jo yötäkin. Sen kanssa voi puhua kaikesta, myös politiikasta. Eikä sillä lailla että Voi luoja! tai niin. Ja tapa, millä se tekee kaiken, tekee sen nätiksi. Sitä ei ajattele enää, minkälainen vartalo sillä on tai miltä se näyttää.

Susanne T., 16 vuotta, koululainen, DDR

leen kuin aikuisyhteisöllekin, erityisesti vanhemmille. Kun Täällä Pohjantähden alla -romaanin Kivivuoren Elina pääsi kotikirkossaan ripille, hänen äitinsä mielessä liikkui hatarasti muotoiltu rukous: »Tartu käteen ... elämän tiellä. Varjele että puhtaana... kedon kukkaset... Jeesus ota käsivarsilles elämän läpitte.» Väinö Linna selittää äidin ajatelleen nimenomaisesti tyttärensä eroottista puhtautta siitä yksinkertaisesta syystä, että ripillepääsy kansan käsityksissä merkitsi oikeutta naimisiinmenoon. Niinpä nuoret itsekin epämääräisesti kuvittelivat saaneensa oikeuden seurusteluun miehinä ja naisina.

Elinan veljet ilmaisivat saman asian omalla tavallaan. Siskon kanssa yhtä aikaa ripille päässeeltä Koskelan Aleksilta kysyttiin heti kirkonmäellä, aikoiko tämä jo samana ehtoona piioille. Äidin harmiksi veli Osku vielä jatkoi kutsumalla Aleksin »meidän plikalle», joka nyt oli valmis sielun ja ruumiin puolesta.

Varhemmassa suomalaisessa rippikouluperinteessä ei tunnettu varhaiskantaisten kansojen yhteisöstä eristämistä. Rippikoulu ei sulkenut rippilapsia omaksi joukokseen. Nykypäivän moderni rippikoulu, rippikoululeiri, sen sijaan toteuttaa ulkopuolelle sulkemisen ideaa. Murrosikäisten joukko sijoitetaan pariksi viikoksi poikkeusoloihin, useimmiten maalle, ainakin jonkin matkan päähän kotoa. Paluu eristyksestä on rippijuhla, jossa uutta asemaa osoittaa myös valkea vaatetus.

Roomalaiskatolisissa maissa konfirmaatio täyttää vain osittain siirtymäriitin tehtävän. Katolisten konfirmaatio tapahtuu aiemmin kuin protestanttien, tytöt ovat vasta 11–12 -vuotiaita ensimmäisellä ehtoollisellaan. Tällöin he eivät vielä ole valmiita varsinaiseen nuoren naisen elämään. Uusi asema saavutetaan vasta pari kolme vuotta myöhemmin. Välivaihe on valmistautumista ja kypsymistä. Tätä noin 15 vuoden iässä tapahtuvaa siirtymää varsinaiseen nuor-

Kenpä uskoisi, että tytöt oppivat myös nauramaan? Tässäkin suhteessa heiltä vaaditaan sulokkuutta. Suu auetkoon kohtuullisesti, hymykuopat sen molemmilla puolilla olkoot pienet, huulen alaosa peittäköön hampaiden kärjen. Älkööt he jännittäkö kupeitaan alituiseen nauramalla: nauru heliskööm keveänä ja — kuinka sanoisin — jollakin tapaa naisellisena.

Ovidius, Rakastamisen taito

Haukkuvat harakkaa.
Minä katson kadehtien:
että joku tässä totisessa
maailmassa
tohtii noin oma itsensä olla,
— tilanteessa kuin
tilanteessa repäistä
rehevän, elämäniloisen
harakan naurun.

Taimi Piipari

ten maailmaan on juhlittu julkisesti esimerkiksi Ranskassa. Dijonin seudulla vietettiin vielä 1960-luvun alussa ns. Katariinanjuhlia. Ne pidettiin syksyllä Pyhän Katariinan päivänä. Silloin kaikki kylän 15-vuotiset tytöt menivät yhdessä messuun ja valitsivat joukostaan Katariina-kuningattaren. Sen jälkeen he söivät yhteisen aterian ja illalla järjestettiin tanssit. Näin tytöt liitettiin uuteen ikäryhmään, avioliittokypsään nuorisoon. Ranskalaistytöt ovat omineet Katariinanpäivän itselleen toisessakin yhteydessä. Esimerkiksi Pariisissa viettivät naimattomat 25-vuotiaat naiset Katariinaniltaa kaupungilla juhlien. Heille tilaisuus merkitsi viimeistä mahdollisuutta välttää vanhan piian Kyöpelinvuori. Juhlinta olikin railakkaampaa kuin neitovaiheensa alussa olevilla teini-ikäisillä.

Yläluokkaiset läntisen maailman tytöt on työnnetty seuraelämään ja naimamarkkinoille debytanttitanssiaisissa. Debytoiminen on ollut vakava paikka niin tytöille kuin vanhemmille. Tilanteen luonne on tuotu esiin samalla kertaa viattoman ja tarjoutuvan pukeutumisen avulla. 1950-luvun Yhdysvalloissa coming out party -perinne oli säilyttänyt vielä osan pukeutumisrituaalin ytimestä: tyttöjen valkoiset leningit pönkitettiin kovitetuin pitsein, vyötäröt kiristettiin piukoiksi, kulmakarvat nypittiin ja huulet maalattiin kostean kirsikanpunaisiksi. Juhlakuvaan asetuttiin toisen jalan pohje puristettuna toisen polveen, asennon piti osoittaa säilynyttä tyttöyttä. Katseen piti kuitenkin lähettää lupauksia, vihjeitä siitä, että tyttöperhosilla oli jo siivet.

Suomalaisena aikuistumisriittinä on toiminut myös ylioppilastutkinto ja ylioppilasjuhlat. Joidenkin 1960- ja 70-lukujen tarmokkaiden koulunuudistajien yrityksistä huolimatta ylioppilastutkintoa ei ole poistettu, eikä sen ulkoisia merkkejä ole muutettu. Valkolakki on säilynyt ensin tutkinnon suorittamisen merkkinä ja sitten vapun karnevaaliasuna. Muut oppilaitokset ovat pyrkineet kehittelemään omien päättötutkintojensa tunnuksiksi samantyyppisiä rituaaleja, mutta vielä ne ovat jääneet ylioppilastutkinnon varjoon.

Suomalaisten siirtymämenojen erityinen piirre on niiden ainakin näennäinen sukupuolineutraalius. Niin tytöt kuin pojat käyvät läpi samat viralliset seremoniat ja niihin valmistautumisen. Epävirallinen, kodin ja muun lähipiirin antama valmennus on sitten eri asia, siinä voivat näkyä tyttövalmennuksen erityispiirteet. Sama virallinen sukupuolettomuus leimaa myös monien muiden läntisen kulttuurin maiden nykyisiä siirtymäriittejä.

Poikkeuksen säännöstä muodostaa asepalvelus. Se on edelleen pääosin vain pojille tarkoitettu miesten koulu. Armeija irrottaa pojat pitkäksi aikaa ja melko tehokkaasti omasta elinympäristöstä ja muustakin maailmasta. Niiden sijalle tulee oman ikäryhmän ja sukupuolen suljettu joukko. Varusmiespalvelu tuottaa monien muiden kokemusten lisäksi poikkeuksellisen kokemuksen miesten ja poikien yhteisöstä. Suomalaiset nykytytöt kohtaavat yhden sukupuolen maailman harvemmin ja lievemmin.

Neitous on jotain erityistä

Se tyttöyden vaihe, joka jää siirtymäriitin merkitsemän lapsuuden lopun ja avioitumisen väliin, on monissa kulttuureissa ollut poikkeuksellinen aika. Useimmiten tähän vaiheeseen on liitetty sukupuolisen puhtauden vaatimus. Vaatimus on lähtenyt aikuisyhteisön tavasta käyttää tyttöjä vaihdon välineenä. Tyttöjen naittaminen oli usein sukujen tai heimojen välistä diplomatiaa, jossa naitettavan tytön koskemattomuus oli osa hänen arvostaan.

Neitouteen on liitetty myös muita ominaispiirteitä, jotka ovat lisänneet sen erityisyyttä. Esimerkiksi Pohjois-Amerikan itärannikon

Ripille päästessäni riemuitsin; olin jo kauan tuntenut pyhän pöydän antimet, joten nautin häikäilemättömästi juhlan maallisista houkutuksista. Minua onniteltiin, ja minä pidin itseäni kauniina. Illalla luovuin vastahakoisesti juhlapuvustani; lohdutukseksi käännyin hetkeksi kannattamaan avioliittoa; tulisi päivä, jona minä valkoisessa silkissä ja urkujen pauhussa ja kynttilöiden loisteessa muuttuisin taas kuningattareksi.

Simone de Beauvoir, Perhetytön muistelmat

tuntumassa eläneitten tewa-intiaanien piirissä nimettiin kolme sukupuoleen liittyvää ryhmää: miehet, naiset ja neitsyet. Tewojen käsityksen mukaan neidolla on naisellisten ominaisuuksien lisäksi myös miehisiä piirteitä. Tewa-neidot edustivat siis eräänlaista varhaista androgyynisyyttä. Ajatus sivusi sitä nykykäsitystä, jonka mukaan meissä kaikissa on sekä naista että miestä.

Usein neitovaiheeseen on yhdistetty myös voiman aspekti. Nuoren naisen asema ennen avioitumista oli toisaalta haavoittuva, neitsyyttä ei saanut menettää, toisaalta hänellä oli erityisasemaan kuuluvaa valtaa tai mahtia. Joidenkin kansojen keskuudessa neitsyet pääsivät muutoin naisilta suljettuihin tehtäviin. Esimerkiksi cheyenneillä oli miesten ikäryhmäseuroja. Niihin ei otettu mukaan naisia, lukuun ottamatta neljää neitsyttä, jotka suorittivat yhteisiä rituaaleja. Seuran miesjäsenet kutsuivat näitä nuoria naisia sisariksi.

Antiikin roomalaisilla oli myös oma pyhien neitsyitten ryhmänsä: Vestan papittaret. Vesta oli roomalaisten kotilieden suojelijatar. Häntä palvottiin pitämällä yllä pyhää alttaritulta, jonka vaaliminen oli uskottu Vestan neitsyille. Neitsytpapittaret valittiin tehtäväänsä Rooman ylimystön 6–10 -vuotiaiden tyttärien joukosta. Vestan papittarena palveltiin kolmekymmentä vuotta, minkä jälkeen papittarella oli lupa jopa avioitua. Jos papitar palvelusaikanaan rikkoi siveysvalansa, hänen kohtalonaan oli elävältä hautaaminen maanalaiseen hautakammioon, Campo Scelleratoon eli vääryyksien kentälle. Vestan neitsyistä kuuluisin oli tarun Rea Silvia, Romuluksen ja Remuksen äiti. Hän rikkoi neitsytvalansa ja solmi liiton itse Mars- jumalan kanssa. Liitosta syntyneet veljekset Romulus ja Remus lähetettiin kaislakorissa Tiber-virralle, jonka rannalta naarassusi löysi ja piti hengissä nämä perimätiedon Rooman kaupungin perustajiksi väittämät pojat.

Olet murkkuna senkin juhlan edessä, jolloin rippikoulun päättyessä käyt ensimmäisen kerran ehtoollisella. Se on vakava juhla ja sitä pidetään rajana lapsuuden ja nuoruuden välillä. Vaikka olisit solminut kuinka kivoja ja läheisiä ystävyyksiä rippikoululeirillä tai niillä tunneilla, joita teille koulussa on pidetty, sinun pitäisi nyt osata juhlan kunniaksi ja seurakunnalle näytteeksi käyttäytyä vähän kypsemmin kuin ehkä ikäkään edellyttää. Et tule alttarille kuiskuttelemaan etkä kihertelemään. Purkan olet jättänyt kotiin.

Ulla-Maija Aaltonen, Murkun tapatieto

Tämä antiikin neitsyttarina on verrattavissa kristinuskon omaan neitokulttiin, tarinaan neitseellisesti synnyttäneestä Mariasta. Roomalainen jumalmaailma oli kuitenkin lihallisempi kuin kristillinen, Mars-jumala saattoi ilmaantua maan päälle ja käyttäytyä kuin kuolevainen mies. Kristinuskon neitseellinen sikiäminen taas tapahtui hengen vaikutuksesta. Yhteistä näille tarinoille on nuoren naisen keskeinen rooli.

Keskiaikainen kristillisyys teki Neitsyt Mariasta Pyhän Neitsyen — palvonnan kohteen ja esikuvan. Samalla naisen kolmesta elämänmuodosta, neitsyydestä, avioliitosta ja leskeydestä, neitsyys nousi arvokkaimmaksi. Se ansaitsi ikuisuuden kruunun. Kirkon merkittävistä naisista valtaosa oli joko neitsyitä tai leskiä, seksuaalisuuden puuttuminen on kristillisessä perinteessä aina yhdistynyt hengellisyyteen. Pyhimyskalenteri kertoo joukosta naispyhimyksiä, neitsyitä heistä suurin osa. Tyypillinen vanhan kirkon pyhimyslegenda oli kertomus nuoresta naisesta, joka on kaunis, hyveellinen ja koskematon. Neidon tie kohti marttyyrikuolemaa alkaa, kun hän päättää ottaa vastaan kristinuskon ja lupaa itsensä ja neitsyytensä vain Jeesukselle. Maallinen avioliitto ei silloin tule kysymykseen ja konflikti pakanallisen ympäristön kanssa on valmis. Tyttöä kuulustellaan, kidutetaan ja lopulta seuraa surmaaminen teilipyörällä, miekaniskusta tai ristiinnaulitsemalla.

Kaikki naiset eivät keskiajallakaan halunneet askeesia ja neitsyyttä omaksi elämäntavakseen. Chaucerin Canterburyn tarinoitten muutoinkin suorasuinen Bathin vaimo perustelee omaa valintaansa:

Toisessa heimossa tytön murrosvaihe oli tyynen uskonnollinen ja siunauksellinen tapahtuma, toisessa taas tyttö koettiin saastaiseksi ja hänen oli metsässä kulkiessaan huudeltava varoituksia ettei kukaan vahingossa kohtaisi häntä. Monissa heimoissa tatuointi oli osa murrosvaiheen merkkikieltä.

Veri hyytyi suonissani. Luulin, että varkaat olivat murtautuneet huoneeseeni ja aikoivat leikata kurkkuni auki. Kuulin metallisen äänen tulevan lähemmäksi ja lähemmäksi, mutta outoa kyllä se ei lähestynytkään kurkkuani vaan alavatsaani. Tajusin, että jalkani oli levitetty ja että niistä pidettiin kiinni rautaisin ottein ... En tiennyt, mitä he olivat minulta vieneet, enkä yrittänytkään saada selville. Itkin ja huusin äitiä apuun. Pahin järkytys oli se, kun katsoin ympärilleni ja näin hänen seisovan vieressäni.

Nawal el Saadawi, The Hidden Face of Eve.

Vain impeys jos kelpais Jumalalle,
hän naimisen ois pannut kiron alle —
ja ellei kukaan kylväis siementään,
niin mistä itäisivät immetkään?
Kun neitseydestä palkka luvataan,
ken kykenee, sen menköön sieppaamaan!
On siihen kutsumukseen vapaa valta
vain sillä, ken saa voimaa Jumalalta.

Länsimaisen kulttuurin neitsyt-ilmiö on Rea Silvian, Neitsyt Marian ja pyhimysneitojen jälkeenkin näkynyt useaan otteeseen Euroopan historiassa. Kaksinainen neitsyt-asema — samalla kertaa haavoittuva ja merkittävä — teki Jeanne D'Arcista kansanjohtajan. Orleansin neitsyenä tunnettu Jeanne olisi tuskin noussut ranskalaisten sotajoukon ja koko englantilaisia vastaan käydyn taistelun sekä symboliseksi että käytännön johtajaksi, jos hänet olisi mielletty täydeksi naiseksi. Samantyyppinen erityisasema oli Englannin hallitsijalla Elisabet I:llä, jonka nimeen lähes aina on liitetty epiteetti neitsytkuningatar. Elisabet kieltäytyi aikanaan tukusta naimatarjouksia, joita hänelle lähetettiin useista Euroopan hoveista, jopa syrjäisestä Ruotsista. Hän ilmoitti haluavansa palvella vain kansaansa ja pysyi naimattomana koko ikänsä. Samaan sarjaan neitohallitsijoita voi liittää myös Ruotsin kuningatar Kristiinan. Myöhempien aikojen nuoria vaikuttajanaisia edusti Pohjois-Irlannin katolisen vastarintaliikkeen näkyvimpiin hahmoihin kuulunut Bernadette Devlin. Hän nousi julkisuuteen 1960-luvun lopulla oltuaan mukana järjestämässä ensimmäisiä katolisten protestimarsseja. Hänestä tuli nopeasti yleisön ja julkisen sanan suosikki, joka valittiin Englannin parlamenttiin 21-vuotiaana, nuorempana kuin kukaan ennen häntä. Vielä parlamenttiaikansa alussa Bernadette Devlin oli ryhmänsä

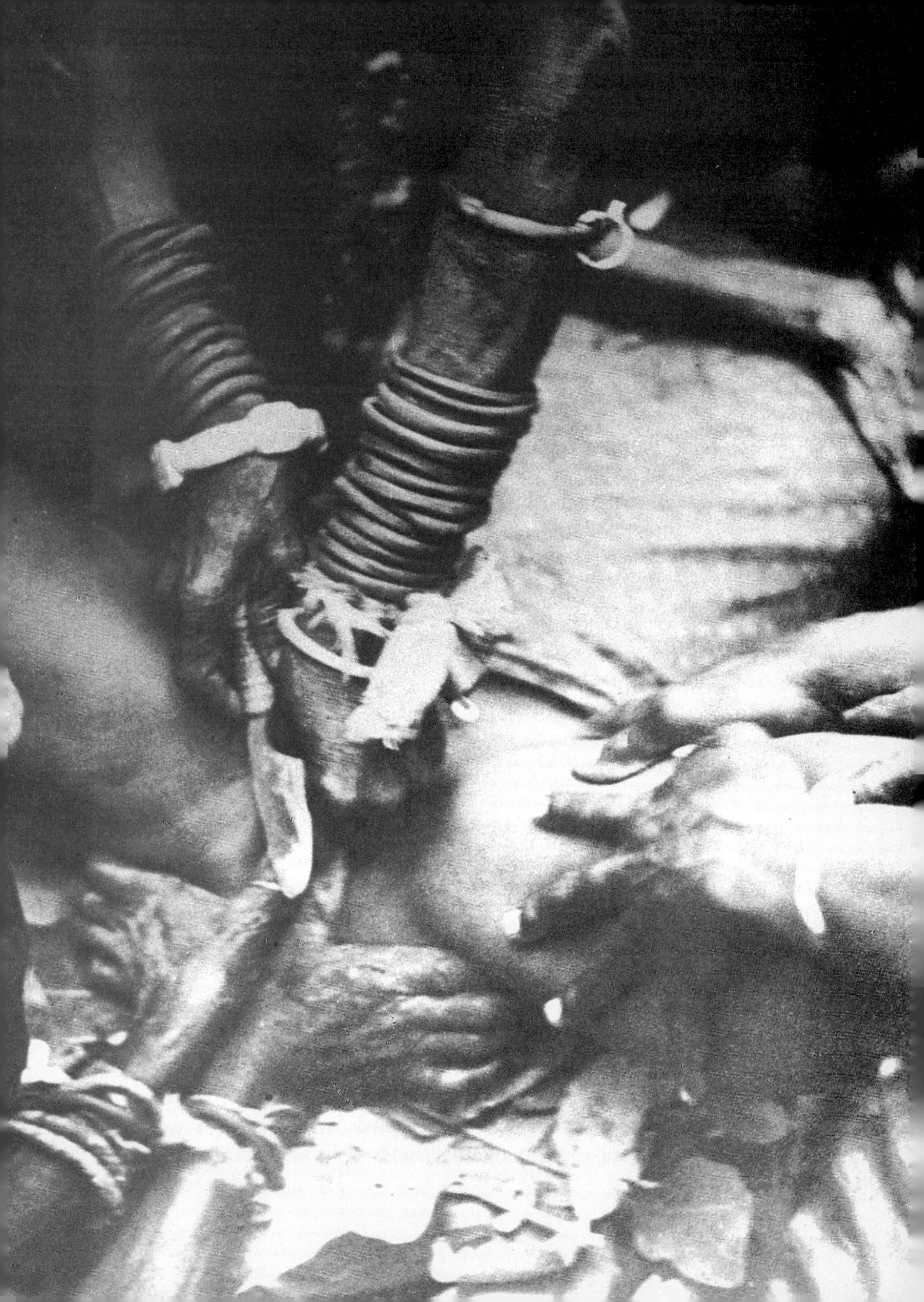

johtohenkilöitä. Sitten hän sai lapsen, mutta ei mennyt naimisiin. Samantien hän hävisi julkisuudesta, yksityisistä vai yleisistä syistä, sitä ei tiedetä. Joka tapauksessa julkisuus näytti menettäneen mielenkiintonsa. Bernadette ei ollutkaan enää Jeanne D'Arc -toisinto, vaan tavallinen nainen. Sellaisena hän ei kelvannut symbolin asemaan. Devlin itse tiesi hyvin, millaisena julkisuus hänet halusi. Hän sanoikin elämäkertansa kirjoittamisen motiiviksi halun esittää Bernadette Devlin sellaisena kuin hän on todellisuudessa, ilman ihmisten hänen otsaansa liimaamia Jeanne D'Arc- tai Kassandra-nimilippuja.

Ikuiset tytöt

Tyttöiän luonteeseen kuuluu myös väliaikaisuus, jokaisesta tytöstä tulee nainen. Se on merkinnyt sekä täysi-ikäisen velvollisuuksien että etujen vastaanottamista. Kaikkien tunnettujen kulttuurien piirissä tyttöjen on oletettu avioituvan. Aikuistuminen on siis merkinnyt mahdollisuutta tai pakkoa mennä naimisiin. Useimmat tytöt ovat suhtautuneet naisistumiseensa hyväksyen. Avioituminen on yleensä ollut kiihkeän kaipauksen ja tavoittelun kohde. Näin ainakin ennen oman vuosisatamme alkua, koska sitä ennen tytöille ei ollut tarjolla kovin monia muita tapoja elättää itseään. Ja jos olikin, ne eivät kaikki olleet kovin houkuttelevia.

Kristillisessä maailmassa yhtenä avioitumisen vaihtoehtona on ollut luostariin meno: vihkiytyminen Kristuksen morsiameksi. Käytetty sanasymboliikka yhdistää tämänkin vaihtoehdon avioliittoon. Monille nuorille naisille nunnan ura oli todellinen uskon kutsumus, joillekin se oli pakopaikka maallisesta avioliitosta ja osalle vanhempien tai muiden holhoojien sanelema pakkoratkaisu. Kes-

Pöytä kylpee koulukirjojen varjoissa.
Taskulaskimen pölyttömät näppäimet,
matikankirjassa tuijottavat
neliöjuuret potensseineen.
Opettaja sanoi ettei tytöstä
ettei tytöstä ikinä.
Mutta minusta vielä joskus.
Minusta vielä joskus
tulee se mitä haluan.
Vai ettei tytöstä,
ettei tytöstä ikinä koskaan!
Minä kyllä vielä joskus,
vaikka läpi kivisen lukion seinän
menen ja pusken itseni sinne,
minne tyttö ei milloinkaan.

Päivi Eerola

kiajan luostarit olivat myös niitä harvoja paikkoja, joissa naiset pääsivät käsiksi sen ajan tieteeseen ja kirjatietoon. Jos tyttö tahtoi oppineeksi naiseksi, nunnan elämä saattoi tarjota vaihtoehdon. Luostari oli aiemmin avoinna lähinnä aatelisten ja varakkaiden porvarien tyttärille, koska omaisten oli yleensä suoritettava maksu pääsystä naisluostariin. Se oli kuitenkin pienempi kuin häiden yhteydessä annettu huomenlahja. Siksi vanhemmat ja veljet mielellään työnsivät naimattomia tyttäriään ja sisariaan luostariin.

Luostarin muurien takana sai olla aikuinen ilman kaikkia aikuisen naisen velvotteita. Kun luostariin meno tai jokin muu täyden aikuisuuden väistö ei ole ollut mahdollinen, aikuisuutta on vältetty dramaattisinkin keinoin. Varsin paljon löytyy esimerkkejä tytöistä, jotka eivät ole ollenkaan tulleet aikuisiksi. Suomalaisen kansanrunouden tyttöhahmoihin kuuluu hirttäytyvä Anni tai Aino. Vanhojen kansanrunojen Anni-tytti lähtee vastojen tekoon metsään, jossa hänelle ilmestyy Osmotar, metsän myyttinen naaraskarhu. Osmotar ryhtyy puheisiin Annin kanssa ja kehottaa häntä: »Kasva neiti miussa mielin, älä muissa nuorisoissa.» Anni järkyttyy ja palaa itkien kotiin, jossa äiti neuvoo häntä kaunistumaan ja lihomaan. Anni kuitenkin menee aittaansa ja hirttäytyy vaatearkusta löytämiinsä kultavöihin ja kapalorihmoihin. Itsemurhan motiivi jää epäselväksi. Motiivin voi tulkita haluttomuudeksi kasvaa, tulla aikuiseksi ja joutua avioliittomarkkinoille arvioitavaksi. Tyttö ei halua kokea muuttumistaan naiseksi, vaikka äiti on häntä siihen ajamassa. Joissakin

Pyhillä asioilla on aina kaksi puolta: ne ovat joko vaarallisia tai tuottavat siunausta. Neitous on ollut juuri tällä tavalla kaksinainen asia. Se on ollut toteutumattoman, mutta mahdollisen hedelmällisyyden kuva. Siksi sen varaan on voitu rakentaa sadonkorjuujuhlia. Mutta se on ollut myös varjeltava asia. Sen liian varhainen tai väärällä tavalla tapahtunut menetys on tulkittu tappioksi sekä yksilölle että yhteisölle.

Ste
CATHERINE

5, AVENUE DU COQ
ROSSI

Avioliitto on länsimaisessa kulttuurissa jokaisen tytön velvollisuus ja siis myös toive. Vanhanpiian kohtalo alkaa 25-vuotispäivänä ja se kohtalo on raskas. Siksi ranskalaistytöt viettävät vuosipäiväänsä Katariinan juhlana — yrittääkseen vielä kerran...

saman runoaiheen realistisissa toisinnoissa tytön hirttäytyminen on selvästi vastaus epämiellyttävän kosiomiehen kosintaan. Tunnetuimman Aino-hahmon, Lönnrotin Kalevalan Ainon kohtalona olisi myös ollut joutuminen väärän miehen, Väinämöisen avioksi. Aino ratkaisi tilanteen hukuttautumalla.

Nykymaailmassakin haluttomuus aikuistua voi ilmetä itsemurhana. Nuorten naisten itsemurhat ovat kuitenkin suhteellisen harvinainen ilmiö. Länsimainen elämäntapa on tuottanut toisenlaisen itsetuhon muodon: anorexia nervosa eli sairaalloinen syömättömyys vaivaa monia teollisuusmaiden tyttöjä ja nuoria naisia. Syömättömyyden taustalta on muodikkaan hoikkuuden tavoittelun lisäksi löydetty monimutkaisia psykologisia syitä. Anoreksiaa on selitetty halulla jäädä ikuiseksi tytöksi. Anorektikot kokevat aikuisen naisen roolin liian ristiriitaiseksi tai vaativaksi. Ainoa pakokeino väistämättömältä tuntuvan kohtalon edessä on pysyminen turvallisemmalta tuntuvassa ei-aikuisen asemassa.

Esimerkit kertoivat tyttöjen omasta haluttomuudesta kasvaa ja omasta päätöksestä lopettaa aikuistuminen. Myös tyttöjen kasvattajat ovat joskus halunneet estää tai hidastaa kehitystä. Viktoriaanisessa Englannissa julkaistiin kasvatusoppaita, joissa annettiin vanhemmille neuvoja, kuinka muokata tyttäristä terveitä ja onnellisia naisia. Näiden ohjeiden mukaan paras tapa oli hidastaa puberteetin alkamista niin paljon kuin mahdollista, ainakin kunnes tyttö alkoi olla kuudentoista iässä. Tavoitteeseen piti päästämän luopumalla kuumista kylvyistä, maustetuista ja kuumista ruuista ja juomista, liiallisesta tanssista, romaanien luvusta ja myöhään valvomisesta. Kaikki nämä tavat aiheuttivat »asiantuntijoiden», joista monet olivat lääkäreitä, mielestä varhaiskypsyyttä, epäsäännöllisiä elintoimintoja ja monia muita ongelmia. Tyttäristä luopuminen saattaa vanhemmille olla vaikeaa. Murrosiän hidastamista perustel-

tiin 1800-luvun Englannissa terveydellisin syin, mutta takana on voinut olla myös haluttomuutta päästää tytär pois kotoa, pois lapsuuden maailmasta. Kirjailija Merete Mazzarella on kertonut suomalaisen 1970-luvun vaihteen esimerkin tästä vastentahtoisuudesta. Kun hänen omat vihkiäisensä olivat alkamassa, kysyi isä kirkon sakastissa juuri ennen alttarille menoa, oliko tytär varma, että todella tahtoi mennä naimisiin ja lisäsi, että vielä oli mahdollisuus miettiä. Lisäksi isä vakuutti, ettei hän olisi ollenkaan vihainen, jos tytär katuisi. Tilanteessa ei ollut keveän leikinlaskun tai kiusoittelun sävyä, kysymykset tehtiin vakavissaan.

Tässä tilanteessa haluttomuus luopua oli molemminpuolista. Tytär kertoi myös, ettei hän ollut koskaan aikuistunut suhteessaan isäänsä, eikä pystynyt tekemään ratkaisua riippuvuuden ja vapauden tarpeen välillä. Jopa isän kuolema tuntui miltei petokselta.

Tyttöjen haluttomuus ja vaikeus luopua lapsen roolista on

useammin kuitenkin yhdistetty erityiseen äidin ja tyttären suhteeseen kuin isäsuhteeseen. Tyttöjen varhainen samastuminen äitiin, samaa sukupuolta olevaan vanhempaan, antaa heille perustavanlaatuisen tunteen kuulumisesta omaan sukupuoleensa. Suhdetta äitiin leimaa kuitenkin usein koko elämän kestävä kaksinaisuus: on turhauttavaa olla riippuvainen ja rakastaa ihmistä, joka on samanlainen kuin itse ja samalla toivoa tulevansa itsenäiseksi ja erilaiseksi. Äiti voi myös reagoida tyttären itsenäistymispyrkimyksiin vaatimalla entistä kuuliaisempaa käytöstä. Äidin käytös voi viestittää, että on epälojaalia haluta tulla toisenlaiseksi. Tyttären vaivalloinen itsenäistymisprosessi korostuu, kun sitä verrataan poikien irtautumiseen. Poikaa useammin kannustetaan loittonemaan äidistä, tulemaan toisenlaiseksi kuin äiti. Samalla poika siirtyy miesten maailmaan. Tyttö joutuu panemaan peliin oman identiteettinsä, kun hän haluaa irrottautua äidistä, joka kuitenkin edustaa samaa naisten maailmaa kuin hän itse. Eron tekemistä on verrattu jopa kirurgiseen toimenpiteeseen.

Eron tekemisen tärkeys on korostunut mitä lähemmäs omaa aikaamme tullaan. Kun yksilöllisyys ja riippumattomuus on nostettu ohi monen muun arvon, on nykyihmisistä myös tullut yhä selvemmin yksilöitä. Yksilöksi pyrkivän ihmisen pitää erottautua myös lähimmästä, intiimeimmästä yhteisöstään, omasta perheestä. Nykyperheen sisällä tehdään ja syntyy etäisyyttä työn kautta. Perhe ei enää opeta ammattia. Toisin oli vanhassa sukuyhteyteen perustuvassa maatalousyhteiskunnassa. Siinä äidin ja tyttären läheinen suhde oli käytännön sanelema pakko. Tytön sosiaalistumisessa äidin opit olivat tytön tärkeintä pääomaa. Siksi ei ole ihme, että äititytär-ketju koettiin voimakkaasti yhtenä perheen perussuhteista. Äitiä ei mikään voinut korvata. Latvialainen daina-runo sanoo sen näin:

Tuleni sammui,
äitini kuoli.
Kylältä tulta haen,
mistä hakisin äidin?

Inkeriläisissä itkuvirsissä ja muissa runoissa äidin ja tyttären kiinteä side saa suoranaisen äidin palvonnan sävyn. Inkeriläinen Emon haudalla -runo kertoo, kuinka tyttö omin käsin kaivaa hiekat pois äidin haudalta ja yrittää herättää tämän henkiin. Toisessa runossa tyttö kertoo isänsä suuttuneen, kun hän — tyttö — syntyi. Isä olisi ollut valmis jopa tappamaan vääränmerkkisen lapsensa, mutta äiti esti tappoaikeet ja vaali pientä tyttöään tarkasti. Tytär antoi runossa kiitollisuutensa näkyä. Inkeriläisen kaltaisessa yhteisössä ero äidistä näyttää olleen lähes pahinta, mitä tytölle saattoi tapahtua.

Länsimaisen nyky-yhteisön tytöille sen sijaan voi käydä päinvastoin. Joillekin kirjailija Sylvia Plathin tapaisille 1950-luvun amerikkalaistytöille äidin varjo kävi liian raskaaksi. Sylvia Plathin äiti on sanonut, että hänen ja Sylvian välillä vallitsi psyykkinen osmoosi. Osmoosi on nesteiden tunkeutumista niitä erottavan huokoisen kalvon läpi. Tämä äidin tunkeutuminen liian lähelle aiheutti Sylviassa ahdistusta, joka huipentui kapinaan paitsi äitiä myös koko äidin edustamaa naisenmallia kohtaan. Äidistä tuli kunnollisuuden, pysyvyyden ja pysähtyneisyyden symboli. Äiti oli iso hahmo, jolla aina oli ruskeat, järkevät kengät. Kapina äitiä vastaan oli kuitenkin vaikea, koska tytär koko ajan tunsi olevansa itse osa äitiä, osa samaa naiseutta. Kiltti tyttö Sylviassa kauhistui omaa kapinaansa. Sylvian ahdistus laukesi vasta, kun hänen terapeuttinsa sanoi, että hänellä oli oikeus välillä myös vihata äitiään. Hänellä oli myös oikeus olla onnellinen, vaikka olisi toiminut ja elänyt vastoin äidin ohjeita.

Esittävässä nuorisokulttuurissa seksuaalisuus on yleensä varattu miehille; Elviksen lanteilla ei ole ollut naispuolisia kilpailijoita. Siksi Madonnan avoin, provosoiva sukupuolisuus on koettu vaaralliseksi, pornografiseksikin. Toisaalta esimerkiksi nuoret tytöt ovat voineet kokea sen vapauttavana. Se on merkinnyt heille mahdollisuutta omaan, miehen katseesta riippumattomaan seksuaalisuuteen.

1970-luvun alun suomalainen opiskelijatyttö kertoi nimettömässä omaelämäkerrassaan oman äiti-sitoutumisensa painosta, kun hän kuvaili opiskeluaikana puolisalaa tekemiään ulkomaanmatkoja. Halu lähteä poltti, mutta kotoa ei päästetty niin pitkälle kuin mieli olisi tehnyt ja äidille tuli kerrottua paljon todellisuutta lyhyemmistä matkoista. Siitä huolimatta tyttärellä oli aina tunne, että äitiä ei voinut jättää. Kesken matkaakin saattoi tulla tunne, että kotiin oli lähdettävä, kun äiti jo odotti.

Vaikea elää tyttönä — vaimona vielä vaikeampi

Iso osa tyttönä olemisen vaikeudesta on ollut vapauden ja itsemääräämisoikeuden puutetta. Jos tytöt eivät ole saaneet ottaa haltuun omaa elämäänsä vanhempainkodissa, he ovat pyrkineet sieltä aktiivisesti irti. Avioliitto on silloin voinut näyttää vapauden valtakunnalta, niin kuin Anna-Maija Ylimaulan romaanissa Papin tyttö:

> »Häät olivat kesän ainoana kuumana päivänä. En ollut koskaan aistinut sellaista onnen tunnetta, olin irti juuriltani, irti kodistani, vapaa ja altis kaikkeen uuteen.»

Näin 1970-luvun alun Suomessa. Taustalla oli ankaran uskonnollinen koti — kun sieltä pääsi, alkoi toisenlainen elämä. Avioliiton vapauteen pyrkivät myös 1700-luvun ranskalaiset säätyläistytöt. J.J.Rousseau arvosteli heitä sanomalla, että nuorten naisten »pyyteiden päämääränä ei ole aviomies, vaan avioliiton tuottama hillitsemätön vapaus». Ranskassa tapa näyttää vallinneen myös 1900-luvulla. Simone de Beauvoir kertoo Toisessa sukupuolessa, kuinka monet tiukasti valvotut porvaristytöt menivät naimisiin »saadakseen olla vapaita».

Suhtautuminen nuorten tyttöjen seksuaalisuuteen on vahvasti kulttuuriin sidottu. Esimerkiksi Oseanian saarikulttuureissa avoin seksuaalisuus on ollut luonnollinen osa tyttöjen elämää. Päällikön tyttären asema on kuitenkin ollut monimutkaisempi. Joskus hän on ollut seksuaalisesti tabu, joskus taas erityisen vapaa. Hänen seksuaalisuudellaan on ollut myös ulkopoliittinen rooli: hän on integroinut saarelle tulijan yhteisöön sukupuoliaktin avulla. Tätä esimerkiksi lähetyssaarnaajien oli joskus vaikea ymmärtää.

Avioliiton itsenäisyys oli tavoitteena silläkin 1960-luvun suomalaistytöllä, joka kertoi, mitä oli ajatellut tavatessaan ensi kertaa tulevan aviomiehensä: »Tuosta otan miehen, menen naimisiin ja saan lapsia. Pääsen omaan elämään ja saan päättää itse asioistani.»

Kuva naisen vallasta ja vapaudesta keikahtaa kuitenkin aivan päinvastaiseksi, kun rupeaa kuuntelemaan, mitä inkeriläinen, latvialainen ja osin suomalainenkin kansanperinne kertoo tytön ja vaimon elämästä. Näissä yhteisöissä aika isän ja äidin kodissa onkin ollut varsinainen vapauden ja onnen aika. Monet aviovaimojen laulut luovat kuvan avioliiton ankeudesta, johon neitoajan muistelu tuo lohtua.

Inkeriläisen avioliittolaulun tyttö kasvoi isän kotona kuin kukka tai lintu veljien vieressä ja setien ilona, söi äidin herkkupaloja ja oli kuin kuningas linnassa. Elämä oli hyvä niin kauan kuin sai olla kotona — avioliitto toi toisen talon, toiset tavat. Elämä suorastaan loppui ja »ilo muuttui itkuksi, kylän käynti kyyneliksi, vapaa tahto tallattiin miehelässä maahan ja ruoska vei rohkeuden». Tämä tyttöajan ylistys oli Itämeren itärantojen perinteisen maalaisyhteisön tuottama näköala. Sama tyttöyden paremmuus näkyi alueen hääitkuissa, joissa morsian naisystävineen ja sukulaisineen itki siirtymistä vapaasta elämästä aikuisen naisen sidottuun rooliin.

Kokonaan toisenlaisesta yhteiskunnallisesta tilanteesta ja kulttuurista löytyy samanlaisia tyttöajan glorifiointeja. Avioliitto näyttäytyy kaiken vapaan ja hauskan loppupisteenä. Yhdysvaltoihin tämän vuosisadan alussa tulleet siirtolaistytöt ilmaisivat usein pelkonsa aviokahleita kohtaan. Aviossa kun menetti mahdollisuuden nauttia vapaasta nuoruudesta. Saman ajan ruotsalainen torpparintytär Anna torjui myös tietoisesti koko avioliittoajatuksen. Hän päätti avioitua vasta myöhemmin ja asteli alttarille 30-vuotiaana koettuaan omasta mielestään tarpeeksi vapautta. Saman mallin toisti hänen tyttärensä 1930-luvulla. Näissä olosuhteissa naimisiinmeno näytti merkitsevän oven sulkemista kaikkeen entiseen, joten se sai luvan odottaa.

Nykypäivän tytöille avioliitto ei enää merkitse samanlaista kaiken taitekohtaa. He voivat ottaa etäisyyttä muillakin keinoin. Useimmat saavat oman elämänsä muuttaessaan pois kotoa töihin ja opiskelemaan. Monesti lähtö kuitenkin viivästyy, kun koulutusaika pitenee ja asunnon saantikin on vaikeaa. Täysi taloudellinen itsenäisyys saavutetaan yhä myöhemmin. Tässä tilanteessa sekä vakituiset että yhden illan seurustelusuhteet saattavat palvella irtautumisen välineinä. Vanhemmat alkavat suhtautua tasavertaisemmin tyttäreen, joka näin on osoittanut aikuisuuttaan.

Teinityttöjen äitiys on joskus yritys ratkaista riippuvuuden ongelma. Tyttö pääsee omilleen, kun hankkii oman lapsen. Kun nuorten naisten työttömyyttä on paljon ja koulutus ei syystä tai toisesta tarjoa vaihtoehtoa, ratkaisu yleistyy. Englantilainen 1980-luvun teollisuuskaupungin nuori nainen, joka oli ollut työtä vailla lähes koko ajan koulunsa lopettamisen jälkeen, kertoi näin:

> Halusin tulla raskaaksi, koska en enää halunnut asua kotona. Halusin jotain omaa. Lapsi oli tapa päästä pois, koska tiesin että kaupungin piti järjestää asunto. Monet täälläpäin ajattelevat niin. Viisi seitsemästä meidän kadun tytöstä tuli raskaaksi, mutta ei mennyt naimisiin ja kaikki me saimme kaupungin asunnon tästä läheltä. Nyt elämä on helpompaa, kun olen omillani. Olin onnekas, kun pääsin lähtemään.

Äitiydestä voi tulla nuoren naisen koko identiteetin kulmakivi. Kuten yhdysvaltalainen teiniäiti sanoi: »Ennen kuin aloin odottaa lasta, en ollut mitään. Nyt olen jotain, olen äiti.»

Tehkää jotain Johannalle!
Hän menee kuumaan kylpyyn.
Hän menee kylmään kylpyyn.
Hän menee vuorotellen.
Hän on kuullut että se on yksi keino.
Tehkää jotain Johannalle!
Näettehän hänen vatsansa.
Hänen lapsensa alku on 16 cm pitkä.
Te olette myöhässä neljä kuukautta.
Te myöhästytte vuodessa
kolmekymmentätuhatta kertaa.
Te olette taaskin myöhässä.

Aulikki Oksanen

Tyttöjen omat jutut

Tyttöys on myös ystävyyssuhteitten, seuraelämän ja tyttöjen omien juttujen muotoutumisen aikaa. Varhaiskantaisten heimojen piirissä sukupuolen mukaiset ikäryhmäseurat olivat tavallisia. Miesten seurat olivat vielä yleisempiä kuin naisten, usein kuitenkin juuri tyttöysaikana nuoret naiset loivat kiinteitä ryhmiä.

Kiinteä nuorten naisten ikäryhmä oli eteläafrikkalaisten zulutyttöjen piiri. Zulujen nuoret eivät olleet avioliittokelpoisia vielä sukukypsyyden saavuttamisen tai murrosriittien jälkeen, eivät tytöt eivätkä pojat. Avioliitot solmittiin vasta yli 20-vuotiaana. Välivaiheen aikana tyttöjen piti pitää hyvää huolta koskemattomuudestaan ja koko yhteisö ylläpiti aktiivisesti neitsyyden ideaalia. Tytöt viettivät paljon aikaa yhdessä ja esiintyivät julkisesti ryhmänä, useimmiten melkein alastomina, jotta heidän puhtauttaan voitiin ihailla. Zulu-tytön verhoton vartalo oli hänen ylpeytensä. Tytön neitsyys ei ollut vain hänen itsensä tai perheen asia, vaan koko ikäluokan tyttöjen yhteinen asia. Jos joku tytöistä menetti neitsyytensä, tapaus oli hyökkäys koko tyttöyhteisöä kohtaan. Tyttöjen vastaisku tuli nopeasti: kaikki ikäryhmän tytöt ilmestyivät syylliseksi pidetyn nuoren miehen kylään ja vaativat hyvitystä. Korvausvaatimuksena oli elävä vuohi, jonka tytöt teurastivat, ottivat suolet ulos ja tahrivat niiden sisällöllä vartalonsa. Sen jälkeen he peseytyivät joessa. Näin ikäryhmän jäsenet rituaalin myötä puhdistautuivat ryhmään kohdistuneesta loukkauksesta.

Suomalaisten tyttöjen ikäryhmäjuhlaa ovat olleet Ritvalan kylässä Sääksmäellä vietetyt Helkajuhlat. Ritvalan nuoret naimattomat tytöt kerääntyivät keväisinä pyhäpäivinä kylän keskustaan. Siellä he asettuivat kulkueeksi, joka alkoi vaeltaa kylän teitä ja kujia.

Vaeltaessaan he lauloivat vanhalla suomalaisella runomitalla sepitettyjä lauluja, joista tunnetuimpia olivat Mataleenan virsi, Inkerin virsi ja Annikaisen virsi, kaikki nuorten tyttöjen kohtaloista kertovia runoja. Laulavat tytöt vaelsivat viimeksi Helkavuorelle, jossa joskus poltettiin tulia. Näin helkaa huudettiin vielä 1800-luvun puolivälissä, sitten juhlat vähitellen harvenivat ja loppuivat vuosisadan vaihteessa. Tämän vuosisadan alussa tapa herätettiin uudelleen henkiin, silloin lähinnä kotiseutujuhlan merkeissä.

Ritvalan juhla on Suomessa ainutlaatuinen: muualta ei ole tavattu jälkiä vastaavasta tyttöjen juhlasta. Lähimmät rinnastukset löytyvät inkeriläisten ja virolaisten tyttöjen lauluvaelluksista. Silti oletetaan, että samantapaisia tyttöjen kulkueita on harrastettu muuallakin Suomessa. Ritvalan tyttöjen tarkoituksena oli kulkueellaan turvata viljan kasvu ja maan hedelmällisyys. Yleinen uskomus paikkakunnalla oli, että jos helkalaulanta lopetetaan, lakkaavat Ritvalan pellot kasvamasta. Juhlan koko tarkoitus ei kuitenkaan selity pelkällä maan kasvun suojelulla. Kyseessä oli myös tyttöjen ohjaaminen ja opastaminen: esimerkiksi Annikaisen virsi oli varoittava esimerkki. Siinä Turun neito Annikainen kertoo oman tarinansa: vierasmaalainen kauppamies tuli kaupunkiin, houkutteli hänet kestitsemään ja ylläpitämään itseään yli talven. Vieras ei kuitenkaan ollut uskollinen, vaan purjehti kevään tullen takaisin omille mailleen ja jätti Annikaisen yksin.

Mataleenan virsi puolestaan paljastaa neitona esiintyneen Mataleenan lankeemukset. Mataleena on raamatun Maria Magdalenan, »kristillisen Venuksen», suomalainen olomuoto. Helkalan tyttöjen virressä hän on rikkaan suvun kauas kuulu neito hienoine helmoineen ja hopeakoruineen. Hän on myös ylväs ja tietoinen asemastaan. Runo tapahtuu suomalaisessa lehtomaisemassa. Kultakiulun kanssa lähteelle tullut Mataleena tapaa siellä Jeesuksen, joka paljastaa hänen rikoksensa: Mataleena onkin kolminkertainen lapsenmurhaaja. Tekonsa hän on salannut ja heittänyt surmatut lapset tuleen tai veteen ja haudannut maahan. Runon loppuhuipennus kertoo Mataleenan kiihkeästä katumuksesta, joka lopulta vie sovitukseen ja anteeksiantoon.

Samanlaisia nuorten tyttöjen keskeiseen rooliin perustuvia juhlia on vietetty myös muualla Euroopassa. Keski-Ranskassa valkoisiin puetut tytöt kantoivat neitsyt Marian standaaria ja lauloivat virsiä; hekin halusivat edistää vuodentuloa ja houkutella hyviä ilmoja. Neitoikäisten tyttöjen voimaan uskottiin myös silloin, kun heidät samoilla seuduilla lähetettiin pitkän kuivan kauden aikana hakemaan lähteeltä vettä ja samalla houkuttelemaan sateita tulevaksi.

Kaikissa näissä rituaaleissa näkyi yhteisön halu vaikuttaa tyttöjen kautta yhteisön tärkeisiin asioihin. Kyseessä ei siis ollut pelkästään tyttöjen itsensä spontaani yhteentulemisen halu. Mikä sitten oli se ominaisuus, joka tytöissä nähtiin piilevän? Vastauksen voi hakea juuri tästä piilevästä, salaisesta, vielä toteutumattomasta: nuoret naiset olivat valmiita uuden elämän synnyttämiseen, mutta eivät vielä olleet konkreettisesti sitoutuneet tähän tehtävään. Näin ollen he olivat vielä koko yhteisön käytössä ja saattoivat toimia symbolisesti tärkeissä tehtävissä. Neito on myös välittäjähahmo eri ryhmien välillä, tavallaan ei kenenkään maalla ja siksi hänen on oletettu pystyvän paremmin pitämään yhteyttä yliluonnollisten voimien kanssa.

Näissä perinteissä näkyi selvästi ryhmän tärkeys. Yksilö tai edes ikäryhmä eivät olleet tärkeitä. Tyttöjenkin toiminta oli osa yhteisön traditiota. Silti tytöt eivät juhlissa jättäytyneet pelkän passiivisen toteuttajan rooliin: Ritvalan tytöt ilmoittivat olevansa vaatimattomia, mutta eivät häpeileviä. Heillä oli omanarvontuntoa — turhan

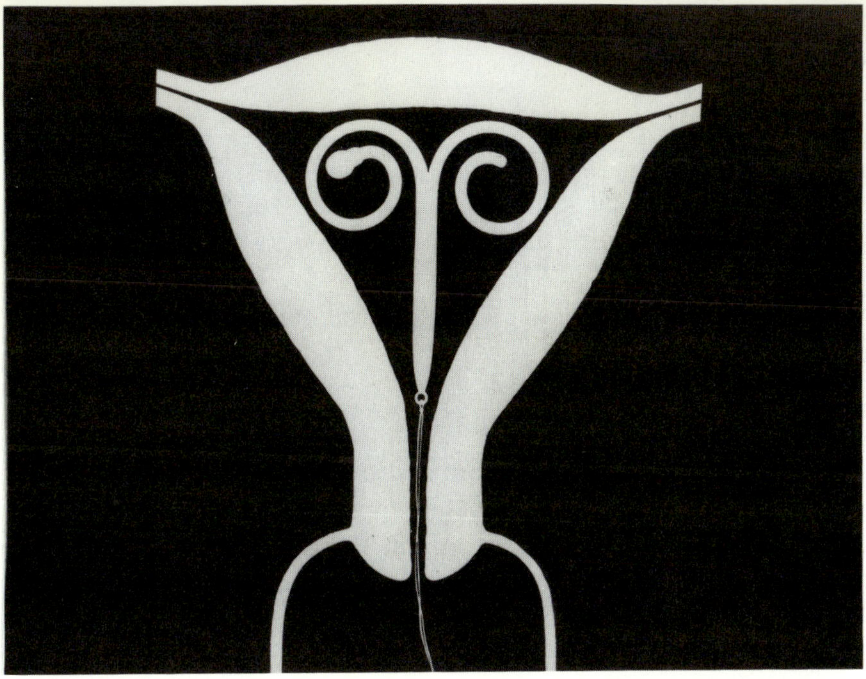

Ehkäisy on ollut pääasiassa naisten tehtävänä. Kierukan ja e-pillerin käyttöönoton jälkeen tämä on mahdollistanut heille seksuaalisen vapauden, mutta samalla avannut tien kontrollille. Esimerkiksi Ceausescun Romaniassa kaikki teollisuudessa työskennelleet hedelmällisyysikäiset naiset joutuivat kuukausittain pakollisiin raskaustesteihin; tavoitteena oli syntyvyyden maksimointi. Jos naisella ei ollut todistusta testistä, hän menetti oikeutensa lääkärinhoitoon, eläkkeeseen ja sosiaaliturvaan. Raskaaksi todettu joutui syytteeseen, ellei hän synnyttänyt yhdeksän kuukauden kuluessa.

nöyrä ei julista olevansa kuin merenvahahelmi, saksanpähkinä ja Ruotsin ruokonen, eikä vertaa ääntään Turun kirkon urkuihin, niin kuin Ritvalan tytöt tekivät.

Onko kokonaan tyttöjen omia juttuja, tyttökulttuuria sitten koskaan ollut olemassakaan? Pienet, intiimit tyttöjen sisäpiiriryhmät ja ystävyyssuhteet edustavat pitkää tyttökulttuurin traditiota. Ystävätärsuhteet ovat paitsi pitkä, myös luokkarajat ylittävä ilmiö. Näiden suhteiden luonne on kuitenkin niin yksityinen, että vanhemmilta ajoilta niistä tiedetään kovin vähän. Sen sijaan 1800-luku tarjoaa runsaasti esimerkkejä likeisistä, jopa kiihkeistä ystävätärsuhteista.

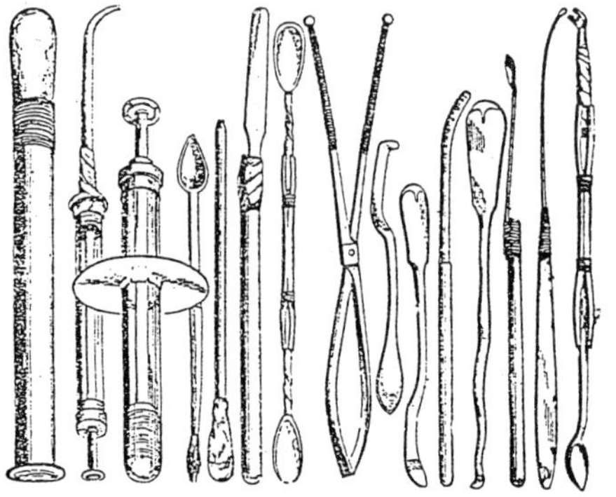

New Yorkin poliisi takavarikoi nämä aborttivälineet Edward M. Brownelta sen jälkeen, kun hänet oli pidätetty Clementina Anderssonin murhasta 1862.

American Medical Times, 17.1.1863.

Kirjailija Minna Canthin kirjeenvaihto tyttövuosilta kertoo hänen ja parin läheisen ystävättären molemminpuolisen kiintymyksen leimaamasta yhteydenpidosta. Kirjeet Ida Grahnille alkoivat puhuttelulla Oma rakas Ida tai Oma ikuisesti rakastettu. Minnalle Ida oli ystävä, jonka kanssa jaettiin kaikki salaisuudet, kerrottiin koko toivottoman rakkauden tuottama tuska yhtä hyvin kuin uuden ihastuksen auvoiset tunnot. Minna kertoi kirjeissään myös perheensä ja Kuopion pikkukaupungin päivän sattumukset. Molemmat tytöt kuuluivat lisäksi samaan ystävätärpiiriin, joka teki retkiä toistensa vanhempien kesähuviloille, valvoi ja souteli kesäyöt läpeensä ja puhui, puhui...

Ystävätärsuhteisiin kuului myös fyysinen läheisyys ja kosketus. Elisabeth Järnefelt on kertonut poikansa Arvid Järnefeltin Vanhempieni romaanissa omasta tyttöajastaan Pietarin aatelispiireissä. Yläluokan tyttöjen elämään kuului runsaasti ystäviä, tuttavia, sukulaisia, jatkuvaa seuranpitoa ja juhlia. Ystävyys tyttöjen kesken oli kuitenkin aivan oma lukunsa: kuutamoyönä sai liikkua toisiinsa likistyneinä puutarhan käytävillä ja tuntea, että sielut olivat juuri samalla tavalla yhtä, syvimpään syvyyteen asti. Talvisilla rekiretkillä ystävättäret saattoivat asettua saman turkin alle, riisua käsineensä, pitää toisiaan kädestä ja leikkiä toistensa helminauhoilla. Yhtä läheiset suhteet nuorten miesten kanssa eivät tulleet missään tapauksessa kyseeseen.

Ystävätärsuhteissa toistuu usein myös tyttöjen kasvun yleinen dilemma: kamppailu riippuvuuden ja itsenäisyyden välillä. Hyvinkin läheinen ystävyyssuhde saattaa nopeasti viilentyä tai katketa kokonaan, jos läheisyyden ja autonomian tasapaino ei toteudu. Minna

Canthin suhde Ida Grahniin näytti etääntyneen juuri tällaisesta syystä: Minna oli liian innokkaasti järjestellyt ystävätärtään opiskelemaan Jyväskylän seminaariin, jossa hän itse jo oli ja viihtyi — ja oletti ettei Idakaan voinut muuta toivoa.

Myös nykytyttöjen elämään kuuluvat intiimit ystävyyssuhteet. Usein näitä suhteita hoidetaan kodin neljän seinän sisällä, omassa tai ystävättären omassa huoneessa — tätä osaa tyttökulttuurista nimitetäänkin tyttöjenhuonekulttuuriksi. Moni tutkija väittää sen olevan edelleen tärkein osa tyttöjen omaa maailmaa. Tämä tyttökamarikulttuuri on eräänlainen aikuisuuden privaatti kokeilutila, jossa voi pitää hauskaa ja hullutella, mutta yhtä hyvin puhua vakavia. Siellä voi yhdessä ystävättären kanssa käsitellä omat ongelmat, suunnitella huomista yhtä hyvin kuin toistaa eilisen illan. Ystävätär on arvokas sekä pelikaverina että vastapelurina; hän on sekä peili että kaikupohja. Osa tästä läheisyyden maailmasta jää nykyäänkin piiloon, tytöt eivät halua paljastaa ja julkistaa ikiomaksi kokemaansa muille.

Samalla tavoin salaisena tytöt pitävät myös oman yksityisen mielikuvitusmaailmansa. Oman huoneen ovi on mielellään lukossa, kun lähdetään matkalle omaan fyysiseen minään tai haaveisiin. Tytöt tekevät kuin Angela Carterin Maagisen lelukaupan Melanie, joka 15-vuotiskesänään todella huomasi olevansa lihaa ja verta. Hän lähti löytöretkelle tuntemattoman ruumiinsa Amerikkaan ja tutki sen läpikotaisin. Kuin fysiologian Cortes tai Vasco da Gama hän kiipesi omat vuorijononsa ja tunkeutui salaisiin laaksoihin. Tuntikausia hän seisoi peilin edessä ja tuijotti itseään, väliin heitti kärrynpyörää tai seisoi käsillään ja oli iloisesti yllättynyt notkeasta minästään, joka ei ollut enää pikkutyttö.

Useimmilla tytöillä on myös unelmien ja fantasioitten maailma, jossa voi rajoituksetta seikkailla eri maisemissa ja rooleissa. Melanie oli väliin pariisilainen kuorotyttö, joka eli Toulouse-Lautrecin aikaan ja istui tämän mallina, toisinaan hän onnistui loihtimaan itsestään kalpean ja siveän Cranachin Venuksen, joskus Venetsiassa tai Miami Beachissa häämatkalla olevan nuorikon, ja kaikki tämä tapahtui viattoman pastellinsävyisessä makuuhuoneessa kenenkään tietämättä.

Maalaistyttöjen maailmalle lähtö

Eurooppalaisten tyttöjen tarina on pitkälti kertomus maalaistytöistä. Valtaosa ihmisistä asui maalaisyhteisöissä, maalaiskylissä tai kyliä muistuttavissa pikkukaupungeissa 1800-luvulle saakka. Suomalaiset ovat olleet erityisen maalaisia: vielä 1700-luvun lopulla 95 prosenttia suomalaisista asui maaseudulla. Kaupunkilaisten osuus kasvoi hitaasti, vuonna 1900 kaupungeissa eli runsas kymmenesosa suomalaisista.

Maalaisuus merkitsi monia asioita: toimeentulon merkittävin osa saatiin viljelystä ja karjasta, pääosa tavaroista tehtiin kotona tai kotikylässä, tavat ja tottumukset pysyivät muuttumattomina sukupolvien ajan. Tällaisessa yhteisössä jokaisen yksilön paikka oli tarkkaan osoitettu ja jokaisella oli oma leiviskänsä hoidettavana. Yhteisö oli toisaalta turvallinen, toisaalta se saattoi tukahduttaa.

Tarkkaan rajatussa yhteisössä myös tyttöjen tila oli tiukasti määritelty. Tilan vähyys ilmeni konkreettisesti tytöille suunnatuissa varoituksissa ja ohjeissa. Viron, Inkerin ja Etelä-Karjalan mailla laulettiin kalevalamittaista runoa, jossa tyttö on lähtenyt järvelle pesemään vaatteita, meren rantaan kylpemään tai metsään. Matkalla hän on kadottanut jotain tärkeää, vaatteita tai koruja. Laulu päättyy itkevän tytön kotiinpaluuseen. Runon tyttö siis lähtee, jättää turvallisen kotipiirin ja seurauksena on menetys, melkein katastrofi. Runo on tulkittu myös kertomukseksi seksuaalisesta menetyksestä. Lisäksi se on opetusruno: kodin turvan jättävä tyttö on alttiina pahalle maailmalle.

Tarina maailmalle lähtevästä tytöstä toistuu perusidealtaan samana nykypäiviin saakka. Ulla-Lena Lundbergin 1980-luvulla ilmestyneiden ahvenanmaalaisromaanien päähenkilö Anna kuuluu tähän lähtevien tyttöjen sarjaan. Kun 19-vuotias kökarilainen kalastajatyttö Anna lähti 1930-luvulla kotisaareltaan Tukholmaan, vietti siellä vuoden ja palasi rakkaussuhteessaan pettyneenä takaisin, kohtasi hän yhteisönsä voimakkaat käsitykset menetetystä kunniasta. Kotikylän miehetkin tekivät ehdotuksia läheisistä suhteista, »kun kerran tottumusta oli».

Lähtemisen sisältö kuvastuu myös ranskalaisessa tarinassa, jonka tapahtumat sijoittuvat 1890-luvulle. Juttua on kerrottu täytenä totena Minot'n kylässä viime vuosikymmenelle saakka. Alkuperäinen kertoja oli Pariisissa tätinsä luona oppivuoden viettänyt 15-vuotias Lucile. Tullessaan Pariisista kotiin Lucilella oli tuliaisia isoäidille. Hän lähti viemään niitä ja koska matka ei ollut pitkä, hän meni jalan. Matkalla hän kohtasi hevosmiehen kärryineen, pääsi kyytiin ja kertoili olleensa Pariisissa, nähneensä maailmaa ja sen ihmeellisyyksiä. Hevosmies tulkitsi maailmalla olon tavallaan ja avasi housunsa. Lucile ei eläissään ollut nähnyt vähäpukeista miestä, säikähti, lähti pakoon ja juoksi koko matkan isoäidin talolle saakka, jossa kaatui pyörtyneenä maahan. Kuultuaan, mitä oli tapahtunut, hänen setänsä otti seinältä aseen ja uhkasi ampua hevosmiehen. Tarinalla on selvät yhtymäkohtansa Punahilkka-satuun. Samalla se kertoo, mikä erityinen luonne Pariisin-matkalla oli: kaukana poissa kotoa tyttö menettää lapseutensa — kaupungissa oleskelu on lapsuudesta luopumista.

»Kun koulutat miehen, saat sivistyneen yksilön;
kun koulutat äidin, saat sivistyneen perheen.»

Esimerkkejä sallitun tilan ylittämisen suoranaisesta vaarallisuudesta löytyy muidenkin kulttuurien piiristä. Pohjois-Amerikan sioux-intiaanien tytöt harjoitettiin ankaraan kainouteen ja suorastaan pelkäämään kaikkia vieraita, jopa oman heimon miehiä. Tyttöjen piti opetella kävelemään harkituin askelin, eivätkä he saaneet ylittää tiettyjä rajoja leirinsä ympärillä. Kaiken varalta sioux-tyttö piti aina mukanaan metsästysveistä, jota hänen piti osata käyttää itsepuolustukseksi — ei metsän petoja, vaan miehiä vastaan. Lähtö kotipiiristä tarkoitti tässäkin tapauksessa asettumista alttiiksi vaaralle.

Kun kirjoitetut lait alkoivat muotoutua, niissäkin määriteltiin tyttöjen ja naisten toimintapiiriä. Naimaton nainen eli lakikielenkin mukaan neitsyt oli Ruotsin keskiaikaisen maanlain mukaan holhottava olento, jota laki kohteli kuin lasta tai muuten vajaavaltaista. Naimaton nainen pysyi koko elämänsä holhokkina; ei ollut ikärajaa, joka olisi antanut hänelle oikeuden päästä oman elämänsä herraksi.

Tyttöjen sidotulla asemalla oli myös kääntöpuolensa, heitä myös suojeltiin. Naiseen kohdistuva rikos oli vielä keskiajalla erityisen häpeällisenä pidetty teko, josta rangaistiin kaksinkertaisella tuomiolla. Uuden ajan myötä käsitys muuttui: aikuisena pidettyihin kohdistuneet rikokset tuomittiin samalla tavalla, naista ei enää rinnastettu rampoihin tai muihin puolustuskyvyttömiin.

Nuoren naisen asemasta kertoo melko yleisten neitsyen viettelysyytteitten käsittely 1500-luvun käräjillä. Tuomion, joka useimmiten oli sakko, sai mies, ei viaton neitsykkä, joka katsottiin vain teon kohteeksi, ei rikoskumppaniksi. Toimintatapa selittyy käsityksellä tytöstä kauppatavarana naimamarkkinoilla, joille tyttö oli toimitettava aitona tuotteena. Sama käsitys näkyy raiskaustapausten käsittelyssä. Niistä laki totesi: »Jos joku makaa naisen väkisin ja

nainen hänet siinä tappaa ja 12 miestä sen todistaa, jääköön silleen.» Kun tyttö surmasi ahdistajansa, hän välttyi omaa ja sukunsa mainetta koettelevalta oikeudenkäynniltä. Tämä laiksi muuttunut perimätapa on saanut myös runon muodon vanhassa suomalaisessa miehentappajaneidon laulussa. Siinä kaunis Kati löi puukon kamariinsa yöllä tunkeutuneen miehen rintaan. Näin hän vältti häpeän ja sai samalla sankarittaren maineen.

Suomessa ei raiskauksen ennaltaehkäisyssä koskaan menty niin pitkälle kuin sioux-intiaanien keskuudessa. Siellä tytöt tiettyyn ikään ehdittyään nukkuivat yönsä reidet yhteensidottuina ikävien yllätysten varalta. Suomalaisten estotoimet olivat vaatimattomampia: jos tyttö valutti tipan elohopeaa sänkylautojensa väliin, eivät poikain sopimattomat riiusteluaikeet päässeet toteutumaan. Avioliiton solmiminen oli tytön oman päätösvallan ulottumattomissa. Ruotsin valtakunnassa naimakauppa oli sulhasen ja naittajan välinen oikeustoimi. Naittaja oli tytön isä, veli, velipuoli, isän isä, äidin isä tai muu lähin miespuolinen sukulainen isän puolelta. Maanlain mukaan tyttären piti myös totella vanhempiaan ja naittajaansa, vastoin näiden tahtoa aviomiehen ottava tytär tuomittiin menettämään perintönsä. Kokonaan avioliitosta kieltäytyminen ei myöskään kuulunut tytön oikeuksiin. Se ei kuitenkaan estänyt kansanperinteen tyttöä asettamasta koko systeemiä omalta osaltaan kyseenalaiseksi. Nuori nainen sanoo Kantelettaren runossa, ettei hänestä ole miniäksi miehelään ja orjaksi anoppilaan, koska

»Ei neiti minun näköinen
osaisi orjana eleä,
muistais ei mukihin mennä
olla aina alla kynsin.
Toinen kun sanan sanoisi
minä kaksi vastoaisin».

Vähitellen naittajan valta kaventui, vuoden 1571 kirkkojärjestyksen mukaan tyttöä ei saanut enää pakottaa vastentahtoiseen avioon, vihittäessä oli vaadittava myös morsiamen suostumus. Silti vielä 1734 lain mukaan keskeistä osaa avioitumisessa näytteli naittaja: »Jos mies tahtoo awioliittoon mennä, niin anokoon neitoa hänen naittajaltansa, älköönkä wäkiwallalla ottako tai salaa tykönsä wietelkö.» Aikuisen tyttären oikeus itse päättää avioliitosta tunnustettiin Suomessa vuoden 1864 keisarillisella asetuksella.

Nuorten naisten elämää pyrittiin säätelemään myös muuten. Uuden ajan alussa alkoi kirkon ja valtion ote kaikista kansalaisista tiukentua. Kehitys näkyi tyttöjenkin elämässä. Kristillistä sukupuolimoraalia alettiin vaatia entistä ankarammin. Salavuoteudesta ja aviorikoksesta tuli vakavasti otettavia rikoksia, joista rangaistiin molempia osapuolia, niin naisia kuin miehiä. Jos suhteesta oli seurauksena avioliiton ulkopuolella syntynyt lapsi, kovimmat seuraukset kantoi äiti, joka usein oli nuori tyttö. Oma lähiyhteisö saattoi kerkeästi tuomita aviottoman lapsen äidin ja merkitä hänet häpeärangaistuksella. Ruotsin Jämtlannissa avioton äiti joutui käyttämään ruskeaa myssyä erottuakseen punamyssyisistä tytöistä ja mustamyssyisistä aviovaimoista. Värmlannin joissain pitäjissä neitoutensa menettänyt tyttö ei saanut pitää tytöille kuuluvaa punaista hiusnauhaa — jos hän ilmestyi neidonnauha hiuksissaan kirkkoon, toiset tytöt saattoivat julkisesti riistää häneltä »tämän kauniin neitseellisen koskemattomuuden symbolin».

Myös tytön mahdollisuudet kunnialliseen avioliittoon vähenivät, vaikka eivät kokonaan hävinneet. Joskus avioton äiti saattoi solmia avioliiton ilman sen kummempia ongelmia, varsinkin jos yhteisössä tarvittiin runsaasti työväkeä. Piian paikkansa tyttö saattoi myös säilyttää, jälleen sillä edellytyksellä, että hän itse oli ja lapsestakin odotettiin tuoresta työvoimaa.

Ei näin

vaan näin

Ei näin

Ei näin

vaan näin

vaan näin

Myös 1700-luvulla alkanutta entistä kiivaampaa lapsenmurhien selville ottamista on selitetty valtion tarpeilla: maan väkilukua piti kasvattaa. Esimerkiksi Ruotsin valtakunta tarvitsi tuolloin sekä sotilaita että turpeenpuskijoita. Tässä tilanteessa ristiriitaiset vaatimukset iskivät yhteen: kirkko ja sen myötä yleinen asenne tuomitsivat ankarasti naimattoman äidin, häneen voitiin lyödä huoran leima loppuiäkseen ja lapsen elättäminen niukoissa oloissa oli usein ylivoimainen tehtävä. Aviottoman vastasyntyneen hengenriisto tai heitteillejättö olivat näitten paineitten keskellä harvinaisia, mutta eivät tuntemattomia ratkaisuja. Syyllisiksi osoittautuneet tytöt ja naiset saivat ankaran rangaistuksen: mestaus ja roviolla polttaminen oli tavallinen seuraamus.

Katri Lehdon tutkiman kytäjäläisen Maria Heikintyttären tapaus ei liene aivan ainutlaatuinen tyttökohtalo 1700-luvun Suomessa. Tapahtumasarja sai alkunsa 1707, kun pitäjän nimismies oli sotamiehenotossa, Kaarle-kuningas kun tarvitsi suuren Pohjan sodan aikana loputtomasti sotaväkeä. Sotamiestä nimismies ei saanut, mutta kuuli huhun 19-vuotiaan Maria Heikintyttären raskaudesta ja sen äkkinäisestä päättymisestä ilman lapsen löytymistä. Nimismies lähti huhun perään ja ankarin kuulusteluin sai Marian tunnustamaan tekonsa, josta muu kylänväki ei suostunut mitään tietämään tai ainakaan kertomaan. Maria väitti ensin lapsen syntyneen kuolleena, mutta vangittuna lopulta myönsi itse tappaneensa ja jokeen hukuttaneensa tyttölapsensa. Maria tuomittiin käräjillä mestattavaksi. Lapsen isä oli Marian palveluspaikan Haratan talon isäntä, joka myönsi isyytensä, mutta vannoi, ettei ollut osallisena lapsen hengiltä ottamisessa. Isäntä Juho Tuomaanpoika tuomittiin kuitenkin kaksinkertaisesta huoruudesta ja avunantamisesta rikokseen kärsimään 3 kujanjuoksua ja maksamaan 80 hopeamarkkaa sakkoa. Haratan emäntä ja ne naapuritalojen naiset, jotka Marian raskaudesta olivat tienneet, mutta eivät kertoneet, saivat kukin 14 vuorokauden vesi ja leipä -vankeusrangaistuksen. Marian tuomio pantiin täytäntöön seuraavan vuoden marraskuussa Hyvinkäänmalmin piiskauspaikalla, johon ei jäänyt jäljelle mestatun ruumiinpolttorovion tuhkaakaan.

Haratan Maria, useimmiten Maijaksi sanottu, oli lähtenyt maailmalle Hyvinkäältä, Kytäjän naapurikylän Anttilan talosta. Hän oli Harattaan tullessaan 16-vuotias ja juuri ensi kertaa ehtoollisella käynyt. Hän oli siis talontytär, joka oli ruvennut piiaksi. Maija oli ehkä astunut yhteiskunnallisesti askeleen alaspäin, mutta elinolot ja työt olivat samat niin talontyttärellä kuin piialla.

Maija kuului suomalaisten 1700-luvun tyttöjen suureen enemmistöön, talonpoikaistyttöihin, jotka kaikkialla tekivät samoja töitä: kehräsivät ja kutoivat, laittoivat ruokaa, hoitivat karjaa ja katsoivat lasten perään, panivat aitaa, kuokkivat ojia, olivat peltotöissä ja paimenessa. Maailma oli heille lähinnä oma kylä ja naapurikylät. Maria Heikintyttären pisin matka oli varmasti kyyti Helsingin vankilaan. Joku poikkeuskin kyllä löytyi: 1700-luvun alun kriisiaikana jotkut tytöt lähtivät pitemmälle. Heitä karkasi sotamiesten perään ensin Helsinkiin ja sieltä Rääveliin, Riikaan ja sotajoukon mukana kauemmaskin.

Säätyläistyttöjen varjeltu todellisuus

Samaan aikaan pieni osa tytöistä, säätyläistytöt, yritettiin kasvattaa kokonaan toisenlaiseen maailmaan ja toisenlaisen mallin mukaan. Kasvatuksen esikuvat otettiin Keski-Euroopasta. Opit välittyivät Suomeen lähinnä Saksan ja Ruotsin kautta. Kasvatusohjeita julkaistiin pikku kirjasina ja keskustelua seurattiin ruotsalaisten leh-

Ranskaa, pianonsoittoa, koketeerausta — ja pas de quatre'a.

tien avulla. Kun Samuel Litzelius 1700-luvun lopulla julkaisi ohjeet säätyläistytön kasvatuksesta, otteessa oli ilmeisesti ripaus ironiaa, mutta aivan vailla yhteyksiä todellisuuteen ne eivät olleet. Ohjeet alkoivat: »Nuoren tytön on opittava kieliä. Kuinka voi olla kohtelias tuntematta ranskan kieltä? Kuinka voisi kutsua sieväksi ja viehättäväksi sellaista, joka ei osaa sipistä ja toistaa muutamia italialaisia sananparsia? Ja kaiken tämän ohella: kuinka voi olla nykyaikainen, kun ei tunne nykyaikaisia tieteitä. Hienot kielet ovat ensi sijalla... sen jälkeen tulevat lemmenlaulut, kaunokirjallisuus ja pienet rakkauskirjeet. Sellaiset tytön tulee tuntea perinpohjin, sen lisäksi pitää osata oikeassa yhteydessä kertoa joitakin mieltä kohottavia ja hillitseviä kaskuja, satuja ja joutavia pikkuasioita...»

Nämä ohjeet ovat selvästi sukua ranskalaisperäisen salonkikulttuurin ihanteille: niiden mukaan tyttöjen piti ensi sijassa osata

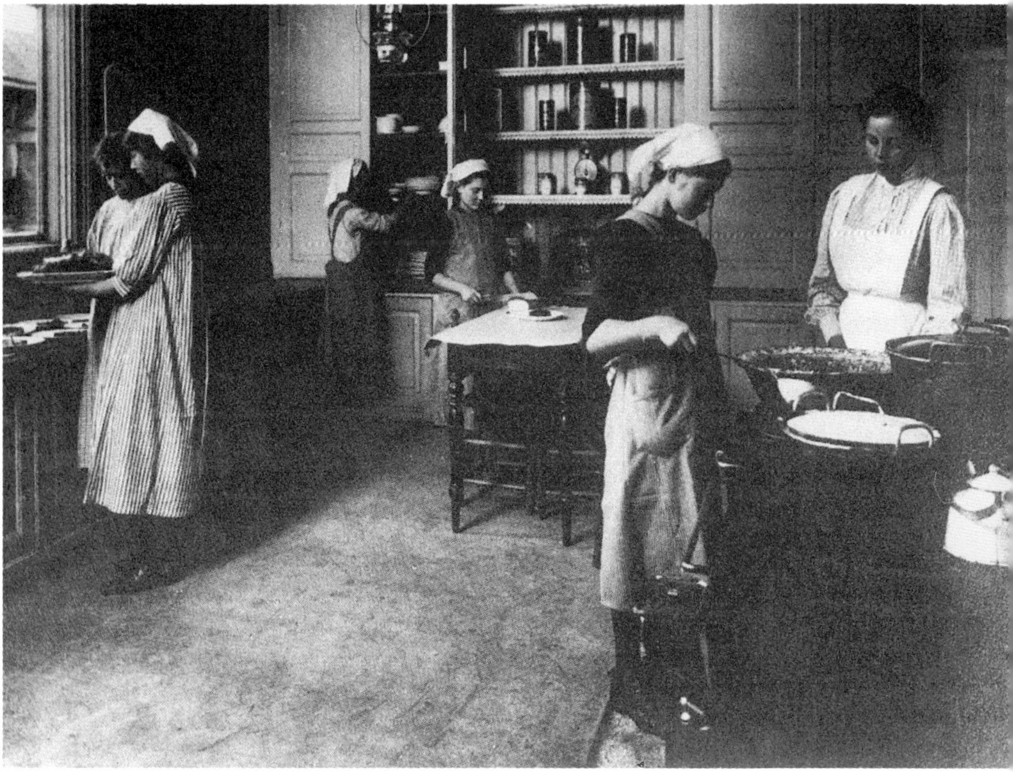

Silitystä, siivousta ja peltopyyn haudutusta.

seurustella sujuvasti, koketeerata sopivasti ja olla koristeellisia. Tämä ideaali alkoi saada osakseen kritiikkiä 1700-luvun loppupuoliskolla. Yksi perusteellisimmista kriitikoista oli Jean Jacques Rousseau, jonka yhteiskuntafilosofinen Emile-teos käsitteli suurimmaksi osaksi pojan kasvatusta. Osa hänen näkemyksistään koski myös tytön kasvua. Päähenkilö Emilen rinnalla teoksessa esiintyy — tosin huomattavasti suppeammin käsiteltynä — tyttö nimeltä Sophie. Hän on Emilen tuleva puoliso ja samalla koko naiskasvatuksen mallinukke.

Rousseaun perusajatuksia oli idea sukupuolten erilaisuudesta yhdellä merkittävällä alueella: sukupuoli leimaa naisen eliniäksi, mies on mies vain pienen osan elämänkaartaan. Tästä erilaisuudesta Rousseau johti koko naiskasvatusohjelmansa. Tyttöjen kasvatuksessa tuli ottaa huomioon se tosiseikka, että tyttö on ja tulee olemaan koko elämänsä miehen auktoriteetin alainen. »Naisten kasvatuksen pitää siis tarkoittaa heidän suhdettaan miehiin», sanoi Rousseau ja jatkoi: »Miesten miellyttäminen, heidän hyödyttämisensä, heidän rakkautensa ja kunnioituksensa saavuttaminen, heidän kasvattamisensa nuorina, heidän neuvomisensa ja lohduttamisensa, heidän elämänsä saattaminen miellyttäväksi ja suloiseksi — siinä naisten velvollisuudet kaikkina aikoina, ja tämä on heille lapsuudesta saakka opetettava.»

Rousseaun käsitykset poikien kasvatuksesta voi tiivistää sanoihin luonnollisuus ja vapaus; tytöille tästä ohjelmasta kuului luonnollisuus, vapaus sen sijaan ei. Rousseaun naisnäkemykset kiteytyivät toteamukseen, että naisilla päinvastoin kuin miehillä tulee aina olla vain rajoitettu määrä vapautta. Siksi tytöt täytyi totuttaa esimerkiksi keskeyttämään omat leikkinsä ja napisematta ryhtymään kasvattajan määräämään puuhaan. Valppaus ja työteliäisyys nimittäin olivat tavoiteltavia tyttöominaisuuksia. Ne olivat Rousseaun vaihtoehto salonkien toimettomalle ajantuhlaukselle. Salongit eivät olleet vain ajanhukkaa, ne olivat myös julkista aluetta, jolle tyttöjen ei pitänyt tunkeutua. Perhe oli naisten luonnollinen ja näin ollen paras toiminta-alue.

Rousseaun käsitykset tytöistä eivät olleet uusia keksintöjä. Samaa naisten sulkemista julkisen maailman ulkopuolelle olivat jo monet häntä edeltäneet kasvatusohjeitten antajat pitäneet tärkeimpänä ohjenuoranaan. Erityisen vaarallisena oli pidetty tieteellistä tai siihen verrattavaa korkeampaa opetusta, koska naisilla oli heikompi ja vähemmän tiedonhaluinen mieli kuin miehillä. Tytöille ei pitänyt antaa opetusta aineissa, jotka liittyivät politiikkaan, sotaan, lainkäyttöön tai filosofiaan ja teologiaan, eiväthän he tulisi käymään sotaa, johtamaan yhteiskuntaa tai kirkkoa.

Tästä huolimatta esimerkiksi ranskalainen piispa Fénelon julisti, että tyttöjen kasvatus kuitenkin oli tärkeämpää kuin poikien: naisten luonnollinen heikkous nimittäin edellytti heidän vahvistamistaan. Lisäksi näillä heikoilla oli koko yhteiskuntaa ylläpitävä tehtävä perheessä. Siksi naisten huono kasvatus saattoi saada aikaan paljon pahempaa kuin miesten.

Piispa Fénelon julkaisi kasvatusoppaansa tytöille jo 1687. Siitä tuli todellinen kasvatuksen kesto-opas, joka käännettiin monille kielille, myös ruotsiksi. Uusia painoksia Fénelonista otettiin pitkään, Ruotsissa viimeinen niin myöhään kuin 1881. 1900-luvun kynnyksellä Ruotsissa ja Suomessakin tarjoiltiin siis 200 vuotta vanhaa naiskäsitystä ja tyttöjen kasvatusmetodia.

Vanhojen apuneuvojen käyttö ei johtunut uusien puutteesta. 1800-luku suorastaan pursui keskustelua ja kirjoittelua kasvatuksesta: kasvatus-käsite oli alkanut saada positiivisen merkityksen. Tuntui kuin lapset olisi vasta nyt kunnolla huomattu ja uuden keksinnön tapaan lapsuus sai osakseen huomiota ja huolenpitoa. Aikuiset alkoivat entistä määrätietoisemmin koulia ja muokata, kasvattaa ja kouluttaa lapsia.

Innostus synnytti tulvan erilaisia ohjekirjoja ja oppaita. Rinnakkain risteilivät 1600-luvun Fénelon, 1700-luvun Rousseau ja 1800-luvun lukuisat asiantuntijat. Yksi yhteinen nimittäjä näille ohjeille löytyi — se oli halu määritellä tarkasti, mikä kuului tytöille, mikä taas oli kiellettyä tai ainakin sopimatonta.

1800-luku oli myös vaihe, jolloin tietoisesti lyötiin läpi vanha ajatus sukupuolten erilaisuudesta. Samalla tuli määriteltyä entistä tarkemmin naiseuden olemus. Monet vuosisadan ajattelijoista korostivat sukupuolten täydentävän toisiaan. Heidän mukaansa vasta mies ja nainen yhdessä muodostivat täyden kokonaisuuden. Toisten mielestä taas naiset olivat epätäydellisiä, vajaita miehiä. Naisten ja miesten erilaisuus näkyi luonteenpiirteiden, ruumiinraken-

Talouskoulut syntyivät kodinhoidon tason kohentamiseksi. Se oli äitien ja perheenemäntien koulutusta: »Tämä kotitalouden nousukausi on aivan kuin mennyt kaikille veriin, kotitalousala tuntuu kajastavan monen mielessä ainoana elämäntehtävänä». Yhteiskasvatuksen idean lopullinen läpimurto poisti tyttökoulut 70-luvulla monista maista. Nyt jotkut ovat toivoneet niiden paluuta — miesvapaina alueina.

teen, kykyjen ja jopa symbolimaailman vastakkainasettelussa. Monet näistä vastakohtapareista ovat tuttuja nykypäivänkin maskuliini-feminiini -ajattelulle.

Nainen ja tyttö olivat pyöreitä, pehmeitä ja heikkoja — miehet ja pojat kulmikkaita, karvaisia ja vahvoja. Naisten aluetta oli tunne, miesten järki, naiset olivat hyviä ja itsensä uhraavia, miehet viisaita, mutta itsekkäitä. Naisten hermosto oli altis ärsytyksille ja heillä oli taipumusta sellaisiin mielen tasapainottomuuksiin kuin hysteria. Miesten hermot taas kestivät vaikutteita paremmin ja he olivat tasapainoisempia. Naisten elämä oli olemista, miesten tekemistä. Nainen oli kuu, mies aurinko, ja mies puu, jota nainen köynnöksenä kiersi.

Erityisen innokkaasti alettiin nostaa esiin vaatimusta naisten moraalisesta paremmuudesta ja esikuvallisuudesta miehiin nähden. Vaatimus näkyi myös tyttöjen kasvatuksessa. Kasvatusoppaat tekivät parhaansa levittääkseen esikuvallisuuden ilosanomaa. Kirjojen nimet olivat kuvaavia, esimerkiksi »Englannin tyttäret, heidän kutsumuksensa ja vastuunsa». Tässä nimenomaisessa oppaassa kehotettiin tyttöjä ensin tulemaan itse hyviksi ja sitten tekemään koko ympäristönsä hyväksi ja iloiseksi.

Samanaikaisesti naisen roolia oltiin muuttamassa: vaimon ja emännän tehtävät alkoivat vaihtua yhä korostetummin äidin rooliksi. Yhä harvemmin tarkoitti nimitys vaimoväki naisia yleensä.

Tyttöjen kasvatuksen oli aiemmin nähty parhaiten toteutuvan kotona, oman äidin tai kotiopettajattaren johdolla. Lisäksi oli jo 1600-luvulta lähtien käyty mamsellien kouluja, tyttöpensionaatteja. Niitä voi kuitenkin pitää lähinnä kotikasvatuksen laajentumina. 1800-luku merkitsi tässäkin suhteessa muutoksen alkua. Tytöille alettiin vaatia lisää koulunkäyntimahdollisuuksia. Varsinaisia tyttökouluja ruvettiin perustamaan keski- ja yläluokan tyttärille. Tyttö-

Tasa-arvopyrkimyksistä huolimatta koulutusasenteet ovat muuttuneet hitaasti. Tyttöjen alat ovat yhä tyttöjen aloja: hoitaa, paistaa ja palvella.

koulujen opetuksen perustana pidettiin naisen kutsumusta äitinä, puolisona ja perheenemäntänä. Pinnallisena pidettyä salonkisivistystä ei siis suosittu.

Säätyläistyttöjen ainoa ajateltavissa oleva ammatti oli avioliitto vielä 1800-luvun alussa. Niinpä tyttökoulut eivät antaneet jatko-opintokelpoisuutta korkeampiin opintoihin, eivätkä pätevöittäneet mihinkään ammattiin. Oppiaineita oli laaja valikoima uskonnosta aritmetiikkaan ja kaunokirjoituksesta luonnontietoon. Oppilaat saivat itse valita aineensa — suosituimpia oppiaineita olivat ranskan kieli ja käsityöt.

Kouluista tuli Suomessa ja Ruotsissa varsin suosittuja: varattomatkin säätyläisperheet yrittivät saada tyttärensä niihin. Tyttökoulun käyneen mahdollisuudet avioliittomarkkinoilla paranivat. Koulunkäynti saattoi myös tarjota pienen mahdollisuuden riippumattomuuteen, elämään ilman avioliittoa. Sekin vaihtoehto alkoi tulla yhä useamman varattoman säätyläistytön osaksi, kun avioliittoluvut laskivat koko Euroopassa .

Kasvatuksen yhä positiivisempi arvovaraus sai keskustelun tyttöjenkin kasvatuksesta vilkastumaan. Taustalla olivat monien julkisuuden henkilöiden vaatimukset. Suomessa Sakari Topelius esimerkiksi julisti, että naisilla oli sama oikeus sielunsa viljelyyn kuin miehillä. Myös monet tyypillisen säätyläistytön kasvatuksen saaneet naiset ottivat osaa keskusteluun. Minna Canth otti itsensä esimerkiksi kritisoidessaan ajan naiskasvatusta. Hän oli sanojensa mukaan 21-vuotiaana nuorena äitinä neuvottomampi ja taitamattomampi kuin kukaan ns. sivistymätön nainen. Siinä tilanteessa hän oppi »syvästi halveksimaan ja tuomitsemaan sitä viheliäistä sekasotkua, jota sanotaan naiskasvatukseksi, sitä silmänlumetta, mitä nimitetään naissivistykseksi». Tyttökoulut olivat Canthin mielestä vain omiaan kehittämään orjalle orjan sielua, eivät antamaan valmiutta itsensä kehittämiseen tai elättämiseen.

Avioliitto ja emännyys on ollut tytön kasvatuksen päämääränä, suoraan tai välillisesti. Asenteet ovat kansakunnan sielussa eikä kansakunnan sielu vaihdu kerran sukupolvessa.

Rahvaantyttärien vähät vaihtoehdot

Tyttökoulut oli siis tarkoitettu vain säätyläistytöille, muut tytöt haluttiin pitää niiden ulkopuolella. Suomessa vuoden 1856 koulujärjestys jopa määräsi, että »kouluun ei oteta kuin sellaisia oppilaita, joiden kasvatus ja tavat ovat nuhteettomat ja joiden kanssa seurustelua ei voi millään tapaa pitää vahingollisena muille koulussa oleville kunnia-arvoisten ja sivistyneitten vanhempien tyttärille».

Pelko huonoista vaikutteista oli säätyläisnäkökulmasta katsoen perusteltu. Pelon takana oli toisenlaisten tyttöjen maailma, rahvaan tyttärien elämäntapa. Suurin osa rahvaan tytöistä oli edelleen talonpoikaistyttöjä niin Suomessa kuin muuallakin Euroopassa. Keski-Euroopassa vähittäinen teollisuuden nousu lisäsi tehdastyöläisten määrää koko 1800-luvun ajan, Suomessa tehtaantyttöjä alkoi olla enemmälti vasta 1800-luvun loppuvuosina.

Maaseudun tytöistä iso osa pysyi kotona oman talon töissä avioitumiseen saakka. Tilattoman väestön ja mökkiläisten tytöt lähtivät kotoa varhain. Jopa alle 10-vuotiaita vietiin vieraisiin taloihin, pappiloihin ja kartanoihin lapsenlikaksi, karjapiiaksi tai paimeneksi. Käytännössä köyhät tytöt työnnettiin pois kotoa.

Muuttoliike kaupunkeihin vei vähitellen entistä useampia tyttöjä pois oman kodin ja suljetun kyläyhteisön vaikutuspiiristä. Suomen sisäisessä muuttoliikkeessä naisilla oli selvä ylivoima. Suurin osa naismuuttajista oli nuoria naisia. Piikominen kaupungin säätyläiskodissa oli heille ainakin ensietappi, monille koko elämänura. Ottaessaan palveluspaikan kaupungista maalaistyttö astui kovaan kouluun, jossa punnittiin sekä hänen valmiutensa taloudenhoidossa että hänen kykynsä omaksua säätyläisten elämänmuoto ja arvomaailma. Lähes kaikki vanha oli opittava pois, tilalle tuli uutta käyttäytymistavoista, ruokailutottumuksista ja siivousmenetelmistä

alkaen. Suuri osa tytöistä selvisi tästä kulttuurišokista kunnialla.

Kaikille uuden elämäntavan omaksuminen ei kuitenkaan onnistunut kolhuitta. 1850-luvun Helsingissä aviottomien lasten äideistä lähes 80 prosenttia oli maalta kaupunkiin muuttaneita piikoja, joista useimmat olivat hyvin nuoria, 17–20-vuotiaita. Lisäksi palvelijattaret olivat sekä sukupuolitauteihin sairastuneissa että prostituoiduissa enimmin edustettuina.

Samansuuntaisia ovat tiedot muista Pohjoismaista. 1800-luvun lopun Keski-Ruotsin maaseudulla aviottoman lapsen saamista sanottiin yleisesti naimisiinmenoksi tukholmalaisittain. Niin paljon oli Tukholmaan menneitä ja lapsen kanssa kotiin palanneita tyttöjä. Eteläisessä Ruotsissa puolestaan aviottomia lapsia sanottiin Saksasta haetuiksi. Sanonta liittyi 1800-luvun lopun vilkkaaseen sesonkityönhakuun saksalaisilta maatiloilta ja paluuseen lapsi mukana.

Kaikissa näissä tapauksissa oli kysymys erilaisten moraalikäsitysten ristipaineesta. Säätyläisväestön vanha kaksinaismoraali oli sallinut miehille avioliiton ulkopuoliset suhteet alempien säätyjen naisten kanssa. Maalta kaupunkiin tulleiden tyttöjen oma moraali oli maaseudun perinteen mukainen. Maalaisnuoret seurustelivat monin paikoin ennen avioliittoa suhteellisen vapaasti. Maalaisyhteisön kontrolli piti kuitenkin huolen siitä, että suhde yleensä laillistettiin. Kaupungeissa ei näin tapahtunut. Lisäksi säätyläispiireissä oli nousemassa uusi, absoluuttinen sukupuolimoraali, joka vaati aviollista uskollisuutta ja moraalista puhtautta kaikilta.

Säätyläisten asenteesta kertoo Arvid Järnefelt Vanhempieni romaanissaan. Hänen äitinsä Elisabet oli ensimmäisiä uuden moraalin puolustajia, joka nousi vastustamaan bordellilaitosta. Hän niin kuin muutamat muutkin Helsingin porvarisrouvat oli ollut tietämätön koko prostituution olemassaolosta. Jopa sanan ilotyttö merkitys oli heille selitettävä, ennen kuin he uskoivat, että jotain niin onnetonta oli virallisesti sallittu. Rouvat ryhtyivät yhdessä ajamaan koko laitoksen hävittämistä, koska se oli viemässä turmioon heidän omia poikiaan. Naiset eivät tuolloin vielä saaneet julkisesti ääntään kuuluviin, joten he joutuivat pyytämään miehiään mukaan. Hanke kuitenkin kaatui, kun rouvien merkittävissä asemissa olleet aviomiehet vain nauroivat koko asialle.

Miehet perustelivat kantaansa sanomalla, että jos bordellit hävitettäisiin, miten he voisivat enää suojella omia tyttäriään. Elisabet Järnefeltiä perustelu järkytti: kuinka oli mahdollista omien tyttärien turvaamiseksi sallia vieraiden tyttöjen käyttäminen kauppatavarana! Toistaiseksi kuitenkin säätyläismielipiteen mukaan porttola oli välttämätön, jotta poikien ei tarvinnut mennä naimisiin, ennen kuin olivat päässeet hyville tuloille ja jotta tyttäret säilyisivät viattomina morsiusaikaan asti.

Tässä tilanteessa maalaistytöt joutuivat karkeasti hyväksikäytetyiksi noudattaessaan omia moraalikäsityksiään. Heidät leimattiin langenneiksi, eikä heillä kaupungeissa ollut enää sijaa vanhassa palveluspaikassa. Muun työn saanti oli vaikeaa. Niinpä monet joutuivat hankkimaan elantonsa huonosti palkatuissa satunnaistöissä, jotkut prostituoituina.

Tällaisia tyttöjä ja heidän maailmaansa tyttökoulujen ylläpitäjät pelkäsivät. Heitä ei saanut päästää liian lähelle säätyläistyttöjä. Palvelijattaria ja työläistyttöjä ei kuitenkaan saanut jättää vaille huolenpitoa. Heitä piti ohjata ja opastaa. Erilaisia opetus- ja varoituskirjoituksia julkaistiin tyyliin »Kertomus laiskasta, epäsiististä ja kevytmielisestä piika Annasta, jonka turhamaisuus kauniitten kasvojen suhteen vei hänet turmioon ja joka kuoli sukupuolitautiin». Hyvä palvelijatar oli tietysti onnettoman piika Annan vastakohta. Hän oli ripeä ja ahkera, teki työnsä innokkaasti ja kunnollisesti;

työ oli hänelle enemmänkin ilo kuin velvollisuus. Jumalansa edessä hän oli valmis tunnustamaan olevansa vain tarpeeton palvelija, kristillinen nöyryys kuului hänen hyveisiinsä.

Myös tehtaantytöille annettiin ohjeita. Heitä kehotettiin huolehtimaan hygieniastaan, huolitellusta kielenkäytöstä, olemaan vaatimattomia ja säästäväisiä. Työläistytön piti nousta aamuisin ajoissa, jotta hän ehtisi rukoilla, sijata vuoteensa ja siivota. Hänen piti harrastaa liikuntaa ja saada paljon raitista ilmaa. Päälle päätteeksi piti vielä ehtiä auttamaan äitiä työpäivän jälkeen. Nämä ohjeet annettiin 1800-luvun puolivälin Englannissa. Niiden soveltaminen käytäntöön saattoi olla ongelmallista, kun tiedetään, että tehtaantytön työpäivä kesti jopa 14 tuntia.

Tytöt matkalla muutokseen

1800-luvun tyttöihanteeksi muotoutui viaton, mieluusti maailman pahuudesta tietämätön nuori tyttö, josta piti tuleman uskollinen ja itsensä uhraava äiti ja vaimo. Tämä kainon kuuliainen tyttö ei kuitenkaan ollut 1800-luvun ainoa malli. Minna Canthin katkera kasvatuskritiikki oli jo osoitus uusien näkemysten noususta.

Kr. Sinding-Larsen. 1902

Canthin näkemykset heijastelivat merkittävää muutosprosessia. Naisten elämä näytti 1800-luvun jälkipuoliskolla joutuneen yhtä kiihkeään murrokseen kuin koko yhteiskuntakin. Muutoksen tekijöitä oli monta. Kaikkialla Euroopassa vanha sääty-yhteiskunta oli ruvennut murentumaan: yksilön paikka sosiaalisessa järjestyksessä ei ollut enää niin selvä kuin ennen. Teollistuminen muutti tuotantotekniikan ohella myös yhteiskuntasuhteita ja elämäntapoja. Perheen asema muuttui, sen rooli tuotantoyksikkönä väheni. Muuttoliike maan sisällä ja siirtolaisuus veivät mukaansa kymmeniä miljoonia eurooppalaisia.

Kysymys oli myös ihmiskäsityksen muutoksesta. Jo 1600-luvulla oli ensimmäisiä kertoja esitetty ihmiskuva, jonka tunnuspiirteenä oli itsensä omistava ihminen. Ajattelutapa voimistui 1800-luvun aikana ja alkoi saada tietoisia tasavertaisuuteen liittyviä painotuksia. Yhdysvalloissa pidettiin 1800-luvun puolivälissä ensimmäinen naisasian kokous. Siellä todettiin, että kaikki miehet ja naiset on luotu tasa-arvoisiksi, heillä on yhtäläiset oikeudet elämään, vapauteen ja onnen tavoitteluun. Kaiken tämän keskellä naisten historia alkoi saada uuden juonteen: lyhyesti se voidaan kiteyttää sanoihin naisten yksilöllistyminen ja itsenäistyminen. Prosessi on jatkunut nykypäiviin saakka ja näyttää jatkuvan edelleen.

Olennaista oli, että naisten elämäntavan muutos ei tapahtunut hiljaisuudessa, vaan se alkoi näkyä myös julistuksissa ja vaatimuksissa. Naiset ilmaisivat halunsa toimia itse omissa asioissaan, he halusivat liikettä, joka ei ollut vain naisia varten, vaan myös heidän toimestaan.

Muu yhteiskunta huomasi naisten muuttuneet tavoitteet ja reagoi niihin välillä voimakkaastikin. Monet miehet hyväksyivät ajatuksen, että naiset olivat muutakin kuin »kodittaria», perheolentoja, joilla ei ollut edes kansalaisoikeuksia. Ainakin yhtä monet kuitenkin pitivät uutta naista uhkaavana ja luonnottomana oliona, jota sopi pilkata ja nimitellä vaikkapa peltisormiseksi naisrakuunaksi.

Koulutus oli ensimmäisiä alueita, joilla ruvettiin vaatimaan tytöille samoja oikeuksia kuin pojille. Suomessa lähinnä kodittaren rooliin kasvattaneiden tyttökoulujen opetusta täydennettiin, tytöt alkoivat suorittaa ylioppilastutkintoja ja opiskella yliopistossa vuosisadan loppupuolella. Oikeuden tutkintoon he saivat vasta anottuaan erivapautusta sukupuolestaan. Erivapauksia myönnettiin auliisti, mutta samalla uskottiin tyttöjen vain harvoin ryhtyvän vaativaan yliopisto-opiskeluun. Kansanopetus oli Suomessa alusta lähtien avoinna niin tytöille kuin pojille.

Koulutus mahdollisti keski- ja yläluokan tytöille myös uusien elämänstrategioiden luomisen. Heille avautui työpaikkoja kodin ulkopuolella, mikä takasi mahdollisuuden elää riippumatonta naimattoman naisen elämää. Avioliitto ei ollut enää tyttöjen ainoa, vaikkakin yleisin tulevaisuuden vaihtoehto.

Myös 1800-luvun tyttöihanne asetettiin kyseenalaiseksi. Perinteisen tytön rinnalle astui radikaalimpi tyttötyyppi, jota ensimmäisinä edustivat venäläiset nihilistitytöt. Venäjällä lukuisat nuoret naiset liittyivät tsaarin valtaa vastustaviin ryhmiin, ottivat osaa attentaatteihin, moni vangittiin ja lähetettiin Siperiaan. Useimmat heistä opiskelivat yliopistossa.

Ulkoisestikin tämä tyttötyyppi erosi aikansa tiukasti letitetystä kainosta tytöstä. Suomalainen Jaakko Forsman kuvaili kauhistuneena näitten tyttöjen olemusta: lyhyet hiukset, kova ääni, siniset silmälasit ja likaiset liinavaatteet, koska puhtaus oli ennakkoluulo yhtä hyvin kuin perhe ja uskonto. Suomessa suhtauduttiin muutenkin kielteisesti: itse Sakari Topelius sanoi, että emansipeerattu, nihilistinen naisylioppilas ilman uskontoa ja isänmaata olisi meidän maassamme miltei mahdoton, koska tapa sellaisen tuomitsisi ja tapa on naisen laki.

Kodista ja vanhemmista nämä tytöt luopuivat joskus mielenosoituksellisen jyrkästi. Tyttöjen lähtöön suhtauduttiin paheksuvasti, tapahtui se sitten sopuisasti tai konfliktin kautta. Väitettiin tyttöjen luopuvan vanhemmistaan vain päästäkseen kaikesta kiitollisuudenvelasta täysin »vapaalle kannalle».

Opiskelu saattoi viedä tyttöjä jo 1800-luvulla ulkomaille saakka, mitä pidettiin erityisen arveluttavana. Juuri liikkumavapauden lisääntyminen herätti vastustusta. Eestiläinen Hella Murrik, sittemmin suomalaistunut kirjailija Hella Wuolijoki ei ollut nihilistityttöjä, mutta ensimmäisiä eestiläisiä naisylioppilaita ja ensimmäinen, joka lähti opiskelemaan Helsingin yliopistoon. Sitä pidettiin hänen kotikaupungissaan Walgassa ennenkuulumattomana. Kaupungin tätien ehdoton käsitys oli, että hän joutuisi muualla oitis turmion tielle. Osa tädeistä ei enää vastannut edes hänen tervehdykseensä. Kaupungin herrat olivat vielä pahempia, he alkoivat iskeä silmää ja käyttäytyä tuttavallisesti. Yksi heistä kävi jopa Hellan käsikoukkuun ja kutsui nimipäiville herraseuraan. Hänen korviensa kävi huonosti, mutta niin kuin Hella Murrik sanoi, siinä Baltikumin maailmassa itsenäisen nuoren naisen oli pakko oppia jakelemaan korvapuusteja.

Pienten tyttöjen kouluunlähtöä pyrittiin myös siirtämään. Oppikoulun ikärajaksi määrättiin Suomessa 1870-luvulla pojille 8 vuotta ja tytöille 11 vuotta. Tyttöjen ikäraja oli korkeampi, koska tytöille ei asetuksen mukaan ollut hyväksi joutua erotetuksi kotipiiristä liian aikaisin.

Kouluun meno ei muutenkaan ollut yksinkertainen tapahtuma. Tyttöjen koulunkäynti oli erityiskysymys, heitä ei koulutettu yhtä usein ja pitkälle kuin poikia. Lisäksi koululta vaadittiin tyttöjen erityisominaisuuksien huomioon ottamista: useimmiten kyseessä olivat tyttöjen tulevan naisenroolin asettamat rajoitukset tai tyttölasten oletettu fyysinen ja psyykkinen heikkous.

Kun tyttökoulujen opetusohjelmaa uudistettiin Suomessa 1906, haluttiin tyttöjen keskikouluasteesta tehdä 6-vuotinen. Poikien koulu kesti 5 vuotta. Koulukomitea haki hankkeelleen tuen lääkäriliitolta, jonka lausunnossa sanottiin kouluikäisten tyttöjen olevan yleisesti heiveröisiä, kalvetustautisia ja kituvilta näyttäviä. Niinpä tyttöjä päätettiin säästää liikarasitukselta ja taata heille terveydellisistä syistä rauhallinen kouluaika.

Sama suuntaus näkyi yleisesti eurooppalaisessa kasvatuskeskustelussa. Puberteettia pidettiin niin paljon energiaa vaativana kehitysvaiheena, että tyttöjä piti silloin erityisesti suojella. Brittiläisessä keskustelussa jopa vaadittiin koko tutkintojärjestelmän romuttamista. Sijalle piti luoda järjestelmä, joka ei sivuuttaisi »todellista, oikeaa päämääräämme: tyttöjen pitää kasvaa naisiksi».

Kysymys oli kuitenkin kiistanalainen. Monet kasvattajat pitivät keski- ja yläluokan tyttöjen toimettomuutta pahempana vaihtoehtona kuin säännöllistä, jopa rasittavaa työntekoa tai opiskelua. Useat lääkärit totesivat, että tyttöiän hysteria, hermostuneisuus tai anemia johtuivat yksinkertaisesti toimettomuudesta ja turhautumisesta.

Kouluun pääsystä tuli monelle tytölle unelma. 1900-luvun alkupuolella koulut eivät enää valikoineet oppilaitaan suoraan säädyn mukaan. Myös köyhät tytöt saattoivat ainakin unelmoida koulutuksesta ja sitä kautta paremmasta elämästä. Pelkäksi toiveeksi koulutus kuitenkin jäi monelle torpantytölle ja työläistytölle. Usein kansakoulu sai riittää, vaikka opettajat olisivat kehottaneet jatkamaan ja pieniä stipendejäkin olisi tullut. Tyttöjen opiskelu kaatui monesti toteamukseen, että tyttöjen ei tarvitse elättää perhettä.

Monet äidit olivat innokkaita panemaan tyttäriään kouluun. Täällä Pohjantähden alla -romaanissa Kivivuoren torpan emäntä halusi lähettää tyttärensä Elinan kansanopistoon. Isä ei tytärtä halunnut kouluttaa; talous oli epävarma, torpan kontrahti irtisanottu ja lisäksi isä totesi, ettei »sitä taloon naida, vaikka olisi kuinka hieno». Kun sitten naapuritorpan Koskelan Akseli ja Elina menivät yhteen, äiti ei voinut salata pettymystään. Hän oli hellinyt ja kasvattanut tytärtään »niin kuin unelmaa paremmasta maailmasta». Kyse ei ollut pelkästä kunnianhimosta, äiti ei ollut uneksinut niinkään korkeammasta asemasta Elinan kohdalla, vaan jostain henkisesti paremmasta, johon olisi koulun avulla päässyt käsiksi. Sitä hän halusi ikään kuin korvaukseksi siitä elämän arjesta, jossa hän itse ei täysin säröttömästi viihtynyt.

Jotkut työläisperheidenkin tyttäret saattoivat päästä opintielle, jos useammat suotuisat seikat sattuivat osumaan yhteen. Ruotsalainen vuosisadan vaihteessa syntynyt Dagmar oli näitä poikkeuksia. Hänen äitinsä halusi kouluttaa tyttärensä, koska itse ei aikanaan ollut halustaan huolimatta päässyt kouluun. Isä, joka oli ammattityöläinen, pystyi takaamaan perheelle tasaisen, vaikka niukan toimeentulon. Äidin ompelusta saamat tienestit voitiin sijoittaa tyttöjen koulunkäyntiin. Lisäksi perheessä oli vain kaksi tytärtä ja kotikaupungissa oppikoulu ja seminaari olivat lähellä. Dagmar pääsi monen tytön toiveammattiin, kun hänestä tuli opettaja.

Vaikka kouluun ei olisi päässyt, alkoi myös muita itsenäisemmän elämän vaihtoehtoja olla köyhienkin tyttöjen ulottuvilla. Monen kohdalla lähtö kaupunkiin oli tuo mahdollisuus. Maalaistytöt pitivät oloja kaupungissa parempina kuin maalla, kun siellä »ei tarvinnut rähjätä ulkona ja lehmien kanssa». Jo lähtö merkitsi arvonnousua ja oli tavoiteltava päämäärä.

Jotkut näistä tytöistä pääsivät poikkeuksellisen pitkälle. Tunnetuimpia suomalaisia esimerkkejä on Miina Sillanpää. Hän oli alunperin torpantyttö, joka 12-vuotiaana lähti töihin Forssan pumpulivapriikkiin ja muutti sieltä pääkaupunkiin palvelijattareksi. Vuosisadan vaihteessa hän meni mukaan ensin palvelijatarliikkeeseen ja sitä kautta työväenliikkeen riveihin. Hänestä tuli kansanedustaja ensimmäisissä yleiseen ja yhtäläiseen äänioikeuteen perustuvissa vaaleissa, ministeri ja monien sosiaalisten uudistusten alkuunpanija.

Miina Sillanpää ei viihtynyt palvelijattarena, hän koki koko ajan olevansa käskettävä, jonka olisi pitänyt osoittaa alamaisuutensa. Saman kokemuksen jakoivat muutkin palvelustytöt. Heidän oletettiin omaksuvan isäntäväen tiukka sosiaalinen arvojako, jossa he itse olivat alemmassa asemassa. Samalla isäntäväen toinen maailma oli koko ajan läsnä, mutta tavoittamattomana. Tämä kokemus ajoi monet palvelijattaret ennen pitkää muihin töihin: kotona työskenteleviksi ompelijattariksi, tehtaisiin ja kauppapuoteihin.

Siirtolaisuus on tyttöjen irtiottoa

Eurooppalaisille tytöille aukeni 1800-luvulta lähtien myös mahdollisuus lähteä siirtolaiseksi uudelle mantereelle. Suosituimmaksi kohteeksi nousivat Yhdysvallat ja myöhemmin Kanada. Suurin osa etelä- ja keskieurooppalaisista siirtolaisnaisista oli niin sanottuja perhemuuttajia. He lähtivät Atlantin taakse vaimoina, morsiamina ja tyttärinä. Pohjoismaalaiset naiset, erityisesti nuoret tytöt, sen si-

Siinä iässä, eli ennen 18 ikävuotta, jossa arvostelukyky ei vielä ole muotoutunut, jossa ensimmäiset käsitteet heräävät sisällöltään epätäsmällisinä, on tarkoin pidettävä vaari siitä, että nuoret tytöt eivät lue romaaneita; äidillä täytyy olla kylliksi rohkoutta itse huolehtia tämän kiellon noudattamisesta.

J.-L.-H. Campan, ranskalainen pedagogi, 1800-luvun alku

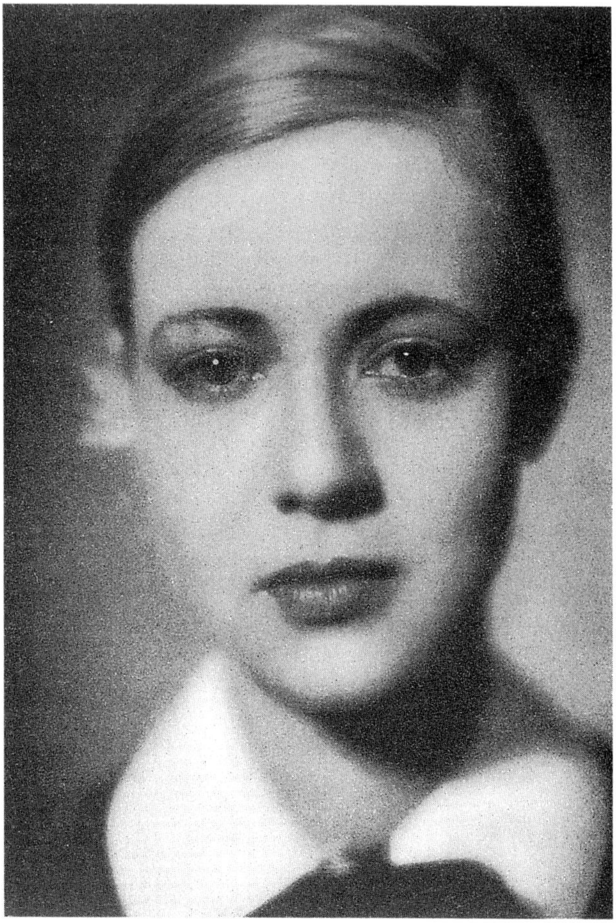

Onpa tietty tietyssäni
Mesimarja mielessäni
lempilintu liitossani
sinisorsa suojassani,
jok on mieltynyt minuhun
minä mieltynyt hänehen.
Hänell on ihanat silmät
minulla syän suloinen.

Kanteletar

S.I.P. 108-335

jaan tulivat useammin yksin tai tyttöporukassa, ilman vanhempia. Tytöt lähtivät etsimään vapaampia oloja ja parempaa toimeentuloa.

Ruotsalainen kivenhakkaajan tytär Ulrika oli joutunut 12-vuotiaana palvelustytöksi kaupunkiin. Siellä hänelle osoitettiin piian alistettu paikka moneen kertaan. Viimeinen kerta oli nöyryyttävä: isäntäperheen poika oli antanut saamastaan harvinaisesta herkusta, omenasta, puolet Ulrikalle. Paikalle sattunut naapurin vallasrouva ei ymmärtänyt tätä tuttavallisuutta ja toi sen julki. Siitä paikasta 15-vuotias Ulrika otti ja kirjoitti sisarelleen Amerikkaan, pyysi matkalippua ja sen saatuaan lähti.

Ruotsalaisten naimattomien naisten lähtöä tutkittaessa on erotettu kahdenlaisia lähtömotiiveja, jotka ovat suorassa suhteessa lähtijän sosiaaliseen asemaan. Piiat, kuten Ulrika, lähtivät etsimään parempia elämänehtoja. Sen sijaan talollisten ja muiden suhteellisen hyvinvoivien perheiden tyttäret lähtivät katsomaan maailmaa ja oppimaan uutta. Taustalla olivat myös yleiset käsitykset Amerikasta naisille erityisen suotuisana paikkana: puhuttiin jopa naisten taivaasta ja Amerikkaa pidettiin palvelustyttöjen luvattuna maana, jossa hyväpalkkaisia paikkoja aina oli saatavilla. Usein lähtömotiivina mainittiin myös halu päästä vanhempien holhouksesta. Lähtöä sinänsä voi pitää osoituksena jonkinasteisesta riippumattomuudesta. Se kertoo myös jotakin lähtömaan henkisen ilmaston sallivuudesta: sekä lainsäädäntö että epävirallinen normisto antoivat mahdollisuuden tehdä lähtöpäätös ja toteuttaa se.

Suomalainen Helmi Mattson kuului suhteellisen hyvinvoivien tyttöjen ryhmään: hän lähti vain katsastamaan suurta maailmaa palatakseen takaisin jo seuraavana vuonna. Lähtiessään vuonna 1912 hän oli 22-vuotias naimaton maalaistyttö. Aivan suoraan salon sydämestä Helmi ei tullut, takanaan hänellä oli jo Helsingissä käyty kauppakoulu ja Tampereen talouskoulu. Juuri ennen lähtöään siirtolaislaivaan hän oli pyrkinyt ja päässyt Jyväskylän seminaariin, mutta olisi saanut aloittaa opintonsa kansakoulunopettajaksi vasta seuraavana vuonna. Välivuoden hän päätti viettää Amerikan maassa.

Helmi Mattson tuli uudelle mantereelle Kanadan kautta ja säästyi näin Ellis Islandin kuuluisista siirtolaistarkastuksista. Siellä kaikki Yhdysvaltoihin pyrkijät tutkittiin ja epäkelvot yrittäjät lähetettiin takaisin. Siirtolaisvirkailijat palauttivat nuoria naisia takaisin vanhaan maahan useammin kuin nuoria miehiä. Palauttamisen syyt vaihtelivat: joskus se saattoi olla lukutaidottomuus, joskus sairaus, invaliditeetti tai avioton raskaus. Myös tyttöjen moraalia epäiltiin ja heidän pelättiin päätyvän suoraan suurkaupunkien bordelleihin, jos heillä ei ollut takuita elättäjästä tai tarpeeksi rahaa. Jotta elatuskysymys olisi ratkaistu, jotkut tytöt naitettiin suoraan satamassa. Vastassa ollut sulhanen tai tuttava pakotettiin ottamaan vasta tullut tyttö laillisesti vihityksi vaimoksi. Siirtolaisvirkailija vihki parin englannin kielellä ja niin tyttö oli yhtäkkiä lähes vieraan miehen puoliso. Suomalaisia palautettiin harvoin ja naitettiin vielä harvemmin, eteläisemmästä Euroopasta tulleita yrittäjiä useammin.

Helmi Mattsonin kohtalo Amerikassa noudatti pitkälle tyypillistä suomalaisen siirtolaistytön elämänkulkua. Hän asettui ensin veljensä luo, ryhtyi palvelijattareksi ja siirtyi sitten hotellin »petientekijäksi». Kun hän tutustui mieheensä, avioitui ja hylkäsi suunnitelman paluusta Suomeen, hän toimi kuten se suuri joukko, joka oli lähtenyt Amerikkaan vain käymään, mutta ei koskaan palannut.

Helmi Mattsonin tapaisille yksin lähteneille nuorille naisille uusi maailma merkitsi nopeaa itsenäistymistä ja entisten siteiden katkaisua. Myös perheensä kanssa muuttaneiden tyttöjen irtiotto tapahtui nopeammin kuin vanhassa kotimaassa. Amerikkalainen elä-

Hyvä on tyttönä hypätä,
kaunis käyä karvapäänä,
ei tuo ukkonen urise,
mies ei toru milloinkana
eikä pöksyistä pörise
eikä räiskä rättilöistä.

Mutta onko näin? Onko tyttönä hyvä hypätä? Kun kaunokirjallisuudesta etsii reippaan, iloisen nuoren tytön kuvaa, häntä ei juurikaan löydä ennen nykyhetken pellit levällään maailmaan -tyttöjä. Se, mitä löytyy, on elämäntuska ja romanttinen rakkauden haave.

männmeno suosi yksilöä ja perheet muuttuivat entistä selvemmin ydinperheiksi. Vanhemmat menettivät perinteistä auktoriteettiasemaansa. Nuoret — sekä tytöt että pojat — katsoivat entistä vahvemmin oikeudekseen valita itse elämäntapansa.

Toisen polven siirtolaistytöt eivät avioituneet yhtä innokkaasti kuin itse siirtolaisina tulleet naiset. Vuonna 1920 näistä ensimmäisen polven siirtolaisnaisista oli naimattomia kymmenisen prosenttia, toisen polven naisista runsas kolmannes. Selittäjiä on ainakin kaksi: monet tytöt olivat nähneet äitiensä elämän pakkoraon — paljon lapsia, paljon työtä, niukka toimeentulo eikä omaa elämää. Avioliitto ei kaikkia houkutellut, kun toimeentulon saattoi hankkia muutenkin. Toinen selitys oli se, että osa tytöistä piti tärkeänä tukea vanhempiaan, kun heidän työpanostaan ja palkkaansa tarvittiin vanhempienkodissa.

Tyyppiesimerkkejä naimattomuutta suosivista siirtolaisryhmistä olivat irlantilaiset ja suomalaiset. Irlantilaisissa siirtolaisperheissä näytti olleen tavallista, että tyttäret pysyivät naimattomina. He tukivat vanhempiaan ja nuorempia sisaruksiaan taloudellisesti, lähettivät kotiin jääneille matkaliput Amerikkaan ja usein vielä varustivat kodin heille. Perheen avioituvia lapsia saattoivat muut pitää miltei yhteisen asian pettureina.

Erityisesti Kanadan suomalaiset siirtolaisnaiset — sekä ensimmäisen että toisen polven — pysyivät naimattomina ammattinsa vuoksi. Suuri osa suomalaistytöistä oli kotiapulaisia, joiden työaika ja työolot estivät tiiviin seurustelun. Naimisiinmeno ja lasten hankkiminen viivästyivät tai jäivät kokonaan. Naimattomuus ei johtunut kysynnän puutteesta. »Haalilla sai aina tanssia», tiesi jokainen siirtolaisnainen. Suomalaisyhteisössä naisia oli vähemmän kuin miehiä, koska siirtolaisiksi lähtijöistä kaksi kolmannesta oli miehiä.

Amerikkaan menneiden suomalaistyttöjen sopeutuminen näyttää sujuneen mutkattomammin kuin nuorten miesten. Paluumuuttajista ja maastakarkoitetuista oli naisia vähemmän kuin miehiä. Naiset tekivät vähemmän itsemurhia ja kärsivät harvemmin alkoholismista.

Sopeutuminen ei kuitenkaan tarkoittanut alistumista: monet nuoret naiset liittyivät radikaaliin työväenliikkeeseen, marssivat vappukulkueissa ja kannustivat lakkolaisia. Myös yhteiskunnallisesti vähemmän aktiivit tytöt osoittivat itsenäisyyttään. Kotiapulaisen rajattua toimintatilaa vastaan protestoitiin. Eräs tyttö ei sietänyt emäntänsä kyselyjä piian kermankäytöstä ja heitti koko kermanekan seinään. Toinen kertoi, kuinka emäntä oli kieltänyt laulamasta Kansainvälistä lattioita pestessä. Tyttö vastasi laulavansa mitä haluaa ja sai potkut.

Nuoren naisen lähteminen siirtolaiseksi merkitsi kykyä irrottautua ja mahdollisuutta rikkoa joitain rajoja. Siirtolainen kuitenkin löysi uudesta maasta pian uusia rajoja. Niitä raskaaseen työhön ja ainakin jonkinasteiseen sosiaaliseen ulkopuolisuuteen tuomittu ulkomaalaistyttö ei pystynyt murtamaan.

Monivalinnan vaikeus

Vuosisadan vaihde ja 1900-luku alkoivat tuottaa uudenlaisia tyttöihanteita ja -malleja. Myös yhteiskunta alkoi sallia erilaisia tyttöjä. Silti vahva traditiosidonnaisuus leimasi tyttöjen elämää. Suurin osa 1900-luvun alkupuoliskon tytöistä tyytyi edelleen tekemään elämänratkaisuja, jotka olivat vastaus ulkopuolelta tuleviin haasteisiin. Oma elämänsuunnittelu oli vähäistä.

Greta oli vuosisadan vaihteessa syntynyt työläiskodin tytär ruotsalaisessa pikkukaupugissa. Hänen tulevaisuudenkuvansa oli selkeä: oli itsestään selvää, että naimisiin piti mennä, piti saada elättäjä, koti ja lapsia. Oma osallistuminen toimeentulon hankintaan oli sekin selvää. Greta jopa otti paikan maalta oppiakseen lypsämään, jos vaikka tulevassa avioliitossa joutuisi torpparineukoksi.

Jako tyttöjen ja poikien urheiluun syntyi jo varhain. Pojille oli varattu tulosurheilun maailma, tytöille suloliikunta, oman kehon ylösrakennus. Siinä tavoiteltiin hoikkuutta, kiinteyttä ja kauneutta — sekä moraalista hyvyyttä.

Greta tuntui reippaasti hyväksyneen tilanteensa. Samalla hän oli valmis toteuttamaan omassa elämäntilanteessaan mahdollisia uudistuksia: hän sovelsi uusia kotityömenetelmiä ja apuvälineitä, sisusti modernisti ja seurasi keskustelua kasvatuksesta.

Suunnilleen samanikäinen ruotsalainen Alice Lyttkens oli lääkärintytär, joka koki tyttövuotensa jatkuvan silmälläpidon aikana. Nuorten, erityisesti tyttöjen, ei annettu astua vapaampaan elämään. Pikemminkin Alice tunsi vuosi vuodelta olevansa yhä tarkkaillumpi ja valvotumpi. Hänenlaisensa perhetytön piti pysyä per-

hetyttönä, kunnes saavutti tavoitteen: pääsi naimisiin. Näillä perhetytöillä ei ollut aavistustakaan koko Euroopassa vallitsevasta nuorten naisten määräylivoimasta. Se paljastui vasta, kun sopivaa aviomieskandidaattia ei näkynyt eikä kuulunut. Siinä tilanteessa vain harvat ajattelivat jotain niin epäkäytännöllistä kuin rakkaus, vaikka puolisoiden välinen kiintymys ja rakkaus olikin jo 1800-luvulla pyritty nostamaan avioliiton edellytykseksi.

Yhtä vähän aavistusta näillä tytöillä oli monista muista aikuiselämän ulottuvuuksista. Alice esimerkiksi häpesi suunnattomasti setäänsä, joka oli ammatiltaan iho- ja sukupuolitautilääkäri. Perheystävää, joka oli gynekologi, ei kehdannut katsoa edes silmiin. Täysi tietämättömyys vallitsi kaikista sukupuolisuuteen liittyvistä asioista. Vähäiset tiedot olivat heikko eväs maailmassa, jossa tohtori Freudin nimi ja opit alkoivat saada tilaa.

Alice Lyttkens pääsi pelkän perhetytön roolista, kun hän pitkän anelun jälkeen sai luvan mennä harjoittelijaksi sairaalaan. Työ teki hänet tyytyväiseksi, suorastaan onnelliseksi: elämä oli vihdoin saanut sisällön, arvokkaan sisällön. Sairaalan naisten sisätautiosasto opetti hänelle myös monta asiaa perhetytölle vieraasta toisesta todellisuudesta.

Ensimmäinen maailmansota merkitsi miljoonille nuorille miehille lähtöä rintamille, joilta kaikki eivät palanneet. Miljoonille nuorille naisille sota merkitsi uusia mahdollisuuksia työhön ja riippumattomuuteen. Sodan päättyminen toi mukanaan paljon muun ohella naisten ja miesten vastakkainasettelun — työmarkkinoilla olleet nuoret naiset eivät kaikki suinkaan vapaaehtoisesti suostuneet vetäytymään takaisin kotiin ja entiseen elämään.

Heti sodan jälkeen naiset saivat äänioikeuden esimerkiksi Saksassa, Englannissa ja Ruotsissa. Oikeutta on pidetty palkintona osallistumisesta sotaponnisteluihin. Sitä se oli vain osittain: ajatus yleisestä äänioikeudesta oli hyväksytty periaatteessa jo ennen sotaa. Englannissa äänioikeus ei koskenut nuoria naisia — naiset saivat äänioikeuden täytettyään 30, miehet 21 vuotta. Niinpä äänioikeudesta puhuttiin »matroonien oikeutena». Kysymys ei ollut siitä, että 5,5 miljoonalta nuorelta naiselta olisi varta vasten evätty äänioikeus. Naisia ei kuitenkaan haluttu päästää äänestäjäkunnan enemmistöksi ja helpointa oli jättää nuorimmat heistä vaille täysiä kansalaisoikeuksia.

Muualla maailmassa naisten äänioikeusikärajat olivat samat kuin miehillä. Monissa maissa myös naisten muuta oikeudellista asemaa vahvistettiin, esimerkiksi tyttöjen perimysoikeus saatettiin samalle tasolle poikien oikeuksien kanssa.

Naisen aseman muodolliset parannukset saivat jotkut nuoret naiset uskomaan, että naiskysymys oli jo jäänyt taakse: heillähän oli jo äänioikeus ja periaatteessa tasa-arvoinen asema. Saksalainen juristityttö ilmaisi asian sanomalla: »Me emme enää ole sinisukkia emmekä ristiretkeläisiä. Uusi nainen voi olla aito, sataprosenttinen nainen, nyt kun naisten oikeudet ovat voittaneet.»

Saksalaisten tyttöjen vaiheet maailmansotien välillä olivat kuitenkin kaikkea muuta kuin tasaista kehitystä tasavertaisuudessa. Nopeat muutokset tyttöjen asemassa kuvastavat yleisemminkin, kuinka herkästi yhteiskunnallisten olojen muutokset heijastuvat nuorten naisten elämään. Sodan hävinneen Saksan talouselämä romahti pian 1920-luvun alussa. Inflaatio saavutti maailmanennätyslukemat: on sanottu, että saksalaisten raha kuoli. Tilanne merkitsi keskiluokan perheille suuria taloudellisia ongelmia, säästöt hävisivät eivätkä palkat pysyneet rahan arvon alenemisen perässä. Kokonainen keskiluokan tyttösukupolvi joutui tilanteeseen, jossa vanha myötäjäisperinne romuttui, isillä ei ollut enää säästöjä, joista maksaa tyttären miehelään meno. Sama koski monia palvelustyttöjä,

Hevosen selässä aatelisto, upseerit, miehet ovat vaihtuneet tyttöihin ja erityisesti pikkutyttöihin. Ratsastusseurojen jäsenistä jopa yli puolet on alle 15-vuotiaita tyttöjä. Miksi näin on, on jäänyt tutkimukselta piiloon.

jotka olivat säästäneet päästäkseen naimisiin. Kun raha kuoli, koko systeemi häipyi.

Seuraamukset näkyivät myös tyttöjen käyttäytymisen alueella. Neitsyyden arvo vähentyi. Se olikin ollut vain kauppatavaraa, jonka arvosta osa hävisi, kun siitä ei enää voinut saada maksua. Taloudellisen laman tuoma ahdinko vauhditti viktoriaanisen sukupuolimoraalin häviämistä. Tietynlaista vapautumista sekin merkitsi. Claudia Koonz on todennut, että maailmansota toi saksalaisille naisille äänioikeuden ja inflaatio sosiaalisen emansipaation.

Toisaalta ei kysymys kuitenkaan ollut vapautumisesta, vaan joutumisesta äärimmäiseen ahdinkoon. Monelle nuorelle tytölle ei avautunut muuta mahdollisuutta itsensä elättämiseen kuin prostituutio. Jopa arvostetut, keskiluokkaiset vanhemmat saattoivat yrittää myydä tyttäriään, kuten eräs isä Ilja Ehrenburgille, joka tuolloin oleskeli Berliinissä ulkomaankirjeenvaihtajana. Maksu olisi pitänyt suorittaa dollareina ja näyttämönä olisi perheen sukutauluin varustettu sali. Perheen äidin epätoivoinen kommentti tilanteesta kuului: tämä on maailman loppu.

Myös tyttöjen ja poikien erilainen arvostus nousi laman keskellä esille. Monet hyväntekeväisyysjärjestöt jakoivat lapsille ruokaa. Eräällä avustusasemalla vähän yli kymmenvuotiaat tytöt ja pojat jonottivat annoksiaan, kaikki pojat kuitenkin ruokittiin ensin, sitten vasta tytöt. Kun tilannetta seurannut amerikkalainen diplomaatti kysyi syytä, hänelle vastattiin, että tulevat sotilaat täytyy ravita ensin.

Muualla Euroopassa ja Yhdysvalloissa 1920-luku ei tuottanut yhtä jyrkkiä muutoksia kuin Saksassa. Silti ulkoiset olosuhteet vaikuttivat tyttöyteen muuallakin. Lisääntyvä työssäkäynti toi itsenäisen, koulutetun ja vapaan kaupunkilaistytön monen tytön ihanteeksi ja todellisuudeksi. Saksan taloudellisen tilanteen parantuessa myös siellä monet nuoret kokivat vapautuneensa lopullisesti sodan ja koko vanhan maailman rasittavasta perinteestä. Tämän uuden ajan symbolina nähtiin usein juuri nuori nainen. Saksassa erityisesti Berliini oli tällaisten nuorten naisten keskus, se oli Sally Bowlesin ja Lotte Lenyan kaupunki.

Uusi tyttö oli myös ulkoisesti uusi: hänellä oli lyhyt hame, hän poltti savukkeita, sminkkasi kasvojaan, tanssi charlestonia, kuunteli jazzia ja hänellä oli polkkatukka. Juuri hiusten leikkuu oli syvästi symbolinen teko. Se ei ollut vain pitkien hiusten vaivasta luopumista, se oli luopumista myös nuorelle naiselle varatusta roolista. Pitkät hiukset naisten erityisominaisuutena oli ollut varhaiskristillisen kulttuurin keksintö. Apostoli Paavali oli ensimmäisiä, jotka pitivät hiuksia naisen kunnia-asiana. Luoja oli antanut naiselle hiukset hunnuksi ja merkiksi alamaisuudesta. Myöhemmät puritaanit korottivat pitkät, siististi järjestetyt hiukset säädyllisen naisen tunnukseksi.

Siksi tukan leikkuu ei ollut pelkkä muotikysymys. Päätös leikkauttaa hiukset, yhtä lailla kuin luopuminen korsetista, oli monelle tytölle vallankumouksellinen ja vaikea toimenpide. Suorastaan raivostunut julkinen keskustelu osoitti myös, että oli osuttu arkaan aiheeseen. Lyhyet hiukset olivat hyökkäys perinteistä, luonnolliseksi väitettyä maailmanjärjestystä vastaan. Tämän maailmanjärjestyksen rikkojaa oli keskiajan Suomessa rangaistu ankarasti. Neitsyen palmikon leikkaamisesta oli saanut sakon, joka oli puolet miestapposakosta, ja nyt tytöt itse halusivat päästä leteistään.

Maailmansotien välisen ajan vapaa tyttöys oli lyhyt vaihe nuoren naisen elämässä. Tytöt viettivät itsenäistä elämää yleensä vain muutaman vuoden. Silloin he saivat käyttää ansaitsemansa rahat mihin tahtoivat ja heillä oli myös vapaata aikaa. Raha ja aika olivat tietysti suhteellisia käsitteitä. Suurin osa työssäkäyvistä tytöistä te-

Kansallissosialistisen Saksan Neitojen Liitto kesäleirillä: »Terveet tytöt, terveet äidit, terve kansa. Tytön pitää olla voimakas, viehättävä ja sievä, mutta hänellä ei saa olla lihaskimppuja käsissä ja jaloissa eikä hän saa astella kuin krenatööri.»

Joseph Goebbels

ki huonosti palkattua työtä, joka ei ollut vaatinut pitkää koulutusta. Työaika oli pitkä, vapaat välit jäivät niukoiksi, mutta verrattuna avioliiton tuomaan palkattomaan ja koko elämän täyttävään perheenemännän rooliin ansiotyö oli vapautta.

Jotkut tytöt olivat seuranneet kauhistuneina omien äitiensä loputonta perhevelvollisuuksien täyttöä ja tekivät siitä johtopäätöksensä. Simone de Beauvoir kirjoitti: »Joka päivä lounas ja päivällinen, joka päivä tiskit, loputtomasti toistuvat hetket, jotka eivät johda mihinkään.» Sama toistuvuuden tylsyys koski lasten hankintaa: »Se, että teki lapsia, jotka vuorostaan saivat lapsia, oli saman ikävystyttävän renkutuksen toistamista loputtomiin.» Simone de Beauvoir oli poikkeus, hänen ei tarvinnut ajatella perheenäidin uraa, koska hänen köyhtynyt isänsä ei pystynyt maksamaan kunnon myötäjäisiä. Simonelle kuitenkin pystyttiin kustantamaan koulutus, joka takasi oman elämisen mahdollisuuden.

Tyttöjen koulunkäynti vakiintui useimmissa Euroopan maissa 1920- ja 30-luvuilla. Näistä ajoista alkaen puhutaan muodollisen tasa-arvon

Nyt minä painan jalkani lähtötelineisiin,
painan varmasti ja tunnen kovan maan
ja kimmoisat lihakseni.
Pian, pian minä kiirehdin lähettäjää,
ja muuraan jälkeni sille paikalle,
jotta osaisin kotiin jos palaan.

Marita Turpeinen

Lopullista päämäärää ei ole; on vain se, että voimme hyvin, olemme sitä mitä haluamme olla, teemme sitä, mitä haluamme tehdä, elämme iloissa. Meillä on valittavana kestetty elämä tai eletty elämä, pirstoutuneisuus tai eheys; me voimme jättää jälkeemme, niin kuin sukupolvet ennen meitä ovat jättäneet, katkeruuden, uhkauksien ja pelon perinnön, tai voimme jättää vähintäänkin muiston omasta iloisesta elämästämme ja tekemisestämme, sellaisen elämän kuvan, jota lapsemme mieluummin jäljittelevät kuin välttelevät.

Betty Friedan, Vallan tuolla puolen

kaudesta koulutuksessa. Tyypillistä kuitenkin oli, että tyttöjen ammattikoulutus oli vähäisempää kuin poikien. Yhteiskunnassa oli alettu kiinnittää runsaasti huomiota taloudenhoitoon ja kotikulttuuriin yleensäkin. Niin porvarilliset kuin työväenliikkeen naisjärjestöt tukivat voimakkaasti naisten kotiroolia: »Nainen on inhimillisen elämän synnynnäinen vartija». Vartiopaikka oli koti. Näkemys johti myös tyttöjen koulutuksen suuntaamiseen kodinhoidon tarpeisiin.

Suomessa erityisesti työläiskotien tyttöjen koulutus painottui kotitalouden ja perheenemännän taitojen opetteluun. Elantoaan tytöt eivät ansainneet näillä aloilla. Ristiriita kyllä huomattiin, mutta sitä ei pidetty ongelmana. Palkkatyö kodin ulkopuolella ymmärrettiin välivaiheena, jota varten varsinaista ammattikoulutusta ei tarvittu. Vähitellen alettiin puhua kaksinaisesta ammattiopista: oppi perheenemännän uraa varten ja varmuuden vuoksi jonkinlainen koulutus siltä varalta, että perheura ei toteutunut tai perhe tarvitsi lisätuloja.

Pisimmälle naisten kotiin jäämisen ideologian vei kansallissosialistinen

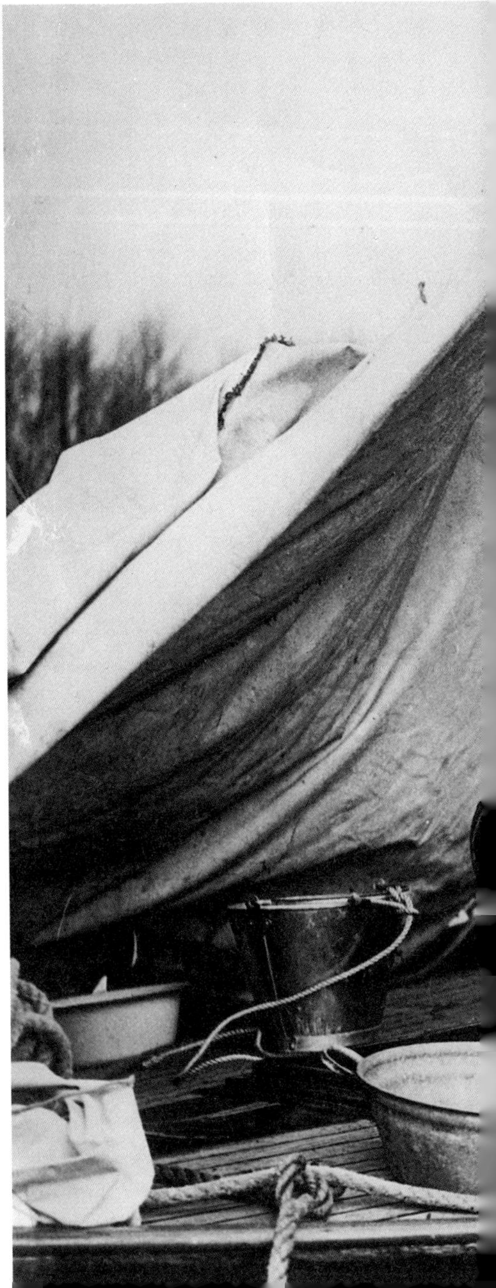

Helvettiin kattilat kutimet kersat kirjat konttorit karriäärit! Akat kartsoille! Helvettiin kurssit ja tentit! Täytyy jumalauta nähä muutakin ku sanoja ja kaavoja! Täytyy jumalauta kerätä muutakin ku arvosanoja ja kunniamainintoja! Ei mitään empatiaa huippuääoota ja synnytyspolttoja! Baanojen akatemiasta lohkee röhönaurun diplomit! Mustien kujien päästä löytyy ilo ja exit!

Anja Kauranen, Kultasuu

Saksa. Naisista haluttiin tehdä natsiyhteiskunnan biologinen keskipiste. Tyttökasvatuksen keskeiseksi tavoitteeksi rakennettiin »henkisen äitiyden» idea. Kaikki arjalaiset naiset olivat Saksan äitejä ja tytöt tulevia äitejä, joiden piti täydelleen asettua isänmaan palvelukseen. Paras tapa palvella oli synnyttää mahdollisimman monta lasta kansakunnalle ja johtajalle. Poikien Hitler Jugendin rinnalle perustettiin tyttöjärjestö, jonka nimi käännettiin Suomessa Saksan neitojen liitoksi. Järjestö oli yksi tapa erottaa tytöt perheistään, joiden taantumuksellista ja ei-kansallissosialistista kasvatusta pidettiin natsivallan etenemisen esteenä. Taantumuksellista oli kaikki muu paitsi natsi-ideologia. Tytöt haluttiin esimerkiksi vapauttaa emansipaatiosta — se oli turmellut aidon naiseuden.

Tyttöjen liitto keskittyi reippaaseen ulkoilmaelämään, siellä harrastettiin urheilua, retkeilyä ja leirejä. Isompien tyttöjen ryhmään pääsi, kun juoksi 60 metriä vähintään 12 sekunnissa, ui 100 metriä, osasi natsilauluja ja tunsi jonkin verran puolueideologiaa. Tytöille painotettiin, että he kuuluivat nuorison eliittiin, mikä tietysti lisäsi heidän itseluottamustaan ja -arvostustaan. Tiivis yhdessäolo tarjosi ystävyyden ja yhteisyyden kokemuksia, mikä liitti tytöt kiinteästi »uuden» natsiyhteiskunnan rakentamiseen.

Natsityttöjen tunnuslause kuului »Ole uskollinen, ole puhdas, ole saksalainen». Poikien vastaava slogan vaati »Elä uskollisesti, taistele urhoollisesti, kuole nauraen». Tyttöjä siis kehotettiin olemaan jotain, poikia tekemään ja toimimaan. Vaikka tyttöjä näin rohkaistiin olemaan mukana järjestönsä ja puolueen toiminnassa, ei siihen annettu samoja mahdollisuuksia kuin pojille. Kun Nürnbergin puoluepäiville parhaimmillaan kutsuttiin 100 000 poikaa, vastaavan kutsun sai vain 900 tyttöä. Työpalvelupaikka järjestettiin 600 000 pojalle, mutta vain 20 000 tytölle.

Aikuisen naisen paikka natsi-Saksassa ei sitten enää tarjonnut-

CITROEN
TOTAL
CITROEN

kaan tyttövuosien liikkuvaa ja jännittävääkin elämää: tytöillä oli edessään monen lapsen äitiys, terveellisen, aitosaksalaisen ruokatalouden ylläpito ja muu kodinhoito. Yhteiskunta palkitsi naisiaan tuottavuuden mukaan, neljästä lapsesta sai saksalaisen äidin pronssisen ristin,. useammasta kuin kahdeksasta kultaisen kunniaristin sinisin nauhoin. Äitiyttä ei natsi-Saksassa ollut varattu vain naimisissa oleville naisille, myös nuorten naimattomien naisten lapsen hankintaa rohkaistiin. Avioliiton ulkopuolella syntyneistä lapsista tuli natsivaltion lapsia, sillä edellytyksellä tietenkin, että lapsi oli rotupuhdas arjalainen. Näin yhteiskunnan tarpeet sanelivat myös nuorten naisten sukupuolimoraalin.

Nykytytöt

Nykytytöt ovat kasvaneet tyttöyteen toisen maailmansodan jälkeen. Sotaa seurasi 1950-luku, joka näytti tarjoavan tytöille monenlaista uutta. 50-lukua on pidetty nuorisokulttuurin syntyaikana, mutta itse asiassa nuoret ovat jo koko 1900-luvun ajan pyrkineet ja päässeet luomaan omia ryhmiä, jotka eivät ole riippuneet niin tiukasti aikuisyhteisössä kuin nuorison ikäryhmäseurat aiemmin. Viisikymmenluvulla nuoruudesta kuitenkin tuli entistä pitempi ja selvemmin sekä aikuisuudesta että lapsuudesta erottuva vaihe ihmisen elämänkaarella. Nuorista itsestään tuntui, että he olivat maailmanhistorian ensimmäiset teini-ikäiset: »Mehän emme voineet tietää, että maailma oli ollut olemassa ennenkin. Meille se oli uusi ja ihmeellinen ja laaja, niin laaja.»

Nuorten oli siis raivattava itselleen vapaata tilaa, jossa saisi unohtaa aikuisten tekemän todellisuuden ja kokea edes hetken maailma rajattomien mahdollisuuksien paikkana. Nuoruudesta tuli

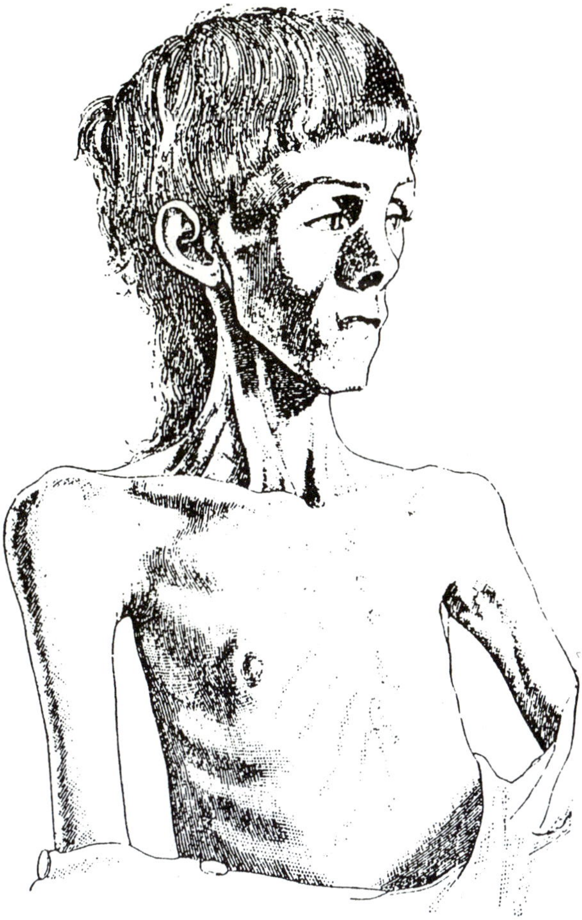

Kuuluisa nuorten tyttöjen *anorexia nervosa* kertoo minusta seksuaalisuuden kehittymättömyydestä. Potilaani vakuutti, että hän ei ollut syönyt yksinkertaisesti siksi, että hänellä ei ollut nälkä. Ruokahalun menettäminen tarkoittaa seksuaalisuuden menettämistä: »Nadia myönsi, että hän oli kauhistunut aaltoilevasta tukastaan ja kehittyvistä rinnoistaan. Hän ei halunnut tulla miesten silmissä viehättäväksi. Siksi hän piti itsensä äärimmäisen laihana.»

Sigmund Freud 1895

Freud tunnetusti on psykoanalyysin isä. Äitiä sillä ei ollutkaan.

nuorten ihmisten oma moratorio, elämän odotushuone, jossa aikuismaailman valmiit säännöt eivät päteneet. Ne eivät voineetkaan olla päteviä, koska ei ollut ketään, jota olisi voinut jäljitellä. Kirjailija Gunilla Ambjörnsson sanoi, että 16-vuotiaan kaikki aika meni etsimiseen, kun piti löytää malleja omalle olemiselle. Hänen isoäitinsä ja vielä äitinsäkin olivat voineet tulla omien äitiensä kaltaisiksi. 1950-luvun ruotsalaistytöille se ei enää onnistunut, entiseen idylliin ei ollut paluuta.

Aikuiset eivät kuitenkaan antaneet nuorten rauhassa rakentaa omaa odotushalliaan, ja tyttöjen moratorio oli vielä ahtaampi kuin poikien. Nuorisokulttuurien sisälläkin tytöille osoitettiin aika tarkka paikka. Tytöt olivat 50-luvun jengeissä raggariheiloja, joiden paikka parhaimmillaan oli moottoripyörän takapenkki. Erityisesti tytöille valikoitui myös lavaidoleille rajattomasti suosiotaan osoittavan ihailijatarjoukon osa. 50-luvun nuorisoryhmät — Teddy Boyt, raggarit, Suomessa lättähatut — olivat maskuliinisia, tytön rooli oli passiivinen.

Asia ei kuitenkaan ollut niin yksinkertainen kuin ulospäin näytti. Töröhuulinen 60-luvun Brigitte Bardot -toisinto näytti rakennetun jokapojan unelmaksi, mutta tyttö itse saattoi tuntea olevansa yhtä paljon Peppi Pitkätossu kuin Roger Vadimin luoma jumalainen nainen. Tyttöjen omat kuviot alkoivat vähitellen näkyä selvemmin esimerkiksi 1970-luvun punkkarityttöjen kapinallisuudessa. Se oli sekä sanoutumista irti aikuisten maailmasta että alisteisen tyttöroolin rikkomista. Punkkarit sekoittivat myös vakiintuneita naismyyttejä: punk-tyttö saattoi olla yhtä aikaa madonna ja ilotyttö, noita ja moderni nuori nainen.

Punk-tyttö on tietysti ollut poikkeus, yleensä tytöt ovat olleet vähemmän mukana nuorisokulttuurien näkyvimmissä muodoissa kuin pojat. Tyttöjen oma kulttuuri on toteutunut useammin koti- ja ystäväpiirissä kuin katujen jengeissä. Se ei ole estänyt tyttöjä lähtemästä pienistä piireistä isompaan tilaan erityisesti 1970- ja 80-luvuilla. Tilanne kuitenkin vaihteli jyrkästi jopa eri teollisuusmaissa ja eri yhteiskuntaluokissa. Vapaimmin toimivat ja liikkuivat pohjoismaalaiset tytöt. Heitä lähti jo 60-luvulla Keski-Eurooppaan kielikursseille, au pair-tytöiksi ja muihin töihin. Lomamatkat eteläiseenkin Eurooppaan yleistyivät. Ilman perhettä liikkuvat tytöt herättivät monesti pahastunutta huomiota näiden maiden omille tytöille vieraalla vapaudellaan. Wienin katolinen opiskelijatarkoti piti meitä suomalaistyttöjä aivan outoina ilmiöinä, kun 70-luvun taitteen kuumana kesänä emme aina tulleet kotiin ennen puoltayötä ja uskaltauduimme niin huimaan yritykseen kuin alppivaellukseen yhdessä poikien kanssa. Painavimman tuomion saivat osakseen kuitenkin vanhempamme, jotka huolettomasti olivat päästäneet tyttönsä niin kauaksi silmistään.

Paljon meitä reippaammin irrottelivat ne tytöt, jotka Anja Kauranen toi suomalaiseen kirjallisuuteen romaanissaan Kultasuu. Nämä tytöt olivat kulkurileidejä ja dallaajadaameja, jotka ainakin jonkin aikaa olivat irrallaan melkein kaikesta, koko maailma oli auki heidän edessään. He eivät uskoneet minkään vallan todistuksiin siitä, että tytöillä ei muka olisi kulkemisviettiä. Heitä raivostutti nähdä vanhoja valokuvia kiinalaisten pikkutyttöjen sidotuista liljajaloista: »Ne gimmat ei juossu ikinä, ne ei edes kunnolla tienny, mitä kävely meinaa.» Kultasuun tytöt sen sijaan menivät lujaa, heidän energiansa ei jäänyt piiloon.

Myös nuorten oman musiikin alueella on nähty muutoksia: rock-kulttuurissa tytöt ovat perinteisesti olleet kuluttajia ja faneja. 1980-luvullakin tyttöbändin perustaminen oli harvinaista, mutta se ei enää ollut täysi mahdottomuus. Myös itse soittava, sanoittava ja sovittava tyttörokkari mahtui mukaan kuvioihin.

Morsiusneidosta morsiameksi: »Joko Susannalla on vakinainen poikaystävä?» »Etkö ole vielä naimisissa?» »Ellet mene pian naimisiin, jäät vanhaksi piiaksi.» »Ihmettelen, miksi hän ei koskaan mennyt naimisiin.»

Tytöt ovat siis ottaneet osansa miehisenä pidetystä kulttuurista. Silti he kuuluvat myös perinteiseen feminiiniseen maailmaan. Vaikka tyttökulttuuri on toisaalta entistä avoimempaa ja offensiivisempaa, on siinä näkyvissä myös yksityisiä ja yksilöllisiä suuntia. Tytöt esimerkiksi mieltävät edelleen maailmaa enemmän ihmissuhteiden ja ympäristön odotusten kautta kuin pojat. Myös oman kehon ja ulkoisen olemuksen tarkkailussa tytöt vievät voiton pojista, vaikka »tukka hyvin» -tyyli koskee poikiakin.

Mitä sitten?

Myös kaikilla nykytytöillä on edessään aikuisuus. Sen he tietävät, usein ahdistavan tarkasti. Tulevaisuudenkuvat asetetaan tyttöjen eteen jo varsin varhain. Kysymykseen, mikä sinusta isona tulee, vastaa 5-vuotias iloisen varmasti. Kymmenen vuotta vanhemman vastaus ei tule enää yhtä itsestään selvästi. Teollistuneitten maitten 15-vuotiailla tytöillä on takanaan monta vuotta peruskoulua ja useimmiten edessään lisää koulua. Koulutuksen pidentyminen on tavoittanut myös tytöt. Mitä sitten koulun jälkeen ?

Valinta monien ainakin periaatteessa ulottuvilla olevien vaihtoehtojen välillä on vaikeaa. Yhdysvaltalainen Sylvia Plath kuvasi jo 1950-luvulla tilannetta näin:

Näin elämän haarautuvan edessäni kuin tarinan vihreä viikunapuu. Jokaisen oksan huipussa kutsui ja vilkutti suuri, purppuranpunainen viikuna. Yksi viikuna oli aviomies, onnellinen koti ja lapset. Toinen oli älykäs oppinut, yksi kaikkia ällistyttävä EG, päätoimittaja. Yksi viikunoista oli Eurooppa, Afrikka

Erkki pusersi kevyesti tytön kättä. Askelet asettuivat samaan tahtiin. Kummallakin oli jotain outoa sydämen paikalla. Tyttö vilkaisi sivusta silloin tällöin, kun poika ei huomannut. Ei kukaan toinen ollut sellainen kuin tuo Erkki. Tytti päätti, että hän ei jätä Erkkiä koskaan, mutta jos poika jättää hänet, silloin hän menee luostariin. Ajatus sai kyynelet kihoamaan hänen silmiinsä.

Liisa Vuoristo, Tytti ja rakkaus

ja Etelä-Amerikka, yksi olympiajoukkueen naismestari. Näiden yläpuolella ja takana oli lisää viikunoita, joista en saanut kunnolla selvää. Näin itseni istumassa puun juurella kuolemaisillani nälkään, kun en osannut valita minkä viikunoista ottaisin. Olisin halunnut jokaisen niistä, mutta yhden valinta merkitsi kaikkien muiden hylkäämistä. Ja istuessani siinä kyvyttömänä päättämään viikunat alkoivat rypistyä ja mustua, sitten ne yksi kerrallaan putosivat jalkoihini.

Sylvia Plath oli ajastaan edellä, kun hän kirjoitti näkynsä. 1950-luvun amerikkalainen unelma onnesta oli yksisuuntaisempi. Sen mukaan amerikkalainen tyttö halusi mennä naimisiin, saada neljä lasta ja asua kauniissa omakotitalossa esikaupungissa. Päästäkseen käsiksi tähän onneen amerikkalainen keskiluokan tyttö meni collegeen ja kävi läpi koko perijenkkiläisen treffisysteemin, mutta ei collegea. Puolet tytöistä lopetti opintonsa kesken, osa avioituakseen, jotkut pelätessään liian koulutuksen estävän naimisiinpääsyn. Unelma sittemmin romuttui Yhdysvalloissakin, ainakin osin 60-luvun naisliikkeen hyökätessä rajusti sitä vastaan.

Tarinan vihreän viikunapuun vaihtoehdot ovat pikemminkin olleet 1980-luvun tyttöjen ongelma. Suurin osa heistä ei kuitenkaan jää tulevaisuutensa edessä nälkäisenä ihmettelemään, vaan yrittää löytää tavan valita ja yhdistää eri mahdollisuuksia. Suomalaisten nuorten naisten tulevaisuudensuunnitelmat osuvat kahden ääripään väliin — toisessa päässä on perinteinen naisten työ, aviomies ja lapset, toisessa taas pitkä koulutus, urakehitys, naimattomuus ja lapsettomuus. Ammatin hankinta on suurimmalle osalle tytöistä itsestään selvyys, vaikka he näkisivätkin tulevaisuutensa perhekeskeisesti. Suomalaisia tyttöjä kiinnostaa tuleva ammatti ja koulutus yhtä paljon kuin poikia. Elämänkestävä kotiura sen sijaan ei heitä

viehätä. Päivi Topon tutkimien tyttöjen mielestä useampivuotinen kotiäitiys oli miltei mahdoton ratkaisu.

Tytöt kuitenkin poikkeavat pojista siinä suhteessa, että pääosa heistä valmistautuu pienestä pitäen kaksoisuraa varten: toinen ura koulussa ja työelämässä, toinen perheessä. Kun Nuori voima -lehti haastatteli keväällä 1990 muutamia nuoria taiteentekijöitä, yksi kysymyksistä koski omaa tulevaisuutta. Joukon ainoa tyttö piti kirjoittamista oman maailmansa tärkeimpänä asiana ja näki tulevaisuudessaan vain kirjoittamista ja lapsia, ehkä miehen. Haastatelluista nuorista miehistä yksikään ei maininnut lapsia, perhettä tai puolisoa, heidän tulevaisuutensa oli työtä, opiskelua, musiikkia, omia näyttelyitä.

Perhe ja palkkatyö samalla tavalla toteutettuina kuin vanhemmilla ei kuitenkaan useimpia tyttöjä sellaisenaan miellytä. 15-vuotias helsinkiläistyttö näki yli kolmekymppisten elämän miltei kauhukuvana: »Menee töihin, illalla istuu himassa, kutoo ja sitten juodaan kahvii, syödään kääretorttuu, katotaan uutiset ja mennään nukkumaan. Siinä on kaikki. Aamulla sitten sama satsi... ei voi niinkun me nyt, pistetään tsoukkii ja pyöritään Forumilla.»

Itäsaksalainen 16-vuotias tyttö totesi saman: »Ei pelkästään ajoissa töihin, se on liian vähän, täytyy ajatella koko elämäänsä, tehdä joskus jotain muuta kuin vanhemmat.» Aikuisten elämä on täynnä verojen ja lainojen maksua, kotitöitä, tylsää elämää.

Suhde työhön on kaksinainen juttu: työn avulla voi päästä kiinni mielekkääseen ja mielenkiintoiseen elämään. Toisaalta työ voi olla yksitoikkoista ja vastenmielistä. Jotta työstä voisi tulla elämän ydinsisältö, se ei saa olla mitä tahansa työtä. Kun 15-vuotiaat suomalaistytöt nimesivät ihanneammattejaan, listalle pääsivät kirjailija, näyttelijä, ministeri, kansanedustaja, loistohotellin johtaja, koirakennelin ja ravitallin pitäjä. Monet tytöt korostivat jännittävää ja

Neidon paulan purkaminen

Lähet nyt talosta tästä
menet toisehen talohon
toisehen emon alahan
perehesen vierahesen

erilaista elämäntyyliä — elämässä pitäisi olla glamouria. Erityisesti perinteisestä naismallista irrottautuvat tytöt korostivat haluaan tulla kuuluisaksi, tehdä jotain merkittävää. Mielellään pitäisi menestyä jollain perinteisellä miesten alalla: »Nobelin kirjallisuuspalkinto. Joku arvostettu millä alalla vaan, mutta ei kauneudessa.»

Äidillä on spanielin silmät
ja karheat kädet
ja rikkinäiset aamutossut.
Ja vaikka keittiössä tuoksuu pulla
minä lähden.
Maailma on magneetti
ei sille mitään voi
— ikävä jo ennen lähtöä.

Leila Kiiskinen, 19

Perinteisimmät tytöt puolestaan näkivät itsensä tulevaisuudessa puuhailemassa kotona omien lasten ja lemmikkieläinten kanssa odottaen kotiin vastuuntuntoista ja lapsista pitävää aviomiestä. Nämä tytöt suhtautuivat tulevaisuuteensa myönteisesti ja luottavaisesti. Heille tulevaisuus oli selkeä elämänprojekti. Sen sijaan totutuista malleista irti pyrkivät tytöt suhtautuivat tulevaisuuteen huolestuneina ja epävarmempina.

Joka tapauksessa tulevaisuus lupaa nykytytöille täyttä elämää, jopa enemmän vaihtoehtoja ja rooleja kuin nykypojille. Mikä tyttöjen tulevaisuus sitten on, sitä ei tiedä kukaan, eivät tytöt itsekään:

nyt on yö...
minä kuljen yksin
tyhjiä katuja.
en tiedä, mihin olen menossa,
hyvä kun tiedän mistä
olen tulossa,
ja ruumiissani
soi tuhat kaunista ja
voimakasta sävelmää,
minun koko menneisyyteni,
ja silmissäni loistavat
tuhannen ihmisen silmät,
silmien takana tuntemattomuus,
tätä naista ei tunne kukaan,
se ei ole vielä täysin syntynytkään,
ei kukaan tiedä
mitä se on tulevaisuudessa.

Mirka Lattunen

Akkojen puhe ja kanojen laulu

Helena Rautala

Kieli on kuuleville ihmisille kuin ilma. Me emme tavallisesti kiinnitä ilmaan mitään huomiota, mutta jos se alkaa loppua tai haista pahalle tai on, ihmeellistä kyllä, poikkeuksellisen raikasta, me huomaamme sen tärkeyden. Kieli on kätevä työn ja mielihyvän väline, jonka olemassaolon havaitsee vain poikkeustilanteissa. Poikkeustilanteita tuntuu naisille kertyneen paljon. Yhtäältä heitä moititaan lörpöttelijöiksi, joilta ei saa suunvuoroa. Toisaalta naisilla on usein itsestään se kuva, että puhuminen on vaikeaa. Naiset pelkäävät vaatia itselleen puheenvuoroa eivätkä he saa sanottavaansa kuuluville, vaan sitä pidetään yhtä mitättömänä kuin kanojen laulua. Naiset huomaavat kielen silloinkin, kun heitä puhutellaan jotenkin sopimattomasti, nimityksillä joista naiset eivät pidä, tai kun itse pitää määritellä itsensä. On vaikea päättää, sanoako itseään vielä tytöksi vai jo naiseksi tai kenties ihmiseksi.

Jotkut feministit ovat näistä vaikeuksista tehneet sen johtopäätöksen, että naiset ovat kieletön sukupuoli, jonka luontaisempi tapa viestiä olisi esimerkiksi tanssiminen. Suurelle osalle naisista tällainen päättely on vierasta. Herää kysymys, miksi juuri naiset haluavat kolauttaa toisten naisten muutoinkin horjuvaa omanarvontuntoa.

Kieli on suhtautumisen ja asenteiden julkinen mittari. Se ei kumminkaan ole yksiselitteinen mittari, sillä kieleen on kietoutunut monenlaisia asioita. Voimme erikseen tarkastella, millaisia kielenkäyttäjiä me naiset eri ikäisinä olemme, tai voimme tutkia, millaisella kielellä meitä lähestytään, ja miten me itsemme kielen avulla määrittelemme. On myös eri asia puhua kuin kirjoittaa. Onko siis tarkastelun kohteena säännelty kirjakieli vai vapaasti rönsyilevä puhe, kun esitetään väite naisista mykkänä sukupuolena?

Psykologit jakavat ihmisen elämän pysyviin ja siirtymäkausiin. Pysyvät kaudet ovat kuuden tai seitsemän vuoden mittaisia, siirtymäkaudet hieman lyhyempiä, mutta nekin neljän tai viiden vuoden pituisia. Siirtymäkaudet ovat kielen kannalta mielenkiintoisimpia, sillä niihin varmaankin sijoittuvat suurimmat vaikeutemme. Olenko minä vielä tyttö vai jo nainen? Onko tyttäreni yhä metsänkeiju ja ruusunnuppu, jollaiseksi hänet kuvasin, kun panin lehteen ilmoituksen hänen syntymästään? Tuliko hänestä koskaan sitä suloista, hentoa ja lempeää olentoa, vai kasvoiko hän kielellisen muotin ohi, neuvokkaaksi ja tarmokkaaksi rasavilliksi? Iskelmässä naiselta vaaditaan, että »koskaan et muuttua saa». Jos käsitetään sana koskaan suhteelliseksi, tämä toivomus kuvaa terävästi inhimillistä suhtautumista elämän jaksoihin. Meillä on näet tarve tuntea, että olemme samoja yksilöitä vuodesta ja tilanteesta toiseen. Vaikka ulkoiset piirteet muuttuisivat ja vaikka käyttäytyminen vaihtelisi kypsymisen ja uusien haasteiden myötä, me kuitenkin toivomme, että muut huomaisivat tuon jatkuvuuden, että he tunnistaisivat meidät meiksi. Muutoinhan olisi aina uudelleen esittäydyttävä ystäville ja tuttaville, kerrottava, millaisia me nykyisin olemme. Nyt meidän täytyy esittäytyä vain uusille ihmisille, tai kun tunnemme astuneemme uuteen elämänvaiheeseen. Jälkimmäisessäkään tapauksessa ei tarvitse aloittaa aivan alusta, onhan perushenkilöllisyytemme pääosin sama kuin ennenkin, siihen vain tulee uusia aineksia ja joitakin vanhoja katoaa. Identiteetti säilyy sikäli, että sisäiset tarpeemme ja kykymme sopivat yhteen niiden havaintojen kanssa, joita olemme itsestämme tehneet. Tavallisesti tämä perushenkilöllisyyden selkeytyminen kestää pitkään, ja vasta aikuisina alamme olla sillä lailla valmiita, että me itse ja tuntemamme ihmiset tietävät, keitä ja millaisia me oikeastaan olemme. Kerran mahdollisesti saavutettu tila ei ole sekään pysyvä, vaan aikuinenkin joutuu tarkistamaan kantaansa itseensä, kyselemään henkilöllisyyttään.

Muutokset kuitenkin tapahtuvat meissä eri tahtiin, eivätkä kaikki muutokset kosketa kaikkia ihmisiä. Imppu oli neljänkymmenen, kun hän hämmästykseen alkoi saada kouluaikaiselta tyttöystävältään kirjeitä, jotka olikin osoitettu Irmalle, ei Impulle. Miksi, uteli Imppu. Ystävä oli arvellut, että nelikymmenvuotias olisi jo ohittanut kouluaikaisen lempinimensä leimaaman vaiheen. Lempinimi kuului hänestä niin vankasti nuoruuteen, että olisi ollut epäkohteliasta käyttää sitä aikuisesta. Imppu sen sijaan viihtyy Imppuna, ja aikoo olla sitä loppuikänsä.

Mikä nainen

Oo, mikä nainen! Hänellä on uusi nainen. Toinen nainenko vai tyttö? Oikea rotunainen. Tee minusta nainen! Pikku nainen. Tosi nainen. Tyttö. Tyttömäinen nainen. Tyttönainen. Mitäs tytöt? Tyttöporukassa kaljalle. Viisikymppiset tytöt vailla tanssittajaa. Hyvä työihminen. Mää tartten ihmistä. Onko kaunis nainen hyvä ihminen? Milloin tytöstä tulee nainen? Ja milloin naisesta taas tyttö?

Erilaiset nimitykset näyttelevät huomattavaa osaa meidän elämässämme. Joskus on ongelmallista löytää sopivaa sanaa kuvaa-

Ei oo lynkä eik oo länkä,
ei oo polvelta poteva,
ei oo sairas sarven alta,
eikä sivusta sinksahtant,
läpiluista lankielt.

Joten:

katson parvesta parahan
hiuspäistä hilpeimmän,
tukkapäistä turpeimman,
kaunehimman kassapäistä,
sormuskäsistä somimman

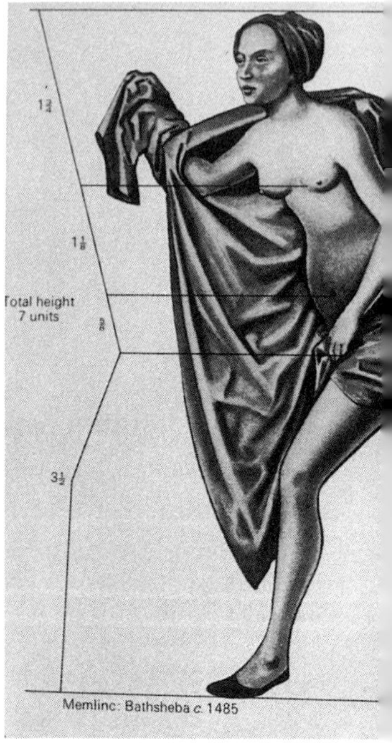

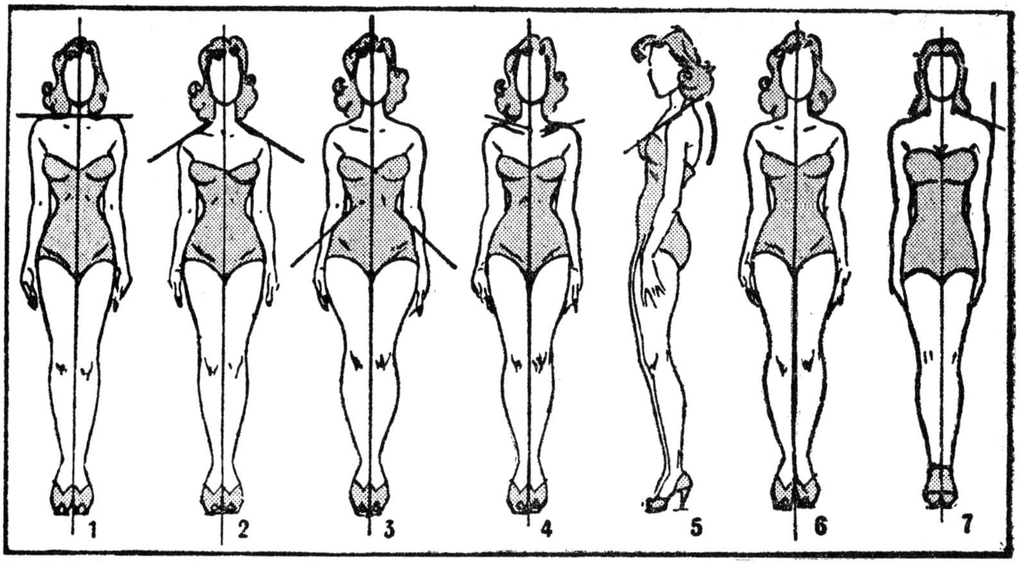

Miss Universumin valinta on tarkkaa puuhaa, sillä vaikka tyttöjen kauneus onkin makuasia, täytyy sentään noudattaa tiettyjä "normeja". Tällainen piirros oli tuomariston apuna — siitä ilmenee tavallisimmat virheet: 1) liian leveät hartiat, 2) luisut olkapäät, 3) liian leveät lantiot, 4) solisluut liian ulkonevat, 5) koukkuselkäinen, 6) länkisääret. Tyttö numero seitsemän on sen sijaan vartaloltaan ihanteellinen Universumin missiksi.

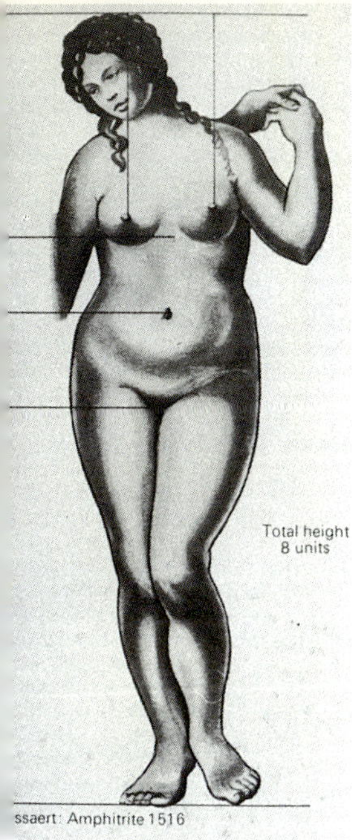

ssaert: Amphitrite 1516

Naisen ruumis, sen osat ja ominaisuudet ovat olleet pysyvän arvioinnin, mittaamisen ja määrittelyn kohde. Japanilaisen hovinaisen etsijä ei jättänyt mitään kohtaa piiloon. Tarkka oli myös kauneuskilpailun tuomarin oltava. Kuvanveisto puolestaan on omalla tavallaan muokannut käsitystä oikeanlaisesta naisen ruumiista — ja kansanperinnekin tiesi, mihin katsoa kun kaunista haki.

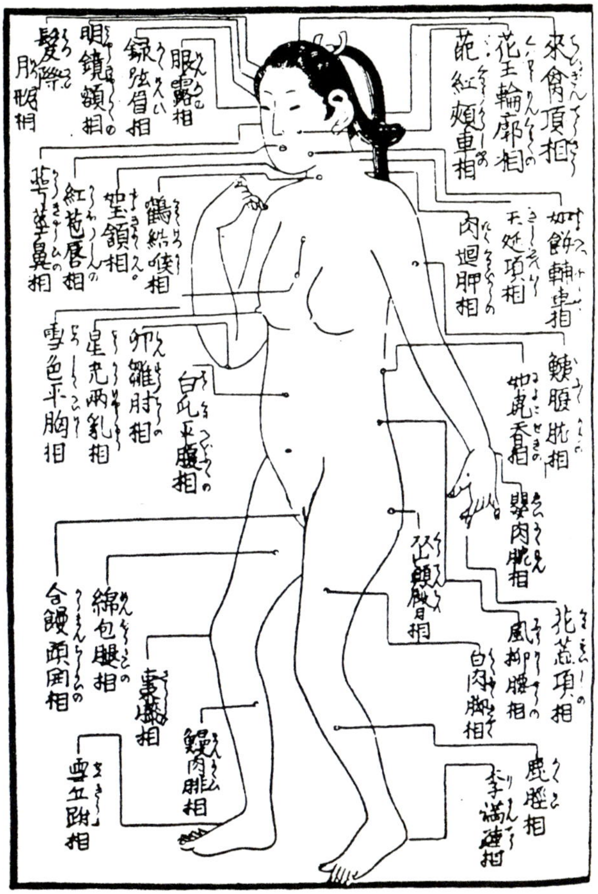

maan joko itseä tai jotakuta toista. Loukkaannumme joistakin nimityksistä, etenkin jos ne kohdistuvat meihin. Lapsuus lienee ainakin läntisessä kulttuuripiirissä naispuolisille ihmisille ongelmatominta aikaa kielen kannalta. Opettajille oppilaat ovat tyttöjä, ja tytöiksi me itsekin itseämme kutsumme. Vain jokin perhepiirin hellittelynimi, mikäli se kuulostaa kovin vauvamaiselta, voi ikätoverien korviin joutuessaan tuntua hämmentävältä. Vaikka illalla nukkumaan mennessä on kivaa olla Nuppu tai Tytteli, toveripiiri — itsekin Nuppuja — kiusoittelee niistä karskia kaveriaan.

Japanilaiset joutuvat koko ikänsä tarkistamaan henkilöllisyyttään, sillä japanin kielessä on useampia minä-pronomineja sen mukaan, ketä kulloinkin puhutellaan. Naiset ja miehet käyttävät eri pronomineja. Tämä valinta on helppo, sillä tiedämme tarkasti jo melko varhain oman sukupuolemme. Seuraava vaihe jo voi tuottaa ongelmia. Olenko puhekumppaniani vanhempi vai nuorempi? Kumpaakin vaihtoehtoa varten on oma sanansa. Entä yhteiskunnallinen asema? Olenko häntä alempana vai ylempänä sosiaalisilla tikapuilla? Taas on valittava kahdesta vaihtoehdosta. Olen vanhempi ja arvokkaampi vain tähän puhekumppaniini verrattuna, en tuohon kulman takaa tulevaan: hänen kanssaan joudun taas harkitsemaan, mitä pronominia on soveliasta käyttää.

Läntisellä pallonpuoliskolla nuoruutta toisaalta ihannoidaan, mutta aikuisuuteen pyritään mahdollisimman nopeasti. Amerikkalaiset tytöt haluavat aikuistua ja tulla perinteisen naisellisiksi mahdollisimman varhain. He leikkivät rintavilla, pitkäsäärisillä Barbienukeilla ja tuskin malttavat odottaa ensimmäisiä rintaliivejään ja kuukautisiaan. Korkokengät heille hankitaan jo lastentarhassa. Japanissa ja muualla idässä ikä osoittaa vastuuntuntoa. Vanhoille ihmisille osoitetaan kunnioitusta ja he saavat etuoikeuksia. Silti japanilaiset naiset haluavat pitää kiinni lapsuudesta ja teini-iästä mahdollisimman kauan. Edes Barbie-nuket eivät käyneet Japanissa kaupaksi ennen kuin niitä nuorennettiin ja niiden rintoja pienennettiin. Tämän operaation perusteena tietysti saattoi olla japanilaisten ja amerikkalaisten erilainen ruumiinrakennekin. Kovin suoraviivaisten johtopäätösten teko kokonaan toisenlaisesta kulttuurista on arveluttavaa. Voisi ajatella, että totta kai japanilaisnaiset haluavat säilyttää nuoruutensa mahdollisimman kauan, jotta he välttyisivät esimerkiksi nimitykseltä kunnianarvoisa säkki, jota vanhemmista naisista saatetaan käyttää. Se ei kumminkaan japanilaisessa kulttuurissa ole halventava nimitys. Aikuistumishaluissa suomalaiset ehkä sijoittuvat jonnekin japanilaisten ja amerikkalaisten välimaastoon. Useimmat kolme-neljätoistavuotiaat tytöt välttävät tarkoin korostamasta naisellisia piirteitä olemuksessaan.

Varhaisen aikuisiän lähestyminen asettaa naisen ensimmäisen kerran ongelmalliseen tilanteeseen. Vaikka minä-pronominista ei tarvitse japanilaisten tavoin huolehtia, on usein vaikea päättää, sanonko ikätoveriani tai itseäni tytöksi vai naiseksi. Molemmat nimitykset hajoavat useiksi erimerkityksisiksi sanoiksi. Tyttö ei enää välttämättä tarkoitakaan pelkästään nuorta naispuolista ihmistä, vaan se saattaa saada lisämerkityksen 'nainen, jolla ei ole sukupuolikokemuksia'. Tyttö-sana on silloin vastakohta yhdelle nainen-sanan merkityksistä, jolloin nainen merkitsee 'sukupuolikokemuksia omaavaa naispuolista ihmistä'.

Virallisissa lomakkeissa kaikenikäiset tytötkin ovat naisia tai naispuolisia, mutta suomalaisessa kielenkäytössä näkyy yleistyneen tapa esitellä itsensä ja puhutella tytöiksi ainakin kolmeenkymmeneen ikävuoteen saaakka. Sanomalehtien yhden palstan uutisissa tosin esiintyy jopa »17-vuotiaita naisia, jotka ovat jääneet auton alle», sillä nämä uutiset otetaan suoraan virallisista poliisiraporteista, joissa nainen tarkoittaa 'naispuolista'. Romaaneja julkaissut 22-

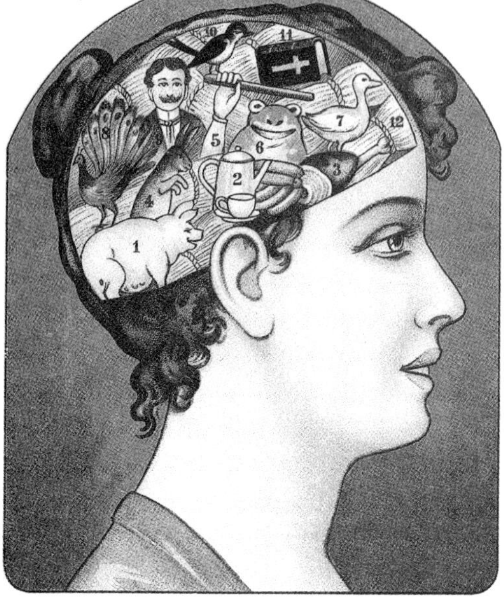

Mutta ei ainoastaan naisen ruumiin ulkoisia piirteitä ole määritelty. Monet ovat ajatelleet pystyvänsä kuvaamaan myös hänen päänsä sisällön.

vuotias sanoo radiohaastattelussa olevansa ihan tavallinen tyttö. Naistenlehti otsikoi juttunsa 35-vuotiaasta, toisessa avioliitossaan elävästä 3-vuotiaan tyttären äidistä: TYTTÖ KUIN KETTU. Jos otsikko julkaistaisiin esimerkiksi englanniksi, sen lukijat luultavasti ajattelisivat, että jutun kettumainen päähenkilö on kolmivuotias, ei äiti. Suomeksi sen sijaan ei ole outoa puhua äidistä tyttönä, etenkään jos hän on nuorenoloinen. Naistenlehdet taas eivät kirjoittele juttuja ennen aikojaan vanhentuneista kolmikymmenvuotiaista.

Yhdysvalloissa opiskelijat asuvat naisten asuntoloissa ja käyvät pelaamassa koripalloa naisten urheiluvuorolla, koska he ovat naisopiskelijoita. Suomesta naisopiskelijoita löytää vain tilastoista, mutta oikeat opiskelijat ovat opiskelijatyttöjä, jotka asuvat tyttöjen asuntolassa — sikäli kun meillä vielä on tällaisia sukupuolen mukaisia erotteluja — ja uivat tyttöjen vuorolla uimahallissa.

Miksi tyttö näyttää suomen kielessä syrjäyttävän naisen yhä useammin? Ikäraja tytön ja naisen välillä on noussut, koska ihmiset säilyttävät nuorekkuutensa pitempään. Naistenlehden tytöt edustavat nuoruuden ylenpalttista ihannointia. Me teemme usein valtavasti työtä, jotta säilyisimme nuorten kirjoissa mahdollisimman pitkään. Ei tietenkään voi väittää, ettei Yhdysvalloissa ihannoitaisi nuoruutta, vaikka sanaa woman ei olekaan jokapäiväisestä kielenkäytöstä syrjäytetty niin usein kuin suomen nainen. Päinvastoin, esimerkiksi Nancy Friday jopa puhuu naistyypistä, jota hän nimittää piilotytöksi. Piilotytöt ovat perheenäitejä, joita heidän vanhempiensa perhe yhä, kolmen–neljänkymmenen vuoden jälkeen, kutsuu kakaroiksi tai vauvoiksi.

Nuorta ja todennäköisesti vielä kaunista naisihmistä nimitetään naistenlehdissä ani harvoin naiseksi, mutta sanomalehtitekstissä sellaisen nimityksen tapaa useammin. Esimerkkinä tällaisesta olkoon teksti, jonka Helsingin Sanomat kirjoitti 1960-luvulla syntyneistä Kaisa Rastimosta ja Laura Ruohosesta:

> Yhdessä naiset laativat käsikirjoitusta pitkään elokuvaan, joka kertoo komedian keinoin nuoren, akateemisesti koulutetun naisen elämästä.

Yksi syy siihen, että tyttö on yleistynyt aikuisenkin naisen nimityksenä lienee suomen kielen ominaislaadussa. Avain ongelman ratkaisuun voi olla siinä nainen-sanan käytössä, jossa romaanin sankaritar huokaa rakastetulleen: »Tee minusta nainen!» Tai kun hän myöhemmin kommentoi menneisyyttään toteamalla: »Hän teki minusta naisen.» Näissä repliikeissä nainen voi tarkoittaa kahta asiaa. Joko kyseessä on puhujan ensimmäinen sukupuoliyhteys tai hänen aikaisemmat kokemuksensa eivät ole olleet tyydyttäviä. Kirjallisuuden sanastossa hänestä jälkimmäisessä tapauksessa tuli ei vain nainen vaan todellinen nainen! Sana ei enää merkitsekään samaa kuin lomakkeen sana nainen. Se onkin yhtäkkiä täynnä seksuaalista latausta. On kyseessä sama sana kuin niissä yhteyksissä, joissa mies on löytänyt hyvän naisen tai elämänsä naisen. Naispuolinen ihminen, jolla arvioijien mukaan on liian monia sukupuolikokemuksia, on huono nainen. Hieman huonoa naista kunniallisempi on iskelmän rotunainen. Meidän naisihmistenkin mieleen luultavasti tulee kuva uhkeasta viettelijättärestä, ei suinkaan jakkupukuisesta virkanaisesta, kun kuulemme puhuttavan tosi naisesta tai rotunaisesta. Myös lapsen synnyttäminen voi joskus merkitä naiseksi tulemista. Kolmikymmenvuotiaana ensimmäisen lapsensa saanut hämmentyi anoppinsa toivotuksesta: »Tervetuloa naisten joukkoon.» Hän oli näet tuntenut itsensä naiseksi jo aikaisemminkin.

Suomen sana nainen yhdistetään kielihistoriallisesti verbiin naida. Sanojen ensitavut siis ovat keskenään sukua. Olisi uskaliasta väittää, että kielenkäyttäjillä olisi alitajunnassaan tieto näiden sanojen etymologisesta yhteydestä. Sitä paitsi naida-verbin merkitys 'solmia avioliitto' on yhtä alkuperäinen kuin sen arkikielinen nykymerkitys 'olla sukupuoliyhteydessä'. Joitakin sävyjä nainen-sana varmasti saa tästä yhdistämisestä, niin selviä seksuaalisia lisämerkityksiä siinä usein on, kuten esimerkit hyvä nainen, huono nainen tai tulla naiseksi osoittavat.

Naiseksi tulemisesta puhutaan monessa yhteydessä. Sillä tarkoitetaan esimerkiksi sitä, että tytölle tulee ensimmäiset kuukautiset tai että hän on ensi kertaa sukupuoliyhteydessä tai että hän synnyttää ensimmäisen kerran. Ensimmäinen sanonta on yleinen monissa kielissä. Hyvin tavallinen kysymys amerikkalaisille tytöille ensimmäisten kuukautisten jälkeen on »Miltä tuntuu olla nainen?». Useimpia tyttöjä kysymys pelkästään nolostuttaa, eivätkä he myönnä mitään muutosta tapahtuneen.

Jos suomen kielessä halutaan antaa tunnustusta naishenkilön muista kuin seksuaalisista avuista, puhutaan usein naisen sijasta ihmisestä. Kansankieli tuntee hyviä työihmisiä, reiluja ihmisiä tai komeita ihmisiä, jotka poikkeuksetta ovat naisia, sillä jos miehellä on samoja ominaisuuksia, häntä nimitetään hyväksi työmieheksi tai reiluksi ja komeaksi mieheksi. Samalla tavoin naishenkilö, joka osoittaa inhimillisesti ala-arvoisia ominaisuuksia, luokitellaan huonoksi ihmiseksi. Toisaalta myös sana ihminen voi naista tarkoittaessaan saada seksuaalisia sivumielteitä, kuten silloin kun Väinö Linnan Laurilan Anttoo tartti ihmistä. Monista kielistä on todistusaineistoa siitä, että alunperin neutraalit, naista tarkoittavat sanat saavat vähätteleviä sivumerkityksiä, kun miestä tarkoittavat sanat säilyttävät neutraaliutensa. Tällä tavalla on merkitykseltään muuttunut esimerkiksi ranskan sana fille, joka alunperin tarkoitti 'tyttöä', mutta myöhemmin 'kevytkenkäistä nuorta naista'. Samoin

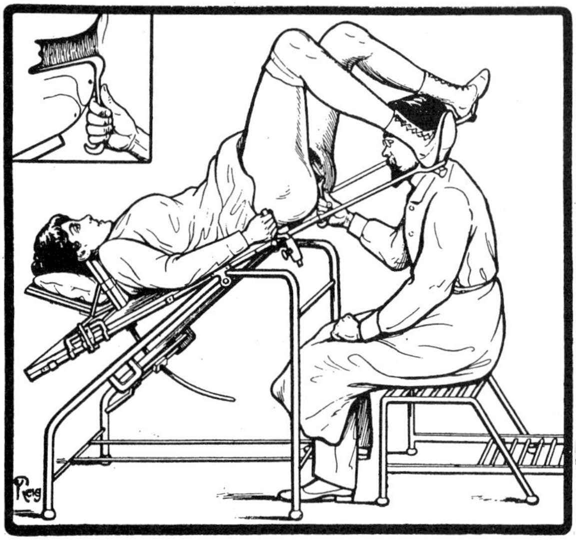

Naiset, joiden kaikki aika menee
odotussaleissa istumiseen.
Aina tulossa tai menossa kätilöopistolle.
Koko ihmiskunta yhtä kohtua, myomaa,
kirveleviä häpyhuulia,
poisleikattua munasarjaa,
naisellisuuden ylikorostusta ja vähenemistä
Meitä tuijottaa valkotakkien joukkio suoraan
sisimpään.
Olemme kahleissa, jalat auki.
Kumpa joku joskus synnyttäisi sisiliskon
tai mustekalan.
kostoksi vain.

Arja Tiainen

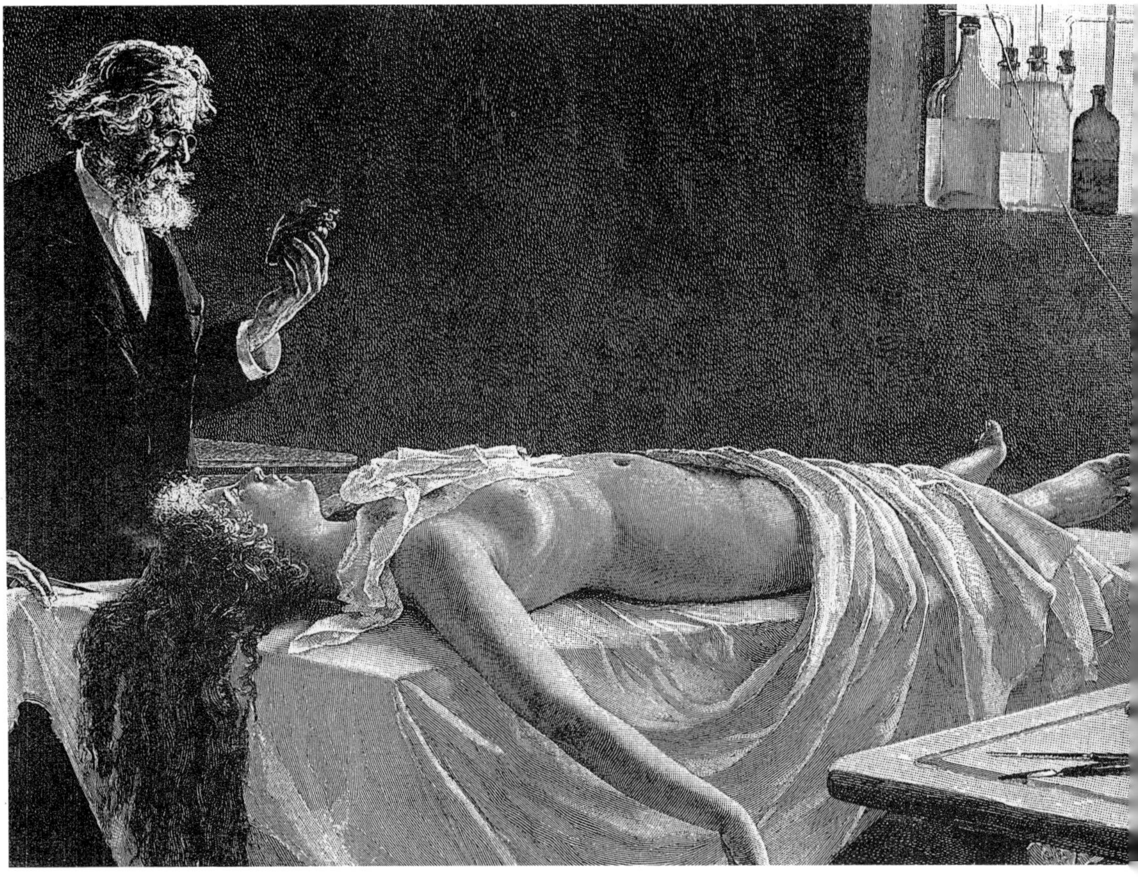

ɘteellinen ja lääketieteellinen katse on yleensä ollut miehen.

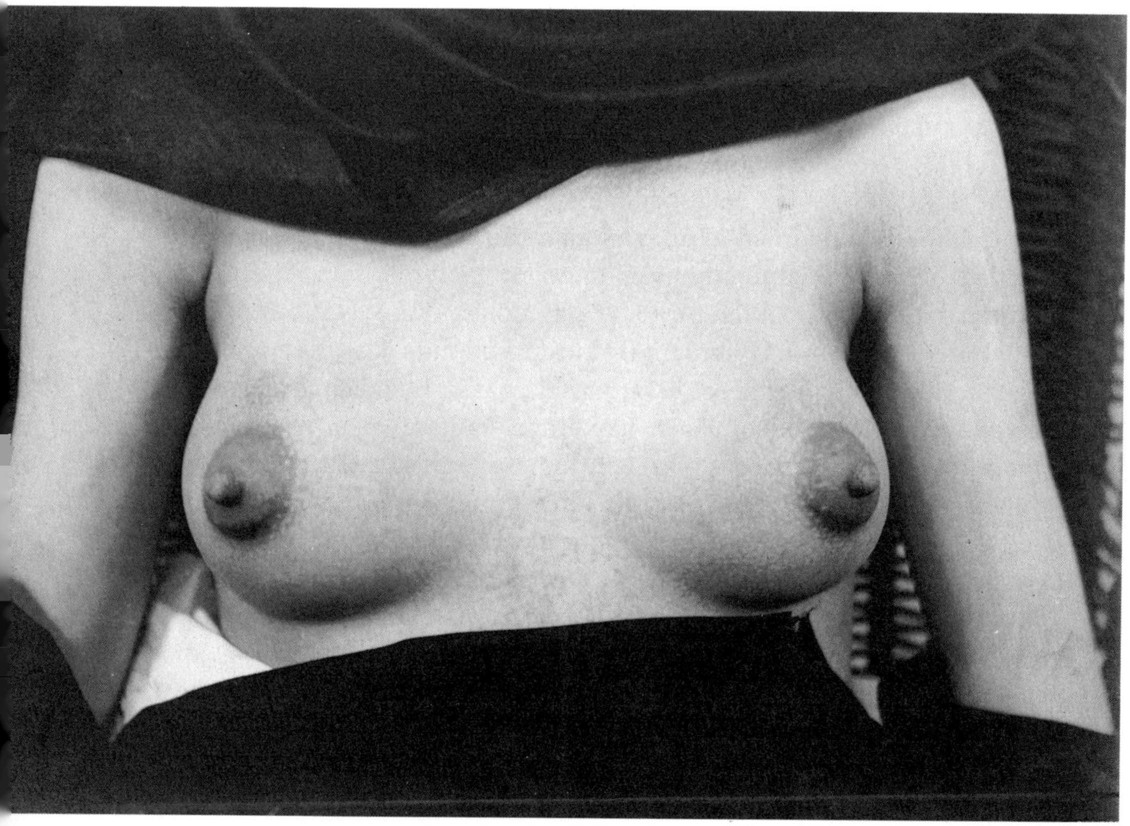

englannin mistress, 'rakastajatar', oli alkuaan sanan mister feminiininen, neutraali vastine. Mister ei kokenut samaa kohtaloa. Miespuolinen governor on mahtava mies, 'kuvernööri', mutta naispuolinen governess on vain köyhä 'kotiopettajatar'. Jos miestä nimitetään ammattilaiseksi, hän on todennäköisesti erityisen taitava työssään tai saa palkkaa siitä, mitä monet tekevät harrastuksekseen, kuten vaikkapa jääkiekon peluusta. Jos taas nainen on ammattilainen, hänen usein tahdotaan vihjata olevan prostituoitu. Kun englanninpuhuja käyttää sanaa tramp, hän tarkoittaa joko 'koditonta miestä' tai 'prostituoitua naista'.

Onko tyttö viaton?

Silloin kun nainen on sellainen naispuolinen ihminen, jolla on sukupuolikokemuksia, sillä on vastakohtanaan tyttö merkityksessä 'neitsyt'. Etenkin vanhemmassa suomen kielessä tavattiin puhua tyttönä elämisestä, millä tarkoitettiin samaa kuin viattomuutensa säilyttämisellä. Minkä vian me muuten saamme kun olemme ensi kertaa sukupuoliyhteydessä? Tämän elämässä hyvin luonnollisen ja olennaisen asian kuvaamiseen käytetään kaikenmoisia asenteellisia ilmauksia, jotka kertovat yhteiskunnasta ennen meitä. Sanotaan esimerkiksi, että nainen (vai tyttö?) ensimmäisessä yhdynnässä menettää neitsyytensä. Kun me aloitamme koulunkäynnin, ei sanota, että me menetämme luku- ja kirjoitustaidottomuutemme tai kun opimme ajamaan polkupyörällä, emme myöskään menetä mitään. Päinvastoin, saavutamme jotakin uutta. On tietysti tapauksia, joissa nainen sukupuoliyhteydessä menettää immenkalvon ohella jotakin, mutta normaalitapauksissa hän saa uuden kokemuksen, menettämättä yhtään mitään. Seksuaalisesti vapaampina aikoina tytöt usein katsoivat että heiltä puuttui jotakin, jos he vielä olivat neitsyitä. Neitsyydestä pyrittiin pääsemään eroon, jotta kokemusmaailma tulisi normaaliksi ja yhä rikastuisi.

Kieleen jääneet kuvat siis kantavat mukanaan elementtejä vanhemmilta ajoilta. Sukupuoliseurustelulle on viime aikoina tullut AIDS:n tapaisia pidäkkeitä, joista viime vuosikymmenillä ei tiedetty mitään, joten puhe neitsyyden tai viattomuuden menettämisestä ehkä nykyisin taas kuvaa tyttöjenkin asenteita paremmin kuin parikymmentä vuotta sitten. Kielikuva on peräisin ajalta, jolloin avioliiton solmiminen oli yhteisön tekemä sopimus, jopa kauppa. Silloin oli tärkeää, että kaupan kohde oli kuin uusi, koskematon, ehta. Sanottiin tytöllä olevan kallein omaisuutensa tallella, aviomiestä odottamassa. Vain Niskavuoren Hetan tapaiset voimanaiset, lujat ihmiset, joilla omaisuuden lisäksi oli kylliksi uskoa omaan itseensä — Hetalla lienee ollut luonteenlujuutta kovuuteen asti — saattoivat selvitä »kunnialla» siitä, että eivät olleet neitsyitä. Usein näet kävi niin, että neitsyyden menetys toi tullessaan jotakin muuta — raskauden.

Toinen neitsyttä tarkoittava sana, joka ei ehkä milloinkaan ole kokonaan kattanut sitä asiaa, jota se on tarkoitettu kuvaamaan, on yleiskielen sana koskematon. Amerikan opiskelijapiireissä tunnettiin muutama vuosikymmen sitten termi ammattineitsyt. Nämä ammattilaiset olivat tyttöjä tai naisia, jotka poikaystäviensä kanssa tekivät kaikkea muuta sukupuoliseurustelun alalla, mutta kieltäytyivät varsinaisesta yhdynnästä. Ammattimaisen neitsyen partnerina oli tietysti ammattimainen neitsyyden säilyttäjä, poika tai mies, joka ymmärsi olla vaatimatta yhdyntää. Koskettelu, petting, oli kumminkin pääasia näissä sukupuolileikeissä, eikä nainen siis sanan normaalimerkityksessä suinkaan ollut koskematon.

Kieli ei tee erityistä poikkeusta näissä sanoissa. Usein muulloin-

Myös taiteen katse on useimmiten ollut miehen — ja miestä varten.

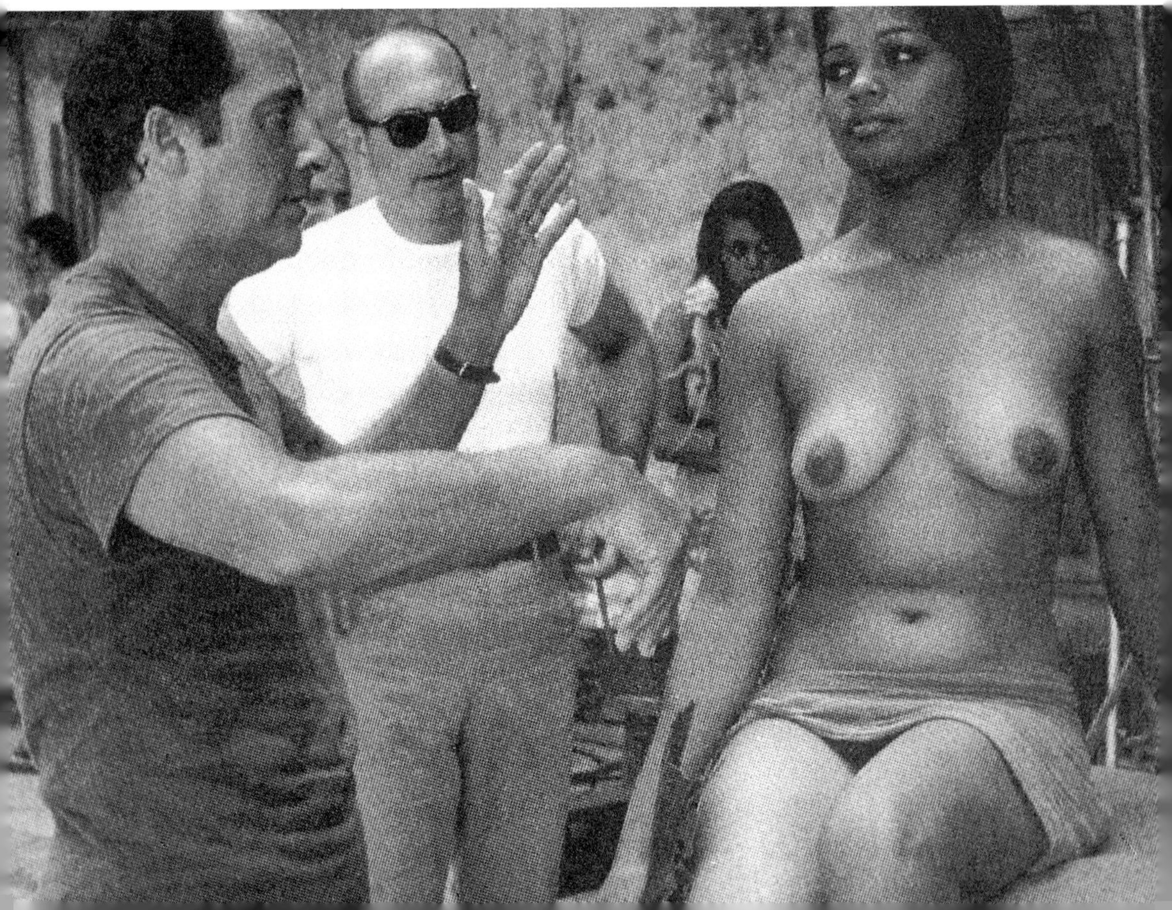

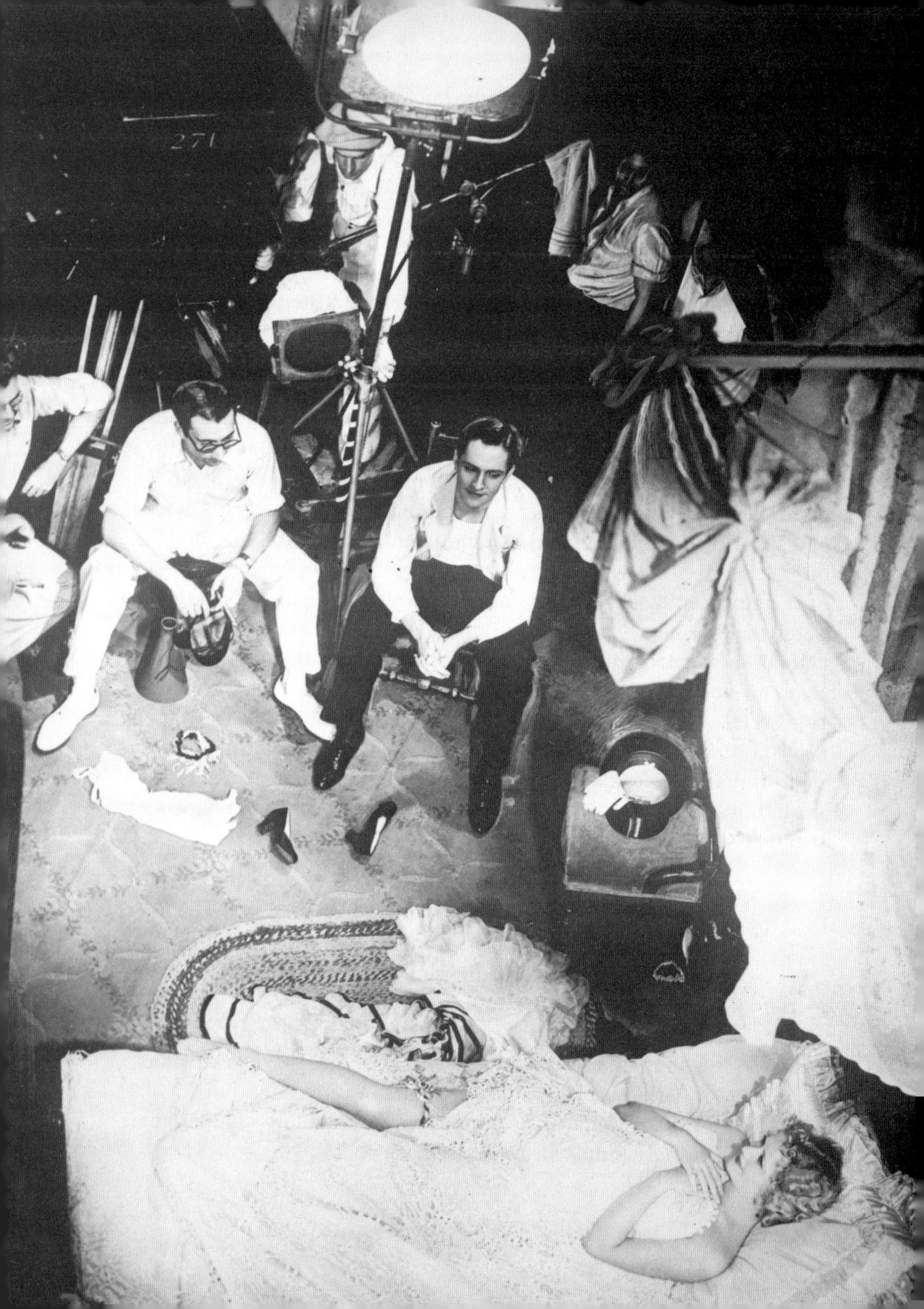
271

kin se hieman laahaa todellisuuden jäljessä, kuten radion urheiluselostus, joka saavuttaa kuulijan vasta, kun tapahtuma jo on ohi. Ensin keksitään sanat asioiden nimiksi, kulloisenkin tietämyksen ja asenteiden mukaisesti. Sitten niin asiat kuin asenteetkin muuttuvat, mutta ilmaukset usein säilyvät, nyt kielikuviksi muuttuneina. Myöhemmin kielikuva ja sen kuvaama asia saattavat etääntyä toisistaan niin, etteivät kielenpuhujat enää ollenkaan yhdistä sanoja ja niiden alunperin kuvaamia asioita. Näin on käymässä esimerkiksi sanalle viaton. Emme tavallisesti ajattele, että viaton on se, jossa ei ole vikoja eikä virheitä.

Feministien keskuudessa on ollut sellainen sanojen alkuperää pohdiskeleva liike, joka on pyrkinyt löytämään naisia ja naisten elämää kuvaamaan sanoja, jotka olisivat vapaita miehisistä, valloittajan ja valloitetun asemaa kuvaavista mielteistä. Deborah Cameron kertoo feminististä, joka totesi olevansa loukussa, kun hänelle selvisi, ettei sukupuolielimistä voi enää käyttää edes latinalaisia sanoja, onhan esimerkiksi sanan vagina alkuperäinen merkitys 'tuppi, huotra'. Runoilija Joan Larkin pohtii samaa sanaa Vaginasonetti-nimisessä runossaan:

> Onko 'vagina' sovelias
> sonettiin? Enpä usko.
> Kuuluisa runoilija sanoi minulle: »Vagina on ruma.»
> Tarkoittaen, tietenkin, sen sointia. Runoissa.
> Ja tunkee silti peniksensä yhtä mittaa
> värsyihinsä, sanoen siitä »Minun Penikseni»,
> ihan totta. Tiedän kyllä, että se on lyhyt ja arvokas.
> Tarkoitan tietysti sen sointia. Runoissa.
> Koko tämä juttu on surkea, suorastaan vähäpätöinen,
> ihan kuin vaivautumiseni siitä,

je ne vois pas la
cachée dans la forêt

kun suomen kielen laitos
osoittaa kirjeensä 'herra/rouva/neiti' — vain ruoto
vallankumouksen kurkussa — älyn tuhlausta —
murehtia tätä pikku seikkaa, hyvää nimeä pillulleni.

Suom. H.R.

Neiti vai rouva?

Amerikkalainen sarjakuva Life in Hell esittelee syntymäpäiväkorttinaan naisen elämän käännekohtia. Niitä ovat ensimmäinen otsatukka, ensimmäinen kerta äidin korkokengissä, ensimmäinen lääkärileikki, ensimmäiset rintaliivit, ensisuudelma, ensimmäinen harmaa hius ja — kun ensi kertaa tulee puhutelluksi sanalla Ma'am eli rouva. Onko se todellinen rajapyykki?

Meillä demokraattisessa yhteiskunnassa toisaalta kartetaan titteleitä, toisaalta rakastetaan niitä. Virallisia arvonimiä vaalitaan, niitä annetaan jopa syntymäpäivälahjoiksi ja niiden saavuttamiseksi ponnistellaan ja kerätään rahaa. Sellaisia puhuttelu- tai arvonimiä, joiden saamiseksi ei tarvitse opiskella ja jotka eivät ole kaupan, on alettu vierastaa. Monia titteleitä kiusaavat erilaiset sivumielteet, joten niiden käyttöä vältellään. Miesten titteleistä herra on jäänyt käytöstä miltei kokonaan. Se elää vain narrin vastakohtana ja Jumalan nimityksenä. Naisten arvonimet neiti ja rouva ovat paremmin selvinneet ajan nakerrukselta, vaikka usein on esitetty kysymys, miksi juuri naisten puhuttelussa olisi olennaista, onko nainen naimisissa vai ei. Koska erilaiset yhteiselämän muodot ovat entisestään hämärtäneet siviilisäädynkin rajaa, ovat neiti ja rouva alkaneet merkitä eri ikäisiä naisia. Ja todella, ensimmäinen rou-

Nainen ei ole ainoastaan miehen katseen kohteena. Mutta kuinka usein naisen arvioiva katse on ollut miehisen katseen ohjaama?

vaksi puhuttelu on monelle jäänyt mieleen ikään kuin keski-iän alkamisen merkkinä.

Nuoremmat ihmiset ovat kokonaan luopuneet herroittelusta, neidittelystä ja rouvittelusta. »Mitäs sulle?» on kaupan tiskin takaa yleisempi kuin tittelillä puhuttelu. Etenkin naiset arastelevat nimittää kanssasisariaan neideiksi tai rouviksi, tietäen että nämä sanat ovat samalla kannanotto puhuteltavan ikään. Kumminkin me tarvitsisimme puhuttelusanoja niiden tilanteiden varalta, joissa joudumme kiinnittämään meille nimeltä tuntemattoman ihmisen huomion, eikä pelkkä hei! tunnu soveliaalta.

Seuraava esimerkki tosielämästä osoittaa, millaisiin kielivaikeuksiin ajaudumme, kun meiltä puuttuu käypiä puhuttelusanoja. Pikabussissa Turusta Helsinkiin nuori naisrahastaja oli keräämässä matkustajilta sanomalehtiä ja ehti jo ohittaa kaksi omanikäistään naista, jotka ojentelivat epätoivoisesti lehtiään kohti rahastajan poistuvaa selkää. Oli selvää, että kumpikin kuumeisesti mietti, miten kiinnittää rahastajan huomio. Ajatusten kulku oli ehkä seuraava: Rahastaja kuulostaa kovin viralliselta, neiti, ei, se on vanhanaikaista, eikä hän takuulla vielä tahdo itseään nimitettävän rouvaksi, oli naimisissa tai ei, rouvat ovat ilman muuta häntä vanhempia. Jotenkin kiipelistä piti selvitä. Ensimmäinen nuorista naisista ratkaisi tilanteen karjaisemalla kovalla äänellä: »TYTTÖ!» Rahastaja ymmärsi, että häntä puhuteltiin, kääntyi ja otti lehden. Toinen lehdenlukijoista tästä kaiketi rohkaistuneena päätti näyttää, että kyllä hänkin lehdestään eroon pääsee. Sanoja vain ei tullut mieleen — hän kiersi lehden rullalle ja läimäytti rullalla rahastajaa takamukselle!

Nykysuomessa rouva-sanasta siis on tullut ikään ja myös ulkonäköön viittaava puhuttelu. Kaikki nuorehkot naiset, joilta olen kysynyt, muistavat, eivätkä mielihyvällä, missä tilanteissa heitä on rouviteltu. Rouvittelu on tavallista synnytyssairaalassa, terveyskeskuksessa, kaupassa, pankissa ja muissa virastoissa. Useimmat puhutelluista alkuun hätkähtivät ja loukkaantuivat tittelistä. Tuntemuksilla ei ole mitään tekemistä siviilisäädyn kanssa, sillä osa haastattelemistani naisista oli naimisissa, osa ei, ja kaikkia oli tiettyyn ikään mennessä ehditty puhutella rouviksi. Sanan käyttö osuu yksiin Nykysuomen sanakirjan tiedon kanssa, että rouva on toisaalta 'naimisissa oleva nainen', toisaalta yleisemmin 'keski-ikäinen tai vanha naishenkilö'. Haastatellut 25–35-vuotiaat eivät pitäneet itseään keski-ikäisinä, saati vanhoina.

Miehet käyttävät yleensä sanaa rouva vain muiden aviopuolisosta, oma rouva on vaimo. Aiemmin oli niin että 'naishenkilö' suomen länsimurteissa oli vaimo ja itämurteissa nainen. Kirjakieleen vakiintui sana nainen merkitsemään 'naishenkilöä' ja vaimo erikoistui tarkoittamaan 'aviopuolisoa'. Se on tavallaan vahinko, sillä vaimo on alkuaan tarkoittanut 'sydäntä'. Virossa vaim-sanan merkitys on yhä 'henki, sielu, tunne, tunto'.

Äiti ja mummo

Äitiys väistämättä muuttaa naista. Nancy Fridayn haastattelema nainen sanoi, että siitä lähtien, kun hän piteli vauvaa sylissään, hän määritteli itsensä ensisijaisesti äidiksi, ei enää naiseksi. Katkerasti hän lisäsi, että kun ei ajattele seksiä kuuteen vuoteen, puuhailee vain lapsen kanssa, herää kuuden vuoden päästä, ei enää naisena vaan virattomana äitinä, ja säilyy sitten loppuikänsä äitinä.

Suomessa, jossa pienten lasten äiditkin tavallisesti käyvät työssä, ei äidiksi jääminen ole ollenkaan niin täydellistä kuin Yhdysval-

Jalustalle nostaminen ja ylistäminen ovat olleet tehokkaita naisen paikalleen sijoittamisen ja alistamisenkin välineitä. Topelius ilmaisi sen näin: »Suomen nainen on luonut kodin ja tavan. Hän on kasvattanut kansansa, hän on ollut sen ensimmäinen koulumestari. Hän on ollut, on vielä tänä päivänä ja on kaikkina aikoina oleva sen voiman hiljainen lähde, joka virtaa historiaan miehen tekona.»

loista otetussa esimerkkitapauksessa. Kaikkialla kuitenkin joissakin perheissä äitiys ja isyyskin jossakin määrin tulevat niin hallitseviksi, että aviopuolisot lakkaavat puhuttelemasta toisiaan etunimeltä ja sen sijaan nimittävät toisiaan äidiksi ja isäksi, muillekin kuin lapsilleen. Tällainen puhetapa saa alkunsa äidiksi ja isäksi tulemisen riemusta, ja kun lapset oppivat puhumaan, he luonnollisesti nimittävät vanhempiaan näillä nimityksillä. Kun puolisot nimittävät näin toisiaan vielä vuosia lasten syntymän jälkeen, se on ulkopuoliselle merkki perheen sisäisistä suhteista.

Tulemalla varhain äidiksi nainen välttää usein itseään koskevat nimitysongelmat. Tytöstä tulee äiti, eikä tarvitse miettiä, onko hän nainen. Törmäämme usein juttuihin kahden lapsen tehokkaasta virkaäidistä tai liikkeenharjoittaja-yksinhuoltajaäidistä. Harvemmin kumminkaan yritysjohtajasta kertovassa artikkelissa mainitaan, kuinka monen lapsen vetreä isä hän on.

Kun lasten perheeseen syntyy lapsi, lapsenlapsi, joutuvat isovanhemmatkin nimitysongelman eteen, eivät vain lapselle nimeä harkitsevat vanhemmat. Ja nyt naiset yleensä rohkeasti lausuvat mielipiteensä siitä, mikä puhuttelu heistä on hyvä, mikä taas ei. Valitsivatpa naiset minkä tahansa naispuolista isovanhempaa merkitsevän sanan, on merkittävää, että lähes kaikki itsenäisesti päättävät, mikä nimitys heille kelpaa. Saadapa sama itsetunto nuoremmillekin naisille!

Jos isovanhemmat sekä äidin että isän puolelta ovat elossa, heidät on erotettava toisistaan. Murteissa eläneet vanhat nimitykset eivät enää välttämättä ole avuksi. Itäiset murrevariantit ämmä ja äijä esimerkiksi tuntuvat yleiskielen puhujista hyvin epäkohteliailta. Toinen ongelma on, että nuorina isovanhemmiksi tulleiden vanhemmatkin ovat usein elossa, ja heistä ovat jo käytössä perinteiset mummot ja vaarit.

DIE KULTUR

Naisten suhtautuminen mummo-sanaan ja sen erilaisiin muunnoksiin on kovin vaihtelevaa. Kolmekymmentäkaksivuotiaana isoäidiksi tullut Sirkka vain heläytti naurun, kun häneltä kysyttiin, oliko kurjaa tulla mummoksi niin varhain, kun hänen oma mummonsakin vielä oli voimissaan. Toisaalta Sirkka piti veikeänä uutta rooliaan mummona, toisaalta perheessä oli paljon suurempiakin ongelmia ratkaistavana, kun viisitoistavuotias tytär sai lapsen. Hyvän joukon yli kuusikymmenvuotias Hilkka taas piti soveliaana sanaa isoäiti, mummoksi hän ei aikonut ruveta koskaan. Eräs isoäiti piti nuorekkaampana puhuttelua mami, ja hän säilyi mamina elämänsä loppuun, aikaan, jolloin jo mamin tytärkin oli mummi.

Isoäidin iällä siis ei ole suurta merkitystä, kun hän harkitsee itselleen soveliasta nimitystä. Oma murretausta varmasti vaikuttaa paljon siihen, millaisia mielikuvia eri sanoista syntyy. Joskus puhuttelusanat ilmaisevat myös sosiaalisia eroja: isoäiti ja isoisä ovat ehkä käyneet enemmän koulua kuin muori ja vaari.

Jotkut isoäidit soisivat, että heidän omat lapsensa, lastenlasten vanhemmat, yhä kutsuisivat heitä äidiksi, ja mummo tai isoäiti olisi varattu lasten käyttöön. Kohtuullinen vaatimus, ja sukua sille ilmiölle, että vaimo ei välttämättä halua miehensä kutsuvan häntä äidiksi vaan etunimellä. Toisenlainen vaatimus oli isoisällä, joka ei pitänyt itseään kyllin kypsänä isoisäksi, vaan vaati saada olla Daddy Colbert myös lapsenlapsilleen.

Toivoisi, että naisilla jo ennen isoäiti-ikää olisi rohkeutta sanoa mielipiteensä siitä kielestä, jolla heitä puhutellaan. Esimerkiksi oman sukunimen säilyttäminen on sitä harvinaisempaa, mitä nuorempina naiset avioituvat. Vuonna 1986 voimaan astunut sukunimiasetus antoi suomalaisnaisille — viimeisinä Euroopassa — mahdollisuuden säilyttää oman, eli isänsä sukunimen avioliitossa. Asetus tavallaan pitää lapsen syntyessä äidin sukunimeä ensisijaisena, sillä riitatapauksissa lapselle annetaan äidin nimi. Käytännössä uusi mahdollisuus ei ole vaikuttanut nimenantoon, ja asetuksen vanhat vastustajat voivat huoata helpotuksesta, sillä useimmat naiset valitsevat avioituessaan miehensä nimen, ja vain aniharvat erinimisten vanhempien lapset merkitään väestökirjaan äidin nimisinä.

Asetusta vastustettiin lähinnä vetoamalla ikivanhaan traditioon ja epäilemällä perhesiteiden löyhtymistä, jos perheessä olisi erinimisiä jäseniä. Tosiasiassa sukunimet ovat Suomessa erittäin nuori ilmiö. Kun vuonna 1920 säädettiin ensimmäinen sukunimiasetus, ei kaikilla suomalaisilla ollut ollenkaan sukunimeä, vaan asetus velvoitti semmoisen antamaan. Sukunimet osoittivat aiemmin omistussuhteita, aatelisilla etuoikeuksien ja talollisilla maaomaisuuden periytymistä. Niillä naisilla, jotka eivät perineet, ei myöskään ollut pysyvää sukunimeä. Karjalaisnaisten parissa tosin oli usein tapana, että he avioiduttuaan käyttivät isänsä sukunimestä johdettua sukunimeä, esimerkiksi Kerätär tai Kirotar.

Perhesiteiden löyhtymistä pelänneet eivät tienneet mitään esimerkiksi katolisen Espanjan oloista ja nimikäytännöstä. Perhesiteet ovat siellä hyvin tiiviit, vaikka kaikilla perheenjäsenillä on kaksi sukunimeä, ja ihmiset voivat valita, käyttääkö isän vai äidin sukunimeä ensisijaisena. Monissa islaminuskoisissa maissa taas mies vain poikkeustapauksissa katsoo vaimonsa niin arvokkaaksi, että tälle voi suoda oman sukunimensä! Tavallisesti vaimo saa tyytyä isältään perimäänsä nimeen. Kielenkäyttö ja tasa-arvo siis ovat kovin suhteellisia ja kulttuurisidonnaisia käsitteitä.

QVOD·IN·CELIS·SOL·
IVSTICIA
TEMPERANTIA
CLEMENTIA
VERITAS
LIBERALITAS
AEQVITAS
VICTORIA
GALLIS
VNGARIS
BOHEMIS
GERMANIS
VENETIS
HONOR
MAGNIFICENTIA
GRAVITAS

Länsimaisessa kulttuurissa hyve tulee usein lihaksi naisen kautta. Myös keisarin vankkureita ohjaavilla hyveillä on naisen hahmo. Kuljettajana on järki. Mukana ovat myös voima ja viisaus, äly ja uskallus, totuus, oikeudenmukaisuus, hyvyys ja lempeys.

Mitäs me tytöt

Kun tytöt kasvavat aikuisiksi naisiksi, suhde tyttö-sanaan naisia tarkoittamassa muuttuu ongelmalliseksi. Me voimme itse kutsua itseämme tytöiksi. Etenkin eläkeikäiset naiset muodostavat tyttöporukoita ja »kuusikymppiset tytöt etsivät kirjeystävää». Mummoista siis tulee jälleen omasta halustaan tyttöjä. Jos miehet sen sijaan kutsuvat aikuisia naisia tytöiksi, se on meistä loukkaavaa. Pidämme tyttö-sanaa vähättelevänä ja halveksivana. Olemmeko me siis epäloogisia? Emme ole. Kielen sanoilla näet ei ole yhtä ainoaa oikeaa merkitystä. Vasta käyttöyhteys osoittaa, mitä puhuja sanalla tarkoittaa, ja samaa sanaa voidaan käyttää mitä erilaisemmissa tilanteissa. Mutta edes sanan käyttäminen, sen lausuminen, ei tee sanan merkityksestä täydellistä. Lukija tai kuulija lisää sanaan oman tulkintansa, joka ei välttämättä ole samanlainen kuin sanojan tulkinta.

Se, miten viestin — tässä tapauksessa yhden sanan — lähettäjä mieltää viestinsä, ja mitä vastaanottaja viestistä ajattelee, ovat usein eri asia. Minua voivat loukata sanat, joita niiden käyttäjä ei varsinaisesti aikonut loukkaaviksi. Kielessä on koko ajan ilmauksia, joiden käyttö- ja vastaanottomerkitys voivat vaihdella. Niihin voidaan lisätä monenlaisia sävyjä muulla lauseyhteydellä. Esimerkkejä voi antaa muustakin kuin naisten halventaviksi kokemista ilmauksista. Usein ne, jotka käyttävät vaikkapa sanoja lappalainen, neekeri tai vanhapiika, puolustautuvat vakuuttamalla, että he käyttävät ilmauksia aivan ilman taka-ajatuksia. Pitäähän teidän kestää, mitä te olette! Neekerit ovat neekereitä, Lapissa asuvat lappalaisia ja naimattomat naiset vanhojapiikoja. Tuttua todistelua, vai mitä? Lähettäjäkeskeinen asenne sanojen merkityksiin on tavallinen. Monilla muilla elämänaloilla on tosin opittu ottamaan huomioon myös vastaanottajan mielipide. Piittaamattomuutta puhuteltujen mielipiteistä voi pitää vähintäänkin epäkohteliaana. Monet naiset ovat sekä julkisesti että yksityisesti ilmaisseet, etteivät he pidä tytöttelystä. Tietysti pitää muistaa sekin seikka, että eivät kaikki miehet kaikissa tilanteissa suinkaan edes tarkoita vähätellä tai halventaa naisia puhutellessaan näitä tytöiksi, vaan sanaa voidaan käyttää hellästi ja ystävällisestikin. Vähättelystä ei voi puhua, kun 75-vuotias rovasti kirjoittaa yli 80-vuotiaille serkuilleen seuraavasti:

> Rautalan flikoille yhteisesti ja erikseen. Joulu on siitäkin sukkela juhla, että silloin muistaa itsekukin, että hänellä on sukulaisia. Jossakin. Niin nyt sitten mekin, Aino ja minä, joka olen hänen vakituinen kriivarinsa, heräämme toteamaan, että Rautalan flikoille on vielä kirjoittamatta. ... Toivotamme Sinulle ja Rautalan muillekin tytöille kaikkea hyvää. On hauskaa, että Turussa on semmoisetkin tytöt. Suotakoon meille kaikille hyvä loppusyksy ja joulu.

Jos hyväksytään se oletus, että nainen-sanalla monissa yhteyksissä on seksuaalisia sivumielteitä, käy ymmärrettäväksi, että naiset itse tytöttelevät itseään. Henkilökohtaista-ilmoituksista pyritään huumorilla ja hellyttävyydellä karkottamaan viittaukset sukupuolisuuteen. Tyttö-sana tarjoutuu silloin kuin itsestään, nyt merkitsemään reipasta ja nuorekasta naista, joka etsii ilmoituksella muutakin kuin vain seksuaalikumppania. Ilmoitukset, joissa prostituoidut tarjoavat palvelujaan tai ilmoitukset, joissa etsitään sukupuolipartneria, eivät kaipaa huumoria kevennykseksi. Niissä varakkaat liikemiehet etsivät päiväkahviseuraa estottomista naisista tai terveet, hyvämuotoiset naiset tarjoavat päiväkahvia. Näissäkin ilmoituksissa esiintyy joskus sana tyttö, mutta silloin lienee kysymys todella hyvin nuoresta ilmoittajasta. Muiden ilmoitusten tytöt voivat olla minkä ikäisiä tahansa:

Huntu kätkee. Omistajaa varten? Islamissa mies on perheensä imaami, johtaja: »Mies hallitsee ylitse naisen...»

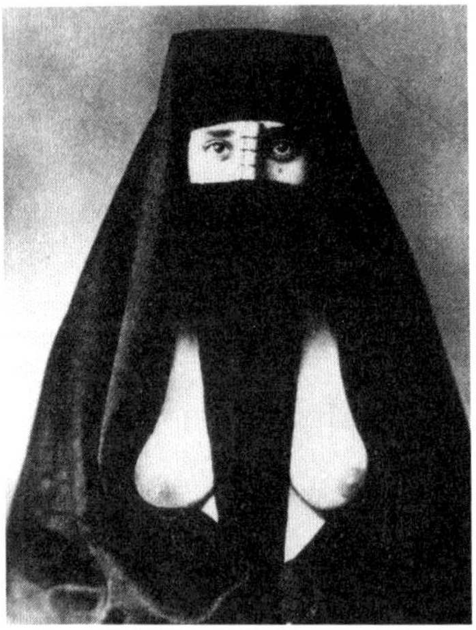

Hei Helsingin poika 40-55 v. Lähdetkö lenkkikaveriksi pikkukaupungin tytölle 50 v. Helsinkiin?

Sinä tavallinen mukava mies! Seuraasi kaip. 44 v. kiltti tyttö!

Hiljattain yksin jäänyt kiva hellä- ja viisassydäminen akat. virkatyttö odottaa elonmerkkiä 45-60 v. vapailta pojilta, joilla on huumorintajua.

HEI MIES! Vailla toveria elämänseikkailuihin taloudellisesti riippumaton nelikymppinen ikäisiään nuoremmanoloinen -näköinen tummahko ujohko, ei uraputkittunut, ei kruusattu yksinäinen maisterityttö kokoa 38 160/58.

Myös miehet etsivät tyttöjä tovereiksi elämäntaipaleelle:

Polut ovat syksyisessä metsässä peittymässä lehtiin. Mistä löydän Sinut n. 35 v. elämän moninaisuutta arvostava huumorint. herttainen tyttöni?

Etsin 50-60 v. nuorekasta tyttöä yhteisten harrastusten, mm. tanssi ja uinti merkeissä. Olen savuton ja alkoton.

Wanted! Viehkeä aikuinen tyttö. Sinua miellyttää: ulkoilu, musa, koti, työ, matkat, hellyys. Olen 42 ihan mukava luotettava mies omassa majassa.

Vaaleahko savuttava vaatimaton »puoliakat.» 47-60 v. tyttö, Sinua etsii luotettava poika.

Se, että naiset vanhemmiten taas alkavat nimittää itseään tytöiksi, kertoo, että he ovat löytäneet paikkansa maailmassa. He voivat suhtautua itseensä jopa huumorintajuisesti. Ilmoituksen laatiminen henkilökohtaista-palstalle vaatii rohkeutta, jota naisilla nuorempina ei ehkä ollut tarpeeksi. Kielikin teki tenän. Nyt he ovat asettaneet kielen omaan palvelukseensa ja käyttävät sitä haluamallaan tavalla. Kuten Simone de Beauvoir sanoi, korkea ikä kultaa vanhenevan naiskirjailijankin sanat. Sitä mukaa kuin naisen seksuaalinen viehätysvoima — sanan tavanomaisessa mielessä — antaa tilaa muille ominaisuuksille, sitä mukaa kielenkäyttökin vapautuu.

Mitä sitten tulisi tehdä sille, etteivät muut halveksivasti ja vähätellen tytöttelisi? Niin kauan kuin tytöttely on epävirallisen kielenkäytön ilmiö, ei sille voi tehdä muuta kuin huomauttaa, että tuosta en pidä. Jos erilaisia loukkaavia ilmauksia käytetään virallisemmissa yhteyksissä, voi ryhtyä toimiin. Vuonna 1988 silloinen maamme korkein kieliviranomainen, kielitoimiston toimistopäällikkö Esko Koivusalo opasti, että »jos joukko on hyvin järjestäytynyt, jos vaatimukset perustuvat pysyviin tekijöihin ja jos vaatija osaa käyttää julkisuutta taitavasti hyväkseen», voidaan kielenkäyttöä viranomaisten ohjeiden avulla pyrkiä muuttamaan.

Koska puhuja ei voi vahtia, mitä hänen käyttämilleen sanoille tapahtuu kuulijan päässä tai mitä puhujat kulloinkin ovat tarkoittaneet sanoja käyttäessään, voi vain pysytellä tietoisena siitä, mitä itse sanoo ja sanoa mielipiteensä muiden ilmauksista. Suomen sana nainen on siis ainakin kaksimerkityksinen: on sekä virallisluonteinen termi, jonka yläpuolisen ruudun me olemme tottuneet lomakkeista rastimaan, että seksuaalisia sivumielteitä herättävä sana, jonka käyttöä joskus vältellään. Näitä voisi nimittää tilastonaiseksi ja rotunaiseksi. Kolmas olisi ehkä tavallinen nainen, joka puheessa joskus ahtautuu tytön vaatteisiin joko puhujan omasta halusta tai toisten puhujien väheksynnän tai hellittelyn osoituksena.

Kirjassaan *Toinen sukupuoli* Simone de Beauvoir kiinnitti huomionsa siihen, ettemme me naiset, edes feministit, puhu itsestämme ja omista kokemuksistamme me-muodossa. Me viittaamme oman sukupuolemme edustajiin samalla tavoin kuin miehet viittaavat meihin, nimittäin sanomalla, että naiset tekevät sitä ja tätä, naiset ajattelevat asioista tuohon tapaan. Me emme Beauvoirin mukaan omaksu edes omasta elämästämme puhuessamme aktiivista toimijan roolia vaan todella tuomitsemme itsemme toiseksi sukupuoleksi, jota sivusta tarkkailemme muiden silmin. Beauvoir sanoi, että maailman muut valtaapitämättömät ryhmät, esimerkiksi mustat ja monet kansalliset vähemmistöt, käyttävät ylpeästi itsestään monikon ensimmäistä persoonaa.

Kaikkien naisten kokemukset ja kohtalot eivät tietenkään ole samanlaisia. Tämän ei kumminkaan pitäisi estää meitä toimimasta meinä. Olisi monesti tarkoituksenmukaista puhua asioista itsemme kautta, ei vain asettuen viileän tarkkailijan ulkopuoliseen asemaan. Ihmisillä ei ole estoja tehdä kielellistä yleistystä silloin, kun samastutaan johonkin muuhun ryhmään. Kuinka useasti olenkaan sanonut, että me suomalaiset olemme ujoja ja syrjäänvetäytyviä, vaikka tiedän olevani rohkea ja seurallinen. Seuraava Helsingin Sanomissa ilmestynyt tekstinkatkelma valaisee hyvin ulkopuoliseksi asettumista:

> Naiset on kulttuurissamme opetettu ymmärtämään, että 'teet niin tai näin, teet aina väärinpäin'. ---naiset ovat valistuksen vankeja, vapautuakseen heidän on ruvettava uskomaan itseensä ja omien tekojensa oikeutukseen. --- Naiset ovat ilmeisesti moniulotteisempia kuin Eichenbaum ja Orbach kirjassaan esittävät. He ovat myös viisaita, ovathan he kehittäneet mitä erilaisempia sosiaalisia ja kulttuurisia strategioita alistamisensa käsittelemiseen — kehtolauluista ja työpaikkanaurusta magian harjoittamiseen.

Kirjoittaja viittaa niin monesti meihin naisiin kirjoittamalla naisista ja heistä, että lukija tulee vakuuttuneeksi kirjoittajan sukupuolesta: tämän täytyy olla mies. Mutta ei, kyllä hänkin on nainen, joka noudattaa tieteellisen objektiivisuuteen pyrkimisen traditiota, ja yksi objektiivisuuden kriteereistä on, että tutkija on viileän etäällä tarkastelemastaan asiasta.

Kielenkäyttö ei kuitenkaan ole niin yksioikoista, että pelkkä mepronominin käyttö tai välttely ratkaisisi naisten toisiinsa samastumisen ongelmaa. Nainen voi omassa elämässään olla hyvinkin aktiivinen toimija ja silti, muista naisista puhuessaan, joutua sanoutumaan irti heistä.

Kielenkäyttö kuvastaa sitä, miten erilaisten odotusten keskellä me elämme. Muut asettavat olemisellemme ehtoja, mutta me itsekin asetamme niitä. Emme ole irrallisia olentoja, vaikka joskus haluaisimmekin. Elämme sekä yhteisössä että kieliyhteisössä.

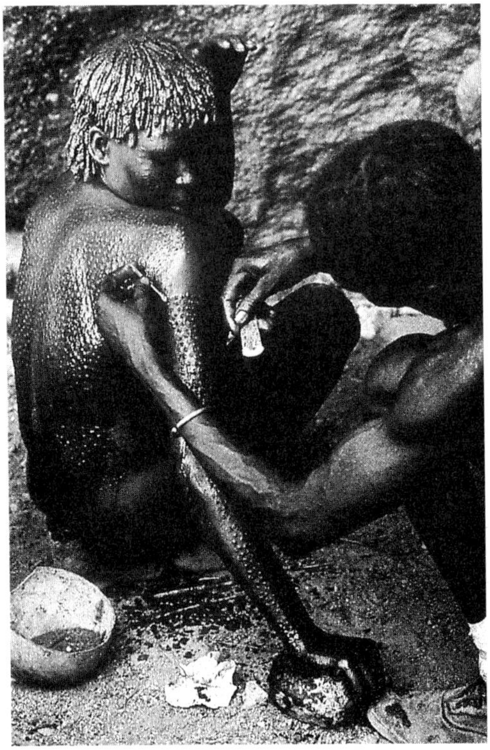

Tatuointi on monissa kulttuureissa ollut merkittävä naisen sijoittamisen väline. Esimerkiksi nubialaistytöt saavat ensimmäisen tatuointinsa puberteetin yhteydessä, seuraavan naimisiin mennessään ja sitten uuden jokaisen lapsen syntyessä.

Naisten neuvot naurattaa, miesten ei milloinkaan

Esikoulusta varhaisnuoruuteen tyttöjen ja poikien kielelliset suoritukset ovat melko samanlaisia, mutta yhdentoista ikävuoden paikkeilla tytöt ohittavat pojat kielellisissä taidoissa. Suomalaisten lukioiden kielilinjoja ovat kautta aikojen kansoittaneet tytöt, ja pojat ovat menneet matematiikkalinjalle. Tytöt pärjäävät perinteisen käsityksen mukaan poikia paremmin niin äidinkielessä kuin vieraissakin kielissä. Kielet kiinnostavat tyttöjä. Nämä tosiasiat sopivat yksiin sen kaavamaisen käsityksen kanssa, että naiset ovat kovia puhumaan, että heiltä ei saa suun vuoroa, että naiset aina juoruavat, nalkuttavat, puhua pulputtavat. Tämä kaavakuva on kumminkin hirveän kaukana naisten omista kokemuksista. Yhtä kaukana se on feministien käsityksestä naisten ja kielen suhteesta. Missä kaksi tai kolme naista kokoontuu, siellä usein keskustellaan, miten vaikea jokin puhetilanne on ollut, miten me pelkäsimme, jännitimme, menimme ihan lukkoon, emme saaneet sanaa suustamme. Jotkin feministiset suuntaukset tuomitsevat koko kielen miehiseksi, isävaltaiseksi viestintäjärjestelmäksi, joka sulkee naiset ulkopuolelle. Tämän käsityksen mukaan kieli on miesten salaliitto naisia vastaan.

Miten on mahdollista, että naisista ja kielestä on vallalla kaksi näin erilaista, toisilleen jopa vastakkaista käsitystä? Valmista vastausta ei ole, mutta hyviä selityksiä kyllä. Tehdään virhe, kun puhutaan kielestä yhtenä ainoana suurena kokonaisuutena ja kielitaidosta omaisuutena, joka jollakulla on tai ei ole. Käsitteet pitää purkaa pienempiin osiin, jotta löytyisi ratkaisu ongelmaan.

Kielenkäyttötilanne on hyvin olennainen, sillä kieli vaihtelee tilanteittain. Karkeasti tilanteet voi jakaa virallisiin tai julkisiin ja epävirallisiin, lähitilanteisiin. On monia sellaisia kieliyhteyksiä, joista naiset selviytyvät uhraamatta ajatustakaan omille kyvyilleen. He siis hallitsevat tietynlaisen kielenkäytön täydellisesti. Kun lasta lohdutetaan, rupatellaan ystävien kanssa, kun ratkotaan tunneasioita tai toimitaan tunteiden tulkkina, kuten itkuvirsien taitajat, jotka poikkeuksetta olivat naisia. Nämä vain ovat sellaisia kielenkäytön alueita, joita ei ole arvostettu, niitä ei edes ole otettu niin vakavasti, että niitä olisi tarkkailtu tai arvioitu.

Mikäli naisilla on vaikeuksia ilmaista itseään, ongelmat tulevat näkyviin virallisemmissa yhteyksissä. Kun on esitelmöitävä tai pidettävä puheenvuoro suuren yleisön kuullen, alamme jännittää. Näille virallisille yhteyksille miehet ovat poikkeuksetta laatineet kielenkäyttönormit. On edellytetty, että julkipuheessa käytetään melko käsitteellistä ja etäännyttävää kieltä. Miehet myös ovat päättäneet, että tyylikkäät havainnollistukset otetaan traditionaalisesta miehisestä kielikuvastosta, miesten elämänpiiristä. Totta kai sellainen on aluksi vaikeaa kaikille, joiden on tämä tyylilaji erikseen opeteltava

Juuri virallisen kielenkäyttöympäristön säännöt ja normit sulkevat monet naiset ulos. Vain harva edes haluaa kouliintua puhemaailmaan, jossa ajatuksiaan ei saa havainnollistaa omasta elämänpiiristä otetuilla kuvilla ja jossa vain tietynlaiset tunteet saavat jyllätä. Miehet ovat luoneet maailman kirjakielet, ja aiemmin vain miehet olivat kirjakielen tyylin tuomareita. Monissa maissa miespuoliset kielentutkijat yhä pitävät huolen siitä, millaista hyvä kielenkäyttö on. Voisi olettaa, että Suomessa normeiksi pääsevät tasapuolisemmin naistenkin kielitavat, sillä tätä nykyä ylintä kielivaltaa sekä kielilautakunnan puheenjohtajana että kielitoimiston toimistopäällikkönä käyttää nainen.

Virkaanastujaishaastattelussaan toimistopäällikkö Maija Länsimäki puhui kansanomaisesta, spontaanista kielestä luonnollisena kielenä ja arveli, että virastojen ja hallinnon suomi kaipaa »selkeyttämistä ja rakenteisiin puuttumista». Tästä voi lukea sen ajatuksen, että hallintokieli on epäluonnollista. Se on kielimuoto, joka parhaimmillaankin jää vähemmän luontevaksi, mutta surkeaa on, että se on taudin tavoin levittäytynyt aiemman »luonnollisen» kielen alueille, julkipuhuntaan.

Presidentti Urho Kekkonen käytti puheissaan ja kirjoituksissaan esimerkillisesti hyväkseen tuntemaansa elämänpiiriä. Kielikuvat ja sanonnat olivat urheilusta, sodasta tai tukinuitosta. Hän kuvasi ensimmäisellä presidenttikaudellaan asemaansa sangen rajulla vertauksella, jonka mukaan presidentti makaa »käsistään ja jaloistaan sidottuna maassa potkittavana». Jos naispoliitikko tai valtionainen keksisi käyttää yhtä voimallista kuvaa, häntä luultavasti syytettäisiin mauttomasta liioittelusta. Jos hän ottaisi kielikuvansa jostakin naisille tyypilliseksi ajatellusta elämänpiiristä, puurokattilan tai vauvanvaippojen hajusta, häntä pidettäisiin pelkästään mauttomana.

Ruotsissa tutkittiin 1970-luvulla lukiolaistyttöjen ja -poikien aineiden kieltä. Todettiin, että tytöt kirjoittivat virheettömiä, kieliopillisesti korrekteja aineita, mutta he kirjoittivat, kuten tutkija Tor G. Hultman asian ilmaisi, »pikku maailmasta», he ilmaisivat itseään »lapsellisemmin» ja puhekielisemmin kuin pojat, jotka esimerkiksi perheestä kirjoittivat »laajemmin, taloudellisesta ja poliittisesta perspektiivistä». Johtopäätösten tukena on sanalista, jonka pitäisi osoittaa, että tytöt kirjoittavat epäitsenäisesti ja että heidän aineensa ovat sekä kieleltään että sisällöltään melko tyhjiä. Kun otsikkona oli Perhe ja avioliitto, tytöt käyttivät lähinnä seuraavia sanoja: lapsi, sinä, isä, vanhemmat, koti, luvata, lupaus, erehtyvyys, ihminen, mustasukkaisuus, vaikeudet, kuulua, yhdessä, uskoa, uskollisuus, turvallisuus, kaksi, tykätä, toinen toistaan.

Poikien sanalista näyttää tällaiselta: tämän päivän, debatti, ky-

Naiseen ei kohdistu ainoastaan yksi vaan monta erilaista katsetta, ja ne ovat usein ristiriidassa keskenään. Toistuva ongelmien lähde on ollut muun muassa uimapuku. Yksiosaisessa muodossaan se herätti amerikkalaiset moraalinvartijat vuosisadan alussa. Muutamissa osavalloissa säädettiin tarkasti, kuinka monta senttiä käsivartta tai säärtä sai näkyä — ja sittenkin ajauduttiin konflikteihin. Tässä chicagolainen virkavalta huolehtii säädyllisyyden säilymisestä vuonna 1922.

symys, yhteys, yksilö, sisältyä, kirkko, ongelma, yhteiskunta, seksuaalinen, tämän ajan, nousta esiin, ulottuvuus, avioliitto.

Sanojen perusteella minusta näyttää, että tytöt tarkastelivat aihettaan havainnollisesti ja käyttäen konkreettisia esimerkkejä. He luultavasti kirjoittivat perheestä ja avioliitosta kotoa saamiensa kokemusten ja omien toiveidensa nojalla. He ovat jäseninä yhdessä perheessä ja todennäköisesti osallisina myöhemmin toisessa perheessä. Miksi omista kokemuksista tai toiveista kirjoittaminen olisi »lapsellista» tai »tyhjää»? Siksi, että kirjoitusnormien laatijat ovat sitä mieltä, että ainekirjoitus on kielen virallista käyttöä. Virallisessa kielenkäytössä aiheeseen tulee suhtautua etäisesti ja viileästi, ikään kuin asia ei kirjoittajaa kovasti koskettaisikaan. Perhettä ja avioliittoa tulisi käsitellä ennen kaikkea mielenkiintoisena yhteiskunnallisena ongelmana ja seksuaalisena ulottuvuutena, josta tämän ajan yksilö ja kirkko käyvät debattia. Eikö olisi syytä tunnustaa, että aihetta kuin aihetta voi tarkastella sekä läheltä että etäältä, sekä havainnollistaen että pelkästään käsitteellisesti? On yksisilmäisyyttä ajatella, että toinen tapa olisi hyväksyttävä ja toinen »sisällöllisesti tyhjä».

Lohdullista kyllä, tyttöjen ja poikien aineiden arvosanoissa ei ollut suuria eroja. Hultman arveli, että opettajat arvostivat tyttöjen oikeakielisiä, kieliopillisesti korrekteja aineita. Toinen, mielestäni parempi vaihtoehto on, että opettajat eivät tehneet arvoeroa »pikkumaailman» ja »ison maailman», siis kokemusmaailman ja käsitteellisen maailman välillä. He luultavasti myös ottivat huomioon, että teini-ikäisille pojille perhe ja avioliitto eivät ole samalla tavoin konkreettinen, ajateltavissa oleva oman elämän osa kuin tytöille, jotka kasvatetaan yhä vielä pitämään avioliittoa normaalina, kaikkien osaksi tulevana todellisuutena. Poikien ainoa mahdollisuus siis on lähestyä aineensa aihetta etäämpää.

Tyhjään sanahelinään johtaa paljon helpommin taipumus abstraktistaa ja käsitteellistää kieltä. Tämän ovat toki huomanneet monet kielimiehetkin. Jo 1980-luvun puolimaissa toimittaja Jarkko Savola siteerasi jotakuta yritysjohtajaa:

> Voimme todeta yhtiömme 1990-luvun tavoitetilan kokonaiskehittämisen alkaneen. Tämä merkitsee seuraavan viisivuotiskauden aikana voimakasta toimintaideoitten edelleenkehittämistä ja uusiutumista. Panostamme henkisiin ja aineellisiin voimavaroihin ja kehitämme investoinnein toimintoja, joiden tehtävä on monipuolistaa sekä osaamista että toimintamahdollisuuksia.

Savola toteaa siteeraamastaan: »Yksikään johtavassa asemassa oleva nainen ei pystyisi selviytymään moisilla latteuksilla. Hänet otettaisiin välittömästi kiinni. Mitä jos miespuolisetkin johtajat kerran vaihtaisivat pitkän rivin tyhjyyttään heliseviä sanoja vaikka yhteen kirkkaaseen ajatukseen?» Savola ei ole ainoa, joka odottaa, että konkreettisen, naisille soveliaamman ja kaikille helpommin avautuvan puhe- ja kirjoitustyylin aika tulisi.

Useimmat julkista uraa tavoittelevat naiset katsovat parhaaksi omaksua vallitsevan ilmaisutyylin. Nekään naisista, jotka ovat päässeet valtaan, eivät yleensä lakkaa käyttämästä miestyyliä. Maaherra Pirkko Työläjärvi on alistuneesti todennut, että naisten tapa käyttää kieltä poikkeaa miesten puheesta. Lehtihaastattelussa hän ilmaisi ilonsa siitä, että jotkut kielentutkijat ovat »ruvenneet tuumimaan, että naisilla on oma kielensä». Hän oli pitänyt itseään »lähinnä hulluna» havaitessaan, että joissakin asioissa naiset ja miehet eivät tunnu löytävän yhteistä kieltä. Kuvittelisin, että julkikielenkäyttöäkin saataisiin muutettua konkreettisemmaksi ja monipuolisemmin havainnolliseksi, jos Työläjärven tapaiset mahtinaiset rohkeasti repäisisivät itsensä irti miehisestä tyylistä. Vallantavoittelijat

> Miten kiinalaiset naiset, joiden jalat oli kutistettu niin monen sukupolven ajan, viimein keksivät että he osasivat juosta?
> *Betty Friedan*

eivät tähän uskaltaudu, sillä heitä ei luultavasti otettaisi vakavasti, jos heidän käyttämänsä kielikuvat olisivat kotoisin »pienestä maailmasta».

Peli vai talkoot?

Siitä lähtien, kun naisille sallittiin pääsy opin tielle, naiset ovat lukeneet ja kirjoittaneet yhtä ahkerasti kuin miehetkin. Se, mitä he ovat kirjakielellä tehneet, on usein poikennut miesten puuhista. Naiset ovat olleet esimerkiksi taitavia päiväkirjan ja kirjeiden kirjoittajia. Miehet ovat kumminkin sanelleet, mitkä kirjoittamisen lajit ovat arvokkaita, mitkä eivät. Jos naiset eivät ole menestyneet juuri näillä aloilla ja tiettyjen pelisääntöjen vallitessa, heidät on tuomittu kirjallisesti lahjattomiksi.

Kirjoittamista voi jatkaa, vaikka ei heti saisikaan hyväksyviä lukijoita tekstilleen. Puhuminen on erilaista. On varmaa, että ilman kuulijoita puhetta pitävät leimataan höpsähtäneiksi. Niinpä naisten julkiset puhehalut on usein tapettu, mutta kirjoitustahto on säilynyt. Lähikeskustelut poikkeavat julkikeskusteluista, eikä naisilla tutussa seurassa yleensä ole mitään vaikeuksia ilmaista itseään asiaankuuluvan täsmällisesti ja havainnollisesti, tai laveasti ja yleisesti, milloin puheenaihe sitä edellyttää. Julkisemmat keskustelut käydään usein miesten ehdoilla, koska muu valta on perinteisesti suonut miehille myös puhevallan.

Erilaisissa ryhmissä käyttäytymisen mallit vakiintuvat melko nopeasti, ryhmään syntyvät puhujansa ja kuulijansa. Naisia on luonnehdittu keskustelujen likaisen työn tekijöiksi. He pitävät keskustelun tasapainossa olemalla aktiivisia kuulijoita, jotka nyökkäävät puhujalle hyväksymisen merkiksi, heittävät sekaan tarkentavia

pikku kysymyksiä ja ynähtävät kannustavasti, jos on tarpeen.

Miten naiset voisivat omaksua muitakin tehtäviä keskusteluryhmissä? Ei riitä, että sanotaan: »Rohkeasti mukaan, sinun ajatuksesi ovat yhtä huomionarvoisia kuin miestenkin.» Ne naiset, jotka ovat vähemmän pelokkaita ja pääsevät keskusteluryhmän johtoon opettajiksi, puheenjohtajiksi tai alustajiksi, ovat avainasemassa. Heidän tulisi esittää itselleen aluksi kriittisiä kysymyksiä omista asenteistaan ja toimistaan. Ensimmäinen kysymys voisi olla, tekevätkö naisten ja miesten puheenvuorot erilaisen vaikutuksen. Saako erilainen tyyli pitämään puheiden sisältöä eriarvoisina? Kun kerran tiedetään, että puheenvuoron pyytäminen on monelle tuskan takana, tulisi tarkkailla naisten ei-kielellistä viestintää. Naiset osoittavat usein puhehalukkuutensa pikemmin eleillä ja ilmeillä kuin ääneen lausumalla. Naiskollegojen sanomisiin pitäisi osoittaa kiinnostuksensa myös asennoilla, ilmeillä ja eleillä, ja myös naispuhujaa tulisi katsoa silmiin.

Sanomisiaan on melko helppo valvoa, mutta sanattomat viestit ja äänensävyt jäävät vartioimatta. Vastaanottajat kumminkin ovat niille vähintään yhtä herkkiä kuin sanallisille tölväisyille. Puheenjohtajan tulisi vahtia, että hänen äänensävynsä on yhtä lämmin tai yhtä viileä molemmille sukupuolille, jotta ei jompaakumpaa tulisi paijatuksi.

Tutkimukset ovat osoittaneet, että naisten ja miesten yhteiset keskusteluryhmät usein kompuroivat syistä, jotka olisi helppo perata pois. Naisille annetaan vähemmän aikaa vastata kysymyksiin ja perustella kantansa. Heille ei anneta samoja mahdollisuuksia kysymysten esittämiseen ja vastausten saamiseen, vaan he joutuvat puristamaan sanottavansa muka ajan vähäisyyden takia. Naisille esitetyt kysymykset ovat usein leikkisiä, kun miehiltä kysytään to-

Esineellistääkö pornografia naisen? Esineellistääkö mieskeskeinen seksuaalisuus naisen? Tämä kyllä näyttää esineeltä. — *Allen Jones, Tyttöpöytä, 1969*

sissaan. Naisia puhutellaan etunimellä, kun miehiä tittelillä ja sukunimellä, tai päinvastoin, miehet kaveriporukkana ovat etunimitutttuja, mutta naiset etäisiä puhuteltavia, ei tasa-arvoisia miesten kanssa.

Kaikkein helpoimmin havaittavia eriarvon aiheuttajia keskusteluissa on toisen puhujan keskeyttäminen. Naisia epävarmoina puhujina, joilla usein on korkeampi ja hiljaisempi ääni kuin miehillä, on helpompi keskeyttää kuin römeästi ja itsevarmasti esiintyviä miehiä. Naiset, jotka kouluttavat itseään julkipuhuntaan, madaltavat tietoisesti ääntään. Puheenvuoroihin, vaikka ne saisivat keskeytyksettä jatkua, ei välttämättä suhtauduta samalla tavoin. Kuinka usein muistatte kuulleenne, että naisten puheenvuoroihin olisi viitattu? Vaikka naisten esittämiä näkökantoja kuunneltaisiin, ne jätetään ikään kuin ilmaan roikkumaan, eikä niistä kysytä lisää, ei pyydetä tarkennuksia tai syventämistä. Sen sijaan samat näkemykset voivat vähän ajan päästä pulpahtaa esiin miesten suusta, ja kas, hyvin huomionarvoisina ja kannattamisen vääerteinä.

Keskusteluympäristöjen miesvaltaisuus on saanut eräät amerikkalaiset naisten korkeakoulut vaatimaan naisten erillisten koulujen säilyttämistä. Keväällä 1990 yksi tällainen college, joka oli jo päätetty kustannussyistä avata myös miesopiskelijoille, taipui nykyisten ja entisten oppilaidensa painostukseen, ja jatkaa naisten korkeakouluna. Siellä naiset ovat mukana opiskelu- ja opiskelijaelämän kaikilla alueilla. He ovat ensimmäisiä aineessa kuin aineessa ja, ennen kaikkea, harjaantuvat johtotehtäviin tarvitsematta kilpailla miesten kanssa puhe- ja muusta vallasta. Erilliskouluja on pidetty vanhanaikaisina ja nykyaikaan sopimattomina. Monet ovat kuitenkin vakuuttuneita siitä, että naiset säilyttävät tai saavuttavat hyvät ominaisuutensa, talkoohenkensä ja yhteistyökykynsä paremmin, kun eivät liian aikaisin joudu samaan peliin miesten kanssa.

Clovis Trouille, Taikuri, 1944

Miehen unelma naisen täydellisestä hallitsemisesta ja alistamisesta sekä naisen halusta tulla alistetuksi: »Naisen luonteeseen on syvälle juurtunut alistumisen vaisto, joka ihmiskunnan pystyssä pysymiselle on niin perin hyödyllinen.»

Ingres, Jupiter ja Thetis, 1811.

Toisin sanoen naiset harjaantuvat sellaisissa taidoissa, joita tarvitaan, mutta joista heidät pidetään sivussa sekakorkeakouluissa. Erilaiset naisten tiedostusryhmät ja verkostot ovat tämän ajatuksen ei-järjestelmällistä toteutusta.

Luuloja ja tietoja

Kun ensimmäiset käsitykset naisten ja miesten kielenkäytön eroista tulivat kirjallisuuteen, ne olivat pääasiassa ennakkoluuloja naisten huonommuudesta. Kumman sitkeästi jotkut kaavamaiset käsitykset ja ajattelutavat ovat säilyneet näihin päiviin. Useasti kuulee, että nuorisoryhmissä murrosikäiset tytöt nykyään kiroilevat enemmän kuin pojat tai että naiset kiroilevat enemmän kuin miehet. Tutkittua tietoa asiasta ei ole, mutta oletan, että väittämiin pätee sama kuin naisten puheen määrään keskustelussa: jos puhun läheskään niin paljon kuin miehet, sanotaan minun olleen koko ajan äänessä. Puheeni kestoa ei itse asiassa verrata miesten puheiden kestoon vaan vaitioloon. Piilossa on oletus, että kunnon nainen pitää suunsa kiinni miesten keskustellessa. Joka kumminkin avaa suunsa, rikkoo ikiaikaista sääntöä vastaan, ja siis puhuu liikaa, tai suorastaan koko ajan. Tämä ajattelu on iskostunut niin syvälle naisiinkin, että kun on pyydetty naisia arvioimaan, ketkä keskustelussa kuluttivat eniten aikaa puhumiseen, he usein väittävät naisten tehneen niin. Ulkopuolinen tarkkailija kelloineen on lähes säännöllisesti tullut päinvastaiseen tulokseen!

Miksi tytöt sitten kiroilevat? Naistenhan pitäisi olla parempia positiivisten tunteiden tulkkeina. Noin kahdentoista vuoden iässä lapset omaksuvat useimmat niistä sosiaalisista säännöistä ja asenteista, jotka ovat tyypillisiä naisten ja miesten kielikäyttäytymiselle.

Naisen mahti on hänen suloisuudessaan, ja sulonsa avulla tulee hänen saada mies tottelemaan itseään. Varmin keino innostaa miehen voimaa on kiihottaa sitä vastustuksen muodossa. Siis miehen tulisi olla vahva ja aktiivinen, naisen heikko ja passiivinen. Toisella täytyy olla sekä tahto että voimaa panna tahtonsa täytäntöön; riittää että toinen vastustaa hieman.

Jean Jacques Rousseau

Koska lapset silloin viettävät suuren osan aikaansa omaa sukupuoltaan olevien ystäviensä kanssa, he tulevat jopa liioitelleeksi »naisellista» tai »miehekästä» kielikäyttäytymistä, kunnes muutamassa vuodessa tavallisesti tasaantuvat oman ryhmänsä edustajiksi, omaksuvat siis erilaisen puhetavan. Jos on totta, että tytöt ovat alkaneet kiroilla enemmän, se luultavasti osoittaa tyttöjen halua rikkoa vanhoja sukupuolirooleja vastaan. Poikien kielenkäyttöön suhtaudutaan tavllisesti sallivammin kuin tyttöjen puheisiin, eikä tämä voi jäädä tytöiltä huomaamatta.

Tyttöjen ryhmissä ystävyyssuhteet perustuvat paljolti kielelle. Tyttöryhmissä voi erottaa ainakin kolme kielen kanssa sidoksissa olevaa seikkaa. Puhumalla tytöt muodostavat läheisiä ja tasa-arvoisia suhteita. Kielen avulla he myös arvioivat ja arvostelevat muita ja kielitaito auttaa heitä tulkitsemaan muiden tyttöjen puheita. Poikien ryhmät perustuvat enemmän toimintaan, ja ne ovat useimmiten hierarkkisia. Erilaiset pelit eivät niinkään edellytä puhumista ja keskustelua vaan käskyjen antamista ja niiden noudattamista. Milloin poikasakki tappaa aikaa toiminnatta, se järjestäytyy juttujen kertojiin ja niiden kuuntelijoihin tai käyttää aikansa keskustelun sijasta kinaamiseen.

Toinen syy, miksi tyttöjen kiroilu tuntuu yleistyneen, lienee se, että kiroilu paljolti on menettänyt affektiivisuuttaan ja on muuttunut nuorisoslangiksi. Kirosanoilla ei siis nuorison omissa korvissa ole samaa voimakasta väriä kuin vähän vanhempien kuulijoiden korvissa. Slangi taas on nuorison tapa erottua muista. Samanikäisten ryhmästä tulee nuoren elämän tärkein tekijä, jonka avulla hän irtautuu kodista näkemään muitakin sosiaalisen elämän muotoja kuin oman perheen. Tovereiden hyväksynnästä tai hyljeksinnästä tulee tehokkain poikkeavuuksien karsija.

Murrosiässä seksuaalisuus tulee joko piiloisesti tai avoimesti

»Tiedätkö proffa, minut kasvatettiin siihen uskoon, että minun kuuluu täyttää tässä maailmassa vain kaksi kriteeriä: keittää teetä ja olla kaunis. Millään muulla ei ollut mainittavasti väliä, sillä vanhempani katsoivat jo syntymästäni lähtien, ettei minusta olisi mihinkään muuhun. Koska olin tyttö, tietysti.» »Minä pidän sinun teestäsi ja minusta sinä olet kaunis.» »Vanhempani eivät ole samaa mieltä. Ja vaikka olisivatkin, niin se olisi yhdentekevää. He ovat aina panneet perheen tulevaisuudentoiveet veljiini.»

Andre Brink, Poikkeustiloja.

nuoren elämän keskipisteeksi. Tytöt kiinnostuvat pojista ja pojat tytöistä. Vastakkaisesta sukupuolesta voi tulla tärkeämpi, kuin koko ryhmä vielä edes haluaa tunnustaa. Tyttö voi joutua tilanteeseen, jossa hän etsii tietyn pojan huomiota, vaikka hänen ystävänsä eivät vielä olisi valmiita hyväksymään kiinnostusta. Samalla tavoin pojan ryhmä voi vielä olla kuohunnassa. Ryhmä saattaa sallia huomion osoittamisen perinteisen sievästi ja hillitysti käyttäytyvälle tytölle, mutta yhtä hyvin se voi kieltää »naisellisen» tytön suosimisen. Siinä tapauksessa kiinnostus usein verhotaan kaveruuteen. Tyttö, joka on kuin kuka tahansa poika, on kiva. Ja kuka tahansa poika kiroilee. Hollantilaiset teinitytöt kuvaavat seuraavassa, millaiset mieltymykset heidän tuttavallaan pojalla Flipjellä on:

> Meillä on kaveri, Flipje, joka pitää Marcellaa oikeana TYTTÖNÄ, koska Marcella ei syljeskele, ei tupakoi, ei kiroile, *Marcella on kova kuin mikä, mutta O.K., ei kiroile*, hän tulee ajoissa kotiin, käy kaupassa kiltisti: OIKEA TYTTÖ. Sellaista Flipje pitää OIKEANA tyttönä. Me ei muka olla oikeita tyttöjä, koska me ollaan joskus pahoja: me juodaan, poltetaan, kirotaan ja sylјetään lattialle eikä käydä kiltisti kaupassa. *Käydäänpäs!* No joo, mutta ei jos äiti pyytää. *Älä liioittele.*

Me, niin naiset kuin miehetkin, omaksumme yhteisön normit noin seitsemäntoista vuoden ikään mennessä. Käyttäytymissääntöjen joukossa kielenkäyttösäännöt ovat hyvin tärkeitä. Kielen avulla opitaan selviytymään esimerkiksi siitä ristiriidasta, joka vallitsee tasaarvoisen yhteistyön idean ja todellisuuden välillä. Todellisuus useimmiten on itsessään ristiriitainen ja korostaa eroja. Hienotunteisuus on se keino, jonka avulla naiset tasapainoilevat maailmassa. Mutta onko se hyvä keino? Mielestäni ei. Hienotunteisuus on ajanut meidät nurkkaan, jossa me ahdistumme ja kiusaannumme,

Miehen odotusten ja vaatimusten sijasta voi hylätä miehen kokonaan; osaltaan lesbous siis toimii naisten vastarinnan muotona. Miehen suhde naisten väliseen rakkauteen on kuitenkin monimutkainen. Lesbous on miehelle myös kiihottava, ei ainoastaan uhkaava, onhan siinäkin halun kohteena nainen. Ehkä juuri siksi miesten välinen homoseksuaalisuus on kulttuurissa lesboutta torjutumpi.

kun meidän pitäisi loukkaamisen uhallakin astua kielinurkasta ulos ilmoittamaan mielipiteemme sanoista ja maailmasta, kuuluvalla äänellä.

Kieli on amerikkalaisen miestutkijan mukaan ladattu ase. Tämä sotainen kielikuva on sikäli osuva, että kieli joissakin käyttömuodoissaan on harvojen ja valittujen käsissä. Emme silti halua tarttua aseisiin, sillä haavoittuvuus on meille hyvin tuttua. Me mieluummin annamme periksi. Periksi antaminen ja haavoittuvuus ovat ominaisuuksia, jotka kaikkien olisi jossakin muodossa opittava, mutta kielen suhteen olisi paikallaan suora toiminta. Mitä arvoa on hienotunteisuudella, kun toinen sukupuoli käyttää kieltä reippaasti toteamalla suomalaisittain Kahvi kuumana ja tyttö nuorena tai japanilaisittain Vaimo ja tatamimatto ovat parhaita uutena?

Städa –
i nöd och lust

Perhe – ura vai vankila

Anne Ollila

1700-luvun lopussa ja vielä 1800-luvullakin perheessä saattoi olla kolme sukupolvea saman katon alla. Nykyisin jopa nelihenkinen ydinperhe on suuri, kun huomattava osa kaupunkien asukkaista asuu yhden hengen talouksissa. Länsimainen perhe on siis muuttunut huomattavasti viimeisen kahdensadan vuoden aikana. Perhekoko pieneni, kun syntyvyydensäännöstely yleistyi. Teollistumisen vaikutuksesta palkkatyö erotettiin vähitellen perhe-elämästä. Perheestä tuli yksityistä elämänaluetta, ja perheen privatisoitumista vauhditti jyrkkä jaottelu yksityiseen ja julkiseen. Yksityinen elämänalue määriteltiin naisten toimintakentäksi ja julkinen vastaavasti miesten maailmaksi. Samanaikaisesti voimistui perheideologia, jossa korostettiin ydinperheen merkitystä yhteiskuntaa tukevana perhemallina ja naisen roolia tämän perhemallin ylläpitäjänä.

Avioliitto ja perhe ovat olleet tärkeä osa naisen elämänkaarta. Mies määritellään sen mukaan, mikä on hänen asemansa työelämässä. Nainen puolestaan määritellään ensisijaisesti perheroolinsa kautta. Nainen on aina jonkun äiti, vaimo tai tytär — ei itsenäinen yksilö. Muutokset perheessä ovat sidoksissa yhteiskuntaan ja sen kehittymiseen, mutta keskityn nyt analysoimaan muutosprosessia ensisijaisesti naisen kannalta. Miten naisen rooli muuttui perheessä ja miten naiset ovat itse kokeneet roolinsa vaimona, äitinä ja perheenemäntänä?

Avioliitto

»Meidän avioliitostamme ... tulee ihan vanhanaikuinen avioliitto, sellainen, jossa miehellä on kaikki määräysvalta ja jossa vaimo alistuu sekä suurissa että pienissä seikoissa. Että näin tulee käymään juuri minulle, joka aina niin paljon puhun itsenäisyydestä, se on todella kohtalon oikku.

Minun on helppo totella Oskaria ja tehdä niinkuin hän tahtoo, sillä minä luotan häneen kaikessa. Toiselta puolen sanon suoraan, etten edes *uskaltaisi* kieltää Oskarilta mitään, en suorastaan siksi, että pelkäisin hänen lujaa tahtoaan, mutta koska rakastan häntä niin suuresti, että tahdonkin jotain uhrata sen vuoksi.»

Näin kirjailija Aino Krohn kertoi kirjeessä tulevasta avioliitostaan Oskar Kallaksen kanssa. Kirje on vuodelta 1899, ja se kuvastaa osuvasti tuon ajan avioliitolle asetettuja ehtoja. Aino tiedostaa, että toisenlainenkin avioliitto olisi mahdollinen, mutta hän haluaa kuitenkin solmia »vanhanaikuisen» avioliiton, joka perustuu siihen, että miehellä on kaikki määräysvalta. Uutta avioliittokäsitystä kuvastaa puolestaan se, että Aino kertoo suuren rakkautensa vuoksi haluavansa uhrata jotakin — itsenäisyytensä.

Rakkausavioliittojen solmiminen oli yleistynyt 1800-luvun kuluessa, samalla kun vanhempien määräysvalta lastensa avioliittoihin oli vähentynyt. Aikaisemmin vanhemmat olivat voineet valita lapsilleen sopivat puolisot, ja valinnan ensisijaisena vaikuttimena olivat olleet taloudelliset tekijät. Tärkeintä oli ollut turvata taloudellinen tilanne, puolisoiden välinen kiintymys syntyi avioliiton myötä jos oli syntyäkseen.

Vanhempien järjestämät avioliitot kävivät harvinaisemmiksi 1800-luvulla, ja puolisoiden välinen tunnesuhde alettiin arvioida avioliiton tärkeimmäksi perustaksi. Taloudelliset vaikuttimet eivät

Romanttinen rakkaus on lasten karamelli.
Arja Tiainen

suinkaan menettäneet merkitystään, mutta ne eivät enää yksistään olleet riittävä syy avioliiton solmimiseen. Pääasiaksi alkoi tulla puolisoiden välinen yhteisymmärrys ja keskinäinen kunnioitus. Yhteisymmärryksen edellytyksenä oli kuitenkin yleensä samantapainen sosiaalinen tausta. Oli varminta valita puolisokseen henkilö, joka oli koulutuksensa ja varallisuutensa suhteen samalla tasolla yhteiskunnallisesti.

Tässä yhteydessä on muistettava, että naisen valintamahdollisuudet olivat rajalliset. Hän saattoi vain joko torjua tai hyväksyä kosijan. Ei ollut sopivaa, että nainen olisi omaksunut aktiivisen roolin ja itse valinnut kumppaninsa. Mies teki aloitteen, hän kosiskeli valitsemaansa naista, jonka tehtäväksi jäi vastata kosiskeluun sopivaksi katsomallaan tavalla.

Niinpä esimerkiksi J. V. Snellmanin vuonna 1845 solmima avioliitto oli lähtökohdiltaan varsin tyypillinen. Lähes 40-vuotias Snellman rakastui 17-vuotiaaseen apteekkarintyttäreen Johanna Lovisa Wennbergiin, kosi tätä ja sai myöntävän vastauksen. Tytöllä oli muitakin kosijoita, mutta hän valitsi miehekseen Snellmanin, joka olisi ikänsä puolesta sopinut hänen isäkseen.

Mutta minkälainen todellisuus odotti naista ja miestä avioliiton solmimisen jälkeen?

Kunnon mies elättää vaimonsa ja perheensä

Snellman halusi olla vaimolleen isä, opettaja ja mestari. Suuren ikäeron vuoksi Snellman suhtautui vaimoonsa kuin lapseen, jota täytyy kasvattaa ja opastaa omaksumaan oikea rooli. Nuori vaimo yritti parhaansa mukaan olla miehelleen mieliksi, mutta epäsuhtainen avioliitto ei osoittautunut kovin onnelliseksi. Vaimo menetti no-

Der Baum der Liebe.

Mitten zwischen grünen Blättern,
Auf dem schönen Liebesbaum,
Saß ein Heer von Liebesgöttern
Oben in der Aeste Raum,
Braun und blond und schwarz von Haaren,
Rund und schlank, von jungen Jahren,
Alle herzlich sind betrübt,
Daß sie noch kein Mädchen liebt.
  Christelchen und Gustchen gingen
An dem Liebesbaum vorbei,
Hörten Sehnsuchtslieder singen
Und ihr Herz brach morsch entzwei.

Ha! das kommt uns ganz gelegen,
Laß uns schnell den Baum umsägen,
Alle haben wir sie dann, —
Und sie fingen hurtig an.
  Fiekchen kam herbei geflogen,
Sah das Wunder auch mit an,
Schnell hat sie am Strick gezogen,
Sich zu schütteln einen Mann;
Hannchen will es kühnlich wagen,
Mit dem Stock herab zu schlagen
Dort den Herrn mit Stock und Hut
Was thut doch die Liebesglut! —

  Doch die zärtliche Dorinde
Blickt mit schmachtend-süßem Blick
Nach dem Baume, ob sie finde
Für ihr Herz der Liebe Glück. —
Ein Husar blitzt durch die Blätter,
Emma läuft nach einer Leiter,
Steigt, voll Freude, schnell hinan
Und holt sich den Kriegesmann.
  Auf der tiefsten Aeste einen,
So, daß man ihn greifen kann,
Sah man einen Alten weinen. —
Magarethchen schleicht heran,

Schnell ward er herab gezogen
Und im Tanz davon geflogen,
Lieber einen Alten dann,
Als am Ende keinen Mann. —
  Holder, lieber Baum der Liebe;
Wo befindest du dich doch!?
Mit dem sehnsuchtvollsten Triebe
Sucht dich manches Mädchen noch,
Der mit der Champagnerflasche,
Mit der immer leeren Tasche,
Wenn er's noch so arg auch treibt,
Wird am Ende doch beweibt.

No 5778.

Druck und Verlag von Gustav Kühn in Neuruppin.

peasti nuoruutensa, iloisuutensa ja elämänhalunsa, ja hän kuoli 29-vuotiaana lapsivuoteeseen.

Tämäntapainen avioliitto oli aika yleinen 1800-luvulla keskiluokan piirissä. Maatalousyhteiskunnasta periytyi käsitys, että mies ei voinut mennä naimisiin ennen kuin hän pystyi tarjoamaan perheelleen taloudellisesti turvatun aseman. Porvarismiehet solmivat avioliiton varsin myöhään, koska heidän oli ensin saavutettava vakavarainen asema. Tuleva vaimo oli sen sijaan yleensä viettänyt suojattua elämää perheen piirissä ennen avioitumista. Kun keski-ikää lähenevä mies otti vaimokseen nuoren tytön, ei suhteesta voinut tulla kovin tasavertaista, vaan nainen siirtyi oman isänsä suojeluksesta aivan yhtä isällisen aviomiehen huostaan.

Lisäksi keskiluokka omaksui 1800-luvun kuluessa käsityksen, että palkkatyö kuuluu miehelle ja naimisissa olevan naisen ei ollut sopivaa osallistua työntekoon. Miehen ensisijainen velvollisuus avioliitossa oli elannon hankkiminen perheelle. Vaimon tehtäväksi määriteltiin puolestaan kodin ylläpitäminen ja lasten kasvattaminen.

Tällaisen roolijaon taustalla oli merkittäviä taloudellisia ja yhteiskunnallisia muutoksia. Markkinatalousjärjestelmään siirtyminen ja teollisuuden läpimurto edellyttivät tuotantotavan muuttamista. Aikaisemmin sekä tuotanto että kulutus olivat tapahtuneet perheessä. Koko perhe oli osallistunut työntekoon, ja jokainen oli tehnyt oman osuutensa, jotta perheen toimeentulo oli saatu taatuksi. Teollistumisen edetessä ja kaupankäynnin lisääntyessä tämäntyyppinen tuotantotapa ja omavaraistalous osoittautuivat tehottomiksi. Palkkatyö siirtyi kodeista tehtaisiin ja samalla se määriteltiin miehiseksi toiminnaksi, johon naisten ei ollut sopivaa osallistua.

Perheestä alkoi tulla pakopaikka, vastakohta miehiselle kilpailulle. Mies saattoi työpäivän jälkeen vetäytyä kotiinsa ja nauttia perheensä seurasta. Nainen hallitsi kotia ja piti yllä sen ilmapiiriä. Miehen tehtäväksi määriteltiin kansalaistoiminta ja perheen edustaminen julkisuudessa. Naisella ei ollut poliittisia oikeuksia eikä juridista täysivaltaisuutta, mutta sen sijaan hänen katsottiin olevan moraalisesti miestä ylempänä. Näyttää siis siltä, että miehinen ja naisellinen maailma olivat jyrkästi toisilleen vastakkaisia, mutta oliko näin todella?

Perhettä pidettiin kovan liikemaailman vastakohtana. Kuitenkin liikemaailman arvot jossakin mielessä hyväksyttiin perheessä, sillä naisen tehtävä oli kasvattaa lapsensa omaksumaan yhteiskunnassa vallitsevat normit. Naisella oli tärkeä rooli tulevien kansalaisten kasvattajana. Tässä suhteessa perhe ei siis ollut vastakkainen julkisen, miehisen maailman arvoille, vaan päinvastoin se edesauttoi näiden arvojen omaksumista ja tuki omalta osaltaan vallitsevaa yhteiskuntajärjestystä.

Keskiluokan naiset olivat miehistään taloudellisesti täysin riippuvaisia, koska heidät suljettiin palkkatyön ulkopuolelle. Naisten moraalisen ylemmyyden ja puhtauden korostaminen johti puolestaan kaksinaismoraaliin. Miehille ja naisille asetettiin täysin erilaiset odotukset moraalin ja sukupuolielämän suhteen. Naisilla ei oletettu olevan seksuaalisia tarpeita lainkaan ja miesten oletettiin olevan mahdoton hillitä viettiään. Jos miehet eivät voineet tyydyttää voimakkaaksi ajateltua seksuaalisuuttaan oman vaimonsa kanssa, he tarvitsivat maksettuja naisia.

Kaksinaismoraali johti entistä jyrkempään vastakkaisuuteen miehisen ja naisellisen maailman välillä. Jyrkimmällään tämä vastakkaisuus oli 1800-luvun lopussa. Kun naiset eivät löytäneet miehistään vastakaikua herkimmille tunteilleen, he purkivat ne naisten keskinäisissä ystävyyssuhteissa. Naiset kasvatettiin odottamaan romanttista rakkautta passiivisesti, ja miesten tehtävänä oli toimia

Naisen lumo käy yli kuoleman pelon ja ikuisen elämän unelman.
Wim Wenders, Berliinin taivaan alla.

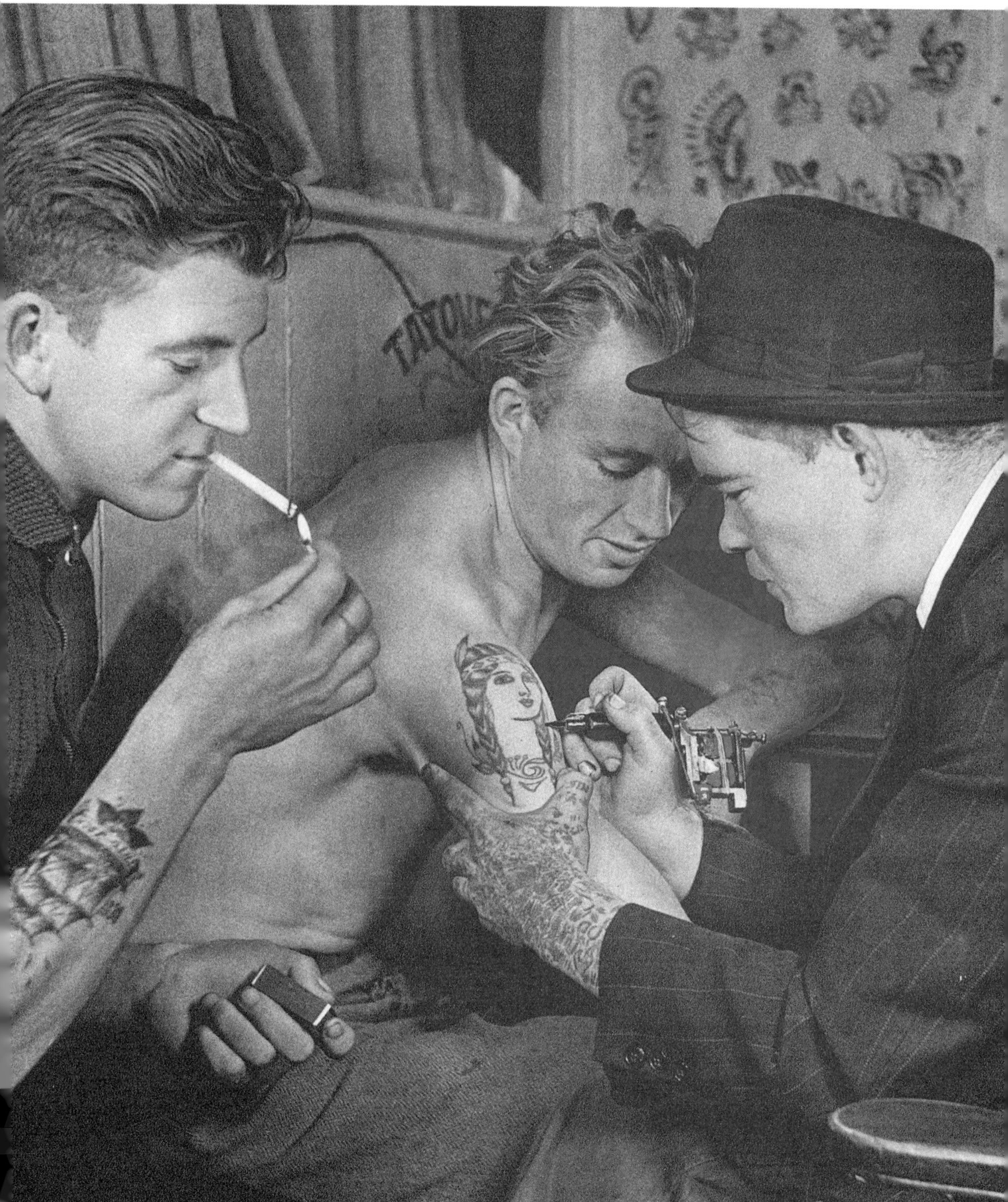
TATOU

Nainen ei ole vain miehen unelmien vaan myös pelon kohde. — Ja erityisen peloittava on voimakas nainen. Hän voi viedä miehen naisvallan aikaan.

aktiivisena osapuolena. Rakkaus sai sukupuolen mukaan hyvin erilaisen sisällön.

Monet tytöt astuivat avioliittoon suloisen tietämättöminä. Arvid Järnefeltin Vanhempieni romaanissa on osuva kuvaus avioliiton alkuvaiheesta: »Olimme olleet vuoden naimisissa, mutta minä en ollut vielä kertaakaan omasta aloitteestani, *ensimmäiseksi* osoittanut hänelle hellyyttä. Olin vain ystävällisesti vastannut hänen ystävällisiin hellyyksiinsä. Olin naimisiin mennessäni vielä siihen määrään lapsellinen, ettei minulla ollut kaukaisintakaan aavistusta avioelämän varsinaisesta luonteesta. Hääyön jälkeen riensin minä äidin luo, ja haikeasti itkien lankesin hänen kaulaansa. — Äiti lohdutteli minua parhaansa mukaan, jopa itki vähän yhdessä minun kanssani, ja sanoi: »Eihän sinulle, lapsi kulta, ole mitään onnettomuutta tapahtunut, ei oikeastaan mitään muuta kuin mitä tapahtuu jokaiselle tytölle, kun hän joutuu naimisiin.» Äiti kuivasi kyyneleensä ennen minua ja vakavasti neuvoi minua ottamaan nöyrästi ja rauhallisesti vastaan kaikki yllätykset, katkeratkin.»

Käsitys naisten moraalisesta ylemmyydestä erotti naiset miehistä, mutta samalla se rohkaisi naisia etsimään muiden naisten läheisyyttä. Kun naisille ei ollut pääsyä miesten hallitsemaan julkiseen maailmaan, he samastuivat naisiin miesten sijasta. Kirjeissä ja päiväkirjoissa on säilynyt todistuskappaleita naisten ystävyyssuhteista. Naisten toisilleen kirjoittamat kirjeet kertovat lämpimistä, koko elämän kestävistä ystävyyssuhteista. Kirjeissä kerrottiin viimeisimmät juorut mutta myös perhesalaisuudet ja sydänsurut. Uskollinen ystävätär sai kuulla kaikki ne asiat, joita ei haluttu kertoa kenellekään muulle. Joissakin kirjeissä ystävyys muistuttaa suorastaan rakkautta. Ilona Jalava tervehti Aino Krohnia vuonna 1899 kirjeellä, jossa hän jo purki suruaan siitä, että menettää ystävättärensä, kun tämä menee naimisiin:

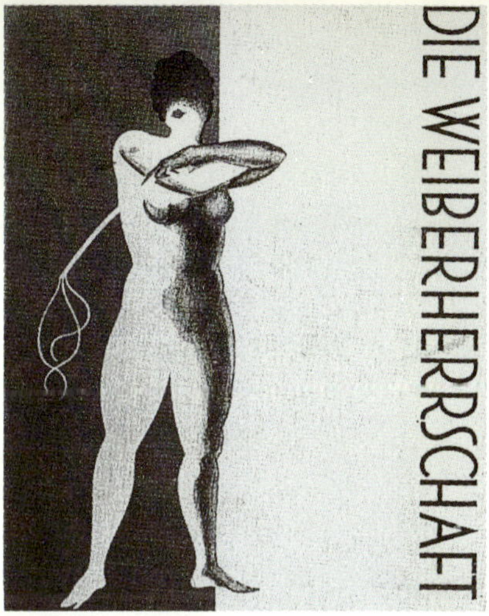
DIE WEIBERHERRSCHAFT

PHYSICAL

Tai hän voi kastroida miehen.

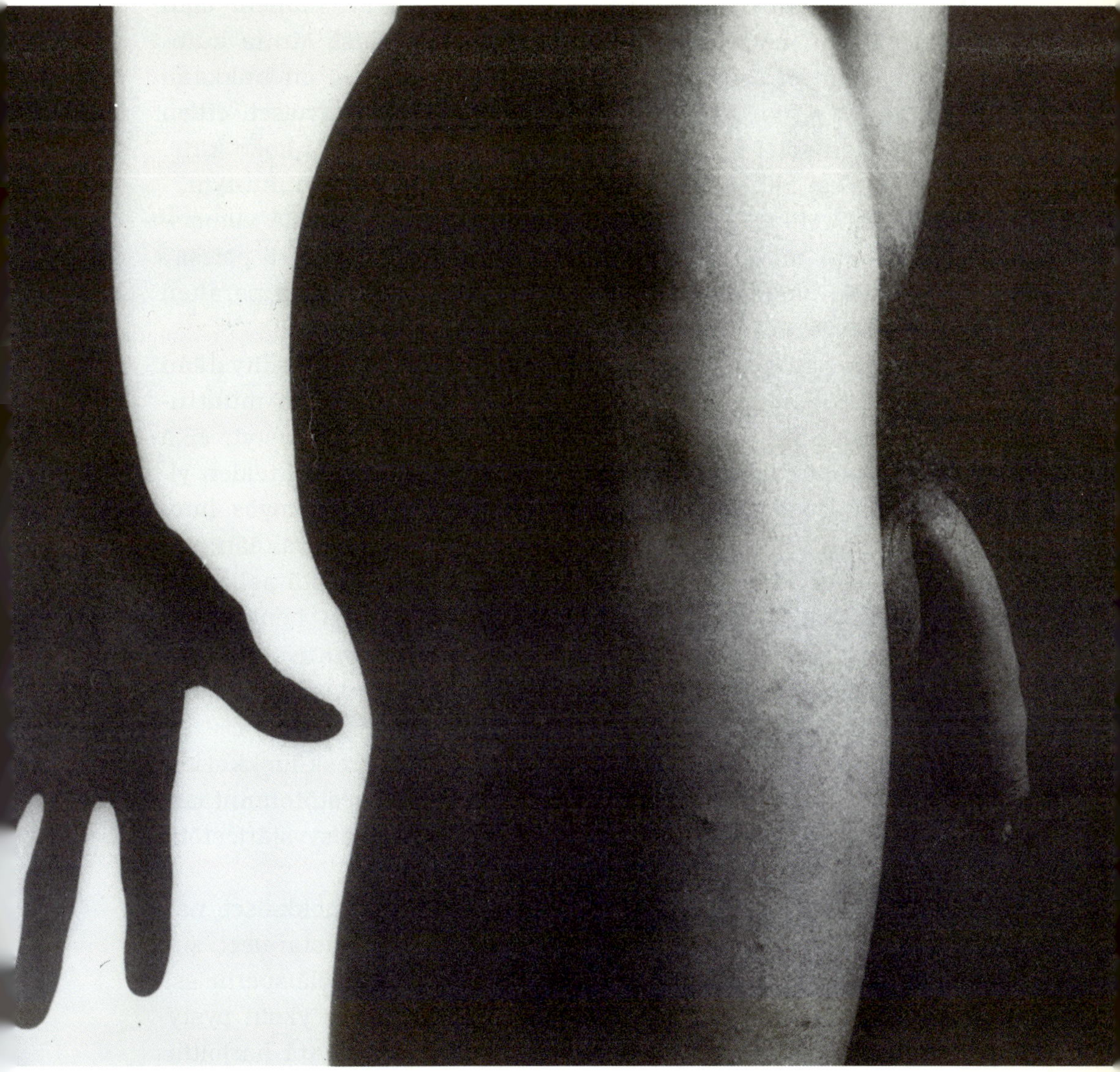

Halun ja pelon yhdistelmästä löytyy perustaa myös naisen seksuaaliselle alistamiselle. Raiskaus on alistamisen äärimmäinen muoto.

»Minun rakkaani! Kiitos kirjeestäsi — minun sydämmeni ihan hyppi ilosta, kun näin sinun rakkaan tutun käsialasi. Mutta kuinka minun iloani *ei* lisännyt se tieto, että yksi kirjeesi on hukkaan joutunut — ne sinun kirjeesi on minulle niin paljon arvoiset, ett'en niistä riviäkään soisi hukkaan meneväksi — ja nyt meni koko kirje. Mutta täytyy kai siihenkin tyytyä — kuten kaikkeen muuhunkin.

Niin miksi? Miksi minä en saa olla sinun kanssasi tätä viimeistä vuotta — ja mihin minä siellä joudun, kun sinä olet poissa? Minä jään niin yksin — niin yksin — siltä kohdalta, joka paraiten tarvitsisi ystävää ja jolle sinä yksin osasit sitä olla.»

Naisten keskinäiset ystävyyssuhteet menettivät merkitystään 1900-luvulla. Selitystä tälle voidaan etsiä naisen aseman muuttumisesta vuosisadan vaihteessa. Naisten työssäkäynti yleistyi, eikä naisilla enää ollut niin paljon aikaa läheisten ystävyyssuhteiden ylläpitämiseen. Uusien naisjärjestöjen perustamisella oli myös huomattava vaikutus. Naisjärjestöt kasvoivat sekä lukumäärältään että jäsenmäärältään. Niissä pidettiin yllä naisten keskinäistä solidaarisuutta, joten naiset eivät enää välttämättä kaivanneet henkilökohtaista ystävätärtä. Naisjärjestöön liittyessään he saavuttivat samantapaisen läheisyyden tunteen ja moraalisen tuen kuin ystävättären seurassa.

Koska palkkatyö ei 1800-luvulla ollut sallittua keskiluokkaisille naisille, heidän toimeliaisuutensa purkaantui järjestötoimintaan. Naiset olivat mukana ompeluseuroissa, hyväntekeväisyysjärjestöissä, raittiusliikkeessä ja naisasialiikkeessä.

Hyväntekeväisyystoimintaa harjoittaessaan keskiluokkaiset naiset joutuivat toteamaan, että työläisperheet eivät vastanneet sitä perheihannetta, jonka keskiluokka oli omaksunut. Työläisperheissä naisten oli yleensä tehtävä palkkatyötä, koska mies ei yksin pystynyt takaamaan riittävää toimeentuloa. Hyväntekeväisyyttä harjoitta-

vat naiset pyrkivät kohentamaan työläisperheiden asunto-oloja sekä opettamaan hygieniaa, ruuanlaittoa ja lastenhoitoa, mutta taustavaikuttimena oli oikean perheideologian opettaminen. Työläisperheet haluttiin saada omaksumaan keskiluokkainen perhemalli, jonka mukaisesti miehen tuli yksin elättää perheensä ja naisen tehtävänä oli huolehtia kodista ja lapsista.

Työläisperheissä hyväksyttiin tämä malli, mutta on vaikea päätellä, mikä vaikutus keskiluokan tarjoamalla esikuvalla on ollut sen omaksumisessa. Työläisperheiden äidit saattoivat jäädä kotiin, kun 1800-luvun lopussa ja 1900-luvun alussa yleistyi tapa maksaa miehille ns. perhepalkkaa. Tämä tarkoitti sitä, että miehille maksettiin korkeampaa palkkaa, koska ennemmin tai myöhemmin heillä oli perhe elätettävänä. Naisten palkat eivät kuitenkaan nousseet vastaavalla tavalla, vaan ne pysyivät huomattavasti pienempinä kuin miesten palkat. Käytännössä tämä johti siihen, että naisten ei kannattanut käydä työssä, mikäli se ei ollut täysin välttämätöntä. Leskeksi jääminen tai miehen työttömyys pakottivat osan naimisissa olevista naisista takaisin palkkatyöhön. 1890-luvulla alkoi Englannissa olla tavallista, että ammattitaitoiset työläismiehet pystyivät yksin elättämään perheensä ja vaimo saattoi jäädä kotiin.

Talonpoikaisperhe poikkesi keskiluokkaisesta ja työläisperheestä, sillä talonpoikaisyhteisössä säilyi omavaraistalous varsin pitkään. Perhe oli edelleen sekä tuotannon että kulutuksen yksikkö eikä työtä siis erotettu perhe-elämästä. Naiset hoitivat lapsensa muun työnteon ohessa, ja lapset otettiin mukaan työntekoon heti, kun he siihen pystyivät. Talonpoikaisperheissä miehen arvovallan ja auktoriteetin korostaminen jatkui pisimpään, sillä »isä oli perheen pää. Se oli niin selvä asia, että sitä ei edes kannattanut mainita tai pohtia». Toisaalta sukupuoleen perustuva tiukka työnjako takasi sen, että emännällä oli aika suuri päätäntävalta omien töidensä suhteen. Työteliäs ja rivakka emäntä herätti kunnioitusta sekä kyläläisissä että miehessään. Suomessa on erityisesti korostettu voimakkaiden emäntien merkitystä alkaen Pohjolan emännästä Louhesta, josta tuli Väinämöisen vastustaja Kalevalassa. Hella Wuolijoen Niskavuori-näytelmissä esiintyy toistuvasti heikkojen miesten ja vahvojen naisten vastakkainasettelu. Niskavuoren Juhani tunnustaakin vaimolleen: »Minä otin sinut, koska sinusta tulee kunnollinen emäntä tähän taloon ja koska olet sellainen nainen, jolle mies voi elämänsä ja lapsensa uskoa.»

Kohti toveriavioliittoa

Naisasialiikkeen kautta naiset saattoivat tuoda esille omat vaatimuksensa asemansa parantamiseksi. Naisasialiike aloitti toimintansa Yhdysvalloissa 1840-luvun lopussa. Euroopassa naiset aktivoituivat hieman myöhemmin. Naisasialiike oli osa laajempaa yhteiskunnallista liikehdintää, jolla pyrittiin saamaan kansalaisoikeudet entistä laajemmalle ihmisjoukolle. On huomattava, että 1800-luvulla ja 1900-luvun alussa pyrkimykset naisen aseman parantamiseksi keskittyivät nimenomaan julkisen alueen avaamiseen naisille. Heille haluttiin taata samat kansalaisoikeudet kuin miehillekin. Samoin heille pyrittiin turvaamaan tietyt juridiset perusoikeudet. Naisen omistusoikeuden laajentaminen koettiin erityisen tärkeäksi, koska taloudellista riippumattomuutta pidettiin naisten vapautumisen välttämättömänä edellytyksenä. Sen sijaan perheen sisällä ja kulttuurissa ilmenevään epätasa-arvoisuuteen ei puututtu.

Naisten oikeuksien lisääminen kosketti tosin myös perheen sisäisiä valtasuhteita. Kun naimisissa oleville naisille pyrittiin saamaan oikeus omaan omaisuuteen, se merkitsi tietysti aviomiehen

Flirtti on meille kaikille yhteinen, mutta naisen oikeus seksuaaliseen aloitteeseen on usein kiistetty; »...kunhan hieman vastustelee».

vallan vähenemistä. Aviomies ei enää voinut yksin päättää perheen taloudellisista asioista. Pyrkimys kaksinaismoraalin voittamiseen puolestaan koski erityisesti miesten moraalia. Naisille ja miehille vaadittiin samanlaisia moraalinormeja, mutta malli otettiin aikaisemmin vain naisille tarkoitetusta moraalisen puhtauden vaatimuksesta; nyt myös miehille suositeltiin syrjähypyistä luopumista ja esiaviollisista suhteista pidättymistä.

Naisten vapautumisen myötä asennoituminen avioliittoon alkoi muuttua. Kaikki naiset eivät enää pitäneet avioliittoa ainoana vaihtoehtona, vaan naimattomaksi jääminen oli osalle naisista tietoinen ratkaisu itsenäisyyden takaamiseksi. Miina Sillanpää ilmaisi oman kantansa selvin sanoin: »Mikään ei voita vanhanpiian elämää. Menen nyt minne tahansa, eikä koskaan tarvitse ajatella sitä toista. Mennä naimisiin! Järki-ihminen! Ei, tiedättekö, minun on tehtävä työni yksin. Se on ollut ainoa osallistumiseni mahdollisuus!»

Mutta perheessäkin miehen auktoriteettiasema alkoi vähitellen murtua. Naisille avautui uusia työmahdollisuuksia 1800-luvun lopussa ja 1900-luvun alussa, kun erilaiset palveluammatit ja toimistotyöt lisääntyivät. Samoin naisten koulutusmahdollisuudet pa-

ranivat. Kun nuoret naiset saavuttivat taloudellisen itsenäisyyden, he eivät enää olleet valmiita avioliittoon, joka edellytti täydellistä alistumista aviomiehen tahtoon. Ensimmäinen maailmansota edesauttoi osaltaan naisten vapautumista, sillä sodan aikana naiset korvasivat miehet työmarkkinoilla. Sodan jälkeen naiset saivat äänioikeuden useissa Euroopan maissa, ja äänioikeus myönnettiin osittain tunnustuksena naisten osallistumisesta sotaponnistuksiin.

Naisten vapautumisen myötä avioliiton mallin oli muututtava, ja ratkaisuksi tuli toveriavioliitto. Puolisoiden välinen hierarkia ja aviomiehen valta-asema purettiin korostamalla avioliittoa kumppanuusliittona, jonka hyväksi molempien puolisoiden tuli toimia. Aikaisemmin naista ei virallisesti tunnustettu samanarvoiseksi kumppaniksi, vaan mies oli lain mukaan perheen pää ja lasten holhooja. Vanhan avioliittolain muuttaminen edellytti tietysti sitä, että se käytännössä huomattiin vanhentuneeksi ja epäoikeudenmukaiseksi. Ennen kuin lakia voitiin muuttaa, oli käsitysten avioliitosta ja perhe-elämästä muututtava.

Suomessa säädettiin uusi avioliittolaki vuonna 1929. Se heijasti selvästi toveriavioliiton henkeä. Puolisoiden todettiin olevan tasavertaisia, ja heidän tuli yhdessä edistää perheen hyvinvointia. Lisäksi edellytettiin, että puolisot neuvottelevat keskenään perhettä koskevista ratkaisuista, ja kummankin tuli omalla työpanoksellaan osallistua perheen ylläpitämiseen.

Toveriavioliitto herätti kaksijakoisia tunteita. Toisille se merkitsi romanttisen rakkauden ja intohimon väistymistä avioliitossa. Avioliitto muuttui järkiavioliitoksi. Toisille miehen ja naisen välinen toveruus merkitsi lupausta uudesta, paremmasta rakkaudesta. Mika Waltari kuvasi naisen ja miehen uutta suhdetta näin: »Siinä ei ollut mitään lihan värinää... ei mitään intohimoa tavallisessa mielessä. Se oli jotakin, joka oli paljon kauniimpaa, suurenmoisempaa. — Se oli ihaninta toveruutta, ei mitään teeskentelyä eikä pakkoa. — Siinä ei ollut mitään hermosairasta, liian aikaisin kehittynyttä aistillisuutta. Ja kuitenkin se oli enemmän kuin toveruutta.»

Toisaalta toveriavioliitto loi uusia vaatimuksia naisen roolin suhteen. Naisen oli oltava samanaikaisesti äiti, vaimo, rakastajatar ja myös miehensä paras ystävätär. Enää ei riittänyt, että nainen oli hyvä perheenemäntä, vaan mies odotti puolisoltaan myös henkevyyttä ja seksuaalista kumppanuutta. Samalla nämä uudet vaatimukset oli osittain suunnattu emansipoituneen naisen pelottavaa vapautta vastaan — villi, vapautunut ja voimakas nainen pyrittiin kesyttämään avioliittoon.

Avioliitto kriisissä — avioerot

Avioerot alkoivat yleistyä 1800-luvun lopussa. Prosentuaalisesti niiden osuus oli tässä vaiheessa huomattavan pieni verrattuna solmittujen avioliittojen määrään, mutta se että avioero tuli ylipäätänsä mahdolliseksi, on osoitus merkittävästä ajattelutavan muuttumisesta. Avioliittoa ei enää pidetty Jumalan säätämänä ikuisena liittona, vaan ihmisten välisenä sopimuksena, joka oli mahdollista purkaa jos se osoittautui epäonnistuneeksi.

Avioero saattoi paljastaa puolisosta aivan uusia piirteitä, kuten Helvi Hämäläinen toteaa Säädyllisessä murhenäytelmässä: »Arthur oli ollut uskollinen kolme vuotta. Se oli hänestä naurettavaa, eikä hän käsittänyt, että vaimo, jonka hän saattoi lyödä tainnoksiin mustasta palmikosta reväisten, palmikosta, joka oli kietoutunut kolmen vuoden aikana nöyrästi kullanväristen jalkojen ympäri, että tuo vaimo, jonka ruumiin hän saattoi lyödä mustelmille, että tuo vaimo, jonka hän luuli lannistaneensa, kykeni sanaakaan sanomatta, arvokkaasti ja hiljaa sulkemaan kodin, jumaloinnin kehyksen, oven viimeisen kerran. Ja pysyi sieltä pois taipumattomana, vaiteliaana,

»— ja sitten hän kertoi — tiedäthän Lizzien, sen uhkean otuksen sosiologian laitokselta — niin, *hän* kertoi, arvaa olinko lentää pyllylleni, oli kuullut Lucas Wilsonilta (hänen ja Lucasin välillä taitaa olla jotakin, nehän tekevät aina hommia yhdessä), että professori Malanilla ja sillä blondilla hänen osastoltaan, sillä Melissa Lotmanilla, on tulinen suhde meneillään, tiedän kyllä, että Lizzie osaa olla aika ilkeä, ja hänellä on vilkas mielikuvitus, mutta kun sen kertoi Lucas, niin se pitää takuulla paikkansa...»

André Brink, Poikkeustiloja

moitteettomana, syyttämättä häntä mistään.»

Avioerojen yleistymisen arveltiin johtuvan naisten vapautumisesta. Syytös osui ainakin osittain harhaan. Esimerkiksi Yhdysvalloissa 1800-luvun lopussa avioerojen perusteluista ei löydy sentyyppisiä selityksiä, jotka osoittaisivat naisten vapautumisen olleen avioerojen perussyy. Päinvastoin, kysymys näyttää olleen siitä, että puoliso ei pystynyt täyttämään hänelle asetettuja rooliodotuksia.

Naisten hakemissa avioeroissa miestä syytettiin usein siitä, että hän ei pystynyt elättämään vaimoaan ja perhettään. Tuomareiden mielestä tämä oli riittävä syy avioeron myöntämiseen, mikä osoittaa sen mitä mieheltä odotettiin. Jos mies laiminlöi elatusvelvollisuuttaan, hän oli huono aviomies ja vaimolla oli oikeus eroon. Toinen varsin yleinen syytös aviomiehiä vastaan koski heidän seksuaalista käyttäytymistään. Naiset syyttivät miestään liiallisesta seksuaalisesta aktiivisuudesta tai seksuaalisista »perversioista». Naiset olivat siis omaksuneet viktoriaanisen käsityksen, että naisen seksuaaliset tarpeet ovat vähäiset ja miestenkin tarpeita tuli tyydyttää vain sopivaisuuden rajoissa. Miehen seksuaalinen yliaktiivisuus oli täysin riittävä peruste avioeron myöntämiseen.

Miesten hakemissa avioeroissa esille tulevat samantapaiset naimisissa olevalle naiselle asetetut rooliodotukset. Naisia syytettiin taitamattomasta talouden hoidosta, kyvyttömyydestä suorittaa perheenemännän tehtäviä tai ylipäätänsä kelvottomuudesta vaimon rooliin. Jos mies pystyi todistamaan, että vaimo ei ollut huolehtinut kodista ja perheestä asiaankuuluvalla tavalla, hän sai avioeron ja voitti jutun. Pahin asia, mistä naista voitiin syyttää, oli äidinroolin laiminlyöminen. Lisäksi naisen odotettiin yhä alistuvan miehen tahtoon ja asettavan miehen toivomukset omiensa edelle.

Tämän perusteella näyttää siltä, että 1800-luvun lopun amerikkalaista avioliittoa säätelivät erittäin tiukat rooliodotukset. Myös

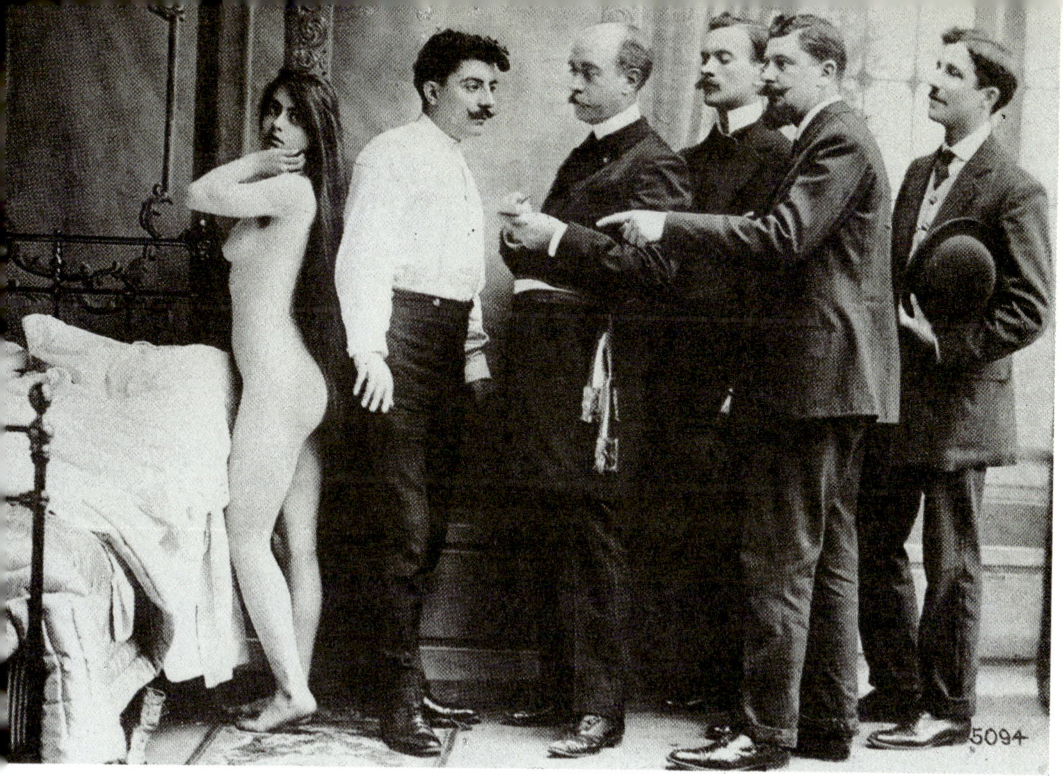

1920- ja 30-luvun avioerotapauksissa näkyvät samantapaiset odotukset. Naisten vapautumisen myötä miehet tunsivat vetoa uutta naistyyppiä kohtaan, joka oli älykäs ja seksuaalisesti aktiivinen. Avioliiton solmimisen jälkeen vaimolta odotettiin kuitenkin toisenlaista käyttäytymistä. Miesten hakemissa avioeroissa vaimoja syytettiin huvittelunhalusta ja kyvyttömyydestä sopeutua perheenemännän rooliin. Avioliiton solmimisen jälkeen naisen toivottiin siis kuitenkin muuttuvan hyväksi äidiksi ja topakaksi perheenemännäksi. Ne uuden naisen piirteet, jotka olivat miestä viehättäneet avioliittoa solmittaessa, eivät avioliitossa enää olleetkaan toivottavia.

Avierot tulivat entistä yleisemmiksi 1920- ja 30-luvulla, mutta samalla ne liittyivät selvästi uuteen elämäntapaan ja modernisoitumisprosessiin. Suurin osa avioeroista tapahtui kaupungeissa. Esimerkiksi Suomessa erojen kokonaismäärä kaksinkertaistui 1920-luvulla, ja noin puolet eroista tapahtui neljässä suurimmassa kaupungissa (Helsingissä, Viipurissa, Turussa ja Tampereella). Suomen

koko väestöstä asui n. 11% näissä kaupungeissa, joten avioerot olivat siellä huomattavasti yleisempiä kuin muualla Suomessa.

Ihanteena äitiys

Vaikka puolisoiden välinen suhde korostui jo 1800-luvulla, se ei kuitenkaan ollut perhe-elämän keskeisin elementti. Sitäkin tärkeämmäksi tuli äidin ja lapsen suhde. Lapsuus nähtiin nyt erilli-

Jos en
sinulle
kenelle sitten
näytän luumupuun
kukan.

Japanilainen runo

seksi elämänvaiheeksi ja lapsen asemaan ryhdyttiin kiinnittää entistä enemmän huomiota. Samalla se johti äidin roolin uudelleenarvioimiseen, sillä nyt pidettiin ensiarvoisen tärkeänä sitä, että lapsi kasvatettiin tulevaan rooliinsa yhteiskunnan jäsenenä. Syntyi ihanne lempeästä, rakastavasta äidistä ja etäisestä, ankarasta isästä.

Lapsen kasvattamiseen ja kouluttamiseen alettiin kiinnittämään entistä enemmän huomiota, koska markkinatalousjärjestelmässä lapsi ei enää yleensä perinyt isänsä ammattia kuten aikaisemmin oli tapahtunut. Nyt lapselle pyrittiin koulutuksen avulla takaamaan mahdollisimman hyvät lähtökohdat tulevaisuutta varten. Se, että suhtautuminen lapseen alkoi muuttua, näkyi myös siinä, että lapsityövoiman käyttöä ryhdyttiin rajoittamaan ja vihdoin se kiellettiin lainsäädännöllä. Jokaiselle lapselle haluttiin taata edes jonkinlainen lapsuus. Lapsityövoiman käyttöä ei silti ole pystytty lopettamaan edes länsimaissa, vaan esimerkiksi Portugalissa se on vielä 1990-luvulla vakava ongelma.

Syntyvyyden laskeminen aiheutti kuitenkin suurimman muutoksen lapsen ja perheenäidin rooleissa. Lapsia oli entistä vähemmän, mutta heistä haluttiin huolehtia paremmin kuin aikaisemmin. Syntyvyys alkoi laskea 1800-luvun lopussa. Suomessa perheiden keskimääräinen lapsiluku oli 1900-luvun alussa vielä 4,8, mutta 1930-luvulla vain 2,8. Muissa Länsi-Euroopan maissa, erityisesti Ranskassa, syntyvyys laski vielä nopeammin.

Nykyisin suomalaisiin perheisiin halutaan yleensä vain yksi lapsi tai korkeintaan kaksi. Hyvinvointivaltioissa lapsista on tullut eräänlainen varakkuuden mittari, samalla kun lasten uskotaan tuovan uutta sisältöä aikuisten hyvinsuunniteltuun elämään. Esimerkiksi Ruotsissa koettiin 1980-luvun lopussa yllättävä »baby boom», kun naiset halusivatkin lisää lapsia tavanomaisen kahden lapsen jälkeen. Baby boom on mielestäni osoitus siitä, että naiset eivät pidä äitiyttä elämäänsä rajoittavana asiana, vaan päinvastoin äitiys koetaan myönteisenä, omaehtoisena ratkaisuna.

Lastenhoidon tieteellistäminen

Kun lapsia oli entistä vähemmän, äideille jäi enemmän aikaa kunkin lapsen hoitamiseen. Tämä olikin tarpeen, sillä samanaikaisesti äideille ryhdyttiin asettamaan entistä suurempia vaatimuksia lapsenhoidon suhteen. Esimerkiksi Englannissa valtiovalta alkoi 1900-luvun alussa huolestua syntyvyyden laskemisesta ja korkeasta lapsikuolleisuudesta. Poliittiset päättäjät ja terveysviranomaiset olivat vakuuttuneita siitä, että äitien kouluttaminen oli ratkaisu lapsikuolleisuuden vähentämiseen.

Myös naisten oma asenne äidinrooliin muuttui. Lapsenhoitoa ei enää pidetty »luonnollisena» prosessina. Nuoret äidit tunsivat, että he eivät voineet luottaa pelkästään vaistoonsa. Lääkärit ja psykologit tulivat avuksi julkaisemalla erilaisia lastenhoito-oppaita, joissa annettiin neuvoja epävarmoille ja kokemattomille äideille. Lastenkasvatuksesta alkoi tulla tiedettä, joka nojautui enemmän asiantuntijoiden tutkimuksiin ja johtopäätöksiin kuin äitien kokemuksiin. Aluksi äidit otettiin tutkijoiden ja psykologien apureiksi. He saattoivat tarkkailla lapsiaan ja merkitä muistiin tietoja. Kaikki asiantuntijat eivät kuitenkaan olleet kiinnostuneita amatöörimäisten äitien avusta. Ajateltiin, että vain tiedemies saattoi kerätä tiedot ja luoda niiden pohjalta säännöt, joiden mukaisesti äitien tuli lapsensa kasvattaa. Äitien osaksi jäi lopulta vain ohjeiden noudattaminen. Näin lapsenkasvatuksesta tuli haastavampaa ja aikaa vievempää, mutta äidin kannalta kenties myös ristiriitaisempaa kuin aikaisemmin.

Äitiys — naisen kutsumus ja ura

Lastenhoidon tieteellistäminen oli osa laajempaa prosessia, jolla pyrittiin perheenemännän aseman parantamiseen. Ensimmäisen maailmansodan jälkeen naisten keskuudessa voimistui tunne, että äitiyttä ei arvostettu riittävästi. Lapsenhoidon tieteellistäminen tähtäsi omalta osaltaan äitiyden korostamiseen. Kun lapsia ei enää voitu hoitaa luontaisella taidolla, tuli äitiydestä naisen ura ja ammatti, johon täytyi valmentautua kuten muihinkin ammatteihin.

Englannissa ryhdyttiin 1900-luvun alussa perustamaan äitiysneuvontaklinikoita, joita oli vuonna 1917 jo 446 eri puolilla maata. Neuvoloiden tarkoituksena oli opastaa äitejä lastenhoidossa. Neuvonta suunnattiin ensisijaisesti työläisnaisille, koska heidän arveltiin olevan erityisen tietämättömiä. Tällöin ei otettu huomioon sitä tosiasiaa, että köyhyys oli monissa työläisperheissä suurempi ja todellisempi ongelma kuin tietämättömyys. Työläisnaiset ovat itse kaunistelematta kertoneet omasta elämästään: »Ensimmäinen vuosi lapsen kanssa oli rankka. Talo kylmä ja epämukava. Mukavuutemme eivät juurikaan olleet lisääntyneet vuosien myötä. Vaipat keitettiin hellalla.»

Klinikoissa annettu neuvonta oli keskiluokkaisten normien mu-

Kaikessa pelin ja leikin, seksuaalisten odotusten, toiveiden ja fantasioiden sekamelskassa nainen hämmentyy, aprikoi.

kaista, ja usein työläisäideille asetettiin ylivoimaisia vaatimuksia lapsenhoidon suhteen. Taakkaa lisäsi helposti se, että samalla pyrittiin vaikuttamaan myös siihen, miten työläisnaiset ylipäätänsä hoitivat kotiaan. Kampanjoitiin tehokkaamman siivouksen ja terveellisemmän ruuan puolesta eli työläiskodit pyrittiin muuttamaan keskiluokkaista ihannetta vastaaviksi.

Lastenhoidossa kiinnitettiin lähinnä huomiota lasten fyysiseen hyvinvointiin. Äitejä opastettiin, miten lapset tuli pukea, mikä oli sopivaa ravintoa lapselle, miten usein lapset oli syötettävä. Lastenhoidosta alkoi tulla täysipäiväinen työ, johon äidin tuli etukäteen valmistautua lukemalla lastenhoito-oppaita, kasvatusoppaita ja käymällä neuvontaklinikoissa.

Niinpä 1920-luvulla ja 30-luvulla alkoi tulla modernien nuorten

äitien sukupolvi, joka kasvatti lapsensa ehdottaman tieteellisesti. Lapsi ruokittiin neljän tunnin välein, koska oppaissa niin neuvottiin. Lasta varottiin visusti hellittelemästä liiaksi, sillä kasvatusoppaiden mukaan se oli vahingollista lapselle. Lasta ulkoilutettiin säännöllisesti, koska se oli todettu terveelliseksi.

Glorifioitu äitiys

Tieteelliseen lastenkasvatukseen liittyi voimakas äitiyden ihannointi. Tieteellisyys lapsenhoidossa ja kasvatuksessa ei saanut johtaa rakkaudettomuuteen, päinvastoin: pyyteetön äidinrakkaus kruunasi äitien hyvät pyrkimykset. Äitiys nähtiin jokaisen naisen parhaana kutsumuksena, kuten perhe- ja avioliitto-oppaissa vakuuteltiin: »Nainen on vasta silloin fyysillisesti täysin kehittynyt, kun hän on kokenut äitiyden tuskan ja hurmauksen. ... Nuori äiti, jonka lämpimällä povella lepää pienokainen, on jumalallisin ja ihanin kuva, minkä Luoja on koskaan luonut.»

Äitiyden glorifiointi huipentui äitienpäivän viettämisessä. Äitienpäivä keksittiin Yhdysvalloissa. Suomessa se otettiin käyttöön vuonna 1919, jolloin sotaleskien muistaminen antoi oman lisämotiivinsa juhlalle. Kristillistä maailmankatsomusta ylläpitänyt Kotikasvatusyhdistys otti asiakseen äitienpäiväjuhlien järjestämisen ja juhlatavan levittämisen. Äitienpäivä sai siis huomattavan symboliarvon, kun haluttiin glorifioida naisten tekemää kasvatustyötä.

Samanaikaisesti äidin oikeudet lapsiinsa pyrittiin legitimoimaan myös lainsäädännöllä. Englannissa hyväksyttiin vuonna 1925 laki, jonka mukaan molemmat vanhemmat olivat tasaveroisia lastensa huoltajia. Suomessa vastaava uudistus toteutettiin vuoden 1929 avioliittolain yhteydessä. Aikaisempi lainsäädäntö oli korostanut isän ensisijaista roolia lasten holhoojana. Suomessa ei nainen ollut aikaisemmin voinut ollenkaan toimia omien lastensa holhoojana, vaan aviomiehen puuttuessa lasten viralliseksi holhoojaksi määrättiin uskottu mies.

Toisen maailmansodan jälkeen lastenkasvatus sai uuden käänteen. Tällöin psykologisoitiin äidin ja lapsen suhde, sillä psykologit olivat tutkimuksissaan päätyneet siihen, että äiti on lapsen tärkein henkilö tämän ensimmäisten elivuosien aikana. Äärimmäisyyteen vietynä tämä johti äitien syyllistämiseen. Katsottiin, että äiti ei saa jättää lastaan hetkeksikään, jotta lapsi ei saisi traumaattisia kokemuksia hylkäämisestä. Jos lapsesta löytyi jotain vikaa, syytä etsittiin äidistä ja väärästä kasvatuksesta.

Myöhemmin tätä tulkintaa on kritisoitu ja on todettu, että lapsi kaipaa tosin turvallisuutta, mutta äidin ei yksin tarvitse olla vastuussa tämän turvallisuudentunteen ylläpitämisestä. Lapsi kestää kyllä eron vanhemmistaan, kunhan hän vain voi luottaa siihen, että ero ei ole lopullinen. Keskustelu äidin velvollisuuksista on kuitenkin nykypäivään asti ollut hyvä lyömäase työssäkäyviä naisia vastaan. Isän velvollisuuksista lasta kohtaan on samanaikaisesti keskusteltu hämmästyttävän vähän.

Kaikki äidit eivät kuitenkaan tyytyneet lääkäreiden ja psykologien kasvatusohjeisiin. Osa naisista luotti enemmän omiin kokemuksiinsa kuin auktoriteettien tarjoamiin neuvoihin. 1930-luvulla äidit alkoivat tehdä kasvatusoppaita, jotka oli kirjoitettu käytännön kokemuksen pohjalta. Ruotsalainen Margit Wohlin julkaisi vuonna 1932 kasvatusoppaansa »Pikku lapsi. Kasvatuksen seitsemän kultaista sääntöä», joka kuvastaa vapaampia kasvatusmenetelmiä ja uutta käsitystä äitiydestä. Wohlin esitti kasvatusmenetelmänsä lyhyinä ja ytimekkäinä sääntöinä: »Ole rehellinen lapselle», »Anna kylliksi tilaa lapsen elinvoimalle», »Rankaise harvoin — maltillisesti

Naisen hämmennykseen tarjottu vastaus on yksiselitteinen — avioliitto. Mutta silläkin on monta sisältöä. Tämä kuva kertoo kahdesta katolisten sisarten ylläpitämästä orpokodista vuosisadan alun Kiinassa, Ningpossa. Niistä toinen oli tarkoitettu tytöille, toinen pojille. Lapset kasvatettiin katolisuuteen ja heille opetettiin jokin käsityöammatti. Kun kasvatit olivat tarpeeksi vanhoja tuotiin pojat usein tyttöjen luo vierailulle. Tarkoituksena oli tällä tavoin saada solmituksi avioliittoja joiden avulla katolisen uskon asemaa Kiinassa voitaisiin vahvistaa.

— oikeudenmukaisesti», »Älä koskaan pelottele lasta». Näitä ohjeitaan Wohlin höysti humoristisilla esimerkeillä. Hän kritisoi vanhempien auktoriteettia korostavaa kasvatusta ja vaati vanhempia sen sijaan kunnioittamaan lapsen omaa tahtoa ja luovuutta.

Wohlinin kirjasta otettiin useita painoksia ja se käännettiin suomeksi vuonna 1937. Lisäksi Wohlinin teosta käytettiin Ruotsissa kurssikirjana kasvatustieteellisissä oppilaitoksissa. Siitä tuli eräänlainen raamattu pienten lasten vanhemmille, jotka hylkäsivät auk-

Jokaisen arjalaisen tytön velvollisuus oli mennä naimisiin. Hän oli lenkki saksalaisten sukupolvien saatossa eikä tämä lenkki saanut pettää. Puolison valintaa ohjattiin kymmenellä käskyllä:

1. Muista että olet saksalainen.
2. Jos olet perimältäsi terve, sinun ei pidä jäädä naimattomaksi.
3. Pidä ruumiisi puhtaana.
4. Sinun täytyy pitää myös mielesi ja sielusi puhtaana.
5. Saksalaisena sinun on valittava saksalainen tai pohjoista verta edustava puoliso.
6. Valitessasi puolisoa ota selville hänen sukutaustansa.
7. Terveys on ulkoisen kauneuden edellytys.
8. Mene naimisiin vain rakkaudesta.
9. Älä etsi itsellesi leikkitoveria vaan elämänkumppania.
10. Sinun pitää toivoa saavasi mahdollisimman monta lasta.

Bam-radan rakentajat, Irina ja Jevgeni.

toriteettia korostavan koulukunnan ja valitsivat vapaamman kasvatuksen, joka alkoi voittaa yhä enemmän kannattajia.

Äidin ja lapsen suhteen psykologisoiminen osui yhteiskunnallisesti varsin mielenkiintoiseen ajanjaksoon. Toisen maailmansodan aikana naiset olivat taas sankoin joukoin siirtyneet työelämään, kun miehet olivat sodassa. Sodan jälkeen työpaikat haluttiin antaa sodasta palaaville miehille. Naiset oli tavalla tai toisella saatava pois työmarkkinoilta. Naisten perhevelvollisuuksien korostaminen oli tässä tilanteessa tietysti hyvä strategia.

Perhesuunnittelu

Nykyisin äidit voivat luottaa siihen, että lapsi selviää hengissä aikuiseksi. Länsimaissa ei enää esiinny tappavia kulkutauteja. Jokavuotiset influenssaepidemiat ja lasten korvatulehdukset ovat ainoita sairauksia, joihin ei ole keksitty tehokasta lääkitystä. Lääketiede on tehnyt erilaiset lastentaudit vaarattomiksi ja helposti hoidettaviksi. Tällä hetkellä lääketiede on sen sijaan joutunut uudentyyppisten ongelmien eteen: miten hoitaa niitä vauvoja, jotka ovat jo ennen syntymäänsä saaneet äidiltään AIDS-tartunnan tai ovat huumausaineista riippuvaisia, koska äiti on käyttänyt huumausaineita odotusaikana. Erityisesti Yhdysvalloissa huumausaineiden käytön lisääntyminen on aikapommi, jonka pelätään lopullisesti karkaavan viranomaisten käsistä.

Kulkutautien ja lastentautien taltuttamisella on ollut merkittävä vaikutus äitiyteen ja perhesuunnitteluun. Samalla lääketiede on auttanut äitejä. Synnytykset olivat vielä 1800-luvulla vaarallisia, mutta nyt synnytykseen kuoleminen on harvinaista ja riskisynnyttäjät otetaan erityistarkkailuun jo raskauden alkuvaiheessa.

Länsimaissa lääketiede on ottanut tulevat äidit niin tehokkaaseen tarkkailuun, että kaikki eivät enää koe tarkkaan kontrolloitua odotusaikaa ja teknistynyttä synnytystä miellyttäviksi. Niinpä äidit ovatkin ryhtyneet vastustamaan äitiysneuvoloiden liiallista holhoamista. Samalla he ovat vaatineet pehmeämpiä synnytystapoja, joissa äidin ja lapsen tarpeet otetaan nykyistä paremmin huomioon. Vaatimusten taustalla näkyy naisten pelko siitä, että he eivät itse saa päättää edes omasta ruumiistaan, vaan yhteiskunta ottaa tulevan lapsen haltuunsa jo äidin kohdussa.

Perhesuunnittelu ja ehkäisy ovat kuitenkin lisänneet vanhempien päätösvaltaa. Lapsia hankitaan vasta sitten, kun se on taloudellisesti mahdollista. Myös ympäröivä yhteiskunta hyväksyy »järkevän» lapsenhankinnan eikä monilapsisuus enää ole toivottavaa. Lapsenhankinnan lykkääminen on samalla aiheuttanut länsimaissa uusia ongelmia — lapsettomuus on nykyisin yhä useammalle avioparille kipeä kysymys. Ongelmia syntyy silloin, kun halutaan välttämättä *oma* lapsi eikä adoptiolapsi kelpaa tai adoptiolapsen saaminen on vaikeaa.

Lapsettomuuden tutkimusta tuetaan voimakkaasti. Lapsettomille aviopareille tarjotaan erilaisia lääketieteellisiä ratkaisuja hormonihoidoista koeputkihedelmöitykseen. Samanaikaisesti maailmassa on liikaakin lapsia — kehitysmaissa ei riitä ruokaa kaikille. Miksi siis on välttämätöntä saada oma lapsi? Eikö lapsirakkautta voida osoittaa muulla tavoin? Länsimaisessa kulttuurissa perhe on yhteisö, joka perustuu biologiseen sukulaisuuteen. Vallitseva perheideologia on nostanut ihanteeksi keskiluokkaisen valkoisen ydinperheen, eikä ydinperhe enää ole »oikea», jos lapset ovat erivärisiä ja erirotuisia kuin vanhempansa. Erilaisuuden myöntäminen ja sen kunnioittaminen ei kuulu vallitsevaan perheideologiaan. Lasten tulee olla vanhempiensa kuvia ja tradition jatkajia eikä erilaisuuden ilmentäjiä.

Lapsettomuuden tutkimukseen liittyy tutkijoiden mahdollisuus päästä kontrolloimaan ihmisen geeniperimää. Kun perinnöllisyystieteilijät pääsevät lopullisesti selville siitä, miten geeniperimä määräytyy ja miten siihen voidaan vaikuttaa, heistä tulee uuden ihmiskunnan luojia. Geenimanipulaatiolla pyritään ensisijaisesti takaamaan se, että perinnölliset sairaudet poistuisivat. Mutta geenimanipulaatiota voidaan tietysti käyttää moniin muihinkin tarkoituksiin. Voidaan ennakolta päättää, millaisia lapsia halutaan. Halutaanko musikaalisia, matemaattisesti lahjakkaita, kielineroja vaiko kenties vähemmän älykkäitä yksilöitä? Viimeksi mainitut palvelevat yhteiskuntaa niissä tehtävissä, joita kukaan ei haluaisi tehdä, mutta jotka on pakko suorittaa, jotta yhteiskunta toimisi.

Rakkautta on monenlaista
me tarvitsemme arjen keskelle unelmia
vaikeudet alkavat
kun tahdomme tehdä niistä toden.
Unelma kuolee keittiössä, satu katoaa
kun se pistetään hakkaamaan mattoja.
Enkä minä tahtoisi sinun näkevän
itseäni pesemässä lattioita,
tukka likaisena,
juoksemassa valintamyymälästä toiseen.
On valittava: läsnäoleva, tukeva
arkirakkaus
tai unelma, paraatiasuissa,
hyväntuulinen.
Mutta jotkut saavat molemmat.
Heitä voisi kutsua elämäntaiteilijoiksi.

Arja Tiainen

Samalla voidaan ennakolta päättää myös lapsen sukupuoli. Kummatkohan mahtavat olla enemmän toivottuja, tytöt vai pojat? Vastaus löytyy ehkä nykypäivän Kiinasta, missä perheille suositellaan vain yhden lapsen hankkimista. Tämä on johtanut siihen, että tyttölapsia surmataan, kun perheet toivovat poikaa.

Yhdysvalloista ja Australiasta löytyy oireellisia ennakkotapauksia geenimanipulaation mahdollisuuksista. Vanhemmat voivat etukäteen esittää spermapankeille toivomuksia tulevan lapsensa ominaisuuksista. Huippuälykkäiden nobel-palkittujen miesten sperma on osoittautunut kysytyksi kauppatavaraksi. Varakkaille naisille on lisäksi tarjottu tilaisuus välttää ikävä raskausaika; köyhät naiset vuokraavat kohtunsa synnyttääkseen rikkaiden sisariensa lapset.

Ihanteeksi pieni perhe

Syntyvyydensäännöstely alkoi 1800-luvun lopussa keskiluokan ja yläluokan perheissä. Koska muita ehkäisykeinoja ei ollut, oli turvauduttava keskeytettyyn yhdyntään. Perhesuunnittelun syistä on esitetty useita tulkintoja. Yhden näkemyksen mukaan keskiluokka menetti 1870- ja 1880-luvulla talouslaman myötä uskonsa tulevaisuuteen, ja syntyvyyttä haluttiin säännöstellä elintason takaamiseksi. Keskiluokan miehet tekivät rationaalisen päätöksen rajoittaa lapsilukua. Toisen tulkinnan mukaan syntyvyydensäännöstely johtui naisista ja eräänlaisesta kotifeminismistä. Kun naiset saivat enemmän vaikutusvaltaa perheessä, he vaativat aviomiehiään suostumaan keskeytettyyn yhdyntään.

Naisilla oli hyvä syy pyrkiä syntyvyyden rajoittamiseen, sillä riski kuolla synnytykseen kasvoi sitä mukaa, mitä useampia raskauksia oli. Vasta 1800-luvun lopussa havaittiin, että hygienian parantaminen laski huomattavasti lapsivuodekuolleisuutta. Lääketieteen kehittyminen teki synnytyksen aikaisempaa turvallisemmaksi, ja synnytyksen jälkeiset tulehdukset kävivät harvinaisemmiksi. Kuitenkin vielä 1910- ja 1920-luvulla naimisissa olevien naisten yleisin kuolinsyy tuberkuloosin jälkeen oli synnytykseen kuoleminen. Toistuvat raskaudet aiheuttivat myös muita terveysriskejä.

Syntyvyyden rajoittaminen vaikutti merkittävästi naisten kokemuksiin äitiydestä ja avioliitosta. Viktoriaaninen käsitys avioliitosta suvunjatkamisen välineenä väistyi 1900-luvun alussa. Sen sijaan avioliiton päämääränä pidettiin puolisoiden välistä kumppanuussuhdetta ja seksuaalista täyttymystä. Keskiluokkaiset avioparit odottivat toisiltaan entistä läheisempää suhdetta. Korostettiin tyydyttävän sukupuolielämän merkitystä sekä avioliittoa tunnesuhteena. Niinpä 1920-lukua pidettiin jonkinlaisena seksuaalisen vapautumisen vuosikymmenenä. Mutta kenen ehdoilla vapautuminen tapahtui? Miten suuri mahdollisuus naisilla oli päättää omasta ruumiistaan ja omasta elämästään?

Kun valtiovalta huolestui syntyvyyden laskemisesta, julkisuudessa korostettiin, että jokaisen naisen velvollisuus ja luonnollinen tehtävä oli synnyttää niin monta lasta kuin suinkin mahdollista. Samanaikaisesti aviopuolisoiden keskinäinen suhde vaikutti merkittävästi siihen, oliko naisen mahdollista ennalta ehkäistä raskautta. Puolisoiden välisestä suhteesta riippui myös se, kokivatko naiset seksuaalisuutensa miellyttäväksi vai aiheuttiko se enemmänkin konflikteja ja tuskaa.

Keskiluokan naiset pyrkivät valistamaan työläisnaisia syntyvyydensäännöstelyn suhteen. Esimerkiksi vuosina 1926-29 Lontoossa tehtiin kysely työläisnaisten keskuudessa ja sen perusteella voitiin todeta, että nämä eivät tunteneet ehkäisymenetelmiä. Raskautta ei pyritty ehkäisemään ennakolta, vaan jälkikäteen. Toisin sanoen kun nainen huomasi olevansa raskaana, hän pyrki tavalla tai toisella aiheuttamaan keskenmenon. Abortti oli siis varsin yleinen ehkäisykeino työläisten keskuudessa. Tätä näkemystä tukivat myös englantilaisten ehkäisyklinikoiden tiedot 1920- ja 30-luvulta. Ehkäisyklinikoiden puoleen kääntyneistä työläisnaisista lähes puolet tuli sinne keskenmenon takia, joka oli joko itse aiheutettu tai luonnollinen.

Ehkäisyklinikoiden tietojen mukaan keskeytetty yhdyntä oli edelleen suosituin ehkäisykeino. Kondomi oli toiseksi yleisin ehkäisykeino ja aborttipillerit olivat kolmannella sijalla. Myös pessaarin käyttö oli varsin yleistä. Aborttipillerit olivat siis yleisessä käytössä, ja niitä sekä myytiin että mainostettiin eräänlaisena lääkkeenä. Mainoksissa todettiin, että nämä pillerit auttavat »epäsäännöllisiin» kuukautisiin. Joten kun kuukautiset olivat myöhässä, otettiin

Niin neiti ison koissa
kuin kuningas linnassansa,
niin miniä miehelässä
kuin vanki Venähäellä.
Jo ma tunnen orjan mielet
ja tunnen miniän mielet:
Ei oo raukka orja raukka
vaan raukka miniä raukka.
Vuos on olla orjan määrä
kaiken polvensa miniän.

Kanteletar

aborttipilleri kuukautisten aloittamiseksi. Näin raskaus keskeytettiin ja alulla oleva sikiö tuli ulos ikään kuin olisi ollut kyse tavallisista kuukautisista.

Eri maissa oli erilainen käytäntö aborttipillereiden suhteen. Englannissa ne olivat yleisiä vielä 1920- ja 30-luvulla, mutta Yhdysvalloissa ne alkoivat poistua käytöstä jo 1800-luvun lopussa. Yhdysvalloissa aborttipillereiden käyttö väheni, koska lääkärit pyrkivät tekemään abortista puhtaasti lääketieteellisen kysymyksen. Tässä vaiheessa aborttiin ei vielä liitetty moraalisia kannanottoja. Lääkärit halusivat saada yksinoikeuden määrätä abortista. Tätä perusteltiin terveydellisillä syillä. Lääkärit katsoivat, että ainoastaan heillä oli ammattinsa perusteella mahdollisuus tehdä raskauden keskeytys turvallisesti vaarantamatta naisen terveyttä. Samoin he halusivat saada oikeuden määritellä, milloin abortti oli tarpeellinen. Tässä vaiheessa muut keinot abortin tekemiseksi vähenivät. Yhdysvalloissa käytetyt aborttipillerit olivat yrttilääkkeitä eivätkä ilmeisesti kovin tehokkaita.

Yhdysvalloissa aborttia pidettiin pitkään lääketieteellisenä asiana. Lääkäreiden tekemien aborttien lisäksi naiset tekivät abortteja edelleen kotikonstein, vaikka 1800-luvun lopussa abortit kiellettiin lailla — kaikki muut paitsi lääkäreiden tekemät. Abortin lääketieteellistäminen takasi sen, että aborttikysymys pysyi pitkään pois julkisuudesta. Vasta 1960-luvulla abortista alettiin uudestaan keskustella julksisesti Yhdysvalloissa. Tällöin korostettiin abortin moraalista puolta, mikä synnytti voimakkaita reaktioita sekä abortin puolesta että sitä vastaan. Abortti on edelleen kuuma kysymys Yhdysvalloissa. Sen vastustajat tekevät hyökkäyksiä aborttiklinikoita

vastaan, ja republikaaniset presidenttiehdokkaat osoittavat puhdasoppisuutensa julistautumalla abortin vastustajiksi. Asian ajankohtaisuutta osoittaa sekin, että kesällä 1990 Louisianan osavaltiossa hyväksyttiin Yhdysvaltojen ankarin aborttilaki. Uuden lain mukaan abortin tekevä lääkäri voi joutua jopa kymmeneksi vuodeksi pakkotyöhön. Raskauden keskeytys suodaan ainoastaan raiskauksen tai insestin uhreille.

Ehkäisy vallan muotona

Keskeytetty yhdyntä ja kondomi ovat sikäli mielenkiintoisia ehkäisykeinoja, että ne kertovat jotain puolisoiden välisestä suhtees-

Kaikkiavaltias luodessaan naissukupuolta otti kohdun ja rakensi naisen sen ympärille.

Lääketieteen professori New Havenista 1870

Läähätä kuin koira, niin hänelle on opetettu. Pitää läähättää ja läähättää ja läähättää supistusten vyöryessä yli ruumiin. Ylhäältä alas. Alhaalta ylös, kuroen joka lihaksen kovaksi. Läähätä ettet työntäisi ennen kuin kohdunsuu on valmis, ennen kuin kohtu ja lapsi ovat valmiit. Läähätä kuin veturi ylämäessä.

Dea Trier Morch, Talvilapset

ta. Nehän ovat keinoja, joiden käyttäminen riippuu ennen kaikkea miehestä ja hänen halustaan ehkäistä. Pessaari ja abortti ovat puolestaan naisten käyttämiä ehkäisymuotoja. Eri ehkäisymenetelmiä voidaan analysoida puolisoiden välisen valtasuhteen kuvastajina.

Itse asiassa vaimot arvioivat miestään paljolti sen mukaan, miten huomaavainen mies oli tässä asiassa vaimoaan kohtaan. Tai kuten eräs työläisnainen itse sen ilmaisi: »Naisen elämä riippuu paljolti aviomiehestä. Nainen pärjää huonosti, jos hänellä on huono mies.» Jos mies oli valmis huolehtimaan ehkäisystä, vaimo arvosti häntä. Päinvastaisessa tapauksessa miehen haluttomuus ehkäisyyn tulkittiin välinpitämättömyydeksi vaimoa kohtaan.

Jos mies ei ollut halukas huolehtimaan ehkäisystä, se oli oikeastaan pahinta, mitä naiselle saattoi sattua. Naisella ei ollut yksinään mahdollisuutta ehkäistä muuten kuin jälkikäteen. Kysymys oli ehkä kuitenkin siitä, että mies jolla ei ollut auktoriteettia kodin ulkopuolella, saattoi ainoastaan suhteessa vaimoonsa harjoittaa jonkinlaista vallankäyttöä ja siitä syystä kieltäytyä ehkäisystä.

Ne naiset, jotka eivät saaneet miestään suostumaan ehkäisyyn, joutuivat turvautumaan aborttiin. Naisten keskinäinen solidaarisuus takasi aborttineuvojen välittämisen, vaikka abortti oli kielletty ja siitä sai aika ankaran rangaistuksen. Suurin osa aborttiin turvautuneista naisista oli naimisissa. Abortti oli suosittu ehkäisytapa senkin vuoksi, että riskitekijöistä huolimatta se oli kuitenkin suhteellisen turvallinen. On arvioitu, että vuonna 1935 Englannissa tehtiin 68.000 laitonta aborttia, joista 512 johti naisen kuolemaan.

Abortti voitiin tehdä monella eri tavalla. Aborttipillerit olivat sallittu tapa. Varsinaisilla enkelintekijöillä oli omat menetelmänsä, joiden on täytynyt olla hyvin epämiellyttäviä ja tuskallisia. Yksi mahdollisuus oli ruiskuttaa kohtuun kiniiniä tai saippuaa. Myös lääkä-

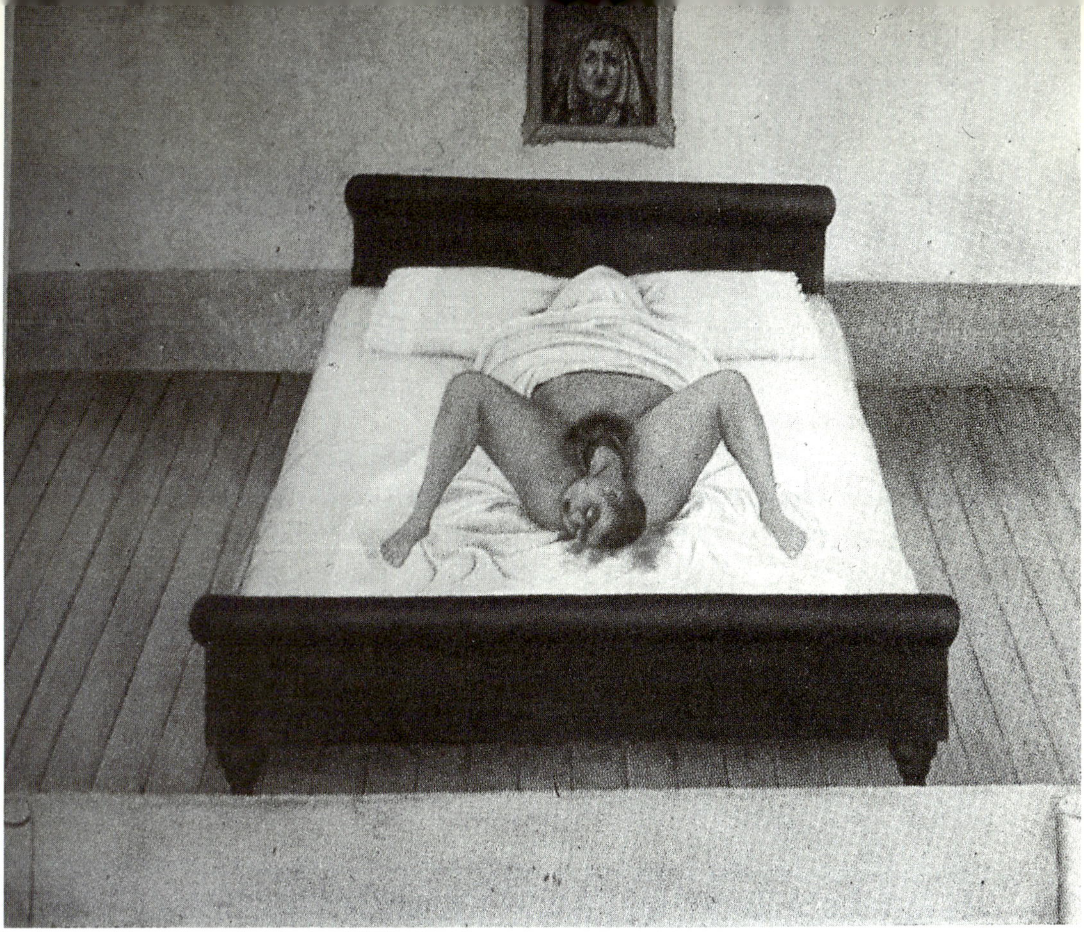

rit tekivät abortteja, mutta tällöin tekosyyksi esitettiin se, että raskaus vaaransi tavalla tai toisella äidin terveyden. Lääkärit olivat kuitenkin kalliita, joten köyhemmillä naisilla ei ollut mahdollisuutta käyttää lääkäriä, varsinkin jos he joutuivat toistuvasti turvautumaan aborttiin.

Myös ehkäisymenetelmän valinta oli taloudellinen kysymys. Kondomin käyttö yleistyi 1900-luvun alussa. Samalla niiden laatua parannettiin. Kondomit olivat kuitenkin sen verran kalliita, että työläisperheillä ei välttämättä ollut varaa niiden ostamiseen. Pessaarin käyttö oli yleisintä keskiluokassa. Siihenkin liittyi tiettyjä käytännön ongelmia. Pessaarin asettaminen vaati erillistä kylpyhuonetta, jota työläisperheiden asunnoissa ei yleensä ollut. Siispä työläisperheiden ehkäisymenetelmiksi jäivät yleensä keskeytetty yhdyntä ja abortti, jotka molemmat olivat enemmän tai vähemmän epävarmoja keinoja.

Lääkärit pitivät lisäksi keskeytettyä yhdyntää vahingollisena terveydelle. Sen negatiivisista vaikutuksista varoitettiin. Lääkärit totesivat, että keskeytetty yhdyntä aiheutti hermostuneisuutta, neurooseja ja väsymystä — erityisesti naisille. Toisaalta ei myöskään hyväksytty täydellistä pidättyvyyttä ja senkin väitettiin aiheuttavan neurooseja.

Perinteisesti ehkäisy on ymmärretty naisten asiaksi. Tämä on ollut hyvä perustelu sille, että miehet ovat helposti voineet vetäytyä vastuusta. Tälläkin hetkellä ehkäisy on ensisijaisesti naisten vastuulla, vaikka miehille on keksitty monenlaisia ehkäisykeinoja pillereistä lähtien. Miehille kehitetyt uudet ehkäisymenetelmät ovat saaneet julkisuutta, mutta niitä ei ole ryhdytty markkinoimaan suurelle yleisölle. Vaikuttaa siltä, että miehet ovat haluttomia käyttämään mitään hormonihoitoon viittaavia ehkäisykeinoja, koska niiden pelätään heikentävän miehisyyttä. Totta onkin, että esimerkiksi ehkäisypillereiden vaikutuksista ei vieläkään tiedetä tarpeeksi. Se toki tiedetään, että naisille tarkoitetuilla pillereillä on sivuvaikutuksia; ne saattavat aiheuttaa masennusta, unettomuutta, päänsärkyä, verenpaineen kohoamista jne. Kun mullistava pilleri keksittiin 1960-luvun alussa, naisille syötettiin aluksi huomattavasti voimakkaampia hormoniannoksia kuin nykyisin. Pillereiden hormonipitoisuuksia on vähitellen vähennetty, mutta vieläkin niiden käyttämisessä on riskinsä eikä pillereitä yleensä myönnetä yli 35-vuotiaille naisille.

Ehkäisyyn liittyy siis yhä monia ennakkoluuloja ja tabuja. Erilaisen hormonitoiminnan vuoksi miehille on helpompi luoda ehkäisymenetelmiä kuin naisille. Miehillä ei ole kuukautiskertoa, joka tekee naisen hormonijärjestelmästä monimutkaisen ja helposti järk-

F.P. Michet
1877

kyvän. Myös sterilointi on miehille huomattavasti yksinkertaisempi toimenpide kuin naisille. Jos nainen steriloidaan, hedelmällisyyden palauttaminen ei enää välttämättä onnistu. Miehen sterilointi on kirurgisesti helpompaa, ja sterilоinnin peruuttaminen on varsin helppoa. Silti suurin osa steriloiduista on naisia.

Seksuaalinen vapautuminen?

Osa lääkäreistä on pitänyt luonnollisena sitä, että valtiolla on oikeus kontrolloida kansalaistensa syntyvyyttä. Tämän ajattelutavan mukaisesti naisella ei ole oikeutta päättää omasta ruumiistaan, vaan hänen ensisijainen tehtävänsä on synnyttää uusia kansalaisia valtiolle. Naisten kannalta ongelmaksi muodostui 1920- ja 1930-luvulla se, että valtio kyllä harjoitti propangandaa syntyvyyden lisäämiseksi, mutta ei käytännössä juurikaan huolehtinut tulevista kansalaisistaan. Kun valtio ei todellisuudessa tukenut lapsiperheitä eikä äitejä, naiset eivät myöskään antaneet propagandan vaikuttaa päätöksiinsä ja rajoittivat syntyvyyttä.

Suurta perhettä pidettiin vielä 1800-luvulla vakaan perhe-elämän perustana, mutta 1920- ja 30-luvulla huomio kiinnittyi entistä enemmän parisuhteeseen. Monilapsisuus ei sopinut keskiluokkaiseen ihanteeseen kumppanuusavioliitosta, sillä lapset rajoittivat vanhempien toimintaa.

Naisten käsitys omasta seksuaalisuudestaan alkoi muuttua. Uudet avioliitto- ja sukupuolioppaat vaikuttivat omalta osaltaan siihen, että seksuaalikielteisyys väheni. Oppaissa annettiin neuvoja tasapainoisen sukupuolielämän saavuttamiseksi: »Kaikissa sukupuoliasioissa tulee määräämisvallan olla vaimon oikean ja ymmärtäväisen *harkinnan varassa*. ... Jos hän on kyllin terve omatakseen luonnollisen sukupuolivaiston ja tarpeeksi ymmärtäväinen käsittääkseen sen olemassaolon toisessakin ja antaakseen sille täyden arvon, niin ei hän ole oleva tarpeettoman itara tämän etuoikeutensa suhteen, samalla kuin hän toiselta puolen on pitävä siitä huolta, että siinä suhteessa pysytään kohtuuden rajoissa.»

Ehkäisy hyväksyttiin, koska ajateltiin että myös naisella oli oikeus nauttia seksistä. Tai ehkä kysymys on asetettava päinvastoin: ehkäisyn yleistyessä naiset saattoivat nauttia seksistä, kun enää ei ollut pelkoa ei-toivotusta raskaudesta.

Joka tapauksessa seksi ja suvun jatkaminen alettiin erottaa toisistaan. Toisaalta seksuaalisuuden korostaminen johti siihen, että naisten pelättiin vapautuvan liikaakin. Yleinen tendenssi oli kuitenkin sellainen, että naiset omaksuivat kaksi roolia. He pyrkivät samanaikaisesti olemaan sekä sensuelleja että äidillisiä. Aikaisemmin näitä kahta roolia oli pidetty toisilleen vastakkaisina ja naimisissa oleville naisille oli hyväksytty vain äidin rooli.

Iloisen 1920-luvun polkkatukkaiset, vapautuneet poikamiestytöt herättivät sekä pelkoa että ihailua: »Äsken hän oli ollut nuori tyttö, joka nauroi ja puhui uhkamielisen vapaasti, keimaili rohkeasti ja halusi seikkailuja. Nyt hän oli nainen, kylmä, ylpeä, maalattu, uhkaava. ... Hän oli nuori tyttö, hän oli vanha nainen, hän oli viaton ja kokenut, hän oli kylmä ja kuuma, intohimoinen ja torjuva.»

Tavallisten naisten todellisuus oli ilmeisesti toisenlainen. Keskiluokkaisille naisille asetettiin uusia vaatimuksia vapauden vastineeksi. Työläisnaiset eivät paljon ehtineet vapaudestaan nauttia: »Kaksi huonetta meillä oli, kamari ja makuuhuone. Siellä nukuttiin kaikki viisi, niin silloin oli tapana. Monilla oli enemmän lapsia, meillä olivat asiat hyvin. Äiti nousi öisin kolmelta, laittoi ruuan ja pani sen kauniisti käärittynä sänkyyn, jotta se pysyisi lämpimänä.»

Miten naiset selvisivät lastenhoidosta ja kotitaloustöistä alkeelli-

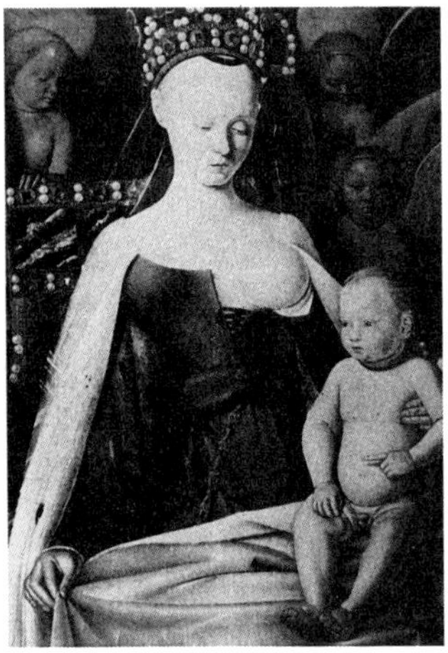

Michel Bourgeois
DAS EROTISCHE WERK
VON G. PICHARD

Idealisoivan äiti ja lapsi -asetelman rinnalla on olemassa eroottinen ja pronografinenkin madonna ja lapsi -kuvasto.

sissa olosuhteissa, ilman mukavuuksia? Mitä uudistuksia teknologia toi koteihin?

Kotitalous työnä ja tieteenä

Kotitaloustiede alkoi kehittyä Yhdysvalloissa 1800-luvun lopussa, joka oli ammatillistumisen kukoistuskautta. Esimerkiksi lääkärin työ tuli tässä vaiheessa entistä valvotummaksi ja tieteellisemmäksi. Samoin eri tieteenalat alkoivat eriytyä, kuten esim. sosiologia ja psykologia. Oli luonnollista, että myös kotitalous haluttiin ammatillistaa.

Ellen Swallow Richards, joka oli koulutukseltaan kemisti, otti kotitalouden tieteellistämisen tehtäväkseen. Hän suoritti monia perustutkimuksia kotitaloudesta, järjesti konferensseja ja huolehti alan julkaisuista. Kotitaloustieteilijät toivoivat voivansa luoda suoran yhteyden tieteellisen laboratorion ja tavallisen kodin välille. Tieteellisten löytöjen ja keksintöjen uskottiin olevan hyödyllisiä jokapäiväisiä askareita tehtäessä. Richards arveli biokemian vaikuttavan kotien ruuanlaittoon. Vastaavalla tavalla taloustieteen luultiin tuovan vallankumouksen taloudenhoitoon ja kuluttamiseen. Siivouksessa aloitettiin ristiretki bakteereja vastaan. Maailman puhtaana pitämisestä luotiin suuri tehtävä naisille, samoin kuin kansakunnan terveydestä.

Kotitaloustieteen syntymisen edellytyksenä oli teollisuuden tuoma muutos perheenemännän asemaan ja työhön. Teollistumisen myötä monet naisten perinteisesti hallitsemat tuotteet siirtyivät tehtaissa valmistettaviksi. Kankaita, vaatteita ja ruokaa ei enää ollut pakko tehdä kotona. Aikaisemmin naiset olivat näillä taidoillaan lunastaneet paikkansa yhteisössä, saavuttaneet arvonantoa sekä yllä-

Ennen kuin täytit,
yhden vuoden,
sait, kuten tässä maassa on tapana,
seitsemän rokotusta.
Niinpä suomalaislapsi ei enää
tukehdu kurkkumätään,
hänen kasvoissaan ei näe
syviä, pyöreitä rokonarpia
eikä häntä kanneta rullatuoliin
polion aiheuttaman halvauksen takia.
Irma Kerppola

pitäneet omanarvontunnettaan. Kun naisten hallitsemat työalat muuttuivat teollisiksi, tuli naisten kotityöstä ongelma. Miten naiset selviytyisivät uudessa tilanteessa ja pystyisivät säilyttämään työnsä mielekkyyden sekä omanarvontunteensa?

Kotitalouden tieteellistäminen oli yksi vastaus tähän ongelmaan. Se oli naisten vastaus modernin, teknologisoituvan yhteiskunnan haasteisiin. Kotitalouden tieteellistäjät eivät väittäneetkään tietävänsä kaikkea siivoamisesta, keittämisestä ja muista taloustöistä, mutta sen sijaan tiede muutti kotitalouden loputtomaksi seikkailuksi, uuden tiedon etsimiseksi. Perheenemännät haluttiin saada esittämään kysymyksiä ja tutkimaan taloudenpitoaan uudella tavalla tieteellisessä valossa, sillä »Kotitalouden tuntemusta pidetään nykyisten etevempien sosiologien käsityksen mukaan välttämättömänä kaikille naisille olkootpa missä yhteiskunnallisessa asemassa tahansa ...».

Suuri kotitalousvallankumous

Kotitaloustieteen voitto oli myös ideologinen kysymys. Kotitaloustiede tuki perhekeskeistä ajattelutapaa. Kotitaloustiede vahvisti käsitystä, että teollistuvan yhteiskunnan keskeinen kulutusyksikkö on ydinperhe. Toinen mahdollisuus olisi ollut kotitalouden muuttaminen osuustoiminnalliseksi tai kotitaloustöihin erikoistuneiden ammattihenkilöiden palkkaaminen.

Amerikkalainen Charlotte Perkins Gilman oli tunnetuin niistä naisaktivisteista, jotka vastustivat naisten eristämistä koteihin. He halusivat sen sijaan kehittää osuustoimintaperiaatteella toimivia taloja, joissa taloustyöt ja lastenhoito järjestettäisiin yhteisvoimin. Päämääränä oli tehdä suuri kotitalousvallankumous. Sen myötä kaikki kotitaloustyöt (ruuanlaitto, siivous, pyykinpesu ja lastenhoito) olisivat siirtyneet kodin ulkopuolelle ammattihenkilöiden tehtäväksi. Erityisesti Gilman kehitti ajatusta osuustoimintataloista, joissa ruoka voitaisiin hakea yhteiskeittiöistä ja joissa olisi lastentarhat ja palkatut ammattisiivoajat.

Utopistiset suunnitelmat epäonnistuivat, koska ne eivät saaneet riittävästi tukea naisasianaisilta. Naisasianaiset olivat enemmän kiinnostuneita poliittisen vaikutusvaltansa lisäämisestä kuin kotitalouskysymyksistä. Äänioikeustaistelu vei heidän voimavaransa, ja he hyväksyivät naisen kotiroolin pohtimatta sen seurauksia. Gilman oli yksi harvoista, jotka huomasivat naisasialiikkeen epärealistisuuden.

Suomessa rakennettiin muutamia keskuskeittiöillä varustettuja taloja, mutta nämä kokeilut eivät menestyneet. Osuustoimintatalojen epäsuosio johtui todennäköisesti Suomen maatalousvaltaisuudesta. Suomessa teollisuutta ja kaupunkeja oli vähän vuosisadan alussa, joten olosuhteet eivät olleet otolliset tämäntyyppiselle osuustoiminnalle. Lisäksi työväestönkin juuret olivat maaseudulla, minkä vuoksi perinteet houkuttelivat perhekeskeiseen asumiseen ja taloudenhoitoon eikä ryhdytty vakavasti pohtimaan, miten teollisuustaajamissa ja kaupungeissa kotitalous voitaisiin järjestää uudella tavalla.

Gilman ja muutamat muut naisasianaiset kritisoivat ydinperheeseen perustuvaa kotitalouskäytäntöä siitä, että perheelle omistautuminen ei antanut naiselle mitään mahdollisuutta omanarvontuntoon, koska kotitaloudessa ei enää tarvittu naisen erityistaitoja. Kotitaloustiede oli ideologinen ratkaisu myös siinä mielessä, että siitä muodostui arvokas väline keskiluokkaisten arvojen levittämisessä työläisperheisiin ja etnisiin vähemmistöryhmiin. Kodinhoidon ohessa näille ryhmille haluttiin opettaa oikea elämäntapa, joka merkitsi keskiluokkaista järjestystä ja yksityisyyttä spontaanisuuden ja naapuriavun sijaan. Yksityistymistä edesauttoi kotitalouskoneiden keksiminen. Niillä korvattiin palvelijat, ja koneet olivat osaltaan luomassa uudenlaista kulutusyhteiskuntaa 1920-luvulla. Tässä yhteydessä unohdettiin kotitaloustieteen alkuperäinen ajatus yksinkertaisesta taloudenhoidosta, sillä kotitalouksista tehtiin kaupankäynnin kohde. Kotitalouksilla haluttiin vahvistaa jatkuvasti kasvavia markkinoita.

Suomeen ensimmäiset kotitalouskoulut perustettiin jo 1800-luvulla. Kotitalouskysymykset alkoivat kuitenkin nousta enemmän esille varsinaisesti 1920-luvulla, jolloin kotitaloustiede herätti suurta innostusta. Tällöin perustettiin useita uusia kotitalousoppilaitoksia. Naistenlehdissä ryhdyttiin esittelemään uusien ihanteiden mukaista taloudenhoitoa: »Keittiö, missä emäntä kaasun ja sähkön, vesijohdon ja likaviemärin, koneitten ja ravintolaskelmien avulla ohjaa taloutta, on oleva se ihanne, johon jokaisen talousopettajan on opetettava kasvattiaan pyrkimään taloudellisessa elämässä.»

Kotitalousopetuksen suunnittelussa haettiin mallia ulkomailta. Erityisesti Yhdysvallat otettiin esikuvaksi kotitalousopetuksen erinomaisesta järjestämisestä. Erityistä ihastusta amerikkalaisessa taloudenhoidossa herättivät erilaiset tekniset apuvälineet. Niitä toivottiin tuotavan Suomeenkin.

Kotitaloustieteen kehittymisen myötä tyttöjen ammattikoulutus alkoi vahvasti painottua kotitalousopetukseen. Sen avulla tyttöjä voitiin ohjata ammattityöhön, mutta myös perheenemänniksi. Kuitenkin suurin osa naisista ansaitsi elantonsa muilla aloilla. Suomessa tämänsuuntainen ammattikoulutus johtui ainakin osittain kansalaissodasta. Sota oli jättänyt epäluulon, että työväestö ei osaa kasvattaa lapsiaan eikä hoitaa kotejaan. Voittajapuolen tuntoja kuvastaa Köyhäinhoitolehti vuodelta 1918: »Vielä on suuri vaara pu-

Lapsi aateloi naisen. Myös naisilla on taistelukenttänsä, jokainen kansakunnalle synnytetty lapsi on naisen taistelu kansakunnan puolesta.

naisten naisissa... Suurelta osin noitten naisten kodit ja niissä annettu kasvatus on syynä hirvittävän kauheaan sisällissotaamme. Punaisten raakuuksissa ennen kaikkea paljastui punaisten kotien ja näitten naisten raakuus, mikä hirvittävässä julmuudessa hakee vertaa. Yhteiskunnan ehdoton velvollisuus on tästä lähtien oleva, etteivät tällaiset hirviöt saa enää lapsia kasvattaa ja niihin istuttaa julkeaa raakuuttaan sekä kalvavaa vihaansa, joka saastuttaa lap-

sen koko sielunelämän.» Tyttöjen ammattikasvatuksen päämääräksi tuli opettaa työläistytöille, millainen oli hyvä äiti ja perheenemäntä.

Kotitalousinnostuksen vuoksi katsottiin jo vuonna 1929 aiheelliseksi varottaa, että kotitalous ei saisi tulla muotiasiaksi: »Tämä kotitalouden nousukausi on aivan kuin mennyt kaikille veriin, kotitalousala tuntuu kajastavan monen mielessä ainoana oikeana elämäntehtävänä. ... Älköön kotitalousalan elämänuraksi valitseminen tulko muotiasiaksi, vaan sille alalle pyrkivän tulisi saavuttaa omakohtainen vakaumus siitä, että hän todella kyvyiltään on valitsemansa tehtävän tasalla.»

Kotitalousoppilaitosten ohella eri naisjärjestöt ottivat kotitalousneuvonnan ohjelmaansa ja pyrkivät kaikin tavoin edistämään kotitalousopetusta. Marttajärjestö oli erityisen aktiivinen kotitalouskysymyksissä, mutta myös Maatalousnaiset ja Työläisnaisliitto omaksuivat samantapaisen toimintalinjan.

Työläisnaisliitolle kotitalousideologian omaksuminen merkitsi melkoista suunnanmuutosta aikaisempaan toimintaan verrattuna. Työläisnaisliiton linjamuutokselle löytyy useita taustatekijöitä. Naisten oli vaikea päästä johtopaikoille Sosialidemokraattisessa puolueessa, joten naiset hyväksyivät puolueen sisäisen työnjaon ja keskittyivät ns. naisten aloihin eli lasten ja äitien huoltoon sekä kotitalousneuvontaan. Työläisnaisliitolle kotitalousneuvonnan omaksuminen oli kuitenkin ennen kaikkea taloudellinen ja taktinen ratkaisu. Kotitalousneuvontaan ja raittiustoimintaan oli mahdollista saada valtionapua, jota Työläisnaisliitto saikin vuodesta 1924 lähtien. Liiton kassa kohentui ja väkeä virtasi naisosastoihin.

Kotitalousneuvonnasta tuli siis 1920- ja 30-luvulla yksi naisjärjestöjen tärkeimmistä toimintamuodoista. Kotitalousneuvonnalla saatiin järjestöihin mukaan sellaisiakin naisia, jotka eivät muuten olleet kiinnostuneita järjestötoiminnasta. Kotitalousneuvonta oli tärkeä ase, kun taisteltiin naisten sieluista. Miten uudet opit taloudenhoidosta sitten vaikuttivat tavallisten naisten elämään? Pystyikö kotitaloustiede todella helpottamaan perheenemäntien työtä, kuten oli tarkoitus?

Perheenemännän työn ammatillistaminen

Kotitaloustieteen kehittyminen johti perheenemännän työn tutkimiseen ja arvioimiseen kokonaan uudella tavalla. Perheenemännän työn arvostuksen lisääminen oli tärkeä osatekijä kotitaloustieteen kehittämisessä. Kun ympäröivä yhteiskunta muuttui nopeasti ja teollistuminen asetti uusia vaatimuksia eri ammattikunnille, näytti kotitalous olevan ainoa ala, joka ei uudistunut muun yhteiskunnan mukana. Naiset tekivät kotitaloustöitään samalla tavoin kuin olivat tehneet jo vuosisatojen ajan. Tähän kotitaloustiede pyrki tuomaan muutoksen. Kotitaloustyöt haluttiin ammatillistaa samoin kuin muutkin työalat. Ammatillistamisen arveltiin nostavan perheenemännän työn arvostusta samoin kuin koko kotitalousalan arvostusta yleensä.

Mitä kotitaloustöiden ammatillistaminen käytännössä merkitsi? Lähtökohtana oli ajatus, että perheenemännänkin tuli valmistautua ammattiinsa, sillä nykyaika asettaa vaatimuksia myös perheenemännän työlle. Enää ei riittänyt, että kotitaloustöitä tehtiin synnynnäisen taidon tai sattumanvaraisesti saadun tiedon pohjalta. Nyt korostettiin oikeiden työtapojen, asianmukaisten työtilojen ja terveellisen ruuan merkitystä: »Ei riitä, että emäntä omaa jonkinmoisen keittotaidon ... vaan häneltä vaaditaan tarkkaa silmää, terävää huomiokykyä ja taitoa järjestää taloutensa ajanmukaisuutta, säästäväisyyttä ja työtehoa silmällä pitäen.»

Aviomies on koko päivän tehnyt työtä. Hän on taistellut epäkohtia, järjettömyyttä, ilkeyttä, vääryyttä ja rumuutta vastaan. Astuttuaan kotilietensä kynnyksen yli hän astuu turvaan ja rauhaan. Hän tapaa vaimonsa hellyydessä voimakkaan siveellisen tuen, joka suo hänelle vakavuuden ja tasapainon. Hyvä ja järkevä vaimo auttaa ratkaisevasti miestään.

Jules Payot

Mä etsin parempaa todellisuutta ja se pakenee mun silmien edessä. Jos mä kierrän sen etupuolelle siitä näkyy selkä ja jos mä katson sitä takaa se häviää mun silmien edestä. Mä luulen että se löytyy jostain jos mä vaan osan kääntää nurin oikean kiven ja uskon etä sen alla on muutakin kun muurahaisia.

Saara Sarkkinen, Mä en

Tie moniavioisuudesta nykyperheen »nurinkäännetyn elämänjärjestyksen» irvailuun on pitkä. Todellisuus voi kuitenkin olla monimutkaisempi:

Kotitaloustöiden uudistamisessa kiinnitettiin huomiota kolmeen pääkysymykseen. Työtehoa pidettiin hyvin tärkeänä tekijänä perheenemännän työn helpottamisessa. Työn rationalisoiminen merkitsi kaikkien töiden tarkkaa suunnittelua etukäteen. Sen lisäksi kiinnitettiin huomiota tarkoituksenmukaisiin työskentelyolosuhtesiin ja oikeisiin työvälineisiin. Kotitaloutta rasittavasta epäkäytännöllisyydestä haluttiin nyt päästä lopullisesti eroon.

Toinen merkittävä kysymys oli ruokatottumusten muuttaminen terveellisemmiksi ja ruuanlaiton yksinkertaistaminen. Vitamiinit ja ravintoainetaulukot tulivat näin suomalaisten perheenemäntien tietoisuuteen. Myös valtiovalta oivalsi ravinnon kansanterveydellisen merkityksen, sillä vuonna 1936 asetettiin komitea selvittämään kansan ravintokysymystä.

Kolmas tekijä perheenemännän työn ammatillistamisessa oli sen arvioiminen kansantaloudelliselta kannalta. Korostettiin perheenemäntien keskeistä asemaa kulutuksen ohjaajina. Heitä kehotettiin pitämään kirjaa kaikista perheen kuluista. Pyrittiin säästäväisyyteen, sillä kotitalouksia pidettiin tärkeänä tekijänä kansantaloudessa. Erityisesti lamakautena 1930-luvun alussa perheenemäntien toivottiin suosivan kotimaista tuotantoa ostamalla kotimaisia tuotteita. Naistenlehdissä yritettiin perheenemäntiä opettaa vastuustaan tietoisiksi kuluttajiksi: »Älkäämme itse ostako mitään ulkolaista ja valistakaamme naapureitammekin tässä asiassa. Oppikaamme ajattelemaan pikku taloutemme hoidossa laajemmin, kansantaloudellisesti, sillä pikku talouksistahan koko kansantalous muodostuu. Samalla kun me opimme karttamaan ulkolaisen tavaran ostoa, opimme yleensä tulemaan toimeen omillamme ja se on

Mitä sinä minulle teet,
kun en laita ruokaa sinulle
keskellä yötä?
Mitä sinä minulle teet,
kun en tuo kaljaa käteesi?
mitä sinä minulle teet,
kun kännipäissäsi taas
pillua vaadit?
Turpaanko taas annat,
jos en sitä kaikkea tee?

Tuula Viljanen

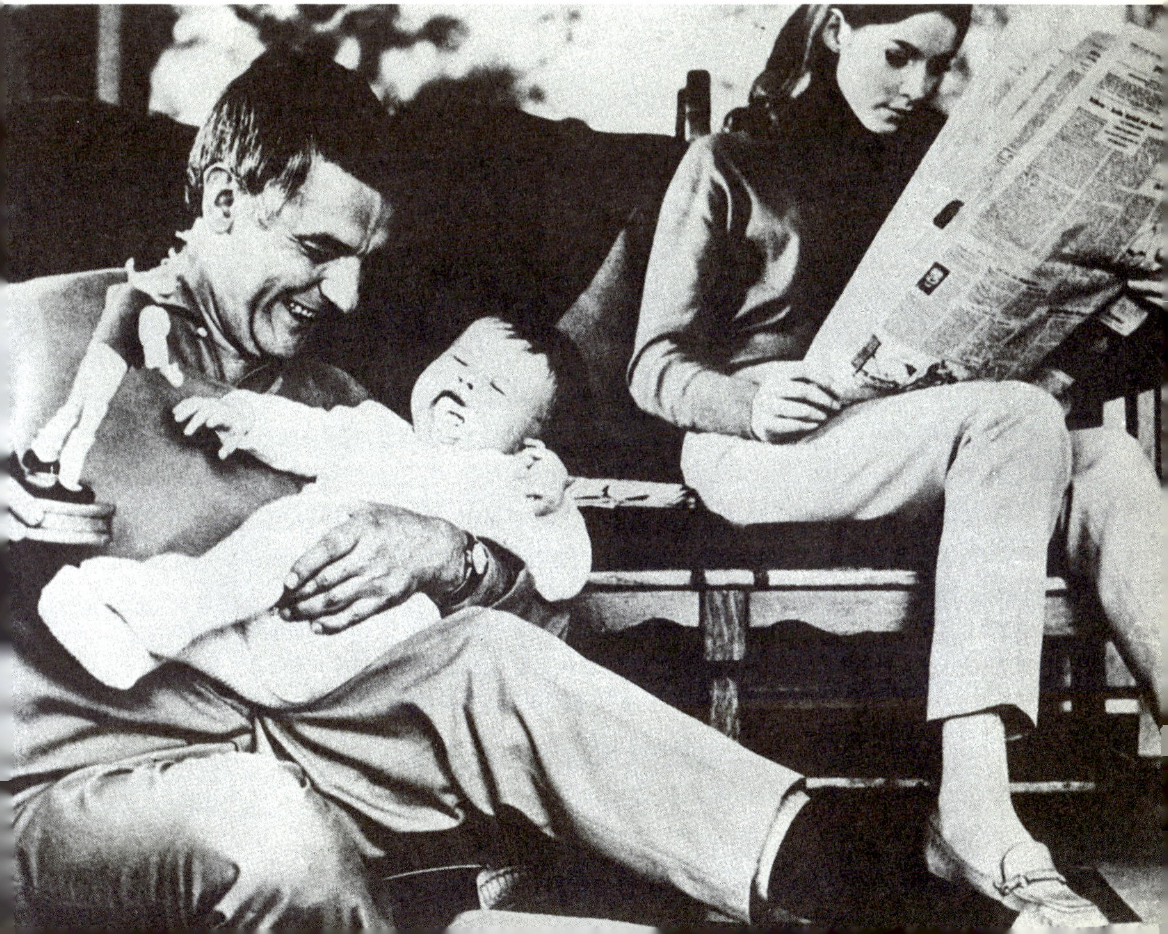

oikea tie sekä yksityisen että koko kansamme hyvinvointiin.»

Suomi oli kuitenkin 1920- ja 30-luvulla hyvin maatalousvaltainen maa. Vuonna 1930 ammatissa toimivista suomalaisista 61 prosenttia sai elantonsa maataloudesta. Maatalousvaltaisuuden vuoksi kotitaloustiede ei voinut Suomessa kehittyä niin voimakkaasti kulutusta ja kodinkoneita suosivaksi kuin muissa, teollistuneemmissa maissa. Suomalaisille maalaisemännille ja työläisvaimoille kodinkoneet olivat vielä tarpeetonta ylellisyyttä. Pääasia oli saada taloudenhoidon perusasiat siedettävälle tasolle, sillä monissa taloissa vesi piti vielä kantaa kaivosta, talousrakennukset oli sijoitettu kauas toisistaan, minkä vuoksi emäntä joutui tarpeettomasti juoksemaan paikasta toiseen jne.

Perheenemännän työpäivä oli 1930-luvun puolivälissä vielä varsin pitkä. Tutkimuksen mukaan maanviljelijäemännän työpäivä kesti keskimäärin 12.3 tuntia. Tavallisen perheenemännän työpäivä oli puolestaan 10.5 tuntia. Emännän työtaakka oli suurin pienillä tiloilla, joissa aputyövoimaa oli vähän tai ei lainkaan. Helpoimmalla pääsivät suurten tilojen emännät, koska heillä oli palkattua työvoimaa avustamassa. Ne emännät, joiden päivittäinen työaika oli noin 8 tuntia, olivat kaikki isojen tilojen emäntiä. He eivät joutuneet juurikaan osallistumaan maanviljelystöihin. Sen sijaan he käyttivät runsaasti aikaa käsitöihin ja kotitaloustöihin sekä töiden johtamiseen.

Emäntien työmäärää lisäsivät erityisesti pienet lapset, joiden hoitamiseen kului runsaasti aikaa. Työpäivä oli siis yleensä sitä pitempi, mitä nuorempi emäntä oli. Pisimmillään emännän työpäivä saattoi saattoi olla jopa 16.5 tuntia. Näin pitkän työpäivän teki 26-vuotias pienviljelijän emäntä Karjalan kannakselta. Hänellä oli neljä lasta, joista vanhin oli 7-vuotias. Tilalla oli peltoa 7 hehtaaria ja 3 lehmää. Lisäksi oli vähän pienkarjaa ja 10 aarin puutarha. Mies oli valtion tietöissä eikä tilalla käytetty lainkaan palkattua aputyövoimaa. Emännältä meni päivittäin 6.5 tuntia maataloustöihin, 5.2 tuntia ruuanlaittoon ja kodinhoitoon sekä 3 tuntia lastenhoitoon. Nukkumiseen hän käytti vajaat 5 tuntia. Harrastuksiin ja muuhun virkistäytymiseen ei jäänyt lainkaan aikaa.

Kotitaloustiede pystyi ainakin jossain määrin helpottamaan naisten kotityötä tarjoamalla virikkeitä ja uusia työtapoja. Erilaisilla kursseilla opetettiin käytännössä, miten kotityöt voitiin tehdä aikaisempaa helpommin ja nopeammin.

Pitemmälle teollistuneissa maissa kotitaloustiede suunnattiin varsin nopeasti kulutuskysymyksiin. Pahimmillaan kulutuksen ohjaus ja neuvonta muuttuivatkin kuluttajien manipuloimiseksi, sillä kotitalouskoneita kaupattiin teollisuuden ja kaupankäynnin edistämiseksi eikä suinkaan kotitaloustöiden helpottamiseksi. Yhdysvalloissa perheenemännälle keksittiin vuonna 1928 osuva nimitys Rouva Kuluttaja, mikä osoittaa kotitaloustieteen rappiota. Kotitaloustiede ei enää palvellut naisten vaan liikemaailman etuja.

Samoin teollisuudesta omaksutut opit työn rationalisoinnista ja ajan säästämisestä eivät oikein soveltuneet kotitalouteen. Niissä edellytettiin erikoistumista ja työnjakoa, mitä ei voitu toteuttaa kotitaloudessa. Perheenemäntä oli samanaikaisesti sekä työnsä suunnittelija että sen tekijä. Hänen mahdollisuutensa työn organisoimiseen rajoittui lähinnä siihen, missä järjestyksessä ja millä työvälineillä eri työt oli paras tehdä. Kodinkoneet helpottivat naisten työtä, mutta perheenemäntien työaikaa ne eivät välttämättä lyhentäneet, koska koneiden huoltaminen vaati oman aikansa. Todellisuudessa perheenemäntien työaika pidentyi 1920-luvulta lähtien, sillä uudet vaatimukset siisteydestä, lastenhoidosta ja terveellisemmästä ruuasta alkoivat lyödä itsensä läpi. Lisäksi töiden rationalisoinnin sunnittelukin vaati oman aikansa.

Kun kaupunki varhaisen antiikin aikana vallattiin tai ryöstettiin, miespuoliset vangit joko tapettiin tai heidät päästettiin vapaiksi lunnaita vastaan. Naiset ja lapset otettiin orjiksi. Esimerkiksi sotilasleireillä oli runsaasti naisia palvelemassa kreikkalaisia valloittajia. Myös orjakaupassa naiset olivat käypä kauppatavara eri puolilla Välimeren perukkaa.

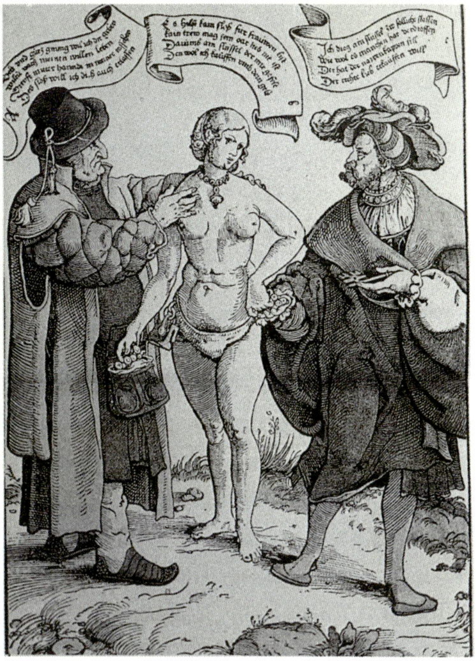

Siveysvyö oli eräs keskiajan groteskeimpia miehisen vallan ja omistusoikeuden ilmenemismuotoja. Mutta vielä esimerkiksi Pariisissa pidätettiin 1932 mies, joka käytti samaa menetelmää ns. miehisen kunniansa turvaamiseksi.

Kotitalousneuvonta pyrittiin pääosin suuntaamaan työläisnaisille, sillä heidän uskottiin eniten olevan opastuksen tarpeessa. Naiset ottivat neuvonnan auliisti vastaan, koska hyvä taloudenpito oli naiselle kunnia-asia, oli hän sitten maalaisemäntä, keskiluokkainen perheenemäntä tai työläisvaimo. Työläisnaisilla oli taloudellisesti huonoimmat edellytykset hyvään kodinhoitoon, koska heidän piti tulla toimeen sillä niukalla summalla, minkä mies heille antoi.

Naiset olivatkin ylpeitä, jos saattoivat ansaita hieman omaa rahaa käsitöillä, ompelutöillä yms. tai jos he jopa onnistuivat säästämään pienestä talousrahastaan. Sekin oli riittävä saavutus, jos pystyi tulemaan toimeen tarkalla budjetilla ja taitavalla ruuanlaitolla. Naapurista voitiin tiukan paikan tullen lainata tavaroita tai rahaa. Tapana oli, että lainattu tavara maksettiin takaisin tavarana. Jos lainattiin kuppi sokeria, maksettiin takaisin kuppi sokeria. Naapuriapu oli työläisnaisille tärkeä asia; koskaan ei tiennyt, milloin itse saattoi joutua lainaamaan, joten jokaisella oli velvollisuus auttaa muita.

Hyvä taloudenhoito oli perhe-elämän tukipilari. Miehet eivät yleensä puuttuneet vaimonsa taloudenhoitoon, mutta vaimon epäonnistuminen tässä tärkeässä tehtävässä johti erimielisyyksiin ja mahdollisesti myös väkivaltaan. Vaimon oli esitettävä selviytyvänsä taloudenhoidostaan helposti, vaikka se saattoi todellisuudessa olla kovan työn takana. Raha-asioista ei yleensä keskusteltu, vaan mies odotti vaimon selviävän sillä summalla, jonka hän luovutti viikoittain tai kuukausittain.

Epäilemättä nainen sai tietynlaista valtaa toimiessaan perheen taloudenhoitajana. Perhe-elämä keskittyi paljolti naisen ympärille, kun hän hoiti lapset, kodin ja talousasiat. Monissa perheissä nainen oli todellinen johtaja: »Äiti piti enemmän ohjaksia käsissään. Hän oli voimakkaampi tyyppi kuin isä. Hän piti koko huushollin johtolangat käsissään. Talousasiat ja raha-asiat ja tommoset hoiti pääpiirteittäin.» Tämä suomalaisen naisen esittämä kuvaus lapsuudenkodista ei ole mitenkään harvinainen. Naisen hallitessa kotia mies jäi väistämättä ulkopuoliseksi, jonka tehtävänä oli hankkia perheen elatus. Tietysti miehen asema perheessä riippui paljolti hänestä itsestään. Jos hän auttoi vaimoaan kotitöissä ja osallistui lastenhoitoon, hänen roolinsa perheessä saattoi muodostua yhtä tärkeäksi kuin naisen.

Pyhästä perheestä kulutusyksiköksi

Teknologian tulo koteihin johti muutoksiin perhe-elämässä. Perheistä alkoi tulla kulutusyksiköitä, joille markkinoitiin uusia tuotteita — autoja, radioita, kylmäkaappeja sekä muita kodinkoneita. Yhdysvalloissa uudet tuotteet otettiin innokkaasti vastaan jo 1920- ja 30-luvulla. Radio ja auto alkoivat tulla tärkeäksi osaksi perheen

Kaksi kuvaa naisen todellisuudesta. Neuvostoliitossa »naisen vapauttaminen» on merkinnyt kaksinkertaista taakkaa: työtä ja perhettä. Asenteet eivät ole muuttuneet tasa-arvoisiksi. Yhdysvalloissa puolestaan erityisesti 20-luvulla, mutta vielä 50-luvullakin ihannoitiin kotirouvaa lähes äärimmäisyyteen asti. Myöskään siellä todellisuus ja tavoiteltu ideaalikuva eivät kohdanneet toisiaan.

vapaa-ajan viettoa. Vuoden 1929 pörssiromahdus ja sitä seurannut lamakausi hillitsivät kulutusta, mutta johonkin elintasoon tottuneet perheet eivät mielellään luopuneet saavuttamastaan elämäntavasta eivätkä elintasosta.

Nopea kaupungistuminen ja uusi kaupunkisuunnittelu loivat modernin asumismuodon — lähiöt. Kaupunkien ulkopuolelle alettiin rakentaa erillisiä asuinlähiöitä, mikä merkitsi työn ja kodin lopullista erottamista toisistaan. Työ tehtiin kaupunkien keskustassa, ja perhe asui kaupungin ulkopuolella erotettuna muusta maailmasta. Lähiöasumisen yleistyessä perheen yksityistyminen saavutti huippunsa. Jokainen perhe asui omassa pienessä talossaan tai omassa huoneistossaan. Naapureiden kanssa tehtiin tuttavuutta vain sen verran kuin kohteliaisuus edellytti. Keskiluokkainen perhe alkoi samanaikaisesti eristäytyä myös sukulaisistaan. Sukulaisia toki tavattiin, mutta suurin osa vapaa-ajasta haluttiin viettää oman perheen parissa.

Työläisperheissä kollektiivisuus säilyi pitempään. Kun asuttiin ahtaissa tiloissa ja puutteellisesti varustetuissa huoneistoissa, ei ollut halua eikä mahdollisuutta yksityisyyteen. Työläiskortteleissa naapureiden keskinäinen avunanto oli usein edellytys toimeentulolle. Naapurit lainasivat tavaroita ja ruokaa sekä vaihtoivat palveluksia. Samoin suhteet sukulaisiin pysyivät kiinteinä, koska sosiaaliturvan puuttuessa sukulaiset olivat ainoa tuki. Yhteydenpito sukulaisiin oli erityisesti naisten vastuulla. Naiset järjestivät yhdessä tärkeät perhejuhlat; suku kokoontui häihin, hautajaisiin ja ristiäisiin. Kun työttömyys tai kuolema vaaransi perheen toimeentulon, apua haettiin ensiksi sukulaisilta.

Valtiovalta ydinperhettä puolustamassa

Työläisperheiden kollektiivinen elämäntapa herätti syvää huolta keskiluokassa ja hallitsevissa piireissä. Miten voitiin hallita tällaista työläisjoukkoa, joka ei edes viettänyt oikeaa perhe-elämää eikä asunut soveliaalla tavalla?

Keskiluokan harjoittama valistustoiminta oli yksi vastaus tähän ongelmaan. Työläisperheille haluttiin opettaa oikea perheideologia. Samoin työläisperheiden haluttiin luopuvan naapuriapuun ja sukulaissuhteisiin perustuvasta taloudenhoidostaan. Heidän toivottiin siirtyvän kollektiivisesta asumismuodosta yksityisyyteen.

Palkkapolitiikka oli tehokas keino järjestää perheen sisäisiä suhteita. Kun miehille alettiin maksaa perhepalkkaa, varmistettiin, että vaimot pysyivät kotona. Toinen vaikutuskeino oli työläisten vakuutusjärjestelmän muuttaminen. Jos mies kuoli, hänen vaimolleen maksettiin eläkettä, mutta eläkkeen ehtona oli, että vaimo ei käynyt työssä eikä avioitunut uudestaan. Eri valtioiden harjoittama sosiaalipolitiikka on 1800-luvun lopusta lähtien tukenut voimakkaasti sellaista perhemallia, että mies on perheen elättäjä ja vaimo hänestä riippuvainen. Naisen taloudellinen riippuvuus miehestä on ollut modernin hyvinvointivaltion keskeinen periaate.

Perhepalkkajärjestelmää ei kannattanut pelkästään valtiovalta, vaan myös miesten hallitsema ammattiyhdistysliike ryhtyi vaatimaan sitä 1800-luvun lopussa. Työläismiehet olivat siis edesauttamassa sukupuolten välisen työnjaon toteutumista. Myös ammattiyhdistysliikkeen naispuoliset johtajat kannattivat jyrkkää työnjakoa sukupuolten välillä. He arvelivat työläisperheiden hyötyvät siitä, että naimisissa olevat naiset vetäytyivät pois työmarkkinoilta.

Perheideologia sai uusia piirteitä Yhdysvalloissa 1920-luvulla. Työläisten lakkoilua ja levottomuuksia pyrittiin hillitsemään per-

Jotkut naiset naivat talon.
Se on ikäänkuin toinen keho; sillä on sydän,
suu, maksa ja suolisto.
Seinät ovat kestävät ja ruusunpunaiset.
Katso miten hän polvillaan joka päivä
uskollisesti pesee ja siivoaa.
Mies tulee sisään voimalla,
kuin lihallisen äitinsä syliin.
Nainen *on* hänen äitinsä.
Se on pääasia.

Anne Sexton

heeseen vetoamalla. Työläisille tarjottiin uusista lähiöistä pieniä omakotitaloja ostettavaksi. Kun miehellä oli velkaa omasta talostaan sekä perhe kotona odottamassa, hänellä ei ollut varaa ryhtyä lakkoon. »Hyvät kodit tekevät tyytyväisiä työläisiä» muodostui tämän ajan iskulauseeksi. Työläismiehille tarjottiin amerikkalaista unelmaa omasta kodista ja onnellisesta perheestä.

Kulutusideologialla pyrittiin poistamaan luokkarajat. Uudessa uljaassa kulutusyhteiskunnassa ei olisi enää työläisiä eikä työnantajia, vaan kaikki olisivat vain kuluttajia. »Maksakaa työläisille enemmän, myykää heille enemmän, vauraus tuo tasa-arvon», kehotettiin amerikkalaisia työnantajia.

Niinpä myös työläisperheiden elämäntapa alkoi muuttua 1920- ja 1930-luvulla. Lähiöiden rakentamisen myötä asumistaso parani, mutta ihmiset sulkeutuivat koteihinsa. Yhteydenpito muihin ihmisiin väheni, ja naapuriapu alkoi menettää merkitystään. Tätä edesauttoi sosiaaliturvan ja sosiaalilainsäädännön kehittyminen. Perheet halusivat tulla toimeen omillaan eikä sukulaisilta tai naapureilta enää mielellään pyydetty apua. Keskiluokan tarjoama malli ei ehkä niinkään vaikuttanut työläisperheisiin, vaan taloudellisten ja yhteiskunnallisten olosuhteiden muuttuminen.

Toisen maailmansodan jälkeen eri valtioiden toteuttama sosiaalipolitiikka on jatkanut aikaisemmin omaksuttua linjaa. Ydinperhe on määritelty normiksi, josta kaikki muut perhemuodot ovat poikkeamia. Kun syntyvyys laski edelleen sodan jälkeen, alettiin kiinnittää enemmän huomiota äitiysneuvontaan, lastenhuoltoon ja lasten koulutukseen. Naisen rooli määriteltiin siten, että hänen päätehtäväkseen tuli äitiys ja mahdollinen työssäkäynti oli sivuseikka. Voimakas perheideologian korostaminen johti väliaikaisesti syntyvyyden kasvuun muutamissa maissa. Suomessa syntyivät suuret ikäluokat sodan jälkeen, ja perhemyönteinen ilmapiiri jatkui 1950-

luvun loppuun saakka. Vuonna 1942 perustettu Väestöliitto oli omalta osaltaan luomassa perhekeskeistä ajattelutapaa. Yhdysvalloissa naiset halusivat 1950-luvulla saada aikaisemman kahden lapsen sijasta neljä, viisi tai kuusikin lasta. Miten naiset sopeutuivat uuteen rooliinsa?

Uusi uljas perheenemäntä

»Avioliitto muotoutuu eri tapauksissa erilaiseksi. Mutta monien naisten päivät kuluvat suurin piirtein samaan tapaan. Aamuisin mies lähtee vaimonsa luota kiireesti, ja iloisena nainen kuulee oven kolahtavan, hän on tyytyväinen saadessaan taas tuntea itsensä vapaaksi, olla oma itsensä, hallita yksin omaa kotiaan. Sitten lapset menevät kouluun, ja äiti jää yksin koko päiväksi; pieni kehto tai leikkikehä eivät ole mitään seuraa. Nainen käyttää lyhyen tai pitkän ajan ulkonäkönsä ja talouden hoitamiseen. Jos hänellä on kotiapua, hän antaa neuvoja, viipyy keittiössä juttelemassa, muuten hän kävelee hiljakseen torille, vaihtaa muutaman sanan elinkustannuksista naapurinrouvien tai torimyyjien kanssa. Hän vie pienimmät puistoon ja istuu neulomassa tai ompelemassa vahtiessaan näitä, tai sitten hän istuu kotona ikkunan ääressä paikkaamassa vaatteita. Kädet työskentelevät, mutta ajatukset eivät. Vaimo miettii huoliaan, punoo suunnitelmiaan, uneksii ja ikävystyy. Mikään hänen puuhistaan ei ole päämäärä sinänsä. Ajatukset harhailevat aviomieheen ja lapsiin, jotka käyttävät näitä paitoja, jotka syövät äidin laittaman ruuan. Vaimo elää vain perheelleen, mutta onko perhe edes hänelle kaikesta tästä kiitollinen?»

Näin kuvaili Simone de Beauvoir perheenemännän elämää 1940-luvun lopussa. Beauvoir suhtautui hyvin kriittisesti naisen

Monet naisjärjestöt ovat pyrkineet naisen aseman yleiseen parantamiseen, mutta käytännössä vahvistaneet naisen asemaa perheenäitinä, jopa idealisoineet sen. Marttojen Emäntälehdessä kirjoitettiin 1925: Tuo niin usein juhlapuheissa lausuttu lause: »se käsi, joka kätkyttä kiikuttaa, hallitsee maailmaa», on alkanut muuttua uskottavaksi. Se on ihana tunnustus kodin valtiattarille, mutta samalla myöskin raskas velvollisuus kaikille, jotka luoja on asettanut vaalimaan kodin tulta.

Kaikenlainen reippaus kuului Lotta-järjestön ohjelmaan. Naisen roolin kannalta olennaista oli, että järjestön toiminta keskittyi muonitukseen, vaatehuoltoon, lääkintätehtäviin ja toimistotyöhön eli naisten perinteisille aloille.

kotirooliin. Hän asetti selkeät ehdot naisten vapautumiselle, ja tärkein päämäärä oli taloudellinen riippumattomuus. Niin kauan kuin nainen oli taloudellisesti miehestä riippuvainen, hänellä ei ollut mahdollisuutta tulla itsenäiseksi yksilöksi. Kärjistetysti Simone de Beauvoir nimitti avioliittoa laillistetuksi prostituutioksi: mies maksoi vaimolleen seksuaalisista palveluista ja kodinhoidosta.

Sodan jälkeen naiset haluttiin palauttaa koteihin. Tämä onnistuikin, ainakin jossain määrin. 1950-luvun lopussa amerikkalaisten naisten keskimääräinen avioitumisikä laski 20:een. Naisopiskelijoiden osuus laski samanaikaisesti 35 prosenttiin, kun se oli vuonna 1920 ollut 47 prosenttia. Sata vuotta aikaisemmin naiset olivat

Ompeluseurat ja erilaisten naisten kerhot ovat olleet naisten omaa aluetta. Samalla ne ovat usein vahvistaneet perinteistä naiskuvaa. »Tuppervaara»-ideologia muutti tämän yhdistelmän rahaksi.

taistelleet korkeamman opetuksen puolesta — nyt tytöt kirjoittautuivat yliopistoihin löytääkseen itselleen miehen. Avioliitosta tuli naisen tärkein päämäärä. Kolmannes amerikkalaisista naisista oli sijoittunut työmarkkinoille, mutta harvoilla heistä oli jokin varsinainen ammatti. He olivat yleensä naimisissa olevia naisia, jotka tekivät puolipäivätyötä myyjättärinä tai konttoristeina kustantaakseen miestensä tai poikiensa opinnot.

Suomessa sen sijaan naisten työssäkäynti jatkui sodan jälkeen. Se jopa yleistyi 1950-luvulla. Kaupungeissa asuvista, naimisissa olevista naisista 45 prosenttia kävi työssä vuonna 1960. Sodan jälkeen teollistuminen tapahtui Suomessa niin nopeasti, että oli otettava käyttöön kaikki mahdolliset työvoimareservit. Toisaalta naisten työssäkäymisellä oli pitkät perinteet. Jo 1900-luvun alkupuolella naisten työssäkäyminen oli varsin yleistä Suomessa.

Amerikkalaisesta kotirouvasta oli kuitenkin tullut esikuva kaikille naisille. Betty Friedan esitti ironisen kuvauksen amerikkalaisesta unelmasta: »Esikaupunkirouvasta oli Amerikassa tullut nuorten naisten haavekuva ja häntä kadehtivat — niin sanottiin — naiset ympäri maailmaa. Tieteen saavutukset ja työtä helpottavat kotitalouskoneet olivat vapauttaneet amerikkalaisen kotirouvan raadannasta, synnyttämiseen liittyvistä vaaroista ja isoäidin kärsimistä taudeista. Hän oli terve, kaunis, sivistynyt, kiinnostunut yksinomaan miehestään, lapsistaan, kodistaan. Hän oli löytänyt naisellisuutensa aidon täyttymyksen. Aviovaimona ja äitinä häntä kunnioitettiin omassa maailmassaan elävän miehen tasaveroisena kumppanina. Hän sai vapaasti valita minkälaisen auton, minkälaiset vaatteet ja kotitalouskoneet hän halusi, mitä ostoskeskusta hän käytti: hänellä oli kaikki mitä nainen voi toivoa.»

Amerikkalaisella kotirouvalla oli kaikki mitä hän saattoi toivoa, mutta jotain puuttui. Betty Friedan julkaisi vuonna 1963 kirjan

»Naisellisuuden harhat», jossa hän rikkoi myytin onnellisista perheenemännistä. Naisilla oli ongelma, jolle ei ollut olemassa nimeä. Naiset olivat ahdistuneita, turhautuneita ja neuroottisia kaiken yltäkylläisyyden keskellä. Betty Friedanin tekemät haastattelut paljastivat unelman pimeän puolen: »Jos tavallisen arkiaamun tapahtumista meidän kodissamme tehtäisiin elokuva, se muistuttaisi jotain Marx-veljesten komediaa. Tiskaan, vien vanhemmat lapset kiireen kaupalla kouluun, syöksyn ulos puutarhaan hoitamaan kukkapenkkejä, juoksen takaisin sisälle soittamaan jostakin yhdistyksen kokouksesta, autan nuorinta lastani rakentamaan palikkataloa, selaan neljännestunnin kuluessa sanomalehdet läpi, jotta pysyisin ajan tasalla, laukkaan kellariin käynnistämään pesukoneen; pyykki, jonka pesen kolme kertaa viikossa riittäisi koko vuodeksi alkukantaiselle kyläyhteiskunnalle. Keskipäivän tienoilla olen jo siinä tilassa, että minut voisi sijoittaa pehmustettuun äänieristettyyn koppiin. En ole saanut aikaan oikeastaan mitään todella välttämätöntä tai tärkeätä. Päiväni kuluu ulkoisen paineen kourissa. Ja kuitenkin

Feministien ja naisjärjestöihmisten on usein ollut vaikea löytää toisiaan. Feministit ovat nähneet vanhat naisjärjestöt pikemminkin naiset kotiin -ajattelun vahvistajina, monille naisille puolestaan feminismi on kirosana. Johtuukohan miehistä, naisista vain feministeistä se, että tänä päivänä nainen toisensa perään aloittaa haastatteluvastauksensa: »En ole mikään feministi...»

Tunnetun naisliikettä käsittelevän kirjan otsikko on *Sisterhood is global,* sisaruus on maailmanlaajuista. Käytännössä kuitenkin läntisen ja muun maailman naisten ja naisliikkeiden erot ovat suuret.

Simone de Beauvoir Cafe de Floréssa: nainen jota elätetään — vaimo tai rakastajatar — ei ole vapaa miehestä vaikka hänellä olisi vaalilippu kädessään. Vasta kun puoli ihmiskuntaa on vapautettu orjuudestaan, ja sen edellytyksenä ollut tekopyhä järjestelmä on kaatunut, voi ihmiskunnan jako kahteen sukupuoleen saada täyden merkityksensä, ja mies ja nainen voivat tulla pariksi sanan todellisessa merkityksessä.

kuulun mielestäni naapuristoni tasapainoisimpiin kotirouviin. Monet ystävistäni ovat vieläkin rauhattomampia kuin minä.»

Naisia kalvavaa ahdistusta oli vaikea purkaa sanoiksi, sillä vallitsevan perheideologian mukaan naisten tuli olla onnellisia saadessaan omistautua vain perheelleen. Naisten tyytymättömyys oli heidän »henkilökohtainen ongelmansa», jolle ei löydetty laajempia yhteiskunnallisia yhteyksiä. Naisista tuntui, että kaikki muut naiset olivat tyytyväisiä elämäänsä, joten vika oli siis heissä itsessään eikä ulkonaisissa olosuhteissa. Naiset halusivat elämältään jotain muutakin kuin aviomiehen, lapsia ja kodin, mutta mitä se muu voisi olla?

»Naisellisuuden harhat» oli lähtölaukaus uudelle naisliikkeelle. Friedanin ratkaisu naisten nimettömään ongelmaan oli selkeä: naisten tuli kieltäytyä olemasta kotirouvia, heidän tuli luoda ura samalla tavalla kuin miesten. Tämä ei kuitenkaan merkinnyt sitä, että naisten täytyisi luopua perheestä. Friedanin mukaan naiset voisivat pitää sekä perheen että työn. Mutta hän ei sen sijaan kertonut sitä, miten naiset voisivat ratkaista kahden työn mukanaan tuomat ongelmat.

Naisten vapautusliike oli osa 1960-luvun yleistä liikehdintää. Nuoriso kapinoi, opiskelijat mellakoivat, radikalismi lisääntyi, poltettiin mielenosoituksellisesti rintaliivejä ja sotilaspasseja. E-pilleri toi naisille mahdollisuuden seksuaaliseen vapauteen, mutta sopii kysyä, kenen ehdoilla vapauduttiin. Merkitsikö vapaus vain sitä, että naisella ei ollut enää oikeutta sanoa »Ei». Todistaakseen vapaamielisyytensä naisen oli rakasteltava jokaisen hänestä kiinnostuneen miehen kanssa.

Naisten työssäkäynnin lisääntyminen samoin kuin avioerojen yleistyminen johti etsimään syitä perheiden hajoamiseen. Syntipukki löytyi taas helposti; naisten vapautuminen nostettiin jälleen kerran perheiden pirstoutumisen pääsyyksi. Naiset ovat pitkään kantaneet päävastuun lastenkasvatuksesta, kodinhoidosta ja perheestä — halusivatpa he sitä tai eivät. Naisten keskeinen rooli on luonnollisesti tuonut heille myös valtaa perheessä, yleensä miehen kustannuksella. Kaikki naiset eivät halunneet miehen perheroolin muuttuvan siten, että miehet ottaisivat enemmän osaa lastenhoitoon ja kotitaloustöihin. Jos naisella ei ole muuta valtaa ja vaikutusmahdollisuutta kuin perheen sisällä, niin tätä valtaa vartioidaan mustasukkaisesti. Vastaavalla vimmalla on osa miehistä puolustanut etuoikeuttaan työhön ja julkiseen toimintaan.

Naisen roolin muuttuminen ei voi olla heijastumatta perheeseen, mutta on kaiketi hyväksyttävä se tosiasia, että perhe on muuttuva yksikkö samalla tavoin kuin muutkin ihmisen luomat järjestelmät. Muutoksen vastustaminen on tietysti periaatteellinen kannanotto ydinperheen puolesta.

Mitä ydinperheen jälkeen?

Ydinperheen sijasta on ryhdytty etsimään toisenlaisia asumistapoja ja perhemuotoja. Kollektiivista asumista on jo harrastettu pitkään. Yksinasuminen on yleistynyt samoin kuin uusperheet. Enää ei odoteta avioliiton tai avoliiton kestävän ikuisesti. On hyväksyttyä solmia uusi liitto ja perustaa uusi perhe. Tässä yhteydessä on hyvä muistaa, että perheiden hajoaminen oli yleistä myös 1800-luvulla. Perheiden pirstoutumisen syyt olivat tuolloin tietysti toiset kuin nyt. Kuolema hajotti perheitä lähes yhtä tehokkaasti kuin avioerot nykyään. Ihmisten keskimääräinen elinikä oli lyhyempi, ja naisia kuoli paljon synnytyksiin. Vaimon kuoltua mies meni todennäköisesti uusiin naimisiin. Näin lapset saivat äitipuolen. Jos molemmat vanhemmat kuolivat varhain, lapset jäivät sukulaisten hoidettaviksi.

Vaikuttaa ristiriitaiselta, että nykyisin perheiden hajoaminen liitetään naisten vapautumiseen, kun tosiasiassa miehet näyttävät olevan innokkaampia uusien perheiden perustamiseen. Miehellä voi olla jopa kolme perhettä elämänsä eri vaiheissa: Hän perustaa ensimmäisen perheensä nuoruudenrakkauden huumassa. Kun rakkaus päättyy, hakee mies lohtua yksinäisyyteensä ja keski-iän kriisiinsä perustamalla toisen perheen. Jos tämäkin yritys päättyy eroon, voi mies vielä eläkepäiviensä iloksi perustaa kolmannen perheen. Todennäköisesti vasta viimeisessä liitossa miehellä on aikaa vaimolleen ja lapsilleen. Kaksi ensimmäistä perhettä ovat osuneet miehen elämässä siihen vaiheeseen, jolloin hän luo uraa eikä halua vähentää työntekoa perheen vuoksi.

Tietysti naisten vapautuminen on toinen puoli tästä tarinasta. Itsenäistyneet naiset valitsevat ehkä mieluummin avioeron, kun huomaavat käytännössä kuitenkin joutuvansa suurimmaksi osaksi yksin vastaamaan perheestä. Nykyään monet nuoret naiset eivät välttämättä edes vakavasti harkitse perheen perustamista. Yksineläminen tuntuu houkuttelevammalta kuin perheelle uhrautuminen. Joka tapauksessa naisen mahdollisuudet uuden perheen perustamiseen avioeron jälkeen ovat vähäisemmät kuin miehen. Mies harkitsee varmaan kahdesti, kannattaako solmia liittoa eronneen naisen kanssa, jolla on lapsia huollettavana. Perheen hajottua lapset ovat yleensä jääneet äidille. Eikä nainenkaan halua tehdä samaa erehdystä kahta kertaa. Hän keskittyy ehkä mieluummin kasvattamaan lapset ensimmäisestä liitostaan kuin lähtee uusiin perheseikkailuihin.

Lisäksi täytyy muistaa biologiset tosiasiat. Mies voi siittää lapsia vielä vanhanakin, mutta sen sijaan yli 40-vuotiaalle naiselle synnyttäminen on riski. Yleensä nainen synnyttää lapsensa nuoruudenliitossaan. Jos hän solmii myöhemmin toisen avioliiton, hänellä ei useinkaan ole mahdollisuutta eikä halua uusien lasten tekemiseen. Nainen solmii toisen liittonsa eri ehdoilla kuin mies.

Näyttää kuitenkin siltä, että perheeseen liittyvät odotukset ja roolikäsitykset muuttuvat hitaasti. Ydinperhettä pidetään yhä ihanteena, vaikka onnellinen perhe-elämä osoittautuisikin pelkäksi kulissiksi. Ristiriitaisten odotusten viidakossa suurimmat paineet kohdistuvat naisiin. Jos nainen jää kotiin hoitamaan lapsia, hän saa kuulla olevansa hyödytön loinen, jota mies elättää. Jos taas nainen käy työssä ja vie lapsensa päivähoitoon, hän joutuu kuulemaan vihjauksia välinpitämättömistä äideistä, jotka eivät halua itse hoitaa lapsiaan. Tai jos nainen ei halua lapsia ollenkaan, hän saa kuulla olevansa itsekäs ja epänaisellinen. Aina löytyy niitä, jotka haluavat syyllistää naisen. Ja aina myös löytyy naisia, jotka tuntevat syyllisyyttä tekemistään ratkaisuista, vaikka he tietävätkin vaihtoehtojen vähyyden.

Perheratkaisuja ei pidä kuitenkaan ajatella pelkästään yksittäisten ihmisten valintoina. Kysymys on siirrettävä yhteiskunnalliselle tasolle. Päättäjien puheet perhemyönteisyydestä jäävät pelkäksi sananhelinäksi, jos lastenhoito-ongelmia ei pyritä tosissaan ratkaisemaan. Eikä ratkaisuksi riitä se, että äidit yritetään saada takaisin koteihin tukemalla kotihoitoa. Isyyslomat ja miesten jääminen hoitovapaalle eivät myöskään saisi olla pelkkiä symbolisia eleitä. Niistä olisi luotava todellisia vaihtoehtoja. Myös isällä on oltava oikeus ja mahdollisuus hoitaa lapsiaan.

Uudet vaihtoehdot edellyttävät asenteiden muuttumista. Asenteiden muuttuminen on pääasiassa lähtöisin naisista. Harvat naiset pyrkivät enää omimaan perheen itselleen. He ovat halukkaita jakamaan perhevastuun miesten kanssa. Ongelma onkin siinä, pystyvätkö miehet joustamaan ja luopumaan uraputkestaan perheen hyväksi. Jos miehet ajattelisivat enemmän perheitään työn sijasta, avartaisi se miesten maailmaa. Työhön ja uraan suuntautuneet miehet ovat varsin yksiulotteisia ihmisiä. Miehiseen kulttuuriin ei ole mahtunut sellaisia asioita kuin haavoittuvuus, riippuvuus, huomioonottokyky, huolenpito ja periksianto. Nämä tehtävät ja ominaisuudet on tähän asti siirretty naisille. Jos perhe halutaan säilyttää, on perheen sisäisen työnjaon muututtava.

Pirtissä ja pellolla, kotona ja konttorissa

Pirjo Markkola

Naisen paikka

Missä on naisen paikka? Tämä kysymys koskettaa naisten työnteon historiaa monella tasolla ja siihen annettu vastaus vaikuttaa työhön ja työoloihin. Kysymys on elävää arkipäivää perheellisille naisille, jotka kamppailevat kodin ja työn ristipaineissa. Jos käyt työssä, olet itsekäs äiti; jos hoidat lapsia kotona, elät yhteiskunnan kustannuksella. Käsitys naisen paikasta muokkaa myös työelämää. Mikä on naisten työtä, mihin tehtäviin naiset työmarkkinoilla joutuvat ja mitä työelämässä arvostetaan? Arvostukset näkyvät kaikkein selvimmin palkoissa.

Kysymys naisen paikasta on kuitenkin suhteellisen uusi. Ennen tehtaiden aikaa miehet ja naiset työskentelivät pääasiassa kotona. Äidit ja tyttäret tekivät työtä siinä missä isät ja pojatkin. Suurin osa ihmisistä viljeli maata ja siinä riitti puuhaa koko perhekunnalle. Myös kaupungissa vaimo osallistui miehensä töihin. Naiset saattoivat harjoittaa itsenäisestikin jotain ammattia, mutta yleensä he tekivät työtä perheenjäseninä.

Oli ehkä helpompi nähdä naisten osuus ruokakuntansa taloudesta esiteollisena aikana kuin myöhemmin. Naiset työskentelivät elääkseen; he huolehtivat taloudesta, ruokkivat ja vaatettivat väkensä ja hoitivat lapset. Kun yksittäinen talous oli toimeentulon perusyksikkö, naisten työpanos oli erittäin tärkeä. Kodin piirissä

tuotettiin tarvikkeita sekä omaan käyttöön että myyntiin. Selvää rajaa, joka olisi erottanut kotiaskareet muista tuotannonhaaroista, ei ollut. On mahdotonta ja vähemmän mielekästä selvittää, miten paljon naiset tekivät työtä elinkeinotarkoituksiin ja missä määrin he huolehtivat perheestä. Tavarat ja palvelut, joita vaimot ja tyttäret perheilleen tuottivat, olisi tarvinnut ostaa, elleivät naiset olisi niitä tehneet.

Teollistuminen erotti kodin ja työpaikan toisistaan. Ero ei ollut likikään täydellinen vielä 1800-luvun lopussa, jolloin kotitalouksien keittiöissä ja takapihojen työpajoissa valmistettiin vaatteita, työkaluja ja muita tavaroita. Tällaista työtä tekivät pääasiassa naiset ja lapset. Perehtyminen naisten ansiotyöhön onkin asettanut kyseenalaiseksi väitteen kodin ja työpaikan täydellisestä erkaantumisesta. Varsinkin työläisvaimot hankkivat kotona tai kotipiirissä lisätuloja perheelleen eikä tämä työ läheskään aina tullut työtilastoja laatineiden virkamiesten ja tutkijoiden tietoon.

Lasten äänet kaikkialla.
— Eipäs, joopas, saapas!
Raaputan vauvan oksennusta
rintamukseltani.
Paloivat pohjaan perunat.
Pyykkikone jyskyttää.
Imurinletku juuttuu tuolin
ympärille.
Täytyy ottaa rauhallisesti.
— Kallella on kakka housussa!
Täytyy ottaa rehellisesti.
Paskat.

Maria Helena Nygård

Vähitellen työllä alettiin tarkoittaa ainoastaan palkkatyötä. Vaikka nainen raatoi aamusta iltaan, pesi, siivosi, laittoi ruokaa ja ompeli vaatteita, hän ei tehnyt työtä, ellei siitä maksettu. Tällä työn uudelleen määrittelyllä oli naisille ja naisten työn arvostukselle kauaskantoisia seurauksia. Vallanpitäjien mielestä työ siirtyi kodin ulkopuolelle niin perusteellisesti, että kotitaloustyötä ei enää laskettu työksi. Tästä tarjoaa hyvän esimerkin Englannin väestölaskenta vuonna 1881. Naisten kotitalousaskareita ei kirjattu työksi sillä perusteella, että monet naiset olisivat muuten tulleet mukaan kahteen kertaan — kertaalleen perheenemäntinä ja toisen kerran jonkin ammatin harjoittajina. Näin perheenemännät ensimmäisen kerran luokiteltiin ei-ammatissatoimiviksi. Epävarmuutta vaimojen ja tyttärien oikeasta luokittelusta kesti pitkään. Vuoden 1911 väestönlaskijoita neuvottiin tiukasti, että ammattimerkintöjä ei pitänyt tehdä vaimoista tai tyttäristä, jotka tekivät taloustöitä kotona.

Perheenemäntien luokittelu ei-ammatissatoimiviksi vähensi tilastoissa naisten työssäkäyntiä. Vuosina 1851 ja 1871 yli 20-vuotiaiden miesten ja naisten välillä ei Englannissa ollut suurta eroa, heistä miltei jokainen teki työtä. Kun kotitalous jätettiin pois laskuista, ammatissatoimivien naisten osuus putosi 42 prosenttiin ikäluokasta.

Varsinkin Italiasta tuli 1800-luvun loppupuolen tilastoissa kotiäitien maa. Osittain kyse oli työn uudesta määrittelystä, osittain siitä, että naiset pitäytyivät kotipiirissä. Kun palkkatyö yleistyi, naiset jäivät sen ulkopuolelle. Vuosisadan vaihteessa työssäkäyviä naisia oli huomattavasti vähemmän kuin kolmekymmentä vuotta aikaisemmin. Kasvanut kotiäitien joukko koostui pääasiassa kolmenlaisista naisista. Osa kasvatti perheelleen ruuan, mutta ei saanut siitä palkkaa. Osa työskenteli suurtiloilla, mutta perheen yhteinen palkka maksettiin aviomiehelle. Kolmas ryhmä olivat naiset, joita

On hyvin harvoja töitä, joihin itse teossa tarvitaan siitin ja emätin. Kaikkiin muihin töihin pitäisi olla kaikille pääsy.

Florynce R. Kennedy

voi pitää työttöminä tekstiili- tai maataloustyöntekijöinä. He olivat aikaisemmin työskennelleet pientiloilla, jotka olivat osassa maata joutuneet väistymään suurten koneellistettujen viljelmien tieltä. Ostokankaiden yleistyminen ja maatalouden kaupallistuminen veivät näiden naisten ansiomahdollisuudet.

Suomalaisten naisten paikka on tilastojen valossa ollut ennemminkin työssä kuin kotona. Vuonna 1920 noin 65 prosenttia yli 15-vuotiaista naisista laskettiin ammatissatoimivaan väestöön. Vuonna 1910 oli tilastoihin tullut avustavia perheenjäseniä varten oma sarake. Siihen merkittiin ne, jotka avustivat perheen päämiestä hänen toimialallaan. Myöhemmin tilastotietojen kerääjiä vielä erikseen neuvottiin, että talollisten ja torpparien vaimot ja yli 15-vuotiaat lapset on laskettava avustaviksi perheenjäseniksi, »ellei nimenomaan tiedetä, etteivät ne ota osaa maanviljelystöihin». Koska maatalousväestöä oli paljon, nostivat emännät ja tyttäret naisten ammatissatoimivuuden tason kansainvälisesti tarkasteltuna korkeaksi.

Äidit kotiin

Kun työpaikat siirtyivät kodin ulkopuolelle, naisten oli vaikea yhdistää perhevelvollisuuksia ja jokapäiväisen leivän hankkimista. Lapset saattoi ottaa mukaan pellolle ja heitä oli mahdollista paimentaa kehruun ja kutomisen lomassa kotona, mutta tehtaassa ja toimistossa lapsenkaitseminen ei sujunut. Alettiin keskustella siitä, mihin tehtäviin aikuiset naiset soveltuivat ja mikä ansiotyö sopi naisille — vai sopiko mikään.

Pelkkä teollistumisen aiheuttama työpaikkojen sijainti tai uusi luonne ei selitä, miksi perheellisten naisten työssäkäynti vaikeutui. Jos kaikki naiset olisi haluttu työelämään, lasten päivähoito olisi voitu järjestää. Täytyi olla muitakin esteitä. Niitä olivat uudet käsitykset, joiden mukaan naisten kuului omistautua kodille ja lapsille. 1800-luvulla yleistyi ajatus, että miehen oli elätettävä perheensä. Lapsista ja kodista huolehtiminen jäi vaimolle. Työnantajatkaan eivät pitäneet tarpeellisina järjestelyjä, joiden avulla naiset olisivat voineet yhdistää äitinä olemisen ja työssäkäynnin. Työssäkäyvä äiti oli päätöksentekijöille mahdottomuus, jota ei tarvinnut suunnitelmissa ottaa huomioon.

1800-luvun lopulla Englannin ammattiyhdistysliikkeen miehet taistelivat perhepalkan puolesta. He pitivät velvollisuutenaan »miehinä ja aviomiehinä pyrkiä vaikuttamaan siihen, että vaimot voisivat olla oikeassa elämänpiirissään kotona, sen sijaan että heidät vedetään kilpailemaan toimeentulosta suurten ja voimakkaiden miesten kanssa». Miehet pelkäsivät, että naiset polkevat taksoja. Englantilainen sosialisti Will Thorne selitti 1890-luvulla, että kotitaloustehtävät estävät naisia tulemasta hyviksi ammattiyhdistysaktiiveiksi, siksi agitaattoreiden oli parempi käyttää aikansa miesten innostamiseen.

Perhepalkkaa puolustivat kiivaimmin ammattitaitoiset työmiehet. He halusivat pitää naimisissa olevat naiset pois työmarkkinoilta. Köyhän sekatyömiehen oli vaikea ymmärtää tätä vaatimusta, koska hän tiesi kokemuksesta, että perhe tarvitsi vaimonkin palkan. Ammattiyhdistysliikkeen vaatimusten ja omien kokemusten välillä oli ristiriita, josta saattoi selviytyä selittämällä, että vaimo sai ansaita, kunhan pysyi naisten töissä.

Vaatimukseen perhepalkasta sisältyi käsitys, että kaikki naiset menevät naimisiin ja hankkivat itselleen elättäjän. Sen kokivat katkerasti naiset, joiden oli itse ansaittava elantonsa. Vuonna 1931

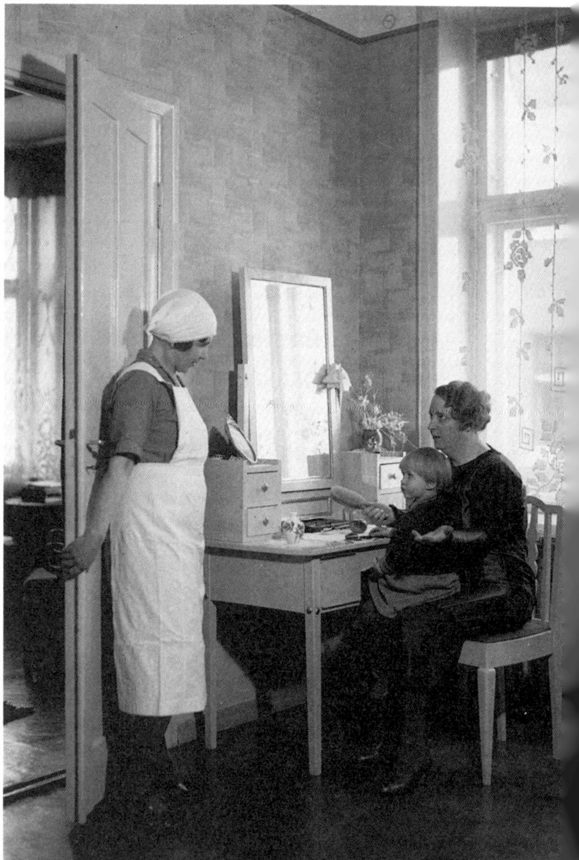

Hyvä palvelija nousee varhain ylös; hän on reipas ja ahkera työssään, ja tekee sen halulla, iloisesti ja täsmällisesti; se tuntuu hänestä enemmän huvilta kuin työltä.

Palvelijan virsi

Sä, Herra kohtaloin oot ratkaissut;
Suo että tyydyn siihen, mit oon saanut,
Teen kaiken parhaimmin, kuin osaan,
Ja huolen kannan ihmisistä kaikin,
Vaan ennen muuta parhaast niiden,
Joiden palvelukses leipän saan.

Tuntematon, Ruotsi 1846

Mitä miussa mies toruvi?
Niin olen nainen kuin muutkin naiset:
lehmät lypsän, leivät paistan,
lapset katson, kaalit keitän,
niitän viisi viisikkoa
vielä vieressä makajan.
Kanteletar

Englannissa yli puolet työssäkäyvistä yli 35-vuotiaista naisista oli naimattomia. Heidän asemansa työelämässä heikkeni, kun ikää kertyi. Vanheneminen oli yllättävän nuorten naistyöläisten ongelma. Ennen ensimmäistä maailmansotaa baariapulaista pidettiin työkyvyttömänä 35 vuoden iässä ja yli 30-vuotiaalla kauppa-apulaisella oli suuria vaikeuksia löytää uutta työtä. Myös ikääntyvä kamarineito sai pelätä, että emäntä haluaa korvata hänet nuoremmalla palvelijattarella. Lisäksi perheenäitien työssäkäynti oli katkera pala naimattomille naisille. Yksineläjän tai peräti yksinhuoltajan mielestä oli väärin, että nainen, jolla oli elättäjä, vei työn naiselta, joka olisi sitä tarvinnut.

Useimmat työläisnaisetkin ajattelivat, että kunniallisen naisen paikka oli kotona. Englannissa jopa ammattiyhdistysliikkeen naiset esittivät, että naisten vetämisellä pois työmarkkinoilta voitaisiin korjata miesten palkkoja. Tästä olisi vielä se lisäetu, että työväenluokan kodit olisivat paremmin hoidettuja. Myös Suomessa työläisnaiset kamppailivat työläisten oikeudesta kotiin ja perhe-elämään.

Työväenliikkeen kanta 'naisen paikkaan' ei ole ollut yksiselitteinen. Sosialismin tasa-arvoteoriaan kuului naisten oikeus ansiotyöhön, mutta työläisnaisille varattiin toinenkin tehtävä — koti ja äitiys. Naiset joutuivat tästä syystä työmarkkinoilla erityisasemaan. He olivat raskaana, synnyttivät ja imettivät lapset, ja niin pitkään kuin kotona oli lapsia tai nuoria, äidillä oli heistä päävastuu.

Nämä olivat velvollisuuksia, jotka olivat työelämän ulkopuolella eivätkä koskeneet miehiä. Ammattiyhdistystoiminta keskittyi itse työehtojen ympärille: työaikaan, työympäristöön ja ennen kaikkea palkkoihin. Kotitaloustyön ja lastenhoidon yhdistäminen ansiotyöhön ei ollut ammattiyhdistysjohtajien mielestä tärkeää. Se oli naisten erityisongelma, jonka jokainen perhe joutui itse ratkaisemaan.

Toisen maailmansodan jälkeisinä vuosikymmeninä menivät an-

siotyöhön lähestulkoon kaikki naimisissa olevat naiset, myös pienten lasten äidit. Lastenhoitoakaan ei enää voitu pitää yksityisasiana. Pohjoismaat ovat olleet edelläkävijöitä perheen ja työssäkäynnin suhteiden järjestämisessä. Suomessa astui vuonna 1973 voimaan laki, jonka mukaan lasten päivähoito kuuluu kunnan velvollisuuksiin siinä missä sosiaali- ja terveyspalvelutkin. Kunnallisessa päivähoidossa olevien lasten osuus on kaikissa Pohjoismaissa suhteellisen korkea, korkein se on Ruotsissa, jossa vuonna 1987 oli neljällä lapsella viidestä kunnallinen hoitopaikka.

Vielä 1960-luvulla mietittiin, miten äidit onnistuvat järjestämään lastenhoito-ongelmansa, mutta sitten lastenhoito laajeni myös miesten kysymykseksi. Vuonna 1974 ruotsalaiset vanhemmat saivat oikeuden päättää, kumpi pitää vanhempainloman ja 1979 tuli pienten lasten vanhemmille mahdollisuus tehdä kuuden tunnin työpäiviä. Suomalaiset isät ovat vuodesta 1978 lähtien voineet jäädä vanhempainlomalle. Isästä ja äidistä on periaatteessa tullut samanarvoisia lapsen hoitajina ja huolenpitäjinä. Verrattuna vuoden 1929 avioliittolakiin, joka oli tehnyt vanhemmista tasavertaiset holhoojina, nämä muutokset toivat vanhempien oikeudet ja velvollisuudet uudella tavalla arjen ja jokapäiväisen elämän tasolle. Uusi periaate ei kuitenkaan merkinnyt sitä, että isät olisivat sankoin joukoin jääneet kotiin. 1980-luvun loppupuolen Suomessa vain pieni osa miehistä käytti oikeuttaan vanhempainlomaan.

Koska lapset ja koti oli ymmärretty naisen valtakunnaksi, oli monille aloille syntynyt käytäntö, jonka mukaan naimisiin menneiden naisten oli jäätävä pois työstä. Tämä koski etenkin toimistotyötä ja keskiluokkaisia ammatteja, mutta myös teollisuustyöpaikan saattoi avioituessaan menettää. Suomessakin vielä niin myöhään kuin 1960-luvulla naiset joutuivat naimisiin mennessään jättämään työpaikkansa Yhtyneillä Paperitehtailla, koska »viimeisen patruunan» Juuso Waldénin mielestä naisen paikka oli kotona eikä tehtaalla. Toimihenkilöitä tämä ns. rouvapykälä koski ehdottomasti. Työstä erottaminen sopi yhteen kotirouvaihanteen kanssa. Samalla työnantaja pystyi pitämään työvoiman nuorena ja halpana. Ympyrä sulkeutui, kun työnantajat sanoivat, että naisia ei kannattanut kouluttaa ammatteihin, kun he kuitenkin jättivät työpaikan naimisiin mentyään.

Käsitystä kodista vaimon paikkana vahvisti sekin, että täysivaltaisuus- ja työoikeusuudistukset koskivat useimmissa maissa 1920 -luvulle asti naimattomia naisia. Ammatinharjoittamiseen liittyvät rajoitukset poistuivat 1800-luvun loppupuolella muun muassa Suomessa ja Ruotsissa. Sen jälkeen miesten ja naimattomien naisten työssäkäynnille ei yksityisessä elinkeinoelämässä ollut muodollisia esteitä. Pitkälle 1900-luvulle ansiotyössä käyvien naisten selvä enemmistö olikin naimattomia — tosin ei pidä unohtaa, että työläisvaimot tekivät ansiotyötä enemmän kuin tilastot kertovat.

Naisten täysivaltaisuus, joka säädettiin Ruotsissa vuonna 1858 ja Suomessa 1864, oli jättänyt naimisissa olevat naiset aviopuolison edusmiehisyyden alaisiksi. Jos vaimo halusi työskennellä kodin ulkopuolella, siihen tarvittiin miehen lupa. Tällä rajoituksella tuskin oli suurta käytännön merkitystä. Hyvässä asemassa olevien vaimojen ei tarvinnut mennä ansiotyöhön, ja työläisperheissä monien vaimojen oli joka tapauksessa käytävä työssä, sanoivat pykälät mitä hyvänsä. Naisten kaksinkertaisesta työpäivästä alettiin yleisemmin puhua vasta 1960-luvulla, mutta työläisäitien arkipäivää se oli jo teollistumisen alkuvaiheessa.

Kodin ja työpaikan ero jakoi naiset kahteen ryhmään. Naimattomien paikka oli työssä, mutta perheellisten ja varsinkin äitien paikka oli ehdottomasti kotona. Vaikka naisella ei olisi ollut aikomustakaan hankkia perhettä ja lapsia, asetti pelkkä kyky tulla äidiksi

Siivouskeikan odotusta

rajoja jokaisen naisen työnteolle. Ansiotyön piti olla vain välivaihe ennen varsinaista elämäntyötä — perhettä.

Työ ja toimeentulo

Hyvin harvoin kysytään, miksi miehet ovat tehneet työtä. Otsa hiessä raataminen sälytettiin miehen harteille jo Raamatun syntiinlankeemuskertomuksessa. Naisen osaksi tulivat synnytyskivut, mutta niiden lisäksi suurin osa naisista on kautta vuosisatojen joutunut raatamaan leipänsä eteen. Naisten työntekoa ei kuiten-

Tuhat kertaa edestakaisin
nihkeällä pyyhkien,
harjaten, lakaisten, puunaten
tuhat kertaa.

Mihin katosi rintojeni pyöreys,
polvien kimmoisuus.
Mihin toive toisenlaisesta
tulevaisuudesta.
Portaita siivosin.
Toiset niitä nousivat,
ohitseni.

Annikki Tolppanen

kaan näytä pidetyn samalla tavalla itsestäänselvänä kuin miesten, koska kysymys siitä, miksi naiset tekevät ansiotyötä, on usein noussut esiin ja siihen on tarjottu monenlaisia vastauksia.

Erittäin yleinen on ollut käsitys, jonka mukaan naisen on käytävä työssä, jos mies ei laiskuuden, juoppouden tai joidenkin poikkeuksellisten olosuhteiden johdosta kykene häntä elättämään. 1800-luvun loppupuolella lainsäätäjät keskustelivat tästä monissa maissa, muun muassa Suomessa. Tuolloin säädettiin lakeja, joiden perusteella aviovaimot saivat oikeuden hakea oman tilipussinsa työnantajaltaan. Siihen asti se oli lain mukaan pitänyt antaa aviomiehelle.

Suomen talonpoikaissäädyn edustajat kertoivat omia näkemyksiään naisten työstä, kun vaimon oikeutta omiin ansiotuloihin pohdittiin vuoden 1888 valtiopäivillä. Tornion tuomiokunnan edustaja selitti, että lain uudistaminen oli kaupungeissa välttämätöntä, koska kaupunkilaismiehet tuhlasivat viinaan vaimojenkin ansiotulot ja jättivät vaimon ja lapset puille paljaille. Vaimon palkkaa ei enää ollut syytä maksaa aviomiehelle.

Valtiopäivämiehet olivat huomanneet, että myös maaseudun vaimot kävivät vieraan töissä. Luhangassa asuva talonpoikaissäädyn edusmies kuvasi, miten hänen paikkakunnallaan »tekevät köyhien vaimot niin kesäisin kuin talvisinkin työtä vieraalle ja verrattain on vaimoväki siellä yleensä ahkerampaakin kuin miesväki. Ulkotyössä esim. tapaa siellä miltei jokaisen muonamiehen ja torpparin vaimon ja jolla ei ole omaa maanviljelystä, hän palkan edestä tekee työtä muualla. Useimmiten näkee, että tuollainen kelpo, ahkera vaimo voi monetkin pennit koota, hän voi ruistynnyriä pari kolmekin kesän kuluessa ansaita.»

Kangasalan Agathon Meurman oli huolissaan. Hän pelkäsi, että kunnollisten perheenemäntien työtä halveksittiin. Kunnollinen vaimo oli sellainen, joka pysyi kotona ja huolehti siitä, että miehen ansiot riittivät perheelle. Uusi laki palkitsisi kelvottomia vaimoja, jotka »jättävät kaikki perheen toimet tekemättä ja kulkevat kaupungissa tai maaseudulla vaatteita pesemässä tai silittelemässä tai muissa aputoimissa». Myös Jääsken tuomiokunnan edustaja epäili uuden lain suosivan »sellaisia vaimoja, jotka antavat lapsensa olla repaleissa ja puutteessa, mutta kentiesi kokoovat muutamia pennejä päivässä itselleen, jotka, luvalla sanoen, eivät joka kerta tule käytetyksi paljon paremmin kuin miehenkään ansiot».

Valtiopäivämiesten näkemykset poikkesivat kovasti toisistaan ja keskustelu kävi kiivaana. Keskustelun kuluessa uuden lain puolustajat korostivat useaan otteeseen, että vaimojen työnteko johtui vain onnettomista olosuhteista, sillä normaalitapauksessahan toki mies huolehti perheensä elättämisestä. Siltä varalta, että mies laiminlöisi velvollisuutensa, oli perheen edun mukaista sallia vaimon päättää ansaitsemistaan rahoista.

Samanlaisin perustein oli Englannissa vuonna 1870 säädetty laki, joka antoi naimisissa oleville naisille oikeuden hallita omia ansiotulojaan. Sielläkin katsottiin, että naiset menivät työhön vain aviomiestensä kelvottomuuden takia ja tarvitsivat siksi erityistä suojelua ansiotuloilleen.

Lainsäätäjät sivuuttivat sen tosiasian, että monet ahkeratkaan työmiehet eivät yksinkertaisesti ansainneet riittävästi voidakseen elättää vaimonsa ja lapsensa. Charles Booth tutki Lontoon työväestöä vuonna 1889. Hän totesi, että kolmasosa väestöstä ei kyennyt tulemaan toimeen yksin miehen palkalla. B.S. Rowntree teki saman havainnon Yorkissa noin 20 vuotta myöhemmin ja osoitti, miten köyhyys kiinnittyi ihmisen elämänvaiheisiin. Köyhyys kosketti syvimmin pieniä lapsia, juuri perheen perustaneita pariskuntia ja vanhuksia.

Ajatus siitä, että miehen pitää elättää perheensä, ei ollut kansan 'perinteinen käsitys'. Nuori palvelustyttö sai 1740-luvun Englannissa neuvon, että ei pitänyt kuvitella menevänsä naimisiin tilanteessa, jossa jompikumpi oli työtä vailla. Vain hullu ottaisi itselleen vaimon, jota joutui elättämään ja joka ei itse ansainnut mitään. Myös taloustieteilijä Adam Smith perusti laskelmansa työläisperheistä siihen, että sekä naiset että miehet tuovat perheeseen ansiotuloja.

Kaikilla naisilla ei edes ollut miestä, jonka elätettäväksi olisi voinut jättäytyä. Köyhät vanhemmat eivät elättäneet aikuistuvia lapsiaan, vaan tyttärien ja poikien oli lähdettävä vieraan palveluk-

seen. Ennen teollisuutta ja vielä teollistumisen alkuvaiheessakin nuoret naiset olivat yleisimmin ammatiltaan palvelijattaria. Työ kodin ulkopuolella ei ollut mikään teollistumisen mukanaan tuoma uutuus. Esimerkiksi tilaton maatyöväestö oli lähettänyt lapsensa ansiotyöhön niin pienestä kuin nämä suinkin kykenivät.

Jos köyhä tyttö jäi naimattomaksi, hänen oli huolehdittava toimeentulostaan koko loppuikänsä. Kun naisten ansiomahdollisuudet laajenivat, alkoi naimattomuus tuntua houkuttelevammalta kuin avioliitto vähemmän mieluisan miehen kanssa. Tampereen kaltaisessa teollisuuskaupungissa alkoi naisten vapaaehtoinen naimattomuus tulla varteenotettavaksi vaihtoehdoksi vuosisadan vaihteen tienoilla. Naimaton nainen pystyi elämään vapaammin ja mukavammin kuin työläisperheen äiti. Myös leskivaimo tai nainen, jonka mies oli jättänyt perheensä, joutui elättämään itsensä ja lapsensa. Lesket niin maaseudulla kuin kaupungeissakin hankkivat tilapäistöitä tai pyrkivät saamaan vakituisen työn esimerkiksi tehtaasta.

Viime vuosisadalta lähtien on työssäkäyvien naisten riveihin tul-

Lastenhoito ja sairaanhoito ovat luontevasti istuneet perinteiseen naiskuvaan. Yhteistä niille on ollut myös kurin, kristillisyyden ja alistamisen kolmiliitto. Tämän rakenteen purkaminen ei onnistu kädenkäänteessä;

Porhaltavat altaanmitan
seisovat punoittaen altaan alapäässä
hellien vatsojaan puhuen autoistansa
nykyiset ja tulevat johtajat

me sitkeät akkaihmiset
uimme kilometriämme
että jaksamme taas tätä maailmaa hoitaa

Kyllikki Villa

Tyttö
on tanssimassa
Sörkan Vennerillä
Hän on tullut kaupunkiin
kuka tietää mistä
Polvijärveltä
Kiimingistä
Hän on työssä
kuppilassa
tiskaa
Ensi viikolla
hän pääsee työhön
trikootehtaaseen.

Arvo Turtiainen

Rakas isä taivaassa, vieläkin
kuule mua tässä vaivassa.
Miksi et silloin potkinut mua
molempiin päihin, kun näit,
että itseni sotken ompeluhommiin
näihin.
Miksi ei suojelusenkelini
kuiskinut korvaani illoin,
kun mä nuorena silloin
— vielä niin kiintein rinnoin
töitä ompelutehtaasta hain
ja vielä ammattitaidottomana sain.
En tiennyt mä homman haitoista
silloin, nyt olen yhtä,
samaa saumaa, kun kuuntelen
särkyjäni illoin.

Hellimaria Hirvijärvi

lut niitäkin, joille työ tuo tyydytystä ja takaa itsenäisyyden. 1800-luvun naisasianaiset asettivat tavoitteeksi naisten oikeuden työhön. Siitä syystä he muun muassa vastustivat yötyökieltoa ja muita suojelulakeja, koska he tulkitsivat niiden asettavan esteitä naisten

etenemiselle työelämässä. Käytännössä ajatus naisten oikeudesta ansiotyöhön koski ylä- ja keskiluokan naisia. Heillä oli varaa hankkia itselleen koulutus ja saavuttaa työssä erilainen asema kuin työläisnaisilla, joille työnteko ei merkinnyt oikeutta vaan pakkoa.

Suolarahoja perheelle

Työläisperhe joutui tiukille, jos sen oli elettävä pelkästään miehen palkan varassa. Kun Emma ja Heikki perustivat perheen Tampereella viime vuosisadan puolivälin jälkeen, hankki Emma kangaspuut ja alkoi kutoa kotona sekä kotitarpeeksi että naapureille. Esikoispojan syntymän jälkeen rukki surisi aamuin illoin, kun lapsi nukkui, ja monta kertaa Emma vei ison kantamuksen sukkalankaa tilaajille.

Tilapäistyöt ovat osa naisten ansiotyön historiaa. Emman tavoin monien muidenkin naisten oli hankittava lisätuloja perheelle. Säännöllinen työ tehtaassa tai kaupassa tuotti perheellisille naisille vaikeuksia. Sen sijaan lukematon joukko vaimoja, leskiä ja lapsia teki tilapäistyötä, joka jätti aika ajoin mahdollisuuden huolehtia myös kotiaskareista.

Maaseudulla naiset kävivät talollisten pelloilla ja pirteissä tienaamassa särvintä perheensä pöytään. Vuonna 1910 noin 40 prosenttia Suomen maatalousväestöstä oli tilattomia, joiden oli hankittava elantonsa muiden töistä. Mäkitupalais- ja itsellisvaimot kävivät taloissa heinätöissä ja sadonkorjuussa, mutta sen lisäksi heitä tarvittiin muissakin töissä. Näistä tärkeimpiä olivat leipominen, pyykinpesu, siivoaminen ja erilaiset käsityöt, kuten kehrääminen. »Munkin äitevainaani kulki aina rukki olkapäällä talosta toiseen — kehräs lankat ja kuto kankaat», muisteli Piikkilän Miina vuosisadan vaihdetta Längelmäellä.

Eri puolilla Eurooppaa naiset valmistivat kotonaan monenlaisia tavaroita 1800-luvun lopulla ja 1900-luvun alussa. He tekivät tulitikkurasioita, paitoja, tekokukkia, sateenvarjoja, harjoja ja nappeja, taittelivat hakaneuloja tai päällystivät tennispalloja. Osan näistä töistä perheenäiti oli oppinut tehtaassa ennen avioitumistaan. Toisaalta esimerkiksi ompelu oli työtä, johon naiset pyrkivät vanhemmiten turvautumaan riippumatta siitä, mitä he olivat ennen avioitumistaan tehneet.

Aikuisilla naisilla oli usein lukuisia pieniä tulonlähteitä. Monet tekivät 'laajennettua kotityötä': pesua, siivoustyötä, lastenkaitsentaa ja majatalonpitoa. Alivuokralaisten emännät pesivät asukkiensa pyykit pienestä lisäkorvauksesta, ja kaupunkilaiset kävivät syksyisin maalla sadonkorjuussa. Yksi syy, miksi naiset Lontoossa ottivat pyykinpesua, oli se, että se oli sesonkityötä, jota oli parhaiten saatavilla samaan aikaan, kun miesten työmahdollisuudet kaasu- ja rakennusalalla olivat heikoimmat.

Vuonna 1894 Englannissa selvitettiin, että puolet työssäkäyvistä äideistä jätti lapsensa isoäidin tai toisten sukulaisten huomaan, loput käyttivät naapureita lapsenkaitsijoina. Näin saadut ansiot olivat tärkeitä vanhoille sukulaisille ja naapureille. Ehkä juuri siksi työväenluokan naiset eivät kovin pontevasti vaatineet lastentarhojen perustamista.

Käytännössä suuri osa ansiotyöstä, jota naiset tekivät kotona, oli nälkäpalkalla raatamista. Miesten alhaiset palkat, sairaus, työttömyys tai miespuolisen perheenelättäjän puuttuminen aiheuttivat köyhyyttä, joka pakotti naiset ottamaan mitä tahansa työtä. Osa naisista halusi työnteolla saavuttaa itsenäisyyden, vaikka perheen tulot olisivat muutenkin riittäneet. Lisäksi edes hyväpalkkainen mies ei välttämättä tuonut kotiin riittävästi talousrahaa.

Rasioiden ja laatikoiden valmistaminen oli tyypillistä kotona tehtävää työtä. Englannissa tutkittiin rasiantekijöiden toimeentuloa vuonna 1915. Tuolloin yksi kolmesta oli täysin riippuvainen tilapäisansioistaan, yksi oli osittain riippuvainen ja yksi tienasi »neularahoja». Laajempi tutkimus Birminghamin työläisistä vuonna 1906 osoitti, että runsas puolet kotona vakituista tai tilapäistä an-

siotyötä tekevistä naisista oli naimisissa miehen kanssa, joka ansaitsi vähän tai epäsäännöllisesti. Loput olivat leskiä tai hylättyjä vaimoja ja vain muutama hankki taskurahaa. Tilapäistyötä tekevät naiset asuivat paikkakunnilla, joissa miesten palkat olivat alhaiset tai epäsäännölliset tai missä naisilla ei muita työvaihtoehtoja ollut. Kotona tehtyä alihankintatyötä ei harrastettu Englannin pohjoisissa tekstiilikaupungeissa, joissa naimisissa olevien naisten täysipäiväinen tehdastyö oli yleisintä.

Tilapäistyön yleisyydestä on mahdotonta esittää täsmällisiä lukuja. Satunnaisia ansioita ei raportoitu henkikirjoittajille tai väestönlaskijoille. Esimerkiksi majatalon pitäjien tai pyykkärien määriä on vaikea edes arvioida. Nainen, joka oman pyykkinsä joukossa pesi naapurin vaatteet, ilmoitti mieluummin olevansa työmiehen vaimo kuin pyykkäri. Tuskin hän itsekään piti pyykinpesua ammattina, se oli vain keino hankkia hieman tuloja.

Ansiotyötä tehneet aviovaimot ovat kadonneet historian aikakirjoista osittain siitäkin syystä, että heidän työnsä tai liiketoimensa oli aviomiehen nimissä. Belgian kaupungeissa oli 1800-luvulla

Kehittäköön jokainen nuori nainen ajoissa, niin kauan kuin mieli siihen vielä voi taipua ja ennenkuin käsi kieltäytyy palveluksesta, kädestään itselleen alttiin ja taitavan palvelijan, jota hän aina helppoudella voi käyttää hyväkseen, koska se aina on hänellä käytettävissä.

Käsityökoulun johtaja Elisabeth Blomqvist 1881

Naisten käsien ajateltu kätevyys ja näppäryys teki heistä hyviä ja halpoja työntekijöitä esimerkiksi sukkatehtaisiin ja sateenvarjoverstaisiin.

Tupakanvalmistus on eri puolilla maailmaa ollut tyypillinen naisten ammatti. Se on ollut työvoimavaltainen, nopeasti opittuun ammattitaitoon perustuva ala, jonka palkkataso on ollut sen mukainen; »Tyttö, joka ei ollut saanut mitään oppia pääsi verstaaseen töihin. Ei hän ollut suuriin elämän- ja palkkavaatimuksiin tottunut.»

yleistä, että tehtaan työnjohtajan vaimo piti kauppaa tehtaan työläisille. Kaupat olivat miesten nimissä, koska naimisissa oleva nainen ei voinut omissa nimissään tehdä sopimuksia.

Naisten askareet, miesten työt

Hölmöläissadussa ukko ja akka vaihtoivat töitä. Ukko arveli, että sisällä hääräileminen olisi helpompaa kuin ulkosalla kylmissä ja likaisissa töissä raataminen. Akka lähti metsätöihin ja ukko jäi tyytyväisenä voita kirnuamaan:

> Kirnuamisen lotinaäänikin kotoisasti korvaa hiveli ja makutuntoa kutkutteli. Päästipä lapsi kesken tätä leppoisuutta pahan porun.
> — Se kaljaa tahtoo, tuumi ukko, jätti kirnun lattialle ja lähti aitasta kaljaa noutamaan.
> Mutta kesken kaljanlaskun muisti ukko pirtissä vapaana olevan porsaan ja tuli pelästyksissään ajatelleeksi, että tämä kehno nyt pirtissä varmaan kirnun kaataa.
> Kaljatynnyrin tappi kädessänsä säntäsi ukko pirttiin kirnuksiaan pelastamaan.
> ... Permannolle valuivat kirnukset, kuten kaljakin aitassa.
> ... uusia kermoja kirnuta jylkyttäessään ukko muisti, että ne jyvätkin piti jauhaa. — Millä tässä jauhinkiville ehtii, kun voi ei ole vielä valmiiksi kirnuuntunut?
> ... Mitäpä muuta kuin kirnun selkäänsä sitoi, missä kirnukset

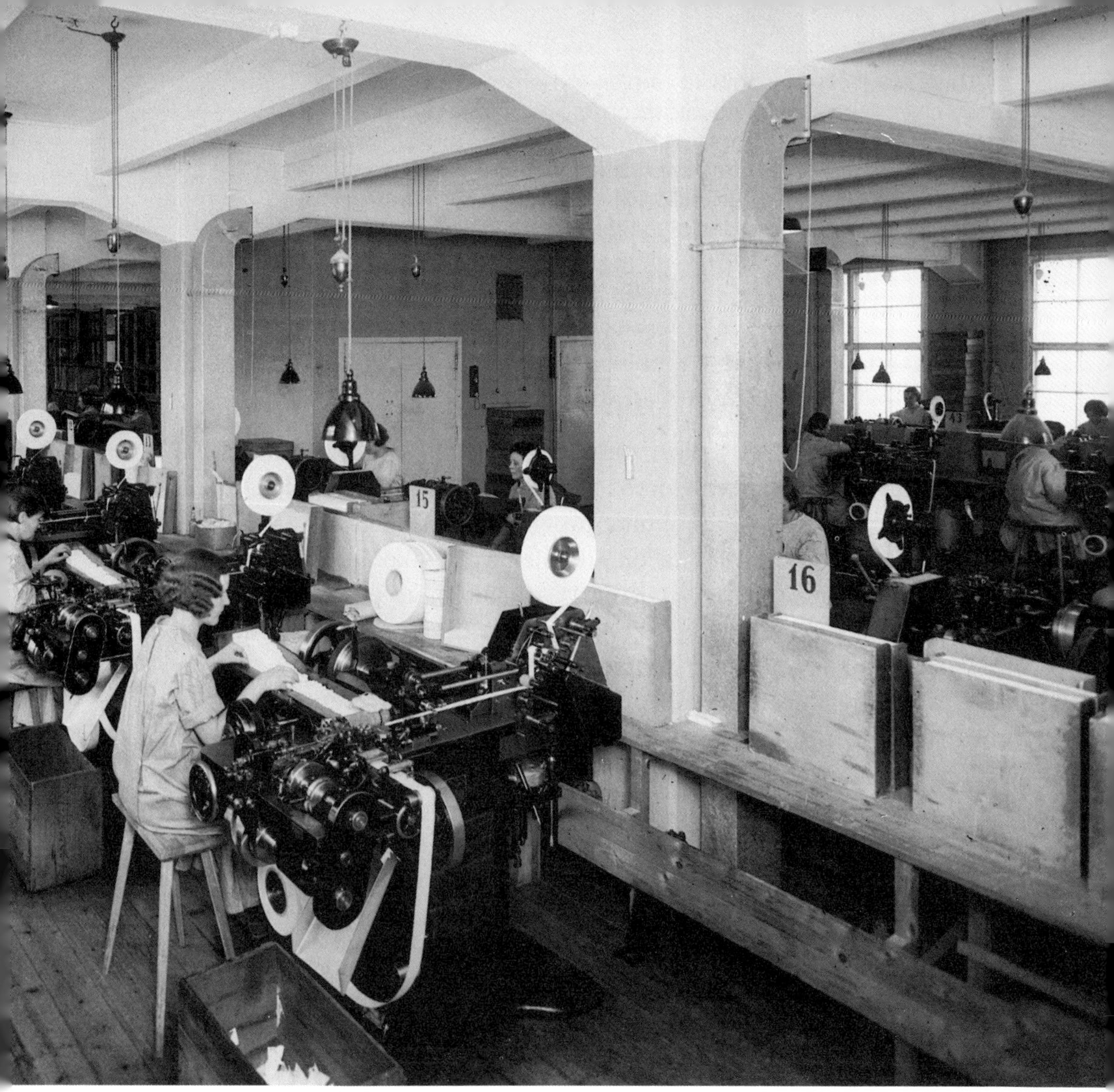

ukon liikkuessa loiskuuntuivat voiksi saeten. Puurojauhot tulivat jauhetuiksi ja jo oli pantava pata tulelle. Sitä varten oli noudettava vettä kaivosta.

Hyvinhän se olisi käynytkin, mutta kun kirnu oli unohtunut selkään, kirnukset, ukon kumartuessa vettä kaivosta ammentamaan, pään yli kaivoon valahtivat.

... No, sai ukko viimein padan tulelle, vedet ja jauhot pataan ja ryhtyi sitten keitosta tarkasti hämmentämään.

Lennätinlaitoksen päällikkö, majuri Nyberg perusteli 1860-luvun puolivälissä naisten palkkaamista virastoonsa: »Leskien ja neitojen joukossa on paljon sellaisia, joitten on vaikea ansaita jokapäiväinen leipänsä, vaikka ovatkin saaneet hyvän kasvatuksen ja perusteellisesti opiskelleet vieraita kieliä. Tottuneina elättämään itsensä ilman sivullisen apua he osaavat antaa arvoa jokaiselle saamalleen kopeekalle.»

Siinä hämmennyksessä mieleen iski, että jo on lehmän syöttöaika. — Vaan missä sitä saattaapi syöttää?

Ja niin siinä kävi, että kun akka palasi nälkäisenä töistä kotiin, joutui hän ensi töikseen ukkoa hoivailemaan, sitten keitti uuden padallisen puuroa ja sai ukolta lupauksen, ettei tämä enää ikinä akkojen töihin pyri. »Ukoilla on ukkojen työt, akoilla akkojen.»

Hölmäläissatu opetti, että eivät ne akkojen puuhatkaan niin helppoja olleet. Maatalousyhteiskunnassa ihmiset tiesivät, mikä on miesten työtä ja mikä on naisten työtä. Tytöille opetettiin naisten työt ja pojille miesten. Töihin piti harjaantua jo pienestä pitäen, muuten kävi niin kuin hölmöläisukon, jolla ei ollut akan töissä vaadittavaa järjestelykykyä ja käden taitoja.

Jos 1800-luvun Suomessa kysyi, mitkä työt kuuluivat naisille ja mitkä miehille, sai selkeän vastauksen. Kysyjälle kerrottiin, mitä miehet ja naiset tekivät ja mitä he missään nimessä eivät voineet tehdä. Kotitalous, käsityöt ja lypsykarjanhoito kuuluivat naisille ja hevostyöt, puutyöt, metsätyöt ja metsästys miehille. Peltotyöt ja heinien ja lehtien kerääminen eläinten rehuksi olivat yhteisiä puuhia.

Jokapäiväisessä elämässä ei sääntöjä aina voitu noudattaa. Kansakoulunopettaja Jaakko Laurila kuvaili vuosisadan vaihteessa työntekoa Lapualla:

> ... mutta kohta on puolipäivän aika ja pitäisi yhden meistä mennä keittämään. Kukas emännäksi rupeaa? Ehkä Juhannes menee. Laita perunoita kiehumaan ja paista silakkaa, me tulemme kans vähän ajan päästä. ... Keväällä, kun aurinko lumen sulattaa, näemme taasen samat miehet ja naisia lisänä savea levittämässä. Joskus naiset ovat talvellakin savea luomassa. Tämä ei kuitenkaan ole yleistä.

Kansakoulunopettajat, papit ja opiskelijat keräsivät viime vuosisadan loppupuolella ahkerasti tietoa kansan tavoista ja tottumuksista. Silloin kun kertomusten päähuomio ei ollut työnjaossa, ihmiset antoivat monipuolisen kuvan elämästään. He kertoivat, että naiset kyntivät, kaivoivat ojaa, ajoivat hevosta, kävivät metsätöissä ja markkinoilla. Miehet pesivät pirtin lattioita (naisten apuna) tai keittivät ruokaa, kun olivat ulkotöissä, kuten Jaakko Laurilakin kertoi. Vaikka lypsämistä ja lehmien hoitamista pidettiin kokonaan naisten askareina, joutuivat miehetkin joskus navetan puolelle. Harvemmin parhaassa työiässä oleva mies lehmiä hoiti, mutta pikkupojat kävivät paimenessa ja vanhat ukot auttelivat naisia navettatöissä.

Maatalousyhteiskunnassa työnjako jousti pääasiassa yhteen suuntaan. Naiset tekivät miesten töitä helpommin kuin miehet naisten, ainakaan heidän ei tunnustettu »akkojen töihin» tarttuvan. Tämän seurauksena naisten maailma jäi miehille vieraaksi. Tuskin monikaan isäntämies olisi emäntänsä töistä hölmöläisukkoa paremmin selviytynyt. Naisten liikkumavara oli laajempi ja tästä on päätelty, että heidän itsetuntonsa oli suhteellisen vankalla pohjalla. Naiset hallitsivat omat työnsä, mutta he tiesivät tarpeen tullen selviytyvänsä miestenkin töistä. Myös kansatieteilijä Kustaa Vilkuna on selittänyt, että maaseudun naiset osasivat arvostaa taitojaan. Kuvatessaan emännän tehtäviä Vilkuna toteaa, että »häntä eivät vaivaa kompleksit, koska hän taitaa tehtävänsä, ja myös sen itse tietää».

Köyhä kansa otti toimeentulonsa sieltä, mistä sen sai, ja joskus olosuhteet ajoivat miehet naisten töihin. Lounais-Ruotsissa äidit opettivat pikkupojatkin kutomaan, koska sukkien valmistus ja myynti oli tärkeä toimeentulon lähde. Sukka valmistui mieheltä yhtä näppärästi kuin naiseltakin. Myös Naantalissa kaupungin »köyhät porvarit» elivät sukkia kutomalla. 1600- ja 1700-luvuilla niitä kutoivat miehet ja naiset, tytöt ja pojat. Sukkien kutominen oli Naantalissa yhtä tyypillinen elinkeino kuin Raumalla oli pitsin nyplääminen. Jossain muualla ei olisi tullut kuuloonkaan, että mies olisi tarttunut sukkapuikkoihin.

Pohjois-Ruotsissa miehillä ei ollut mitään asiaa navettaan. Se oli naisten valtakunta. Etelä-Ruotsissa ei naisten ja miesten navettatöiden välillä pidetty yhtä tarkkaa rajaa. Kun Karl Gunnarsson

1930-luvulla muutti pohjoiseen ja etsi renginpaikkaa, hän mainosti emännälle osaavansa myös lypsää. Emäntä kauhistui ja pyysi, ettei mies vain kertoisi kenellekään taidostaan. Johan sitä kyläläisetkin nauraisivat, jos talon renkimies lypsäisi. Tornionjokilaakson kielessä oli naisten töitä tekevälle miehelle oma nimityskin, »knappsu». Knappsuksi leimautuminen oli pahinta, mitä miehelle saattoi tapahtua. Sen rinnalla murhamiehen mainekin oli kunniallinen.

Suomessakin oli alueellisia eroja. Pohjanmaalla naiset tekivät enemmän ulkotöitä kuin maan muissa osissa. Peltotyöt jäivät naisten harteille, kun miehet kalastivat tai polttivat tervaa. Muualla Suomessa ihmeteltiin, miten Pohjanmaan naiset jopa kyntivät. Samanlaisia alueita oli muissakin maissa. Muun muassa Tanskan, Norjan ja Englannin rannikoilla oli paikkakuntia, joissa maatalous oli kokonaan naisten vastuulla hevostöitä myöten. Tämä johtui siitä, että miesten tärkein elinkeino oli kalastus. Monissa kalastajayhteisöissä tämä työnjako on yhä edelleen jokapäiväistä elämää, vaikka hevonen onkin vaihtunut nykyaikaisiin koneisiin.

Kalanpyynti toi työnjakoon muitakin piirteitä. Kalastus oli miesten työtä, joka riippui mitä suurimmassa määrin naisten työpanoksesta. Naiset hoitivat saaliin markkinoille, toisin sanoen perkasivat ja myivät kalat. Kalastajakylissä kukkaron nyörit eivät siis välttämättä olleet miesten käsissä.

Kaavamaisen käsityksen mukaan naiset ovat näppäriä ja miehet voimakkaita. Naisten työt eivät kuitenkaan ole olleet vain kevyitä ja sorminäppäryyttä vaativia eivätkä miesten työt ainoastaan raskaita ja teknisesti vaativia. Kustaa Vilkunakin huomautti 1930-luvulla, että käsitys raskaiden töiden kuulumisesta miehille ja kevyiden naisille on Suomessa suhteellisen uusi periaate, joka on »tulosta tietystä yhteiskunnallisesta asennoitumisesta».

Nainen, joka joutui talvella pesemään pyykkiä, ei tehnyt kevyttä

Laskua ja tarkkailua.
Olet tarkkailtavana,
tee koko aika,
älä astu liikaa vasemmalle,
eikä liikaa oikealle,
älä tee hukkaliikettä,
tai älä seiso paikallasi,
sillä silloin sinun pitää
vielä enempi astua,

Sinun voidaan laskea vielä
enempi ehtiä.
Vielä on varaa kiristää,
kiristää,
mutta mihin asti?
Siihen asti, kun Sinä ja
Toverisi ette salli sen enää
jatkuvan.

Alisa Fagerström

työtä. Varsinkin pyykin huuhtominen avannossa oli raskasta ja terveyden päälle käyvää puuhaa, mutta samalla mitä tyypillisintä naisten työtä. Naisille kuuluivat myös veden kantaminen ja pellavan lihtaaminen, joita ei missään nimessä voi väittää kevyiksi askareiksi. Miesten ja naisten yhteiset työt vaativat naisiltakin kovaa kuntoa. F. A. Hästesko haastatteli vuosisadan alkupuolella äitiään, joka oli nuorena asunut Orimattilassa. Äiti muisti, että riihelle mentiin aamukolmelta. Koko päivä kului, ennen kuin jyvät olivat puhdistettuina viljalaarissa. »Tällaiselta työpäivältä sai nainen ruoan ja 1 1/2 kappaa rukiita palkakseen. Riihenpuinnin rinnalla oli pellavien valmistus syksyn raskaimpia töitä.»

Miehetkään eivät selvinneet ilman sorminäppäryyttä. Sitä he tarvitsivat esimerkiksi valmistaessaan ja kunnostaessaan kalanpyydyksiä. Miesten kätevyyttä ja näppäryyttä mitattiin myös erilaisten tarve-esineiden valmistuksessa. Nuoren miehen varsinainen mestarinäyte oli rukinlapa, jonka piti todistaa tekijänsä käden taidot.

Sukupuolitetut työmarkkinat

Nykypäivän Suomessa joka toisella naisella on ammatti, jossa ei juuri miehiä ole. Runsas kolmasosa miehistä työskentelee puolestaan miesvaltaisissa ammateissa. Vain muutama prosentti työntekijöistä saa toimeentulonsa alalta, jossa miehiä ja naisia on suurin piirtein yhtä paljon. Tilanne ei ole mitenkään Suomelle ominainen,

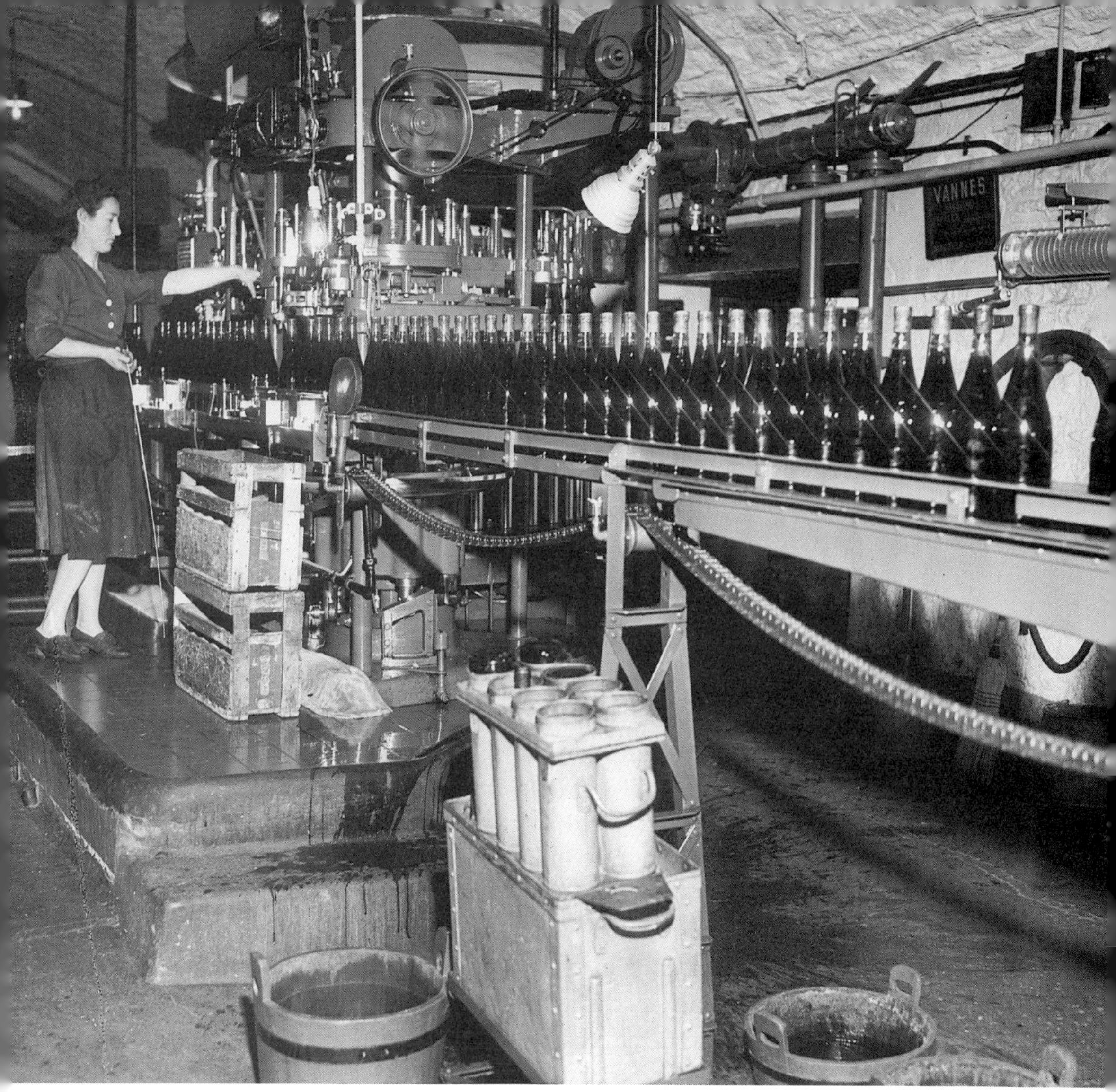

vaan myös muissa maissa työmarkkinat ovat jakautuneet miesten ja naisten kesken. Työnjaon seurauksena perhepäivähoitajat, apuhoitajat ja teollisuusompelijat ovat naisia. Yhtä varmasti kirvesmiehet, sähköasentajat ja koneenkorjaajat ovat miehiä. Kaikissa näissä ammateissa työskenteli vuoden 1985 Suomessa vain prosentin murto-osa vastakkaisen sukupuolen edustajia. Sekä naisten että miesten yleisimmät ammatit olivat hyvin tarkasti oman sukupuolen töitä. Siivoojina ja sihteereinä ei miehiä näkynyt, ei liioin naisia auton ratissa tai asentajina. Ainoastaan kaksi prosenttia moottoriajoneuvon kuljettajista oli naisia. Tässä suhteessa tapahtui 1980-luvun loppupuolella hienoista muutosta, sillä kuljetuksesta ja liikenteestä toimeentulonsa saavien naisten määrä lisääntyi. Varsinkin suuremmissa kaupungeissa on linja-autonkuljettajiksi houkuteltu myös naisia.

Työmarkkinoiden vahvaa jakautumista miesten ja naisten aloihin ja ammatteihin voidaan Pohjoismaissa jäljittää tämän vuosisadan alkupuolelta. Sukupuoliajattelu leimasi vaihetta, jolloin moderni koulutusjärjestelmä luotiin. Tyttöjen elämän päämääräksi ymmärrettiin perheenemännän työ. Naisten ammattikoulutuksen piti tukea tätä tavoitetta. Siksi sairaanhoito, lastenhoito ja suurtalouden hoito olivat erityisen sopivia aloja naisille. Yksi vaihtoehto oli se, että tytöt valitsivat lyhyen koulutusajan konttori- tai liikealalla, joka tarjosi heille toimeentulon avioliittoa odotellessa.

1920-luvun Tampereella valtaosa työläisperheiden tyttäristä meni työhön tehtaaseen, mutta tyttöjen ammattikoulutuksella tarkoitettiin kotitalousopetusta. Koska naisia ei koulutettu teollisuusammatteihin, tulivat heidän osakseen työt, joissa ei ammattitaitoa vaadittu eikä sen mukaista palkkaa myöskään maksettu. Näin vakiinnutettiin naisten asema teollisuuden matalapalkkaryhmänä. Vaikka 1920-luvulla luotiin sekä tyttöjen että poikien ammattikoulutus, ei eri sukupuolten koulutus ollut samantasoista. Poikien ammattikoulusta tuli ammattimiehiä, mutta tyttöjen ammattikoulu oli ns. valmistava koulu, joka ei edes tähdännyt ammattitaitoisten työläisten kouluttamiseen.

Kotityötä on joskus pidetty sopivampana työnä naisille kuin tehdastyötä ja palvelijattaren ammatin on poikkeuksetta nähty kaikkein parhaiten sopivan naiselle. Vuosisadan vaihteen Englannissa köyhäinhoitoviranomaiset sijoittivat hoidossaan olleet tyttö-

Naiset yleistyivät teollisuuden työntekijöinä siinä vaiheessa, kun teollisuus alkoi laajentua voimakkaasti ja tarvitsi nopeasti paljon työvoimaa. Naisten osuus lisääntyi yleensä sitä mukaa kuin teollisuus mekanisoitui ja työ tuli kevyemmäksi, mutta samalla yksitoikkoisemmaksi.

lapset palvelijoiksi, muita vaihtoehtoja ei annettu. Kotitaloustyön suurena etuna pidettiin harjoitusta, jota se tarjosi avioliittoa ja äitiyttä varten. Kun Englannissa vuonna 1924 tutkittiin kaivostyöläisten perheitä, totesivat tutkijat tyytyväisinä, että ravitsemuksen tila oli paras perheissä, joissa äiti oli entinen palvelijatar.

Naisten varhainen palkkatyö perustui usein taitoihin, joita naisilta oli ennenkin edellytetty. Palvelijattaren tai pyykkärin ammatit edustivat ilman muuta kotitaloustyön ulottamista oman perheen ulkopuolelle, mutta myös sairaanhoito kytkettiin läheisesti naisten kotitöihin. Englannissa vasta vuoden 1891 väestönlaskenta otti käyttöön käsitteen »sairaan hoitaja» (sick nurse), jotta sairaaloiden hoitajat voitiin erottaa kotitalouden palvelijoista. Vielä silloinkin väestölaskennan raportissa selitettiin, että näitä kahta ryhmää voidaan tarkastella yhdessä. Naisten työnä sairaanhoito ei ollut kaukana kotitaloustyöstä. Suomessakin puhuttiin tohtoreiden palkollisina toimivasta naispuolisesta palveluskunnasta.

Miesten ja naisten työnjako on eri aloilla muotoutunut eri tavoin. Tekstiiliteollisuudessa naiset ovat työskennelleet alusta lähtien. Teollistumista edeltävä sukupuolten työnjako on säilynyt, vaikka onkin usein

Vuoden 1904 syksyllä Voikkaan paperitehtaan työnjohtaja Schmitz ehdotteli pöllivintin tytöille sänkyosastoa. Nämä kieltäytyivät ja vaativat Schmitzin eroa. Kun tähän ei suostuttu, naiset kantoivat hänet itse ulos työmaalta. Potkuthan siitä tuli — naisille. Näin syntyi kuuluisa Schmitzin lakko, jossa taidettiin tarvita kasakoidenkin apua. Yleensä naisten joukkovoima ei ole ollut ammattiyhdistyksille tyypillistä. Vain harvoin se on johtanut sellaiseen rintamaan kuin kuvan skotlantilaisessa kalatehtaassa, josta työntekijät marssivat 1931 ulos palkanalennuspäätöksen jälkeen.

muuttanut muotoaan. On myös teollisuuden aloja, joilla 1800-luvun puolivälissä työskenteli vain hyvin vähän naisia, mutta liukuhihnatuotanto synnytti hierarkian alapäähän 'naisten työt'. Tuotannon rationalisoiminen loi muun muassa metalliteollisuudessa tehtäviä, joihin palkattiin naisia. Kotitalouden palvelutyö puolestaan oli ala, joka oli ja pysyi naisilla, kunnes lopulta käytännössä katosi. Palvelijattaren ammatti säilyi suhteellisen koskemattomana teknologisen muutoksen edessä; kotityö oli luonteeltaan sellaista, että se uhmasi rationalisointia.

Pumpulin plikat ja tulitikkutytöt tunnetaan monista eri maista. Suomessakin tekstiili-, tulitikku- ja tupakkatehtaat ovat olleet naisvaltaisia työpaikkoja. 1800-luvun lopulla tupakkateollisuus muuttui naisten alaksi. Vuonna 1905 naisia oli jo neljä viidesosaa tupakkatehtaiden työläisistä. Samaan aikaan sekä tekstiiliteollisuuden että tulitikkuteollisuuden työväestä oli naisia noin 70 prosenttia. Koko teollisuustyöväestöstä naisten osuus nousi viidesosasta neljäsosaan vuosien 1875 ja 1905 välisenä aikana.

Tekstiiliteollisuus oli suurin naisten teollinen työllistäjä. Vuonna 1905 kolmasosa teollisuuden naisista työskenteli tekstiilitehtaissa. Puunjalostuksessa ja tupakkateollisuudessa työskenteli kummassakin kymmenesosa ja paperiteollisuudessa runsas kymmenesosa tehtaalaisnaisista. Puunjalostusteollisuus oli kuitenkin kokonaisuudessaan erittäin miesvaltainen ala. Yhdeksän työntekijää kymmenestä oli miehiä.

Koska naiset ovat tehneet käsitöitä, heidän on katsottu soveltuvan hyvin tekstiiliteollisuuden palvelukseen. Työnjako tehtaissa ei kuitenkaan ole ollut suoraa perintöä kotiteollisuudesta. Kotona vain naiset kehräsivät, mutta tehtaissa kehruukoneita hoitivat myös miehet. Vastaavasti kutominen, joka ennen teollistumista saattoi olla yhtä hyvin miesten kuin naisten työtä, on monasti teh-

Kaupassa nainen on yhä selvänä enemmistönä tiskin molemmilla puolilla. Kaupan työntekijöiden palkkataso on huomattavan alhainen. Tasa-arvolaissa todetaan: »erityisenä tarkoituksena on tuoda esiin se, että naiset ovat tosiasiallisesti miehiä huonommassa asemassa ja että miesten ja naisten tasa-arvon toteuttaminen tehokkaasti käytännössä edellyttää useasti sitä, että naisten aseman parantamiseksi ryhdytään erityisjärjestelyihin.»

taissa jäänyt naisten työksi. Suomessa kutominen on ollut naisten työtä selvemmin kuin monissa muissa maissa, mutta tunnetaan meiltäkin mieskutojia. Vielä 1700-luvulla Hämeessä oli monia miespuolisia ammattikankureita, jotka kutoivat hienoja damastiliinoja. Myös Pohjanmaalla oli 1700-luvulla muutamia pitäjänkankureita, jotka olivat kaikki miehiä.

Naisilla ja miehillä oli teollisuudessa suhteellisen tiukasti omat tehtävänsä. Tekstiilitehtaissa naiset kehräsivät, kutoivat ja valmistivat trikoota, mutta valkaisu, värjäys, painaminen ja kankaiden tärkkääminen olivat miesten töitä. Vuonna 1902 naisten osuus Suomen kehräämötyöläisistä oli 74 prosenttia, kutojista 90 prosenttia ja trikootyöläisistä 98 prosenttia. Sen sijaan värjäyksen, valkaisun ja painatuksen työntekijöistä vain joka kahdeskymmenes oli nainen. Tupakkatehtaissa naiset tekivät savukkeita ja sikaareja, miehet piipputupakkaa ja purutupakkaa.

Työnjaon alueelliset erot eivät olleet ainoastaan maatalousyhteiskunnalle ominainen piirre. Esimerkiksi 1800-luvun Englannissa naiset tekivät tiiliä sellaisilla paikkakunnilla, missä miehet työskentelivät hiilikaivoksissa ja terästehtaissa. Lancashiressa tiilenteko oli täysin miesten työtä. Siellä naisille löytyi työtä puuvillateollisuudessa, mutta miesten ansiomahdollisuudet olivat rajalliset.

Naisten ja miesten työmarkkinat syntyivät teollisuuden ohella myös palveluammatteihin ja toimistotyöhön. Miehistä tuli johtajia, naisista apulaisia. Englannissa hierarkkinen työnjako jopa kasvoi vuosien 1911 ja 1951 välisenä aikana. Henkisessä työssä naiset joutuivat toimisto- ja myyntitehtäviin, miehet esimiestehtäviin. Eniten naispuolisten henkisen työn tekijöiden määrä kasvoi alemmissa töissä kuten kauppa-apulaisina, sairaanhoitajina ja toimistotyöntekijöinä.

Pestautuminen ei-ruumiilliseen työhön ei suinkaan merkinnyt

Minä nainen
Kirjoitan kirjeet,
laskutan laskut,
korjaan virheet, keitän kahvit,
vastaan puhelimeen, arkistoin,
keskustelen älykkäästi, tiliöin,
kuuntelen murheet, ymmärrän.
Kuka tahansa mies voi ostaa
minut konttoriinsa.
Sillä nainen
on konttorin yleiskone.
Kirjoitus-, lasku-,
monistuskone,
kahvinkeitin, puhelin.
etsintälaite,
mappi, kotelo, korjauslakka.

Hannele Kuokkanen

1800-luvun puolivälin jälkeen suomalainen yhteiskunta tarvitsi paljon opettajia halvalla. Siksi naisetkin pääsivät opettajan oppiin. Tänään opettajaksi opiskelevista on naisia kaksi kolmannesta.

hyppäystä työväestöstä keskiluokkaan. Viime vuosisadan loppupuolen Englannissa kauppa-apulaisen työ- ja asuinolot olivat joskus niin sietämättömät, että työläiskotien tyttärillä oli vaikeuksia kestää niitä, keskiluokan tytöistä puhumattakaan. Kun naispuolisten virkailijoiden määrä valtion virastoissa lisääntyi, tulivat työntekijät enimmäkseen alemmasta keskiluokasta, eivät työväestöstä.

Valkokaulustöissä työnantajat pitivät sukupuolijakoa yllä suoremmin kuin ruumiillisessa työssä. Tämä ilmeni monin tavoin, muun muassa siten että naisia ei otettu opiskelemaan jotain alaa tai että jotkin virat pidettiin naisilta suljettuina. Tämä koski etenkin julkista sektoria. Usein viran saaminen edellytti tiettyä koulutusta. Päästäkseen opiskelemaan yliopistoon naisten oli 1800-luvun Suomessa anottava »vapautusta sukupuolestaan». Vuodesta 1901 naiset eivät ole tarvinneet erikoislupaa yliopisto-opintoihin.

Miehet ja naiset voitiin entisajan konttoreissa pitää hyvin konkreettisesti erillään. Englantilaisilla naiskonekirjoittajilla oli 1900-luvun alkupuolella erilliset huoneet ja he ottivat töitä vastaan vain sellaisilta miesvirkailijoilta, joilla oli siihen erityinen lupa. Naiset myös lähtivät töistä eri aikaan kuin miehet.

Naisille sopivat työt olivat eri paikoissa ja eri sosiaaliluokissa erilaisia. Oli työnjako sitten millainen hyvänsä, se yleensä hyväksyttiin suhteellisen laajasti miestyöntekijöiden, työnantajien, hallituksen ja naistyöntekijöiden itsensäkin keskuudessa. Esimerkiksi silloin, kun Englannin tukkukaupan miestyöntekijöiden ammattiliitto oli heikko, eivät työnantajat kuitenkaan ottaneet naisia töihin, vaikka nämä olisivat olleet halpaa työvoimaa.

Valtion politiikkakin perustui oletukseen, että naisten palkkatyö oli toissijaista. Lisäksi se pyrki rajaamaan työtä, jota pidettiin sopivana naisille. Rajoja asettivat suojelulait, tai kuten Englannissa tapahtui maailmansotien välisenä aikana, naisia ohjattiin sopiviin

ammatteihin vakuutussäännöksiä muokkaamalla. Naisille maksettiin työttömyyskorvausta ainoastaan sillä ehdolla, että he ammatistaan riippumatta suostuivat ottamaan vastaan kotitaloustyötä, mikäli sitä heille osoitettiin. Kotitaloustyöntekijöinä he taas eivät kuuluneet työttömyysvakuutuksen piiriin, joten tällä tavoin naiset pudotettiin työttömyysturvan ulkopuolelle.

Naiset eivät erityisesti vastustaneet sukupuolten välistä työnjakoa. Koska sitä pidettiin luonnollisena, oli sekä miesten että naisten vaikea ylittää rajoja leimautumatta poikkeavaksi. Varsinkin työväenluokan vaimot tukivat miestensä vaatimusta korkeammasta statuksesta, paremmin palkatusta työstä, koska se paransi perheen hyvinvointia. Tämän tehdessään he hyväksyivät sen tosiasian, että miesten parempi asema saavutettiin naistyöntekijöiden kustannuksella ja että siihen sisältyi perinteisen työjaon vahvistuminen kotona.

Oppityttöjä ja käsityöläisen leskiä

Ammattitaitoa tarvittiin myös ennen monissa töissä. Sitä oli käsityöläisillä, jotka ennen teollisuuden aikaa olivat tärkeitä ja arvostettuja ammatti-ihmisiä niin kaupungeissa kuin maaseudullakin. Käsityöammatit kuuluivat miehille, heillä oli oikeus saada koulutusta ja hankkia itselleen vaikkapa räätälin, suutarin tai sepän taidot. Käsityöläisten muodostamien ammattikuntien piti taata käsityön laatu, joten mestareiksi pääsivät vain tietyn koulutuksen ja harjoittelun suorittaneet käsityöläiset. Jos nainen oli oppinut käsityötaidon ja halusi harjoittaa ammattia, täytyi sen tapahtua jonkun mestarin alaisuudessa tai maistraatin luvalla.

Aviomiehen tai isän verstaassa oli vaimolla tai tyttärelläkin lupa työskennellä. Moni käsityöläinen sai puolisostaan taitavan apulaisen. Varsinkin teurastajat, oluenpanijat, myllärit, ruukuntekijät ja leipurit tekivät töitä yhdessä vaimonsa ja joskus myös lastensa kanssa. Tätä kautta naiset oppivat ammatin salaisuudet, vaikka eivät varsinaiseen ammattioppiin päässeetkään. Leski sai harjoittaa miesvainajansa ammattia niin kauan kuin pysyi naimattomana. Ei ollutkaan kovin tavallista, että lesket avioituivat uudelleen. Moni käsityöläisen leski hoiti menestyksellä verstastaan ja oli jopa alansa arvostetuin edustaja kaupungissa.

Yksinkertaista käsityötä naiset saivat harjoittaa itsenäisesti. Oluenpanijoina, teurastajina ja leipureina toimi köyhiä leskivaimoja, sotilaiden vaimoja ja joskus jopa naimattomia naisia. Kaupunginisät uskoivat naisleipureille arkisen ruokaleivän teon, hienommat paakkelssit leivottiin miesten leipomoissa. Viinanpoltto puolestaan oli monessa kaupungissa naisten käsissä.

Silkin kutominen on kiinnostava esimerkki naisten käsityöstä, joka vaati erikoistuneita taitoja. Oli kuitenkin monia kaupunkeja,

Poliisi on vallan miekka ja miekkaahan kantaa mies. Mikä siis on naispoliisi?

joissa sitä ei luettu ammattikuntalaitoksen alaiseksi ja siten erityistä ammattitaitoa vaativaksi työksi. Näin oli laita esimerkiksi Lontoossa, jonka silkkikutomoiden työntekijät olivat naisia aina 1400-luvun loppuun asti. Naiset huolehtivat kaikista tehtävistä ja heitä myös koulutettiin alalle, mutta he eivät muodostaneet ammattikuntia. Naisten saama ammattioppi ymmärrettiin yleisesti vain keinoksi hankkia toimeentulo ennen avioitumista.

Keski-Euroopassa naisten asema silkinkutojina oli jossain määrin toinen kuin Englannissa. Muun muassa Kölnissä oli keskiajalla silkintekijöiden ammattikunta, johon kuului myös naisia. Johtotehtävät olivat miesten käsissä, mutta naisten vastuulla oli kuitenkin yksi ammattikunnan keskeisistä tehtävistä, valmistettujen silkkien laadun valvonta. Silkkiin liittyi myös Kölnin viimeinen yksinomaan naisten ammattikunta, silkinkehrääjien kilta. Tämä oli sikäli poikkeuksellinen yhteenliittymä, että sen jäseniä ei pidetty käsityöläisi-

Suomalaiseen tieteeseen naiset joukkona ovat tulleet vasta 1980-luvulla. Sitä ennen tieteen parissa oli yksittäisiä naisia. Useissa maissa kehitys on ollut hitaampaa.

nä vaan pikemminkin ammattitaidottomina palkkatyöläisinä, joille silkinvalmistajat maksoivat urakkapalkan.

Silkin tuotannossa tehtiin ero miesten ja naisten töiden välillä. Silkkinauhoja ja -nyörejä kutoivat vain naiset ja he saivat myös ottaa itselleen oppilaita. Silkkikankaiden kutomista pidettiin miesten työnä, jossa naiset kelpasivat avustaviin tehtäviin. Kun silkinkutojat 1700-luvun Englannissa halusivat karkoittaa naiset pois alalta, he vastustivat nimenomaan naiskutojia, naispuolista aputyövoimaa he eivät kokeneet itselleen uhaksi. Samantapaiseen ratkaisuun olivat päätyneet myös Lyonin silkinkutojat 1500-luvun Ranskassa. Siellä silkkituotteiden heikentyneet markkinat saivat mestarit irtisanomaan kaikki naisoppilaansa kuukauden varoitusajalla. Ammattitaitoa ei enää saanut siirtää naisille, vaan sen oli jäätävä miehille. Aukotonta naisten karkoittaminen ei ollut, sillä vaimot ja lesket saivat jatkaa kutomista ja heillä oli myös oikeus opettaa omia lapsiaan, ei kuitenkaan vieraita tyttöjä tai edes poikia.

Myös kaupankäynti oli miehinen ura, mutta leski saattoi jatkaa

Marie Tsimburaki oli Kreikan ensimmäinen naispuolinen asianajaja. Suomalaisista oikeustieteen opiskelijoista puolet on tänään naisia. Työelämässä naiset sijoittuvat ensisijaisesti julkishallinnon palvelukseen, miehet taas tuomioistuimiin ja liike-elämään.

miehensä liikettä. Vuonna 1800 Oulun varakkainta kauppahuonetta johti leski Margareta Candelberg. Kaupan alalla naisille oli kuitenkin varattu aivan muita tehtäviä kuin suurten kauppahuoneiden johtaminen. Naiset saivat vuoden 1749 rihkamakauppaohjesäännössä luvan tietyin rajoituksin harjoittaa rihkamakauppaa Ruotsissa, ja tämä lupa koski tietysti myös valtakunnan itäisiä osia eli Suomea. Ehtona oli, että naisella oli hyvä maine eikä muuta mahdollisuutta toimeentulon hankkimiseen ollut. Jos hakija täytti ehdot ja sai maistraatin luvan, hän sai myydä lankoja, lasten sukkia, nappeja, kauluksia, pitsejä, kaulaliinoja, päähineitä, linninkejä, tekokukkia, käsineitä, kaula- ja käsivarsinauhoja, epäaidoista helmistä ja kivistä tehtyjä korvakoruja ja nappeja ynnä muuta rihkamaa.

Tavaroita myytiin joko avonaisissa puodeissa tai ovelta ovelle kaupustelemalla. Kauppaliikettä rihkamakauppias ei saanut perustaa. Maistraatin oli huolehdittava, että rihkamakauppiaita ei ollut liikaa, siksi lupia piti antaa säästäväisesti. Kun työlupa annettiin vasta tarpeen mukaan, oli sen myöntäminen käytännössä osa köyhäinhoitoa. Rihkamakauppaa ei myöskään pidetty samalla tavoin ammattitaitoa vaativana työnä kuin muuta kaupankäyntiä tai käsityötä.

Näppärä, mutta ammattitaidoton

Tehtaat kohosivat ensimmäisenä englantilaiseen maisemaan. Niissä käytiin lukuisia kamppailuja, joissa naiset ja miehet puolustivat asemaansa työelämässä. Ne olivat usein myös mittelöitä siitä, mitä pidettiin ammattitaitona. Miten tiukasti miehet puolustivat omaa ammattiaan, vaihteli suuresti teollisuudenaloittain ja alueittain.

Lancashiressa miehet onnistuivat pitämään kehruun omissa käsissään, koska kehrääjillä oli oikeus palkata itse apulaisensa, jotka saattoivat myöhemmin nousta kehrääjiksi. Manchesterissä miehistä oli pulaa, joten kehrääjien oli hyväksyttävä apulaisikseen myös naisia. Kun tehtaisiin tuli uudentyyppisiä kehruukoneita, niiden käyttö luokiteltiin työksi, joka ei vaadi ammattitaitoa, eivätkä vanhoja koneita käyttäneet miehet vastustaneet naisten palkkaamista uusille koneille.

Myös Suomessa naisilla on ollut parhaat mahdollisuudet saada työtä, jota ei ole pidettu ammattitaitoa vaativana. Sahateollisuus on tästä hyvä esimerkki. Kun sisko pääsi sahalle töihin, hän joutui tehtäviin, jotka luokiteltiin avustaviksi. Vuosisadan vaihteessa kolme neljäsosaa sahateollisuuden naisista laskettiin ammattitaidottomiksi työläisiksi, kun ammattitaidottomien osuus miehistä oli selvästi alle puolet.

Naisvaltaisilla aloilla naiset ovat yleisemmin hoitaneet tehtäviä, jotka on määritelty ammattitaitoa vaativiksi. 1900-luvun alussa Suomen tupakka-, tekstiili-, ompelu- ja leipomoteollisuudessa kolmasosa naisista kuului ammattityöväestöön. Miesvaltaisissa työpaikoissa, joita olivat sahojen ohella muun muassa kirjapainot ja paperitehtaat, laskettiin vain neljäsosa naisista ammattityöläisiksi.

Ammattitaidon sijasta monissa naisten töissä on vaadittu naisellisia ominaisuuksia. Tämä perustuu ajatukseen, että on monia asioita, joita naiset osaavat hoitaa ikään kuin luonnostaan. Kun hoitoalan koulutusta Suomessa vuosisadan vaihteessa suunniteltiin, olivat lääkärit sitä mieltä, että naiset soveltuvat hyvin sairaanhoitajiksi. Naisia pidettiin sopivina, koska he ovat alistuvampia, tottelevaisempia ja ennen kaikkea halvempaa työvoimaa kuin miehet. Samoin perustein naisten on katsottu soveltuvan toimistotyöhön.

Kirkko on miesten hallitsema instituutio. Naisella on ollut kolkuttajan osa. Hänen omaa aluettaan on ollut vain luostari.

Periaatteessa
kannatan
naispappeutta.
Vaikka
totta puhuen,
minulle on
samantekevää
kuka
ne sadut kertoo.

Svanvit Björkqvist

Niin sanottujen parempien perheiden tyttärille suositeltiin konekirjoitustaidon hankkimista jo 1890-luvun Englannissa. Kirjoituskone rinnastettiin pianoon, jonka soitto soveltui hyvin naisten sormille. Pianonsoitto elätti vain musikaalisesti lahjakkaita, mutta konekirjoitus tarjosi ansiomahdollisuuksia muillekin. Etenkin pikakirjoittajina ja puhtaaksikirjoittajina naiset olivat suosittuja, pidettiinhän heitä luonnostaan siisteinä, tarkkoina ja huolellisina. Naiset arvostivat itsekin toimistotyötä, koska se oli siistiä ja kunniallista ja vaati jonkin verran erityistaitoja. Työympäristökin oli kohtuullisen mukava verrattuna esimerkiksi palvelijattaren tai kauppa-apulaisen työympäristöön. Nuorten naisten vanhemmat pitivät arvossa toimistojen tiukkaa kuria ja pyrkimystä pitää miehet ja naiset erillään työpaikalla.

Työelämässä on useilla eri aloilla puhuttu naisten näppäristä sormista, kärsivällisyydestä, huolellisuudesta ja kyvystä sopeutua yksitoikkoisiin ja toistuviin tehtäviin. Niin tehtaissa kuin toimistoissakin on ollut käyttöä kärsivällisyydelle ja näppärille sormille. Nämä eivät kuitenkaan ole mitään synnynnäisiä ominaisuuksia, vaan taitoja, joita naiset ovat itselleen hankkineet. Pienestä alkaen tyttöjä on opetettu huolellisiksi, näppäriksi ja sopeutuviksi. Talonpoikaiseen lastenkasvatukseenkin kuului, että tytön oli opittava tekemään työnsä huolellisesti ja siististi. Huolimatonta tyttölasta peloteltiin, että kukaan mies ei sellaista kelpuuta vaimoksensa. Erilaisia työelämän ulkopuolella opittuja taitoja ei silti ole laskettu ammattitaidoksi, vaikka ne olisivat olleet juuri niitä kykyjä, joita tietyssä työssä on vaadittu. Kysymys ei välttämättä ole siitä, että naisilla olisi ollut ratkaisevasti vähemmän ammattitaitoa kuin miehillä, vaan siitä, että ammattitaidoksi on arvostettu niitä taitoja, joita miehet ovat voineet hankkia, mutta ei niitä, joita naiset ovat hankkineet.

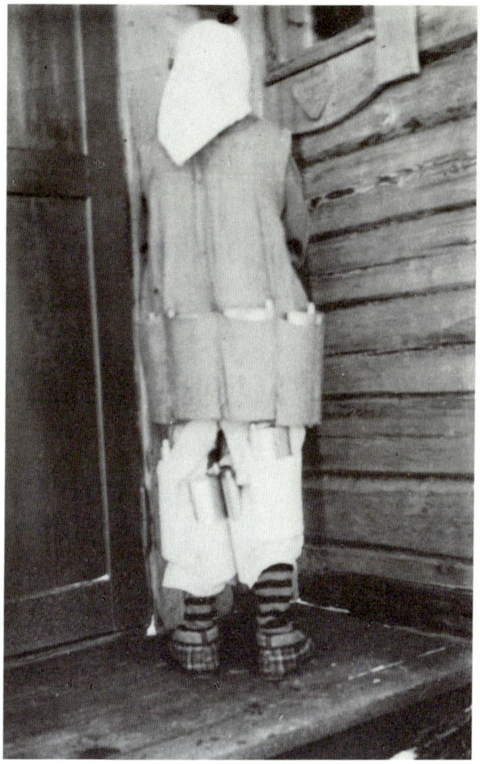

Viinan keitto ja myynti olivat 1700-luvulla naisille sallittuja ammatteja. Tämä kauppias puolestaan otettiin kiinni Elisenvaaran asemalla kieltolain aikana 1926. Hänellä on yllään puku, joka on erityisesti suunniteltu pirtukauppaa varten.

Prostituutio on ollut monenlaisen idealisoinnin kohde. Esimerkiksi Pompejin kaivauksissa löydetty bordellimainos kertoo: »Täällä asuu onni». Ilotalon arkipäivä on kuitenkin toinen. Oheisessa kuvassa alimman asteen prostituoidut odottavat häkissään katselijaa — ja ostajaa.

Yhteiskunnassa on toki ollut tehtäviä, joissa nimenomaan naisten ammattitaidolle on annettu suuri merkitys. Tällainen on esimerkiksi synnytyksessä avustaminen. Kätilökoulutus alkoi Ruotsissa 1700-luvulla. Siihen haluttiin kouluttaa rahvaan naisia, joilla mielellään sai olla omia lapsia. Ensisijaisesti ajateltiin leskivaimoja, mutta myös naimisissa olevat naiset tulivat kysymykseen. Omakohtaista kokemusta synnyttämisestä pidettiin ansiona.

Kätilöiden koulutuksella oli väestöpoliittisia tavoitteita: haluttiin turvata väkiluvun kasvu. Jotta Ruotsin valtakunta olisi saanut enemmän terveitä lapsia, oli naisten käytettävä synnytyksessä ammattitaitoista avustajaa. Koulutettujen kätilöiden piti korvata itseoppineet lapsenpäästäjät. Kätilön ammattitaito oli ehdottoman tärkeä.

Kätilökoulutuksen kehittäminen jatkui Suomessa 1800-luvulla. Kätilön ammatti sijoittui lääkäreiden ja kansankätilöiden väliin ja rajankäynti ammattitaidosta oli kumpaankin suuntaan tiukkaa. Lääkärit halusivat saada synnytyksen valvontaansa. Tämä aiheutti muun muassa kiistaa siitä, oliko kätilöillä oikeutta käyttää synnytykseen kehitettyjä teknisiä apuvälineitä. Kätilötyö jäi monessa suhteessa lääkäreille alisteiseksi, mutta tämä ei yleensä kovin paljon vaikuttanut maaseudun kätilöiden työhön. Tiettömän taipaleen takana oli kysymys ainoastaan siitä, hallitsiko kätilö tehtävänsä.

Lääkärit ja kätilöt olivat kuitenkin yksimielisiä siitä, että synnytystä ei pitänyt uskoa ammattitaidottomiin käsiin. Varsinkin sivistyneistö paheksui kansannaisia, jotka avustivat naapurin vaimoja synnytyssaunassa. Sanomalehdissäkin kirjoitettiin, miten kouluttamattomat eukot rääkkäsivät synnyttäjiä erilaisilla poppakonsteilla ja voimakeinoilla. Asetusten ja määräysten voimalla naisia vaadittiin turvautumaan koulutettuihin kätilöihin, mutta kätilöitä oli harvassa. Vuonna 1900 vain joka neljäs synnyttäjä käytti koulutettua synnytysapua.

Vaikka ammattitaitoiset kätilöt saivat osakseen kiitosta ja arvostusta, eivät kiitoksen sanat tuottaneet heille suuria aineellisia etuja. Kätilön palkka oli kehno ja asema ainakin hoitotyön hierarkiassa alhainen. Korkeaa yhteiskunnallista asemaa heille ei alunperinkään ollut tarkoitettu, koska ammattiin piti kouluttaa rahvasta, ei säätyläisiä. Sen sijaan sairaanhoitajakoulutus, joka aloitettiin 1800-luvun loppupuolella, oli suunnattu säätyläistyttärille. Tämä ero näkyi myös palkoissa. Suomessa sairaanhoitajien ja kätilöiden palkkaus yhtenäistettiin vasta toisen maailmansodan jälkeen. Sitä ennen kunnan palveluksessa olleen kätilön palkka oli noin yksi neljäsosa sairaanhoitajan palkasta. Kätilöt olivat kuitenkin saaneet varsinaisen palkkansa lisäksi ottaa potilailta hoitopalkkion, mikä oli tasannut palkkaeroa.

Naiselle naisen palkka

Naispalkkakeskustelua voi tuskin 1990-luvulla välttää. Muun muassa Tasa-arvoasiain neuvottelukunnan yksi keskeinen vaatimus on naisten palkkauksen korjaaminen. Palkkauksessa vallitsevan epäsuhtaisuuden myöntävät nekin, jotka muuten katsovat tasa-arvon toteutuneen suomalaisessa yhteiskunnassa. Monet pitävät työstä maksettua palkkaa selkeimpänä työn arvostuksen mittarina.

Naiset eivät ole sanottavasti päässeet palkoillaan kerskailemaan. Varsinkin kotona ansiotyötä tehneiden naisten ansiot ovat olleet äärimmäisen alhaiset. On tietoja, joiden mukaan ne itse asiassa putosivat 1800-luvun lopun ja 1900-luvun alun aikana. Erilainen viimeistely ja rasioiden valmistus olivat kaikkein huonoimmin mak-

Hänessä on enemmän rasvaa kuin meidär salamissamme. Jopa hyvävartaloisessa nai- sessa on rasvaa keskimäärin 21 %. Siksi mei- dän salamimme näyttää häntäkin paremal- ta — katsos, Hebrew National -salamissa or rasvaa vain 17 %.

Se ei ole ainoastaan vähemmän kuin Kim Cooperissa. Se on 50 % vähemmän kuin joh- tavassa Geneven salamissa, 43 % vähem- män kuin Oscar Mayerin bolognalaisessa jc vieläpä 8 % vähemmän kuin »vähärasvaises- sa ja sokerittomassa» Best Kosherin salamissa

Muistutamme, että Hebrew National ei ole mikään dieettisalami. Se on hyvä, vanhanai- kainen 100-prosenttinen naudanlihasalami.

Joten, kun seuraavan kerran tunnet tarvit- sevasi upean makuista, ravitsevaa ja vähä- rasvaista lounasta, unohda tonnikalat ja juus- tot. Ota salamia. Niin Kim Cooperkin tekee Miten kuvittelet että hän muutoin pysyisi 79 prosenttisesti rasvattomana.

Monen nuoren tytön unelma- na on pääsy malliksi tai man- nekiiniksi. Näiden 20-luvun Stockmannin talvimuodin esit- telijöiden ja 80-luvun Kim Coo- perin osalta unelma on toteu- tunut.

Even a woman in great shape is, on the average, 21% fat.
Which makes our salami look even better —you see, Hebrew National salami is only 17% fat.
That's not only less than our model, Kim Cooper; it's 50% less than the leading Genoa salami.
43% less than Oscar Mayer bologna.
And 8% less than even Best Kosher's "low-salt, low-fat, no-sugar" salami.
Mind you, this is no diet salami. This is good, old-fashioned, 100% beef, kosher salami.
So the next time you feel like a great-tasting, nutritional, low-fat lunch, skip the tuna and cottage cheese, and have some salami. That's what Kim does. How do you think she stays 79% fat free?
There's more fat on her than on our salami.
im Cooper
9% Fat Free
HEBREW NATIONAL

Valonheittäjien huikeiden kartioiden hohteessa liikkuvat alastomat vartalot yli näyttämön fantastisissa koristeissa taustanaan milloin jättiläiskorkeina solisevat vesisuihkut, milloin paljetteja välkkyvä punainen silkki tai musta sametti, milloin kullattu, timanttikukkainen puutarha, milloin kallisarvoinen, valkea, hulmuava, höyhenistä sommiteltu teltta. Sateenkaaren värit liukuvat paljaalla iholla, katosta sataa oranssikukkia ja orvokkeja, hyvänhajuiset tuoksut tulvivat katsomoon...

Olavi Paavolainen, Nykyaikaa etsimässä

settuja kotitöitä. Ompelustakin kotona työskenteleville maksettiin vähemmän kuin ompeluliikkeissä työskenteleville. Siitä huolimatta muutamat perheenäidit ottivat tarkoituksella kotiinsa huonoimmin palkattua työtä, koska he saivat silloin itse päättää urakoiden suuruudesta.

On joskus väitetty, että hyvätuloisten miesten vaimot tekivät ansiotyötä ainoastaan huvin vuoksi ja polkivat siten taksoja. 1800-luvun havainnoitsijat olivat kuitenkin yksimielisiä siitä, että heikoimmin maksettiin leskille ja yksin jääneille vaimoille, joille ansiotyö oli elinehto. Taskurahoja tienaaville vaimoille maksettiin paremmin. Joku selitti tämän johtuvan siitä, että vaimot, joiden miehet olivat töissä, olivat paremmin ravittuja ja siksi tehokkaampia työntekijöitä.

Jo Alice Clark on klassisessa tutkimuksessaan naisten ansiotyöstä 1600-luvun Englannissa todennut, että köyhät, työn tarpeessa olevat naiset saivat kehruutyöstä huonompaa palkkaa kuin varakkaiden talonpoikien vaimot, jotka kehräsivät joutoaikana. Yksi syy tähän oli se, että vauraammat naiset pystyivät ostamaan aineet ja myymään kehräämänsä langat itse. Köyhien oli pakko kehrätä toisten aineista, jolloin ansiot jäivät pienemmiksi.

Ylipäätään naisille maksettiin töistä naisten palkkaa. Useissa maissa oli 1960-luvulle asti käytössä erilliset sukupuolenmukaiset palkkataulukot. Silloinkin kun naiset tekivät samaa työtä kuin miehet, heille maksettiin vähemmän. Englannissa kutominen oli niitä harvoja ammatteja, joissa naiset ja miehet tekivät samoja töitä samalla taksalla. Vuonna 1919 tätä selitettiin sillä, että kutominen ei ollut miesten työtä, koska se oli poikkeuksellisen kevyttä ja sitä tehtiin katon alla. Miesten tilipussiin tuli kuitenkin enemmän rahaa. Vuonna 1938 Englannissa mieskutojat ansaitsivat 36 prosenttia enemmän tunnissa kuin naiset. Heillä oli enemmän kangaspui-

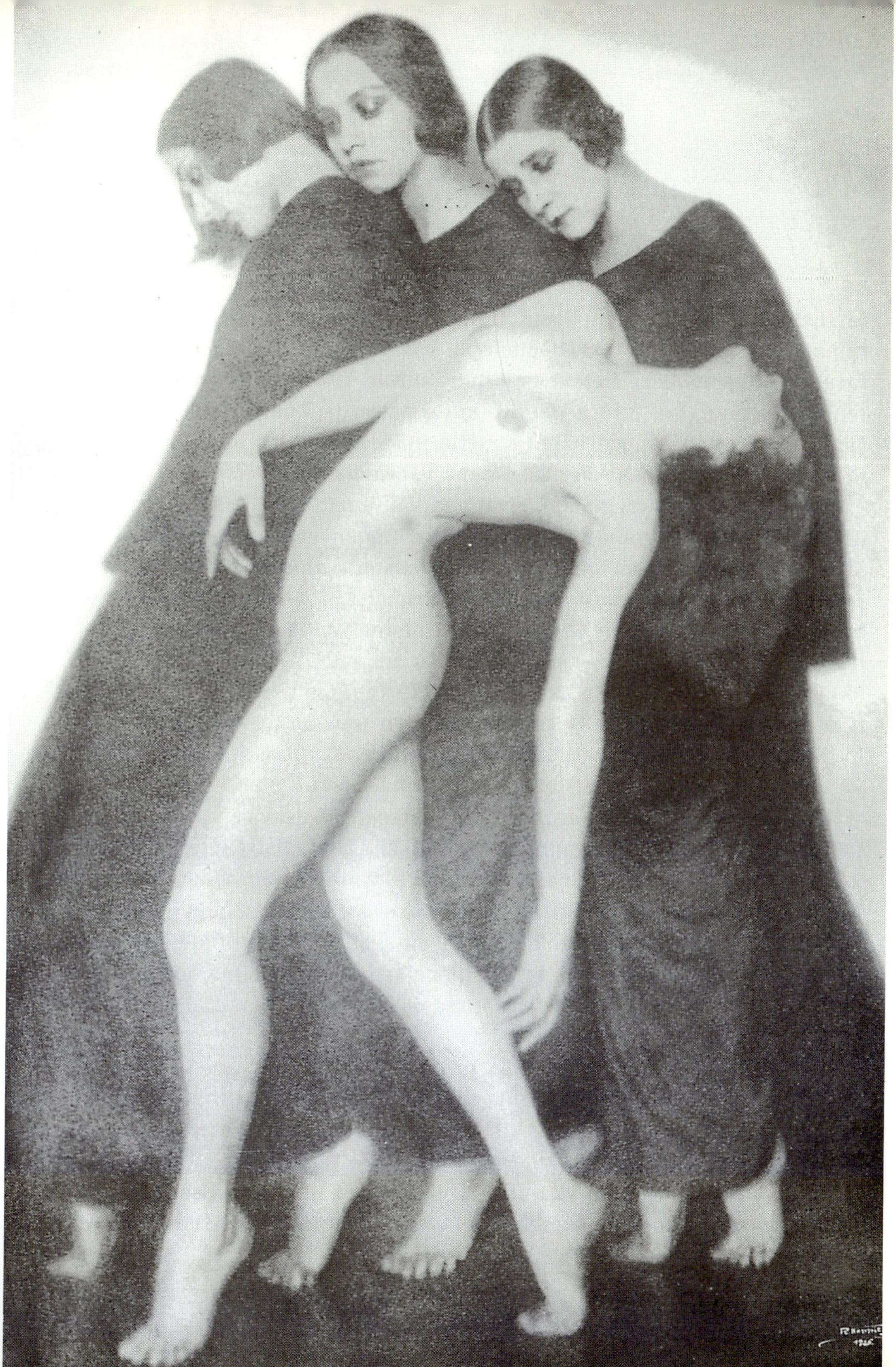

ta, he saivat koneen huollosta lisäkorvausta, heille annettiin parempia urakoita ja he tekivät pitempiä päiviä. Tämä päti myös Suomessa. Tamperelaiset Heikki ja Emma olivat 1800-luvulla pellavatehtaan kankureita, mutta Heikki »kutoi paria» ja Emma vain yhtä. Heikillä oli toisin sanoen kaksi konetta hoidettavanaan. Kun hänellä oli koneiden kanssa kiirettä, Emma tuli avuksi.

Naisten ja miesten palkat eivät ole välttämättä kulkeneet käsi kädessä vaaditun ammattitaidon kanssa. Sotien välisen ajan Englannissa tämän saivat kokea huopahattuja valmistavat naiset. 1920-luvulla alettiin miesten tekemää ammattityötä korvata koneilla, joita käyttäviltä miehiltä ei vaadittu ammattitaitoa. Toisen maailmansodan jälkeen naiset olivat ainoita ammattitaitoisia työntekijöitä huopahattualalla. Palkkauksessa tätä muutosta ei otettu huomioon, vaan miehille maksettiin edelleenkin paremmin kuin naisille. Naisilla oli kyllä ammattitaitoa, mutta he eivät onnistuneet palkkaneuvotteluissa saamaan taidoilleen tunnustusta.

Varsinaisissa naisten ammateissa maksettiin erityisen huonoa palkkaa. 1800-luvun sairaanhoitajat ansaitsivat vähän enemmän kuin pienipalkkaiset palvelijat. Keskiluokan vanhemmat sallivat tyttäriensä työskennellä taskurahasta, koska pienellä palkalla työskentely muistutti vapaaehtoistyötä ja vaikutti siksi kunniallisemmalta. Kutsumustyön leima onkin monella naisalalla ollut taakka, joka on estänyt työntekijöitä vaatimasta tai saamasta parempaa palkkaa.

Pienen palkan varjolla naisille on avautunut joitain uusia työmahdollisuuksia. Alunperin kaikki julkiset virat oli varattu miehille, vain joitain pienempiä tehtäviä uskottiin myös naisille. Niin pitkään kuin virallinen sektori oli pieni ja kustannukset kohtuulliset, voitiin tämä sukupuoliraja pitää yllä, mutta yhteiskunnan modernisoituessa valtiolliset ja kunnalliset tehtävät lisääntyivät ennen näkemättömän nopeasti. Työvoiman tarve kasvoi ja kustannukset nousivat. Ratkaisu löytyi naisista.

Ruotsissa virkojen laajentaminen aloitettiin alkeisopetuksesta, kun kansakoulu tuli pakolliseksi 1840-luvulla. Koska varsinkin alakoulun opettajille maksettiin pientä palkkaa, pelättiin, että miehet eivät hae virkoja. Ilman opettajattaria kunnat olisivat joutuneet vaikeuksiin. Naisia pidettiin opetustyöhön sopivina, heidän uskottiin olevan vaatimattomia ja tyytyvän palkkaan, joka ei miehille kelpaa. Kaiken lisäksi kyse oli vain alkeisopetuksesta, ei korkeammasta koulutuksesta. Naisten mahdollisuudet työmarkkinoilla olivat niin rajoitetut, että voitiin laskea naisten ottavan tyytyväisinä vastaan tarjouksen. Palkan piti kyllä riittää yksinäiselle naiselle. Sitä kunnanisät eivät ottaneet huomioon, että moni naimaton nainen elätti vanhempiaan tai jompaakumpaa näistä.

Opettajattarien palkkaamisessa ei niinkään ollut kyse periaatteista kuin rahasta. Opettajia tarvittiin paljon ja heidän palkkansa otettiin verovaroista. Palkat oli tästä syystä pidettävä alhaalla, siksipä naispuolinen työvoima soveltui hyvin tarkoitukseen. Maataloudessakin piioilla oli alhaisempi palkka kuin rengeillä. Naiset ovat joskus itsekin puolustaneet pienempää palkkaansa, koska työttömyys on tuntunut vielä synkemmältä vaihtoehdolta. Varsinkin teollisuustyössä naiset ovat pelänneet, että jos työnantajan on maksettava miehelle ja naiselle samaa palkkaa, työnantaja valitsee työhön mieluummin miehen.

Palkkaerojen noidankehä

Naisten ja miesten välinen palkkaero on yksi työelämän keskeisiä kysymyksiä. Ajatus samapalkkaisuudesta, eli että samasta työstä

Olen aina ajatellut, että en koskaan lakkaa näyttelemästä, koska minä kuulun teatteriin, elokuvaan ja niiden ihmisten pariin, jotka ovat tekemässä meidän haavemaailmaamme. Tiedän, että jokainen ensi-ilta on suurta tuskaa, mutta sekin yhdistää meidät kuin perhe. Joka ilta menemme näyttämölle ja jaamme kauniin maailmamme. Eikä tarvitse koskaan luopua. Vanhaa noitaa tarvitaan aina jossakin, erityisesti kun joulu lähestyy. Joten kun elämäni päättyy, olen valmiina paikalla.

Ingrid Bergman

pitää maksaa sama palkka, ei ole mikään viime vuosina syntynyt periaate. Kun kansainvälinen työjärjestö (ILO) perustettiin vuonna 1919, sisältyi samapalkkaisuus sen ohjelmaan. Suomi ratifioi ILO:n samapalkkaisuussopimuksen 1962. Edes työväenliike ei kovin nopeasti lähtenyt tätä palkkakysymystä ajamaan. Kun Ruotsin työväenpuolue vuonna 1920 vahvisti puolueohjelmansa, ei siihen tullut vaatimusta samapalkkaisuudesta, vaikka Ruotsi oli kansainvälisen työjärjestön jäsenmaa. Vaatimus esitettiin vasta 1944, minkä jälkeen asiaa on vatvottu kymmeniä vuosia.

Yksi vaikeuksista oli, että ilmausta »sama palkka samasta työstä» voitiin tulkita eri tavoin. Yksi tulkinta — jota ruotsalaiset työnantajat suosivat — oli että samapalkkaisuus tarkoitti samansuuruisia kustannuksia työntekijää kohti. Työnantajat ajattelivat, että naiset eivät pystyneet samantasoisiin saavutuksiin kuin miehet, joten he olivat kalliimpia työntekijöitä. Naiset olivat myös enemmän poissa töistä ja vaihtoivat herkemmin työpaikkaa kuin miehet. Työnantajien mielestä naisten alhaisemmat palkat ainoastaan tasasivat kustannuksia.

Toinen tulkinta samapalkkaisuudesta oli, että jos eri henkilöt tekivät samaa työtä, heille oli siitä maksettava sama palkka. Se oli myös kanta, joka voitti, kun Ruotsin teollisuudesta vuosina 1960-65 poistettiin erilliset naisten palkkatariffit. Tämä tapahtui samassa yhteydessä, kun ammattiyhdistysliike panosti matalapalkkaryhmiin, joista naiset muodostivat suuren osan. Valtion viroissa samapalkkaisuus oli Ruotsissa toteutettu vuonna 1947.

Samapalkkaisuusvaatimus nousi myös Suomessa voimakkaasti esiin 1940-luvun loppupuolella. SAK:ssa aiheesta keskusteltiin ensimmäisen kerran perusteellisesti vuoden 1947 edustajakokouksessa, mutta samapalkkaisuus oli sisältynyt jo edellisessä edustajakokouksessa hyväksyttyihin tavoitteisiin. Vaatimus kirjattiin SAK:n

Puolustusministeri Elisabeth Rehn Santahaminassa

ohjelmiin, mutta kaikki miehet eivät olleet valmiita siihen käytännössä pyrkimään. Samapalkkaisuus jäi palkkapoliittisiin tavoitteisiin ja juhlapuheisiin, vaikka 1960-luvulla myös Suomessa luovuttiin miesten ja naisten erillisistä palkkataulukoista.

1980-luvulla tehdyt tutkimukset osoittavat, että miesten ja naisten välinen palkkakuilu ei olekaan kuroutunut umpeen. Uudeksi vaatimukseksi on noussut »sama palkka samanarvoisesta työstä». Yksi keino sen saavuttamiseksi on työnarviointi, jossa selvitetään, mitä vaatimuksia missäkin ammatissa työntekijöille asetetaan. Siinä otetaan huomioon muun muassa työn vaatima ammattitaito, vastuu, kuormitus ja työolot. Tätä kautta pyritään vertaamaan erilaisia töitä ja listaamaan niissä vaadittavat taidot ja ominaisuudet. Saman verran vaativuuspisteitä saaneista ammateista pitäisi maksaa yhtä suurta palkkaa. Tällöin on mahdollista, että esimerkiksi insinöörin ja sairaanhoitajan välinen palkkakuilu osoittautuu keinotekoisesti ylläpidetyksi.

Työnarviointi kuulostaa yksinkertaiselta, mutta käytännössä se on osoittautunut vaikeaksi, koska yksiselitteisten ja sukupuolineut-

Ilmavalvontalotta Aulangolla

raalien arviointiperusteiden kehittäminen on hankalaa. Sitä on kuitenkin sovellettu muutamissa Yhdysvaltain osavaltioissa ja naisten palkkoja on sen perusteella nostettu. Oregonin osavaltio toteutti vuosina 1983-87 laajan projektin, jonka tavoitteena oli palkkaerojen poistaminen. Oregonin kokemus osoitti, että sittenkin kaikkein vaikeinta oli löytää poliittista tahtoa korottaa pienituloisten naisten palkkoja. Monien vaiheiden jälkeen palkkaeroja onnistuttiin kuitenkin kaventamaan.

Myös työehtosopimuksiin voi sisältyä miesten ja naisten välistä palkkauksellista eriarvoisuutta tuottavia kohtia, vaikka naisten palkkoja ei määrätäkään alemmiksi kuin miesten. Suomessa liikealan työehtosopimuksessa myyjät jaetaan työn vaativuuden perusteella kahteen palkkaryhmään. Ryhmittely tehdään muun muassa sen mukaan, vaaditaanko työssä kykyä opastaa asiakasta myytävän tuotteen toimintaperiaatteissa.

Kaupoissa naiset myyvät kosmetiikkaa, kirjoja ja vaatteita, jotka eivät ole toimivia tuotteita. Sen sijaan vaikkapa porakone on tuote, joka toimii tiettyjen periaatteiden mukaisesti. Näin ollen rautakaupan myyjä saa parempaa palkkaa kuin kemikaliomyyjä tai kirjakaupan myyjä. Silti myyjiltä kirjakaupassa tai kemikaliokaupassa vaaditaan asiantuntemusta siinä kuin rautakaupassakin. Tämä onkin antanut aihetta epäillä, että miesten myyntityötä pidetään itsestäänselvästi vaativampana. Työn vaativuuden määrittely edellyttäisi systemaattista työnarviointia, jossa eri myyntitehtävät arvioitaisiin samoin perustein.

Tutkimukset ovat paljastaneet muitakin piirteitä palkkauksesta. Suomalaisessa yhteiskunnassa sukupuolten väliset palkkaerot ovat selvät kaikilla koulutustasoilla. Naisten palkat olivat 1980-luvulla 70—80 prosenttia miesten palkoista ja miehille maksettiin kaikissa ammateissa enemmän kuin naisille. Käskemisestä maksettiin pa-

Valko-Venäjä 1942

Perhe ei ole valmis, ennenkuin sillä on edustaja ja puoltaja pyhitettyjen joukossa, ja Jumalaa ei mikään tee ihmiselle niin läheiseksi kuin rakkaan autuaallinen kuolema.

Antti J. Pietilä

Tuskallista on olla äiti
tässä maailmassa.
Hirvittäväksi on runneltu sinut,
kaunis elämä,
kun äidit sanovat:
parempi olisi lapsen kuolla.

Katri Vala

remmin kuin ihmisistä huolehtimisesta. Sosiaaliset taidot, nopeus ja sorminäppäryys olivat joko heikosti tai keskinkertaisesti palkatuissa töissä vaadittuja ominaisuuksia. Tästä on vedetty se johtopäätös, että keskeinen palkkaeroja synnyttävä tekijä on naisten ja miesten ammattitaitojen erilaisuus ja niiden erilainen arvostus. Palkkausperusteiden selvittäminen onkin erittäin tärkeää, koska niihin sisältyy paljon arvostuksia, joita ei ole lausuttu julki.

On vaikea selittää, miksi matalapalkkaiset ja heikosti arvostetut työt lankeavat naisille, vaikka ammattien jakautumisessa ja töiden luonteessa on aikojen kuluessa tapahtunut suuriakin muutoksia. Vuosisadan vaihteessa yhteiskuntatutkijat päättelivät, että tämä johtui luonnollisista syistä: naisten tuotannollinen voima oli sekä

Sota on miehen. Siinä suojataan »kotiliettä ja äitiä lasten». Siksi nainen, joka ryhtyy vihollisen mieheen, on yhteisön peruspaha. Kevään 1918 »ryssän morsiamet» (kuvassa) ja syksyn 1944 Lapin sodan »pahan morsiamet» olivat ongelmallisia siksi, että he olivat aloittaneet seurustelunsa ystävien kanssa, ystävät vain muuttuivat sotilaallisten suhdanteiden myötä vihollisiksi — ja nainen joutui tuomiolle.

laadullisesti että määrällisesti heikompi kuin miesten.

Ajatus siitä, että työmarkkinoiden sukupuolenmukainen työnjako on luonnollinen, on ollut pitkäikäinen. Nykyäänkin on niitä, joiden mielestä on täysin luonnollista, että nainen huolehtii lastenhoidosta ja kotitaloustöistä, koska hän synnyttää lapset. Tämän ajattelutavan mukaan naiset oikeastaan itse valitsevat matalapalkkaiset ja asemaltaan alemmat työt, koska he omistautuvat avioliitolle ja lapsille. Naiset eivät investoi pitkään koulutukseen tai työharjoitteluun, he etsivät työtä läheltä kotoa, heillä on katkonainen ammattiura ja he ovat usein pois töistä.

Tällainen malli pitää sukupuoleen kohdistuvaa syrjintää toisarvoisena selitystekijänä. Se ei ota huomioon, että yhteiskunnassa on käytäntöjä, jotka vangitsevat naiset jollekin asteelle ja joihinkin ammatteihin ryhmänä, ei yksilöinä. Naisilla on kuitenkin työelämässä paikkansa, jossa pitäytyminen on helpompaa kuin vallitsevien käytäntöjen murtaminen. Samoin perhe tai pikemminkin perheideologia kummittelee monin tavoin naisten ammattiuralla. Vaikka nainen ei esimerkiksi halua tai pysty synnyttämään lapsia, hänen mahdollisuuksiaan voivat rajoittaa piilossa olevat käsitykset naisista työntekijöinä, jotka jossain vaiheessa kuitenkin omistautuvat perheelle.

Naisten ansiotyön historiassa perhe ja työ ovat toki liittyneet tiiviisti yhteen, ne eivät ole olleet kaksi erillistä maailmaa. Suurimmalle osalle naisista ansiotyö on tarjonnut yksitoikkoisia tehtäviä, joita ei ole arvostettu ammattityöksi. He ovat itsekin pitäneet ansiotyötä toissijaisena ja perhettä ensisijaisena. Tästä syystä pitää kysyä, missä määrin naiset ovat käyneet työssä muilla kuin perheen ehdoilla. Samoin voidaan kysyä, kenen kokemuksia vastaa käsitys, jonka mukaan ansiotyötä tehdään omaksi tyydytykseksi. Sen sijaan oma palkka on epäilemättä ollut naisille tärkeä työnteon motiivi.

Kuolema kohtaa naisen

Aili Nenola

Kuoleman sukupuoli

Työ, taisto osasi jos on,
jos voiton saat tai tappion,
niin samaanpa se viekin.
Lopulta aina painuu pää.
Pimeys rauhan hengähtää
pois sammuttaen liekin.

Arnulf Øverland, suom. Aale Tynni

Øverlandin runon puhuteltava on selvästi ihminen, jota kuolema aina kohtaa lopulta, oli hänen elämänsä millaista hyvänsä. Ihminen ilman määreitä. Elit miten elit, olit kuka hyvänsä, liekkisi sammuu jonakin päivänä. Runo tuntuu tarjoavan kuolemaa sovittajana ja lohduttajana, jopa toivona, joka on hävinneen ja voittajan välien lopullinen tasoittaja.

Kuolema kaikkien erojen tasoittajana ei ole kuva vain tässä runossa. Mutta onko kuolema tavarantasaaja: kuolleena jokaisella on yhtä paljon — tai vähän? Jos ajattelemme kuolemaa vain fyysisenä tapahtumana, organismin elintoimintojen loppumisena, olemme kuolemassa tasa-arvoiset. Mutta tapa millä kuolemme, tavat joilla meidät haudataan ja muistetaan, eivät ole samanlaiset kaikille.

Rikkaiden kuolema ja köyhien kuolema ovat erilaiset, maan mahtavien ja vähäväkisten kuolemalla on erilaiset kasvot, miesten ja naisten kuolemalla on eronsa, samoin aikuisten ja lasten. Kuoleman sosiaalinen kerrostuneisuus on yhtä ilmiselvää kuin elämän, ja erilaisten ihmisten erilaisille kuolemille annetut kulttuuriset merkitykset heijastelevat yhteiskunnan arvoja ja maailmankuvaa terävämmin kuin konsanaan elämänkäytännöt, joiden tehtävänä saattaa olla jopa piilottaa näkyvistä yhteiskuntaa ohjaavat periaatteet. Itsensä lopettamista pidetään murhana, »itsemurhana», mutta toisen ihmisen, »vihollisen», tappaminen sodassa on sankariteko. Abortti on rikos, mutta miljoonien syntyneiden lasten nälkääntappaminen on osa kansainvälistä talousjärjestelmää.

Yksilöille kuolema voi olla lohduttaja, tasoittaja, toivokin tai pelastus. Yhteiskunnallisena ja kulttuurisena ilmiönä se on yhtä oikeudenmukainen tai epäoikeudenmukainen kuin se elämä, jota se koskettaa.

Palataanpa vielä Øverlandin runoon. Vaikka runon kohteelle ei ole annettu määreitä, jotenkin kohde tuntuu olevan mies: työhän kyllä on naisenkin osa, mutta »taisto», »voitto» ja »tappio» vievät ajatukset miesten maailmaan ja miehisiin arvoihin. Miesten maailmassa elämä on taistelua luontoa, vihollista, paheita vastaan, kamppailua vallasta, rahasta, naisista, kilpaurheilua, jossa voitot ja tappiot vaihtelevat. Miesten vihollisia ovat toiset, erilaiset miehet, alistumattomat naiset, tottelemattomat lapset. Siksi on olemassa sota, jota käydään erilaisia miehiä vastaan, naisiin kohdistuva väkivalta, jolla alistumattomia pannaan järjestykseen, ja kuri, jolla lapsista piiskataan kilttejä. Ja vaikka miehetkin kuolevat — sairauksiin tai onnettomuuksiin, sotaan, väkivaltaan tai kuriin — taistelu jatkuu ja taisteluun perustuva järjestelmä. »Pimeys rauhan hengähtää» — mutta jättää taistelun jatkumaan niiden kesken, jotka vielä elävät.

Lumiryöppyä katselen
ja muistan syreenin
valkeat tertut.

Niin aikaan vanhuuden
on tuoksu nuoruuden
luonamme yhä.

Elina Vaara

George Grosz

Q 10/2 1930

Nuoruus pakenee vääjäämättä; peruukki,
pumada ja puuteri eivät tuo sitä takaisin.

Taistelun ytimessä on valta, taloudellinen, poliittinen, uskonnollinen valta — ja se valta on aina miesten, voittajien. On toistaiseksi ainakin ollut.

Valta on myös ja aina valtaa elämän ja kuoleman yli. Uskonnolliset johtajat ja heidän seuraajansa, niin naiset kuin miehetkin, julistavat, että elämän ja kuoleman herruus ei ole ihmisen, että se on Jumalan, Jahven, Allahin. Jostakin syystä vain näyttää siltä, että miehiset vallanpitäjät — niin uskonnolliset kuin maallisetkin — ovat kärkkäitä toimimaan jumalan edustajina tässä asiassa ja määräämään kenen pitää tai kuka saa elää, kenen pitää tai kuka saa kuolla. Tämä vallankäyttö näkyy laeissa, joilla määrätään syntyvyydensäännöstelystä ja oikeudesta kuolla valitsemanaan aikana ja valitsemastaan syystä, mutta se näkyy myös tavasta, jolla aineellisia resursseja jaetaan maailman ihmisten kesken, tai valtioiden oikeudesta tapattaa jäseniään sodassa. Ja tietysti löytyy aina joku jumala, joka on tämän vallan miehille antanut. Näin meidät on opetettu uskomaan ja opetetaan yhä suurimmassa osassa maailmaa.

Tässä maailmassa myös naiset ovat eläneet ja kuolleet, vaikka historia ja kirjat, kuvat ja laulut ovatkin enimmäkseen kuvanneet vallanpitäjämiesten elämää ja kuolemaa. Naisten kuolemasta on tiedetty yhtä vähän kuin heidän elämästäänkin. Kuoleman ja suremisen tutkimuksissakin naiset ovat useammin jälkeenjääviä leskiä ja orpoja, rituaalisia surijoita, itkijänaisia, miehen mukana elävältä haudattavia tai poltettavia kuin vainajia. »Miten ihminen kuolee, miten yhteisö reagoi, miten vainajaa surraan ja muistetaan» tarkoittaa yleensä sitä, miten mies kuolee, miestä surraan tai muistetaan. Naisen kuolema nousee näkyviin silloin, kun se on jotenkin poikkeuksellinen. Poikkeuksellinen se on silloin, kun se on nimenomaan naisen kuolema: kun se jotenkin liittyy biologiseen tai sosi-

Tarina rikkaasta tai kauniista leskestä ja nuoresta hulivilipojasta on yksi miehisen pilkkatarinan perustyyppejä. Mutta miksi nuoren rakastajan hankkiva vanha nainen on naurettava ja vanha mies päinvastaisessa asetelmassa viriili ja vetreä. Miksi ylipäätään monet seksuaalisuuden ja sukupuolisen kanssakäymisen alueet ovat miehelle sallittuja ja ihailua herättäviä, mutta aiheuttavat naisen leimaamisen ja yhteisön tuomion?

aaliseen naiseuteen. Neitsyen kuolema, raskaana olevan kuolema, kuoleminen synnytykseen, lapsivuoteeseen, lapsettoman naisen kuolema ovat varhaiskantaisissa ja perinteisissä kulttuureissa saaneet merkityksensä naisen suvunjatkamistehtävästä ja sen perustana olevasta salaperäisestä voimasta.

Naisen väkivaltaisen kuoleman reunaehdot on määritellyt miesyhteiskunta. Miehet ovat kontrolloineet naisia sekä yksityisesti, perheen ja suvun sisällä että yhteisesti, yhteiskunnan (kirkon, valtion) nimissä. Raiskaus ja vaimon kuritus voivat ryöstäytyä valtansa vahvistajan hallinnasta kuolemaksi. Laeissa on säädetty kuolemanrangaistuksia naisille erityisesti aviorikoksesta tai muista miehen ylivaltaa uhmaavista teoista. Jopa naisten tieto on määritelty vaaralliseksi ja siis hävitettäväksi tai otettavaksi miesten haltuun. Tunnetuin esimerkki tästä ovat eurooppalaiset noitavainot, joissa lukemattomat naiset kokivat väkivaltaisen kuoleman. Heillä uskottiin olevan salaista, paholaiselta (miesten jumalan vastustajalta!)

peräisin olevaa tietoa, erityisesti sitä, joka koski naisessa olevaa pelottavaa elämänvoimaa: seksuaalisuutta, suvunjatkamista.

Myös niinsanottu luonnollinen kuolema näyttäytyy sosiaalisen naiseuden taustaa vasten. Kun nainen kuolee, kuka kuolee? Äiti, vaimo, emäntä, palvelija. Harvinaisempaa on, että silloin kuolee yhteisön johtaja, päällikkö, kuningas, jonka kuolema saattaa koko yhteisön kriisiin ja käymistilaan. Naisten asema yhteisössä on tehnyt heistä helpommin korvattavia. On helppoa löytää uusi tekijä naisten töille, kuten suomalainen kansanruno toteaa:

(Surma hiihti suota myöten)
Jos tapan talosta minnän,
ei tuosta talo hävinne.
Naimoiksi nainen katovi,
ori toisen ostamoiksi;
nainen toinen naitanehe,
emäntä etsittänehe,
eleä emännän kanssa,
polvet poikoa piellä,
käsi lasta käännytellä,
niinkun muillaki emoilla.

Kanteletar

Sukupuoli — biologinen ja sosiaalinen — asettaa rajat niin naisen elämälle kuin kuolemallekin. Kuolijaa ja kuollutta naista koskevat käsitykset ovat samoja, jotka koskevat elävää naista. Sillä tavalla kuolemallakin on sukupuoli. Mutta kuolemalla on sukupuoli myös uskomustraditioissa: kuolemanjumala ja kuolemanlähde voi olla mies tai nainen. Silloin kun kuolemanjumala on nainen, hänen val-

Vanha nainen edustaa kaikesta huolta kantavaa, kaikkea suojelevaa äitiä — niin antiikissa kuin tänäänkin:

»Asemalla horjui humalassa nuori tyttö», sanoi mummu
tultuaan iltajunalla kaupungista.
»Minun kävi sitä sitten sääliksi.
Selkä paljaana puseron alla tähän aikaan vuodesta
eikä sukkia, hattua, ei mitään, tupakkaa vain veti,
lapsi vielä. Minun teki mieli sanoa sille että
tule meille, lähde maalle
syöt ja nukut siellä, aamulla
jaksat taas paremmin.»

Liisa Laukkarinen

Maatalousyhteisössä vanhuksilla oli paikkansa talouden ylläpidossa.

tansa perustuu samaan valtaan kuin elämä: naisen ruumishan on elämän alku. Se joka antaa elämän voi sen myöskin ottaa. Ja antamalla elämän nainen myös panee alulle kuoleman. Ruumiillisen, materian kuoleman. Useissa uskonnollisissa traditioissa tämä ruumiillinen kuolema on pyritty voittamaan korottamalla henki ruumiin yläpuolelle. Tämä henki tulee jumalalta, taivaasta, ja sen edustaja maan päällä on mies, joka ei omassa ruumiissaan (näin on ajateltu) ole sillä tavalla luonnonlain välttämättömyydellä sidottu materiaan, luontoon kuin nainen. Materiaan sidottu äitiys merkitsee myös materiaan sidottua kuolemaa; henkeen sidottu isyys kuoleman voittamista. Patriarkaalisten uskonnollisten traditioiden pelastusjärjestelmien ytimessä on usein yritys kieltää äidistä syntyminen: sen vuoksi (mies)jumala loi ihmisen maan tomusta ja puhalsi häneen elämän hengen. Sen vuoksi seksuaalisuus on voima, joka kilpailee hengen voiman kanssa ja johtaa kuolemaan. Ja sen vuoksi nainen on useimmissa maailman kulttuureissa se portti,

jonka kautta kuolema tuli maailmaan. Tästä todistavat lukemattomat kuolemansyntymyytit, joista syntiinlankeemuskertomus on vain yksi.

Käytännössä kuolemalla ja tappamisella on usein miehen kasvot. Mutta traditionaalisessa ajattelussa kuolema silti esitetään usein naisenhahmoisena. »Naiset esitetään kreikkalaisessa mielikuvamaailmassa vaarallisina, vieraina ja pahanaiheuttajina: tämä mielikuvamaailma, mytologisena muunnelmana, on Kerin hahmon (naispuolinen kuolemandemoni, vaarallisempi kuin kuolemanjumala Thanatos, AN) takana; se on myös niiden vaarallisten, puoli-inhimillisten kuolemaa tuovien naispuolisten hirviöiden takana, jotka houkuttelevat (miehiä) kuolemaan, kuten seireenit Homeroksen tekstissä laulullaan. Näissä kuvitelmissa sekoittuu kaksi miehistä pelkoa: kuoleman pelko ja kammo ja vieraan naisluonnon pelko.» Näin kirjoittaa Christiane Sourvinou-Inwood kreikkalaisista kuolemaan liittyvistä käsityksistä.

Annetaanpa kuolemalle miehen tai naisen kasvot, kysymys on yrityksestä antaa jonkinlainen hahmo sille voimalle, jota on yhtä mahdotonta voittaa lopullisesti ja vakuuttavasti kuin seksuaalisuutta. Hahmon antaminen merkitsee yritystä selittää, ottaa haltuun ja hallintaan. Samasta asiasta on kysymys tutkimuksessa, joka kohdistuu kuolemiseen ja kuolemaan: voidaksemme elää meidän on pidettävä kuolema jotenkin hallinnassa. Kysymys ei ole kuoleman kieltämisestä, niinkuin myyttisessä ja uskonnollisessa ajattelussa on ollut, vaan yrityksestä antaa muoto sille tiedolle, joka meissä kaikissa on: »Lopulta aina painuu pää». Muodon antaminen merkitsee etäännyttämistä, ahdistuksen ja pelon voittamista. Tiedon muoto voi olla kertomus siitä, miten muut ovat kuolleet ja mitä kuolema on muille merkinnyt.

Naisena ja tutkijana minua kiinnostaa tieto siitä, miten muut naiset ovat kuolleet ja mitä heidän kuolemansa on merkinnyt. Koska kuolema välttämättä on osa elämää, yksilön ja yhteisön, tieto muiden kuolemasta opettaa ehkä myös elämään, vaikkei kokonaan karkoittaisikaan sitä, mistä kertomukset useimmin puhuvat: pelkoa. Christa Wolfin Kesänäytöksessä käydään tähän liittyvä keskustelu:

— Mitä tekisit jos tietäisit huomenna kuolevasi?

— Mitäkö tekisin? Ei kai siinä mitään enää voi tehdä.

— Aivan. Ei esimerkiksi istuttaa sitä kuuluisaa puuta. Ei pestä astioita viimeistä kertaa, ei ommella viimeistä vetoketjua. Ei antaa lapselleen viimeistä ja tärkeintä opetusta. Oikea vastaus on: pelko. Pelko pelko pelko. Ja sitten sitä epätoivoissaan etsii toivoa.

Ei mikään sankarikuolema

Jos miehet synnyttäisivät, abortti olisi sakramentti.

Biologinen naiseus on sekä elämän lähde että houkutus kuolemalle. Sukupuolen kautta voivat sairaus ja kuolema löytää tiensä, raskaus ja synnytys voivat päättyä yhtä hyvin kuolemaan kuin elämään. Suomalaisten kuolinsyytilasto 1981–85 kertoo, että keski-ikäisten (35–45 v.) naisten kuolinsyistä yleisimpiä ovat erilaiset kasvaimet, erityisesti rintasyöpä ja sukuelinkasvaimet. Vanhemmillakin naisilla kasvaimet ovat kuolinsyistä toisella tilalla verenkiertoelinten sairauksien jälkeen. Tilastoja voidaan lukea vaikkapa niin, että keski-ikäiset naiset kuolevat useammin naiseuteensa, vanhemmat naiset tasavertaisesti miesten kanssa sydän- ja muihin verenkiertoelinten sairauksiin. Erot miesten ja naisten välillä ovat häviämässä sitä mukaa kuin ns. naistensairauksien torjunta ja hoito edistyvät, ja elämäntapasairaudet, jotka johtuvat työpaineista, väärästä ravinnosta, viinasta ja tupakasta, myös naisten keskuudessa yleistyvät.

(Mies ja nainen kulkevat syöpäosaston läpi)
Mies:

Tuhoutuneet kohdut, se on tämä rivi.
Täällä tuhoutuneet rinnat. Vuode vuoteen jälkeen löyhkää,
hoitajat vaihtuvat tunneittain.

Tule, katso tämän peiton alle:
nämä rasvamöykyt, tämä nyt haiseva mehu,
tämäkin oli kerran jollekin miehelle tärkeintä
nimiä antoi sille, huumaus ja kotiseutu.

Katsohan näitä arpia rinnassa.
Tunnustele, pehmeiden kyhmyjen ruususeppele,
tunnustele vain, liha on pehmeää, ei tunne kipua.

Ja tämä täällä, vuotaa verta kolmenkymmenen edestä,
kenessäkään ei voi olla noin paljon verta.
Ja tämän syöpäisestä kohdusta vasta leikkasivat ulos lapsen.

He saavat nukkua. Päivät ja yöt. Uudelle
sanotaan: täällä nukut itsesi terveeksi. Vain sunnuntaisin
vierailuaikaan sallivat heidän herätä hetkeksi.

Ravintoa kuluu vielä vähän. Selät haavoilla
ja kärpäsiä. Silloin tällöin
hoitaja pesee niitä. Niinkuin penkit pestään.

Ikäänkuin pelto leviää jo joka vuoteen reunasta.
Liha muuttuu maaksi. Veren hehku sille antautuu
ja ruumiinnesteet etukäteen vuotavat. Multa kutsuu.

Gottfried Benn 1886–1956. Käännös AN

Kuolemaan johtavat kasvaimet eivät ole uuden ajan keksintöjä, mutta aikaisemmin huonon hygienian ja hoidon takia naiset kuolivat myös erilaisiin synnytyselinten tulehduksiin ja muihin vaivoihin, jotka nykyään hoidetaan lääkkeillä. Nimittäin hyvinvointivaltioiden naiset hoidetaan: kehitysmaissa ja muualla, missä raskauden ja synnytyksen aikainen huolto on entisellään, naiset kuolevat ja kärsivät näistä vaivoista kuten länsimaissa edellisinä vuosisatoina. Ehkäisyvalistuksen vähäisyys tai kieltäminen kokonaan tuottaa vuosittain yhä ilmeisesti miljoonia keskenmenoja tai laittomia abortteja, joiden seurauksena voi olla kuolema. Maailman naisista on yhä suurin osa samassa tilanteessa kuin minun ikäpolveni äidit ja isoäidit tai heidän äitinsä länsimaissa: sukupuolielämää, avioliitossa tai sen ulkopuolella, varjostaa jatkuvien raskauksien uhka, tiheästi toistuvat raskaudet päättyvät keskenmenoon tai imevät äidin voimat jo nuorena. Ja apua saa vain muilta naisilta, vanhemmilta, jotka tietävät mitä tehdä, vaikka tietävät myös riskit.

Äiti ei kestänyt ajatusta, että taas
pitäisi muuttaa ja tulisi taas lapsi
niin hän meni äitinsä ja tätinsä luo.
Isoäiti Andersen kertoi hänelle jotakin,
antoi jotakin,
en tiedä,
vanhasta maasta.

Kuron kait, kait mää ny sen verran viel kuron,
ku leipäni erestä tarvitteeki.
Kuron mää, ja menkööt toiset
jyttäämään, ne joil o nuoremmat kintut.

Matti Paavilainen

Kaksi vuotta olen nyt
kuunnellut isoäitini huutoa.
Se on kaikki, mitä tiedän hänestä,
se kulkee minun mukanani.
Olen kuunnellut hänen huutoaan,
kunnes siitä on tullut minun.
Olen elänyt hänen kuolemansa.
Kertomattakin tiedän kuinka hän teki sen.
Hän otti jotakin myrkkyä
kun se ei tehonnut
hän työnsi jotakin emättimeensä.
Ja se tehosi ja hän valui verta
ja meni kesken ja sai tulehduksen
ja myrkytyksen ja kuoli.
Olen kuullut hänen tuskanhuutonsa
karkaavan yhteenpuristettujen hampaiden läpi
ja sitten vaimentuvan.

Judith McDaniel, runosta For My Mother's Mother.
Käännös AN

Aborttiin tai keskenmenoon kuoleminen on ollut ja on häpeällistä. Ei vain sen vuoksi, että abortti on ollut rikos, vaan myös siksi, että kaikki raskauteen ja synnytykseen liittyvä on ollut häpeällistä ja likaista. Se että miehinen lääkärikunta vasta niinkin myöhään kuin 1800-luvulla rupesi ottamaan haltuunsa myös synnytyksiä, johtui osaksi siitä, ettei »herrasmiehen» sopinut sekaantua sellaisiin naisten asioihin — näin esimerkiksi Englannissa.

Jos kuoleminen keskenmenoon tai aborttiin oli häpeällistä, luulisi että synnytykseen ja lapsivuoteeseen kuoleminen olisi sankarikuolema, siinähän nainen kuolee juuri siihen mitä yhteiskunta hä-

neltä vaatii ja mikä on määritelty hänen perustehtäväkseen. Mutta sankarikuolema on varattu tappajille, ei synnyttäjille: vain taistelussa ja sodassa tehdään sankarivainajia. Heille pystytetään patsaita ja heitä juhlitaan kansallisina juhlapäivinä. Sodassa kaatuneiden äitejäkin palkitaan siitä, että ovat antaneet poikansa tapettaviksi.

Synnytykseen kuolleet naiset kuolevat verissään kuten sodassa rikkiammutut, mutta heidän verensä on epäpuhdasta. Kolmannen Mooseksen kirjan mukaan »Vaimo, joka tulee hedelmälliseksi ja synnyttää», oli saastainen kahdeksan päivää ja velvoitettu pysymään kotona kolmekymmentäkolme päivää poikalapsen syntymän jälkeen ja saastainen kaksi viikkoa ja kotiin sidottu kuusikymmentäkuusi päivää tyttölapsen syntymän jälkeen. Karanteeniaikansa jälkeen naisen tuli viedä eläimiä uhriksi »ilmestysmajan oven eteen

Kun tapasin äidin hän oli jo vanha:
ei hypellyt, juoksennellut eikä uinut vaikka
kantoikin rannasta vettä.
Hän ei laulanut enää muuten kuin salaa
lehmän kyljen alle kyyristyneenä yksin
kun öljytuikku kärytti, liekki lepatti
ja varjo kasvoi.

Liisa Laukkarinen

papille»; pappi toimitti uhrin sovitukseksi ja niin nainen »oli puhdas verenvuodostansa». Myöhemmässä juutalaisessa perinteessä hävisi ero poikalapsen ja tyttölapsen syntymän kesken ja kotonaoloajaksi tuli 40 päivää; saman verran aikaa pidettiin synnyttänyttä epäpuhtaana myös kreikkalaisessa perinteessä.

Vanhatestamentillinen käsitys synnyttäjän (ja menstruoivan) saastaisuudesta palautuu sitä varhempaan perinteeseen, jonka mukaan naisen sukuelimistä tuleva veri oli saastuttavaa ja vaarallista. Samantapainen käsitys naisen veren vaarallisuudesta tunnetaan eri puolita maailmaa. On ilmeistä, että Euroopassa, alueilla, jonne kristinusko levisi, nämä käsitykset elivät jo ennen vanhatestamentillista vahvistusta. Käsitys synnyttäjän saastaisuudesta on elänyt pitkälle tälle vuosisadalle asti — onkohan siitä päästy kokonaan vieläkään? Paavi Gregorius Suuri (k. 604) katsoi aiheelliseksi vastustaa ajatusta synnyttäjän saastaisuudesta ja syyllisyydestä. Katolisessa kirkossa pyrittiin ainakin opin tasolla pitämään kiinni tästä kannasta ja korostettiin synnyttäneen naisen kirkkoonoton vapaaehtoisuutta. Kirkkoonotto — jolla tarkoitettiin sitä, että nainen meni ensi kerran synnytyksen jälkeen kirkkoon noin kuuden viikon kuluttua ja pappi siunasi hänet ja hänet »otettiin uudelleen seurakunnan yhteyteen» — yleistyi sekä läntisen että itäisen kirkon alueella jo ensimmäisellä vuosituhannella. Kreikkalaiskatolisessa kirkossa käsitys synnyttäjän saastaisuudesta kanonisoitiin, ja tästä epäpuhtaudesta saattoi puhdistua vain kirkkoonoton kautta.

Uskonpuhdistuksen jälkeen yrittivät mm. Pohjoismaissa kirkonmiehet myös puheissaan ja kirjoituksissaan karkoittaa kansan keskuudessa vallitsevia vanhoja käsityksiä; mm. Ruotsin valtakunnan kirkkolaki vuodelta 1571 korosti sitä, ettei synnytys tee ketään saastaiseksi ja ettei nainen voi kuolla paremmin kuin täyttäessään oikeaa kutsumustaan. Kirkkoonotto eli kirkotus tarkoittaa kiittämistä Jumalan antamasta lapsesta ja onnellisesti sujuneesta synnytyksestä. Vuoden 1686 Kirkko-Laki ja Ordningi puolestaan sanoo kirkottamisesta seuraavan: »Lasten synnyttäwäisten pitää itzens sisällpitämän liki cuusi Wijcko synnyttämisen jälken / että Christilinen tapa / puhtaus / ja cunniallisus / nijn myös heidän oma terweydens sitä waati; Sijtte otetan he Kirckon endisen tawan jälken».

Kansa, rahvas, piti kuitenkin kiinni vanhoista käsityksistään ja tulkitsi kirkkoonoton edelleen merkiksi siitä, että nainen on siihen asti epäpuhdas. Kirkonmiehet keskustelivat yhä uudelleen koko uuden ajan kuluessa sekä Pohjoismaissa että muualla kirkottamisen lopettamisesta, mutta mielipiteet menivät ristiin ja kansa vastusti — tai ainakin sillä perusteltiin tavan säilyttämistä. Kansan käsitykset synnyttämisen ja synnyttäjän epäpuhtaudesta eivät tietenkään perustuneet pelkästään kirkottamisen tapaan; se pikemminkin vain vahvisti jo olemassa olleita uskomuksia. Synnyttäjän epäpuhtauden lähteenä saatettiin ilmeisesti pitää myös sitä, että raskaus ja syntymä olivat »synnillisen» toiminnan, sukupuoliyhteyden tulosta. Pentti Lempiäinen, joka on Suomessa tutkinut kirkkoonottoa kirkollisena tapana, kirjoittaa kirkon opetusten ja kansan käsitysten suhteesta: »Kun kansa uskoi, että äiti on synnytettyään saastainen, eivät siinä kirkkolain ja käsikirjojen kauniit sanakäänteet auttaneet. Voi myös olla, että ihmiset *luulivat* kirkon opettavan, että kaikki seksuaalisuuteen liittyvä on pahasta. Voidaankin kysyä, tekikö kirkko voitavansa tässä käsitysten sekamelskassa. Sen seksuaalieettinen opetus ei ehkä ollut selvää ja riittävää, ja se salli kirkkoonotossa muotoja, jotka elättivät väärinkäsityksiä.»

Jos synnyttäjä on ollut epäpuhtaassa tilassa, on ymmärrettävää, että synnytykseen kuollut on myös kuollut epäpuhtaana, »synnissä». Siitä ilmeisesti on johtunut, että esimerkiksi eräillä alueilla

Saksassa synnytykseen tai lapsivuoteeseen kuollut on pitänyt haudata kuten itsemurhaaja: erityiseen paikkaan kirkkomaalla tai kirkkomaan ulkopuolelle, jottei hänen ruumiinsa saastuttaisi »siunattua multaa». Synnytykseen kuoleminen selitettiin myös Jumalan rangaistukseksi — vainaja oli saattanut laiminlyödä kirkottamisen edellisen synnytyksen jälkeen tms. »Epäpuhtaan» vainajan arkkua kannettiin riukujen päällä, ei olkapäillä, kuten normaalisti, hauta aidattiin ja peitettiin eri tavoin, ettei kukaan aavistamatta kävelisi tällaisen haudan yli. Esimerkiksi Breslaussa 1528 säädettiin, että lapsivuoteeseen kuolleet pitäisi haudata sivummalle, jossa kukaan ei saanut kuljeskella. Sama lähde, josta edellinen tieto on peräisin (Handwörterbuch des deutschen Aberglaubens), kertoo kuitenkin, että tämän juutalais-kristillisen perinteen rinnalla Saksassa on elänyt toisenlainenkin, »germaaninen» käsitys synnyttäjän kuolemasta: lapsivuoteeseen kuollut oli sovittanut syntinsä tuskillaan, kaatunut »naisen taistelukentällä». Hänen vietiin kirkkoon kuin kaatunut soturi ja haudattiin erityisellä tavalla, usein kuin neitsyet, valkeassa puvussa, seppelöitynä. Pitipä tämä tieto paikkansa tai ei, korostukset ovat selvästi teoksen ilmestymisajan (1930-luvun) »germaanisuuden» ihannointia. Kolmannessa valtakunnassahan naiset synnyttäjinä todella rinnastettiin sotureihin; molempien tehtävä oli vahvistaa ja puolustaa saksalaista rotua.

Hakuteokset kertovat, että eri puolilla maailmaa on vallinnut raskaanaolevan tai synnyttäjän kuolemasta samantapaisia käsityksiä. Tällaisille vainajille ei toimitettu normaaleja hautausrituaaleja, heidät voitiin haudata kokonaan ilman rituaaleja tai heittää ruumis yksinkertaisesti jokeen tms. Monissa kulttuureissa tapoihin on syynä näiden vainajien pelko — niinhän tietysti saksalaisessa esimerkissäkin »synnissä» kuolleen vainajan pelko. Afrikasta olevissa esimerkeissä kerrotaan, että näiden vainajien ajateltiin kuolleen ki-

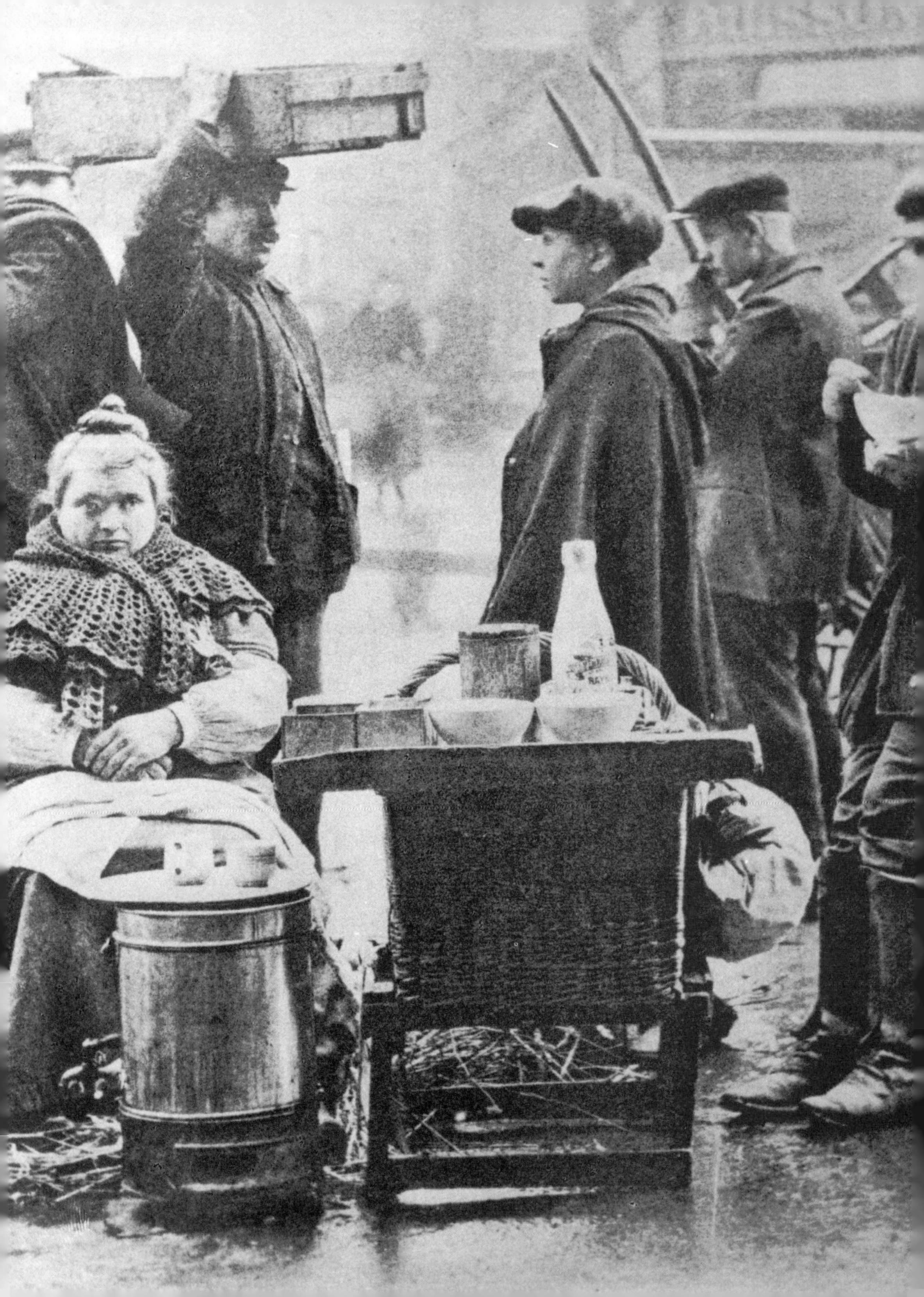

Älä unohda, tyttö: kaksi miestä minullakin oli
ja sitten vielä kaksi vuosikymmentä
yksinäisiä leskenvuosia.
Älä rakenna elämääsi miehen varaan!
Äläkä koskaan anna periksi
nöyryytykselle ja väkivallalle.
Taistele vastaan!
Sitä varten sinä elämässä olet!

Liisa Laukkarinen

rouksen alaisina, ja sen vuoksi heidät haudattiin erilleen, ilman rituaaleja; näistä kuolleista tulee pahoja henkiä tai vampyyreja.

Koska raskaus ja synnytys ovat olleet myös Suomessa häpeällisiä ja salassapidettäviä asioita, ei asiaa käsitellä juuri kansanperinteessäkään. Raskaaksitulemiseen, raskaudenaikaan ja synnytykseen liittyy erilaisia uskomuksia, joilla on säädelty naisten käyttäytymistä ja yritetty varmistaa tulevan lapsen ja äidin terveys; synnytysloitsut viittaavat siihen, että synnytyksiin on liittynyt vaikeuksia, jotka on tunnettu, mutta joiden syyt ja hoitokeinot ovat olleet enemmänkin uskomuksellisia kuin käytännöllisiä. On vain vähän tietoja siitä, mitä tapahtui, jos synnytys päättyi kuolemaan. 1930-luvun alussa väitteli E. Pelkonen lääketieteen tohtoriksi kansanomaisesta synnytysavusta. Väitöskirjan aineistoon sisältyy yksi kuvaus synnytykseen kuolemisesta:

> Jos edellä esitetyt keinot ja taikuus eivät mitään hyödyttäneet, oli sairaus kuolemaksi. Vanhoina aikoina ei haettu sen enempää kätilöä kuin lääkäriäkään apuun, jos niitä nyt oli olemassakaan, sillä synnytystä pidettiin niin häpeällisenä ja likaisena, ettei siitä saanut kertoa vieraille eikä pyytää vieraan apua. Synnyttäjä asetettiin ns. kuolinvuoteelle ja jätettiin kohtalonsa huomaan. Kuolintila tehtiin aina huoneen oviseinälle. Lattialle pantiin irrallisia, puhtaita olkia, niiden päälle synnyttävän likaiset rääsyt. Sellaisella tilalla annettiin sairaan sitten odottaa kuolemaansa ja kenet oli kuolintilalle siirretty, siihen ei enää saanut kukaan koskea. Kun synnyttäjä lopulta kuoli, poltettiin hänen vaatteensa ja mainitut oljet aidatun piha-alueen ulkopuolella.

Tietäjät. Alakuvassa Hautam
en muori Kaisa-Reeta Tormul
nen Kajaanin Murtomäeltä.

»Jos lapsen pää jäi kiinni, sitä seurasi viikko tuskia ja kehittyvä kuolio ennen väistämätöntä kuolemaa», kirjoittaa lakonisesti historiantutkija kuvatessaan kuoleman eri muotoja 1600- ja 1700-lukujen Ranskassa. Sama kuvaus tietysti pätee missä tahansa. Mutta kuvauksen takana olevasta kärsimyksestä voi saada aavistuksen vain se, joka on itse kokenut synnytykseen liittyvät kivut — vaikkapa onnellisesti elävän lapsen saanutkin.

Vienankarjalaisista uskomuksista kertoo Samuli Paulaharju teoksessa Syntymä, lapsuus ja kuolema (1924): »Jos vaimo kuolee lapsivuoteeseen, ei hänelle tsarstvoa eli taivasta näytetä, hän kun on 'reähkähini' (syntinen), mutta ei hän kadotukseenkaan joudu. Eikä häntä haudattaessa käytetä kirkossa.»

On ilmeistä, että lapsia kuoli synnytykseen enemmän kuin äitejä. Mutta ranskalaisen perhehistorioitsijan Jean-Louis Flandrinin mukaan demografit arvelevat, että uuden ajan Euroopassa ennen 1800-lukua n. 10 prosenttia naisista kuoli synnytykseen tai sen seurauksiin. Ja kaikki naiset tiesivät raskauteen ja synnytykseen liittyvät riskit ja pelkäsivät niitä. Synnytystä lähestyvän naisen kuolemanpelko eli Suomessakin vielä tämän vuosisadan alussa, kuten Aino Kallaksen päiväkirjamerkinnöistä käy ilmi: hän kirjoitti ensimmäisen lapsen syntymää odottaessaan menevänsä »hengenvaaraa kohti». Nykyisin hengenvaara on todellisin kehitysmaissa, joissa raskauksiin ja niihin liittyviin komplikaatioihin kuoli ainakin 1980-luvulla vielä pahimmillaan 25–30 prosenttia aikuisena kuolleista naisista. Vuosina 1980–85 kuoli kehitysmaissa erään tutkimuksen mukaan tällä tavalla 515.000 naista, joista 90 prosenttia Afrikassa ja Etelä-Aasiassa. Tässä luvussa tuskin ovat mukana vielä kaikki abortteihin kuolleet.

Synnyttäminen ja lastensaaminen saattoi olla saastuttavaa ja vaarallista; kuolemanpelko saattoi ennen niinkuin nytkin saada naiset varomaan raskaaksitulemista. Mutta vanha, varsin laajalla elänyt käsitys Euroopassa on ollut myös, että naisen on saatava ne lapset, jotka hänelle on »määrätty». Skandinaviassa ja Suomessa on elänyt uskomus, että jos joku nainen, joka ei halua lapsia, »antaa vaikkapa noita-akan taikoa pois hedelmällisyytensä» tulevat kaikki ne lapset, jotka hänelle on määrätty, hänen kuolinvuoteelleen pienten menninkäisten hahmossa. Tähän uskomukseen perustuvaa satua on kerrottu laajalti. Siis: joko antaudut kuolemanvaaraan synnyttämällä sinulle määrätyt lapset, tai ne tulevat ja vainoavat sinua kuolemasi hetkellä.

Täyttymätön naiseus ja kuolema

Neitsyillä ei ole aihetta ylvästellä.

Silloin kun naisen elämänkaari ja sosiaalinen olemus on ollut ja on kokonaan sidoksissa hänen suvunjatkamistehtäväänsä ja sitä kautta hänen seksuaalisen luontonsa toteuttamiseen, pidetään neitsyyttä, naimattomuutta ja lapsettomuutta poikkeavina ja epätyydyttävinä tiloina. Ideaalisti naisen elämänvaiheet ovat olleet lapsuus, joka päättyy ensimmäisiin kuukautisiin, äitiys ja isoäitiys. Näitä biologisesti määräytyneitä vaiheita ovat vastanneet sukulaiskategoriat tytär, aviovaimo ja anoppi. Mitä pitempi on ollut vaihe sukukypsyyden saavuttamisesta avioliittoon, sen ongelmallisemmaksi on ilmeisesti koettu »neitsyen» läsnäolo perheessä ja yhteisössä. Nainen, jonka seksuaalisuus on »elävää» sikäli, että siitä saadaan todistus joka kuukausi menstruaation aikaan, on myös vaarallinen, niin kauan kuin sitä ei ole otettu haltuun, ts. joku mies ei ole ottanut sitä haltuunsa ja kontrolliinsa. Koska neitsyys sisältää ikäänkuin potentiaalisen voimanlähteen, sitä on eri uskonnollisissa opeissa vuoroin pidetty pyhyyden, vuoroin vaaran lähteenä. Nainen, joka kuolee neitsyenä, voi vastaavasti päästä suoraan paratiisiin tai taivaaseen, mutta on päinvastaisiakin tietoja. Zarathustralaisuudessa on vallinnut käsitys, että naimattomana pysyminen yli kahdeksantoista ikävuoden on sovittamaton synti, ja tässä tilassa kuoleminen vie suoraan helvettiin.

Kristinuskon piirissä käsitykset eivät ole olleet yhtä yksioikoisia. Tosinhan nainen varsinaisesti pelastuu lapsensynnyttämisen kautta — »Mutta hän on pelastuva lastensynnyttämisen kautta, jos hän pysyy uskossa ja rakkaudessa ja pyhityksessä ynnä siveydessä» (Tim 1:2) — mutta myös neitsyys on ollut Jumalalle otollinen tila. Neitsyyttä ja naimattomuutta on vaadittu niiltä naisilta, jotka ovat kokonaan omistautuneet Jumalalle, nunnilta. Täydellinen pidättyvyys ja siveydessä pysyminen erilaisten ulkopuolisten uhkienkin edessä on ollut useiden naispyhimysten pyhyyden alkuperä. Näiden naisten kuolemasta kerrotaan usein, että riippumatta siitä, miten vanhoja tai sairauden riuduttamia tai runtelemia he olivat, kuolemassa sielun kauneus tunkeutuu esiin ja kaunistaa runnellun ruumiin. Philippe Arièsin teoksessa L'Homme devant la mort (Ihminen kuoleman edessä) on esimerkki tästä. Kysymys on silminnäkijän kuvauksesta erään vielä nuoren, mutta pyhän naisen kuolemasta. Hän on sairastunut johonkin tautiin, joka on peittänyt hänet haavoilla ja aiheuttanut kovia tuskia. Kärsimyksensä hän uhraa Jumalalle, joka »lyö meitä pelastaakseen ja tappaa meidät etemme kuolisi». Tästä Luchinasta kertoo silminnäkijä, että »hän oli niin uupunut, että vaikka vielä eli, näytti ihan kuolleelta. Hän, joka oli aikoinaan ollut niin kaunis ja komea, oli nyt uskomattoman runneltu. Kun hän oli nukahtanut Herran huomaan, kalpeus ja ki-

lasti eläkeläismummoja junassa,
matkan huuma näkyy jo hatusta.
jokainen henkeä täys, keikkuu ja käkättää
vierustoverinsa korvaan,
mummoilta raamit jo aikapäivää irronneet,
eivät mahdu enää kehyksiin, niillä on jo vapaus olla
mitä lystäävät ...

Kaarina Valoaalto

reys pyyhittiin hänen kasvoiltaan. Hänen piirteistään hävisivät vastenmieliset piirteet ja jalo kauneus ja majesteetillinen arvokkuus läpäisivät hänen ulkomuotonsa.»

Kuoleman kaunistava vaikutus esiintyy piirteenä myös maallisemmassa kirjallisuudessa, erityisesti 1700- ja 1800-lukujen sentimentaalisessa ja romantisoivassa romaanikirjallisuudessa. Mutta aina ei ole kysymys siitä, että nuori tyttö, neitsytkään, kaunistuisi sielunsa kauneuden tähden; kuolema tekee sen mitä elämä ei ole ennättänyt tehdä. Paras esimerkki tällaisesta »täyttymättömän naisenelämän» sammumisesta sisältyy Lucy M. Montgomeryn Anna-kirjoihin, joissa kerrotaan erään nuoren tytön kuolemisesta tuberkuloosiin:

> Aamulla levisi talosta taloon tieto Ruby Gillisin kuolemasta. Hän oli kuollut nukkuessaan, tuskitta ja tyynesti, ja hänen kasvojaan kirkasti hymy. Kuolema oli varmaan saapunut ystävänä ja vapauttajana eikä synkkänä viikatemiehenä, jota hän oli pelännyt. Rouva Rachel Lynde vakuutti hautajaisten jälkeen, ettei hän ollut koskaan nähnyt kauniimpaa näkyä kuin Ruby Gillis oli arkussaan. Lumivalkoista pukua koristivat kukkaset, joita Anna oli sirotellut arkkuun. Ruby oli aina ollut harvinaisen kaunis, mutta hänen kauneutensa oli ollut tästä maailmasta. Siinä oli ollut eräänlainen julkeuden vivahdus, ja se oli näyttänyt vaativan ihailua. Sielu ei ollut koskaan siitä kuvastunut eikä äly sitä hienostanut. Mutta kuolema oli kosketuksellaan pyhittänyt sen. Se oli tuonut näkyviin piirteiden puhtauden ja ilmeen lempeän sielukkuuden, jota ei milloinkaan ennen ollut Rubyssä huomattu. Se oli tehnyt saman, minkä elämä, rakkaus, naisen syvät surut ja ilot olisivat voineet Rubylle tehdä.

Elämä, rakkaus, naisen syvät surut ja ilot: suvunjatkamistehtävänsä toteuttaminen tekee siis naiselle saman, minkä kuolema eli jalostaa. Seksuaalisen luonnon ja suvunjatkamisen toteutumattomuus on koettu onnettomuudeksi, joka on seurannut »vanhojapiikoja» kuolemaan asti. Jonkinlaisen »täyden elämänkaaren» vaatimus tai käsitys siitä, että kerran syntyneen elämän on täytettävä mittansa kuolemasta huolimatta, heijastuu selvästi juuri kansanomaisista uskomuksista, jotka koskevat naimattomina kuolleita ja näkyvät erilaisissa käytänteissä. Lähinnä humoristisena voitaneen pitää Suomessa muistiinmerkittyä uskomusta, että »vanhanpiian on vaikeaa kuolla, kun ei hän ole koskaan miestä saanut». Sen vuoksi kuolevaa vanhaapiikaa piti tämän uskomuksen mukaan »huitoa miehen housuilla, jotta kuolema helpottuisi».

Vakavampana näkyy käsitys elämän vaatimuksista tavoissa, joiden mukaan naimattomina kuolleet tytöt — ja pojatkin — on kuolemansa jälkeen varustettu hääpukuun ja haudattu ikäänkuin morsiamina. Ajatuksena lienee ollut, että toisella puolen vainaja solmisi avioliiton, ja sitä varten tarvittiin oikeat varusteet. Samaan viittaa se, että raskaana kuolleiden naisten mukaan on esimerkiksi Ruotsissa voitu panna vielä tällä vuosisadalla lapselle vaatteita ja hoitotarvikkeita — jotta äidillä olisi tuolla puolen syntyvälle lapselleen varustukset.

Nuorena ja naimattomana kuolleen tytön hautaaminen morsiameksi puettuna on Euroopassa ollut vanha tapa, josta on tietoja ainakin Englannista, Hollannista, Itävallasta, Saksasta ja Skandinaviasta. Joskus morsiameksi on puettu myös vanhempana kuolleet naimattomat naiset. Morsiameksi pukeminen ja morsiusseppeleen tai -kruunun asettaminen vainajan päähän voitiin tulkita myös kristillisesti: ajateltiin, että ne todistavat kantajansa viattomuudesta viimeisellä tuomiolla. Morsiuskruunu saattoi myös viitata Kristuksen morsiameen. Silti ruotsalainen tuomiorovasti kommentoi tapaa 1700-luvulla: »Tapa että naimattomat neitsyet koristellaan seppelein, kun heidän ruumiinsa puetaan ja heidät haudataan, on tullut pakanoista.» Tapa ei silti esimerkiksi Ruotsissa ollut käytössä vain kansan keskuudessa.

Tietoja tavasta haudata nuorena kuollut morsiamena ja viettää samalla ikäänkuin hänen häitään on myös Suomesta ja ainakin itämerensuomalaisilta kansoilta. Kaakkois-Viron setukaisista kerrotaan, että tällaiselle vainajalle tytöt itkivät hääitkua kuorossa.

Maailman eri puolilta on tietoja sellaisista neitsyyteen liittyvistä uskomuksista, jotka viittaavat käsitykseen neitsyydessä piilevästä ikäänkuin käyttämättä jääneestä voimasta. Sellaisia ovat vaikkapa se, että haudasta kaivetun neitsyen ruumiin osan avulla saattoi rikastua — uskomus on peräisin Baijerista. Mutta usein neitsyyteen on liitetty juuri tuo »täyttymättömän naiseuden» ajatus, jonka peruspiirre on käsitys siitä, että lapsettomana kuollut nainen ei ole täyttänyt tehtäväänsä ja että juuri siitä seuraa komplikaatioita vielä kuoleman jälkeen. Tällaisiin käsityksiin viittaavat uskomukset, jotka liittyvät erilaisiin neitsyenhahmoisiin pahantahtoisiin olentoihin. Näitä ovat mm. kreikkalaisessa mytologiassa esiintyvät olennot, joista alussa siteeraamani Sourvinou-Inwood kirjoitti. Eteläslaavilaiset vila-hengettäret kuuluvat myös näihin. Tyypillistä näihin hengettäriin tai vainajahahmoihin liitetyille uskomuksille on, että niiden on katsottu olevan erityisen vaarallisia miehille, joskus myös lapsille. Samantapaisia olentoja ovat skandinaavisessa perinteessä esiintyneet naishahmoiset metsänhaltijat, joka ovat nuoria ja kauniita ja houkuttelevat miehiä eksyksiin metsässä.

Tässä yhteydessä ei ole tärkeää selvittää millaisia erilaisia tapoja tai uskomuksia neitsyiden tai lapsettomien naisten kuolemaan on liitetty. Tärkeämpää on korostaa sitä, että ajatus naisen luonnollisesta tehtävästä maailmassa: synnyttää lapsia, jatkaa sukua, on siinä määrin rajannut naisen elämän vaihtoehtoja, että jopa

viisikymmentä vuotta työtä
mökin vaimona, kaksitoista kertaa äiti, kolmesti
kesken mennyt, kaksikymmentä vuotta miehen selkää
ja keuhkoja, kuusi lesken yksinäisyyttä
tulit
viisikymmentä vaivan ja puutteen vuotta,
nuoruudessa jokunen päivä iloista heinäpoutaa,
hiljaista riemua kasvamista katsoessa; kuinka tietäisin
monestiko olet astunut, huokaissut, tarttunut kantanut
kyykistynyt palellut hikoillut uneksinut valvonut odottanu
itkenyt nauranut, parsinut, monestiko painanut otsaa
lehmän mahaan, pistänyt käsiä jäiseen veteen, solmin
huivia essun nauhoja, katsonut kauas

Helinä Siikala

kuoleman jälkeenkin hänet on nähty suhteessa tähän tehtävään. Kuolleet neitsyet ovat olleet pahantahtoisia siksi, että heiltä ovat jääneet kokematta »naisen syvät surut ja ilot» eli seksuaalinen suhde mieheen ja lapsen synnyttäminen ja kasvattaminen.

Afrikasta on tietoja, että lapsettomana kuollutta aviovaimoa pelättiin samalla tavoin kuin neitsyitä. Mytologian hakuteos kertoo erään itäafrikkalaisen heimon keskuudessa tämän vuosisadan alkupuolella vallinneista tavoista. Vainajan veljet ja sisaret kiirehtivät paikalle, ja ensimmäisenä saapunut otti terävän akaasianpiikin, pisti sen ruumiin jalkapohjaan ja katkaisi sen. Siihen päättyi valitus, jota ei enää uusittu. Artikkelin kirjoittaja viittaa samantapaiseen menettelyyn muuallakin, ja arvelee, että selityksenä tavalle on että »lapseton nainen on luonnollisesti kateellinen ja pahansuopa, eikä hänellä ole jälkeläisiä, joiden hyvinvointia seurata. Kun (akaasianpiikin avulla) on vapauduttu pelosta, että hän tulisi haudasta vihamielisissä aikeissa, ei ole mitään syytä lepytellä häntä.» Toisin sanoen: akaasianpiikin tarkoitus oli estää vainajaa liikkumasta, ja koska hän ei sillä tavalla enää voi vahingoittaa ketään, häntä ei tarvitse enää valituksin tai muilla menoilla lepytellä. Muitakin vainajia on yritetty estää liikkumasta samalla tai muilla tavoin (esim. lyömällä seiväs vampyyriksi epäillyn vainajan haudan läpi), mutta syyt ovat olleet toiset. Lapsettomuus on ollut nimenomaan naisten ongelma, ja sen vuoksi ei ole tietoja siitä, että lapsettomana kuollutta miestä olisi pelätty kuoleman jälkeen.

Lapsettomana kuollut nainen on ajateltu vaaralliseksi toisten lapsille ja raskaana oleville: sitä kadehtii, mitä itsellä ei ole. Mutta myös pienen lapsen äidin kuolemaan on liittynyt uskomuksia, joiden mukaan hän ei heti saa rauhaa haudassaan. Varsin yleisesti on Suomessakin uskottu — ainakin uskomustarinoista päätellen — että kuollut äiti saattoi jonkin aikaa käydä öisin imettämässä lasta.

Kuolipa nainen siis täyttyneeseen naiseuteensa eli raskauteen tai synnytykseen tai naisen tehtäväänsä täyttämättä, hänet on kuolemassa ja sen jälkeen koettu hankalaksi. Naiseuteensa kuollut nainen on ollut milloin epäpuhdas ja vaarallinen, milloin säälittävä tai pyhä. Koskaan ei tällainen kuolema tai vainaja ole kuitenkaan jättänyt jälkeenjääneiden yhteisöä välinpitämättömäksi.

Kuoleman väkivalta

Sillä rakkaansa surmaa jokainen mies, mies uljas miekallaan.

On jotenkin selvää, että väkivaltainen kuolema kohtaa miehiä. Miehet tappavat ja tulevat tapetuiksi kahdenkeskisissä taisteluissa, sodassa, metsästysonnettomuuksissa. Miehet kuolevat tapaturmissa, liikenneonnettomuuksissa, ajavat autolla metsään, hirttävät tai ampuvat itsensä. Taisteluissa ja sodassa miehet kuolevat »aatteen» puolesta, on se aate sitten valtion itsenäisyys, oman ideologian oikeus, yhteiskunnallisen järjestyksen säilyttäminen, rikosten torjuminen, koti, uskonto ja isänmaa, vapaus ja kunnia, raha ja valta. Ranskalainen lääkäri kirjoitti 1800-luvulla: »Mies uhraa elämänsä usein jollekin aatteelle eikä herkisty toisen kuoleman ääressä; mutta hän arvostaa tämän kuolemanhalveksunnan korkealle ja pitää sitä suurenmoisena ja miehekkäänä. Kuolema huolestuttaa vain kuolemana sairauteen.»

Mutta nykyään sodankäynti tappaa erottelematta siviilit ja sotilaat; saattaapa olla että sotilaat paremmin varustautuneina ja suojattuina säilyvät hengissä, kun siviilit, naiset, lapset ja vanhukset, kuolevat pommituksiin ja niiden seurauksiin. Tämä ei silti tarkoita sitä, että sankarivainajien määrä lisääntyisi: vain sodan uhrien

Minä olin äsken vasta tyttö mutta äkkiä nyt
en enää juokse, hyppele tai ui
jos vesi ei ole haaleaa kuin heinäkuussa.
Laulunhalukin harvenee.
...
Niin hämärtyy meiltä se mikä tänään on
kirkas kuin kuutamo ja kesä.

Liisa Laukkarinen

määrä lisääntyy. Sankarikuolema ja sankarivainajan arvo on edelleen varattu niille, jotka kuolevat aktiivisina sodankäynnin osapuolina. Vain viimeisessä, ydinasein käytävässä sodassa ei tehdä sankarivainajia: ei jää ketään palvomaan sodankävijöiden muistoa.

Nykyaikainen sota ja nykyaikainen liikenne ovat järjestäytynyttä väkivaltaa, joka tappaa erottelematta miehet, naiset ja lapset. Tappajat ovat silti vielä enimmäkseen miehiä, joilla vain on uudet tappokoneet.

Mutta sodassakaan mies ei tarvitse aina asetta. Sotilaiden toimenkuvaan kuuluu ja on aina kuulunut myös »vihollisen» tai muiden tielle osuneiden naisten raiskaaminen, yksin tai joukolla. Raiskaaminen voidaan viimeistellä aseella, silpomalla naisen ruumis lopuksi; mutta pelkkä joukkoraiskaus riittää usein kuolemanaiheuttajaksi. Tätä kirjoittaessani esitetään elokuvateattereissa amerikkalaista elokuvaa »Sodan arvet», joka kertoo Vietnamin sodan aikaisesta tapahtumasta, jossa amerikkalaisten nuorten sotilaiden ryhmä raiskaa ja tappaa vietnamilaistytön. Yksi ryhmän jäsenistä kieltäytyy osallistumasta ja antaa myöhemmin toverinsa ilmi ja heidät tuomitaan teosta. Tämäntapaiset tuomiot ovat aniharvinaisia: ei sen vuoksi, että sotilaiden suorittamat raiskaukset olisivat harvinaisia vaan siksi, että niistä ei juuri puhuta. Ne hyväksytään osaksi sodan »arkea». Esimerkkejä sodankäynnin tavoitteita tukevista massiivisista joukkoraiskauksista riittää: maailmansotien aikana Euroopassa, Nankingin valtauksen yhteydessä 1937, Kongon sisällissodassa 1960, Bangladeshin sodassa 1971. Raiskaukset ovat osa sodankäynnin pelottelutaktiikkaa, jolla murretaan vihollisten — miesten — moraali; ne kuuluvat myös luonnollisena osana sodan väkivaltaiseen toimintaan. Vanhoina aikoina vihollisen miehet tapettiin, naiset raiskattiin ja naiset ja lapset vietiin orjiksi, työvoimaksi ja kansan lukumäärän lisääjiksi. Myöhemmin, kun tavoittee-

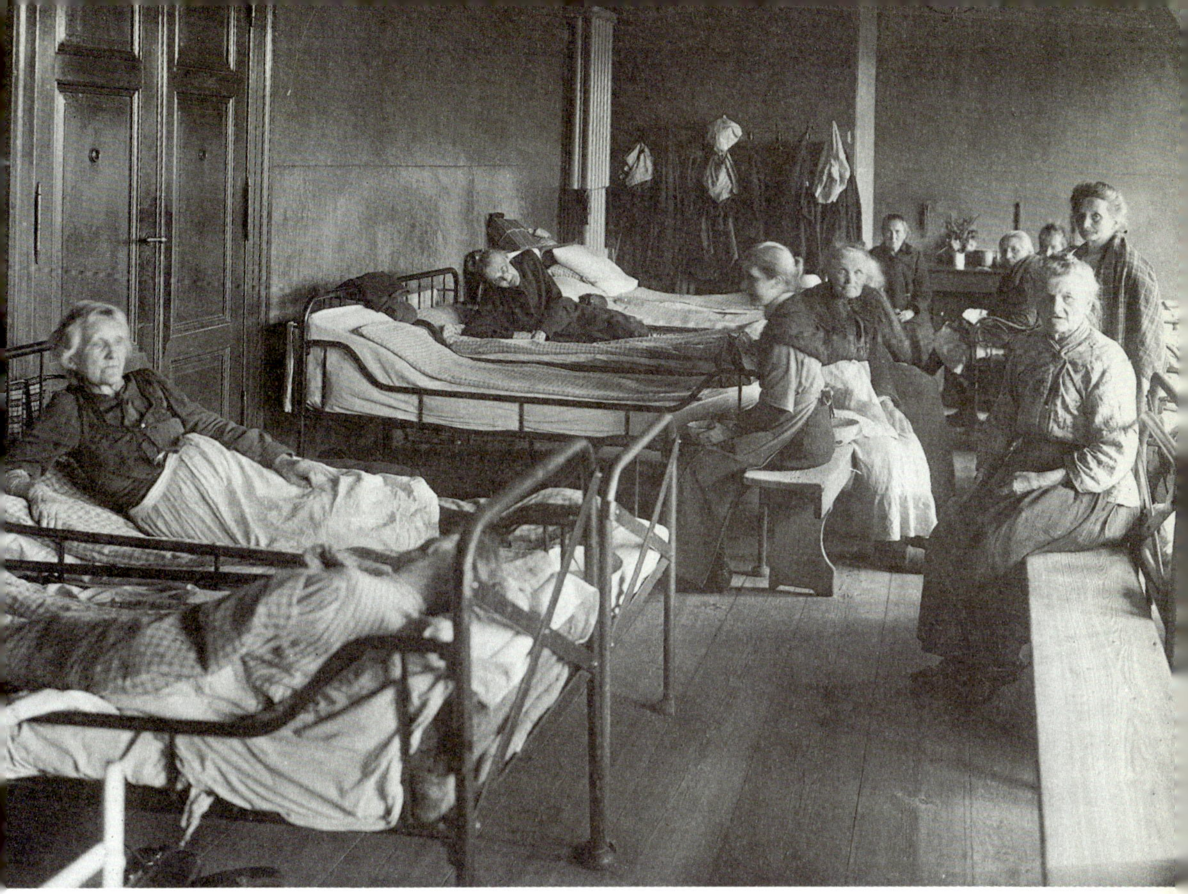

Jos talossa joku kuolee, niin mummojen pikkuoikut heräävät. He takertuvat paniikinomaisesti omiin touhuihinsa unohtaakseen. Sillä sitävarten pikkumummot täällä ovat, että he kiltisti odottelevat omaa pikkuvuoroaan saada sulkea silmänsä. Ja kun tämä jonnekin tajunnan syvyyksiin tungettu aavistus herää, mummot ahdistuvat, sillä mitään pakoreittiä ei ole.
Heidät ahdetaan tällaisiin taloihin, erilaisiin jonoihin joista he kuolla kupsahtavat kuka minnekin ja missäkin järjestyksessä.
Näihin taloihin tullaan ja niistä kuollaan pois.

Kaarina Valoaalto

na on ollut vain maa-alueiden, luonnonvarojen tai muiden rikkauksien valloittaminen, joutivat myös naiset ja lapset tapettaviksi — raiskattuina tai ilman.

Patriarkaaliseen ideologiaan kuuluu kuva yhteiskunnasta, jossa miehet vahvempina ja hallitsemaan kykenevinä kantavat vastuun järjestyksestä ja puolustuksesta. He kantavat vastuun myös kotien ja perheiden, yhteiskunnan perusyksiköiden toimeentulosta ja turvallisuudesta, suojelevat naisiaan ja lapsiaan, lähimpiään, ulkopuoliselta uhalta, tulee se sitten naapurin taholta tai peräti oman maan rajojen ulkopuolelta. Naiset, kotiin suojattuina, vastaavat uuden sukupolven synnyttämisestä ja hoivaamisesta elämään ja samalla perheen jokapäiväisestä huolenpidosta. Koti ja tavarat, vaimo, lapset ja palkolliset ovat paitsi perheenpään, isän ja isännän, suojeluksessa, myös hänen omaisuuttaan. Suojeluksella on myös toiset kasvot: suojeltavasta tulee äärimmäisen vallankäytön, tyrannian kohde. Omaisuutena vaimo, lapset ja palkolliset ovat omistajan armoilla ja hyväksikäytön kohteena. Perheensisäinen kuritusvalta on vasta vähän kerrassaan tullut yhteiskunnan laeilla säädellyksi: ensin kiellettiin palkollisten, sitten vaimon ja lopulta lasten ruumiillinen kuritus.

Väkivalta, johon patriarkaalisen yhteiskunnan miehet ovat turvautuneet omiaan ja omaisuuttaan suojellakseen — tai enentääkseen — on siis voinut kääntyä myös suojeltavia vastaan. Vaimon kurittamisen syyksi on riittänyt ja riittää yhä mikä hyvänsä »tottelemattomuuden» tai miehen tapoihin sopeutumattomuuden ilmaus; eikä aina tarvita syytä ollenkaan. Afrikassa maasaiaviomiestä neuvotaan opettamaan sopeutumatonta — usein väkisin naitettua — nuorta vaimoaan siten, että mies vie vaimon pensaikkoon, sitoo tämän kädet ja jalat kiinni ja pieksee tämän kepillä. Päätä, erityisesti silmiä, tulee varoa, jottei saisi riesakseen sokeaa vaimoa, samoin tulee varoa rintoja. Joskus kuritus riistäytyy käsistä ja vaimo kuolee. Vanhemmat maasaimiehet, jotka neuvovat vaimonkasvatuskeinoja nuoremmille, toteavat kuitenkin, että onnistuneena tämä kuritus tekee muun kurituksen tarpeettomaksi. Maasaiyhteisö pystyy yleensä valvomaan jäsentensä tekemisiä tarkemmin kuin länsimainen; sen vuoksi siellä ei vaimonpieksämisestä voi tulla tapa, toisin kuin meillä. Mutta väkivaltaiset konfliktinratkaisutavat ovat silti yleisiä maasaidenkin keskuudesssa — ja yhteisön sallimia.

Vaimonkuritukseen kuuluu usein olennaisena osana raiskaus joko aluksi tai lopuksi; norjalaisessa tutkimuksessa uskonnollisten miesten harjoittamasta perheväkivallasta kävi ilmi, että useat vaimonpieksäjät ja pahoinpitelijät kokivat raiskauksen Jumalan sallimaksi sukupuolisen käyttäytymisen muodoksi. Tutkimuksessa mukana olleet vaimot ovat säilyneet hengissä pahoinpitelyistä — mutta sopii kysyä, millaisissa hengissä? Raiskaus ja muu sukupuolinen väkivalta naisvihan ilmentymänä tuottaa tietysti uhreja muuallakin kuin avioliitossa, mutta usein raiskaaja tuntee kohteensa. Raiskaus, jota ei viimeistellä tappamisella, saattaa sekin johtaa kuolemaan: monet raiskatut turvautuvat itsemurhaan, kun eivät selviä kokemuksestaan.

Nainen oli matkalla töistä kotiin, oli ilta, pimeää.
Tuntematon mies pakotti hänet puukolla uhaten
pakettiauton tavaratilaan, sitoi kiinni
pahoinpiteli, häpäisi, raiskasi.

Tuntikausia silmitöntä kauhua
siitä hän selvisi,
ruhjottuna mutta elossa
asianmukaisesti kuulusteltuna
hoidettuna, ymmärrettynä.

Kenties pääosalle maailman naisista heikko ravinto ja raskas työ tuo vanhuuden vastaan aikaisin, jos ollenkaan.

Lika vain ei lähtenyt
vaikka hän pesi ja hankasi itseään
alinomaa
pesi ja pesi.

Lopulta oli paettava kuoleman puhtauteen.

AN

Miksi jotkut miehet raiskaavat, pahoinpitelevät ja tappavat naisia? Miksi sivistyneessä maailmassa raiskaukset lisääntyvät ja perheväkivalta yhä yleistyy? Raiskaavan ja tappavan miehen selitys on selvä: naiset käyttäytyvät huonosti, viettelevät, eivät tottele, ovat ylimielisiä, eivät kunnioita miestä, pyytävät itse tulla raiskatuiksi, hakatuiksi, tapetuiksi. Näitä selityksiä on uskottu kauemmin kuin luulisi: poliisit ja tuomarit, jotka seurauksia selvittelevät, ovat itse miehiä ja tietävät, että nainen voi vietellä, olla ylimielinen, tottelematon. Naiset ovat myös oppineet syyllistämään itsensä, etsimään vikaa omasta käyttäytymisestään, mikäli ovat jääneet henkiin: kuollut uhri on helpommin uskottu syyttömäksi. Vasta uusi naisliike on pukenut sanoiksi ja paljastanut todellisen tilanteen: miehet raiskaavat, hakkaavat ja pahoinpitelevät naisia siksi, että se kuuluu patriarkaalisen kulttuurin käyttäytymistapoihin, on aina kuulunut. Yhteiskunnassa ja kulttuurissa, missä yhdelle sukupuolelle on annettu ehdoton valta toisen yli, se on aikoinaan hankittu väkivalloin. Väkivaltaiset konfliktinratkaisumallit yhteiskunnan sisällä ja valtioiden välillä ruokkivat yhä väkivaltaisia käyttäytymisen muotoja myös yksityisen alueella. Miehinen ylemmyys, voimantunto ja tieto siitä, että yhteiskunta on vahvemman puolella — vaikka juhlapuheissa muuta sanotaan — ruokkivat yhä naisiin kohdistuvaa väkivaltaa.

Nykyään pelkäävät myös miehet ns. katuväkivaltaa, satunnaista vastaantulijaa, joka lyö, potkii, tappaa, jotakin saadakseen tai huvin vuoksi. Naisen elämään kuuluu lapsesta saakka pelko raiskatuksi tai loukatuksi tulemisesta, missä ikinä hän kotinsa ulkopuolella liikkuukin — ja kuten edellä oli puhetta, eivät kaikki naiset ole turvassa sielläkään. Tämän pelon voi unohtaa ajoittain, painaa tietoisuuden taakse, olla ajattelematta sitä. Mutta se on olemassa aina kuten kuoleman pelko, jonka senkin oppii pitämään hallinnassa. Kuoleman pelkoa pahempi se on siksi, että kuolema on vain loppu; sukupuolinen väkivalta ja loukkaus voi olla elinikäisen kärsimyksen alku, minuuden vääristäjä, elävältä tuhoutumisen käynnistäjä. Elävä kuolema.

Tuomittu kuolemaan

Seuraavana päivänä kolme naista, jotka myös oli tuomittu poltettaviksi, hukutettiin ensin armosta ja poltettiin sitten.

Kerettiläisvainot Münchenissä 1527–28

Kuolemanrangaistukset ja niiden muodot olivat varhempina aikoina huomattavasti kekseliäämpiä kuin nykyään, jolloin ne toteutetaan ns. nopeilla menetelmillä: ampumalla, hirttämällä, sähköiskulla tai kuolettavalla ruiskeella. Baijerilaista teloituskäytäntöä keskiajalla ja uudella ajalla selvittänyt tutkimus luettelee useita nykyisin tuntemattomia teloituksen muotoja: kaula katkaistiin miekalla, kuristaminen erilaisin menetelmin, elävältä polttaminen, hukuttaminen, teilipyörän avulla, elävältä paloitteleminen, hautaaminen tai muuraaminen, seivästäminen. Koska teloitukset olivat näytöksiä, joilla pyrittiin pelottelemaan katsojia lainkuuliaisuuteen ja hurskauteen, useihin teloituksiin liittyi myös erilaista uhrin silpomista: kielen leikkaaminen ennen kaulankatkaisua; naiselta saatettiin leikata rinnat, kuten kerrotaan eräästä koko perhettä kohdanneesta noituustuomiosta ja sen täytäntöönpanosta vuonna 1600 Münchenistä. Tämäntapainen silpominen kohdistui — ja kohdistuu yhä eräissä islamilaisen lainkäytön maissa — rikoksen tehneeseen ruumiinjäseneen: varkaalta käsi. Mutta kuvaukset baijerilaisista teloituksista — jotka edustavat tässä eurooppalaista käytäntöä varhaisempina aikoina — viittaavat siihen, että eräissä tapauksissa pyöveli sai osoittaa kekseliäisyyttään myös yleisön viihdyttämiseksi. Sitä paitsi ainakin Münchenin esimerkki osoittaa, että keskiajalla pyöveli sai itsenäisesti päättää millainen teloitustapa oli sopiva kullekin rikolliselle: pääsääntönä oli, että sen tuli »heijastaa» rikoksen laatua.

Sama tutkimus viittaa siihen, että hukuttaminen (säkkiin tms. ommeltuna), polttaminen, kuristaminen ja elävältä hautaaminen tai muuraaminen olivat erityisesti naisten teloituksessa käytettyjä menelmiä. Kaulankatkaisu — jota pidettiin kunniallisena muotona — sekä hirttäminen, teilipyörän käyttö tai elävältä paloittelu olivat miesten teloitusmuotoja. Samantapainen oli ero naisten ja miesten teloitustapojen välillä Suomessakin vielä 1500-luvulla. Esimerkiksi varkaudesta ja aviorikoksesta mies hirtettiin, mutta nainen haudattiin elävältä. Rikokset, joista naisia tuomittiin kuolemanrangaistukseen olivat varkauksien yms. pikkurikosten lisäksi lapsenmurha, insesti, noituus — ja kerettiläisyys. Vuodelta 1516 olevassa baijerilaisessa poliisijärjestyksessä on kohta, jossa aatelisille naisille määrätään rangaistukseksi aviorikoksesta elävältä muuraaminen. Ei kuitenkaan ole tietoa, onko rangaistusta pantu koskaan täytäntöön. Sen sijaan on tieto siitä, että Augsburgissa 1560 tuomittiin

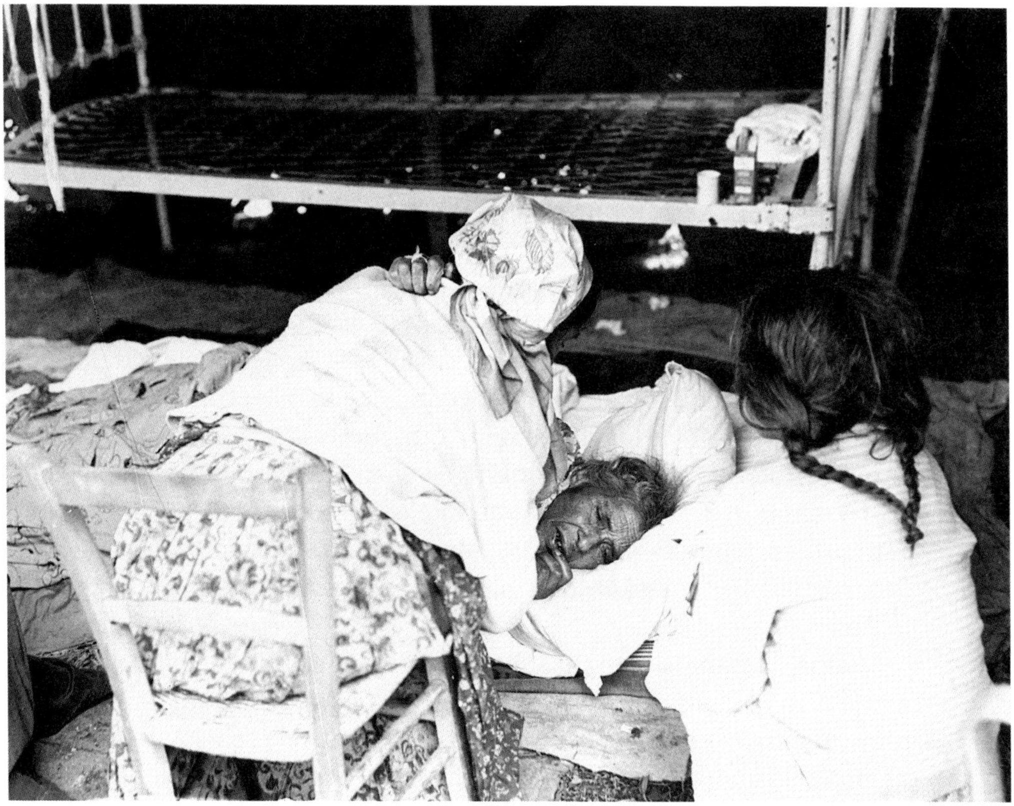

Kuoleman riitit vaihtelevat. Italian mustalaisten kuningatar Mimi Rossetti on tradition mukaisesti siirretty Lentinaran sairaalasta teltan lattialle »kuolemaan kuin mustalainen».

neljätoistavuotias tyttö muurattavaksi selliin, koska hän oli tallannut kuoliaaksi kaksivuotiaan lapsen.

Niin Baijerissa kuin muuallakin Euroopassa saivat pyövelit ja muut rikosten selvittelyyn ja rankaisemiseen erikoistuneet virkamiehet erityisen paljon työ- ja ansaitsemistilaisuuksia noitavainojen aikana keskiajan lopulta 1700-luvulle asti. Kuten tiedetään, suurin osa vainoissa tuomituista ja tapetuista oli naisia: köyhiä, vanhoja, yksinäisiä, orpoja — ja eräillä alueilla myös hyvinvoipia talonpoikais- tai porvarisnaisia. Polttaminen roviolla tai hukuttaminen, jotka olivat yleisimmät noitien teloitustavat, olivat kuitenkin yleensä vain pitkän kärsimystien päätepiste. Sitä ennen noituudesta syytettyä oli saatettu kiduttaa, häväistä ja terrorisoida kuukausi- jopa vuosikausia mitä kaameimmilla tavoilla. Keksittäköön noitavainoille mitä tahansa selityksiä, eräs seikka on varma: niissä tuli näkyviin ja sai ilmaisunsa eurooppalaiseen, kristilliseen yhteiskuntaan ja kulttuuriin sisäistynyt naisviha kaikilla niillä tavoilla, jotka nykyäänkin vielä näkyvät esimerkiksi väkivaltaisen pornoteollisuuden tuotteista. On eri asia, oliko naisviha noitavainojen syy, syitä oli useitakin ja ne vaihtelivat myös paikallisesti. Mutta vainojen aika tarjosi tilaisuuden myös naisvihan purkamiseen yli ja ohi noituussyytösten:

> Vuonna 1608 syytettiin Münchenissä erästä talonpoikaisnaista siitä, että hän oli nostattanut myrskyn. Tuomarit totesivat, että hän oli heikkomielinen — ei raivotautinen vaan pelkästään yksinkertainen. Siitä huolimatta häntä kidutettiin ankarasti neljä kertaa ja pantiin vankilaan kahdeksaksi kuukaudeksi kunnes hän tappoi itsensä.

On todettu, että noituusoikeudenkäyntien jälkeen esimerkiksi Ruotsi-Suomen valtakunnassa yleisin rikos, josta naisia tuomittiin kuolemanrangaistukseen, oli lapsenmurha. Suurin yksittäinen rikoksentekijöiden joukko, joka 1700-luvulla tuomittiin kuolemaan, olivat juuri lapsenmurhaajat. Kuolemanrangaistus pantiin silloin toimeen mestaamalla, mutta ainakin vielä 1500-luvulla lapsenmurhaaja tuomittiin sekä mestattavaksi että poltettavaksi. Pentti Renvall kertoo 1500-luvun tilanteesta, että lapsenmurhaa pidettiin erityisen inhoittavana ja paheksuttavan tekona. Sen vuoksi siitä rangaistiin kuolemalla, sellaisissakin tapauksissa, joissa tekijän voi katsoa olleen syyntakeeton. Joskus kuitenkin kansa asettui vääräksi kokemaansa tuomiota vastaan, kuten tapauksessa, jolloin »Mustasaaren Maalahden Maarit oli surmannut lapsensa ja asia tullut kaikkien tietoon. Käräjillä hänet v. 1574 tämän vuoksi tuomittiin kuolemaan, mutta koska oli yleisesti tiedossa, että hän oli sokea ja vähämielinen, lautakunta ja rahvas, köyhät ja rikkaat, vanhat ja nuoret kerjäsivät, että hänen henkensä säästettäisiin, ja lupasivat yhteisesti maksaa hänen puolestansa 150 mk, mihin vouti suostuikin.» Tämänkään tuomion yhteydessä, kuten tavallista, ei puhuttu mitään siitä, kuka tämän sokean ja vähämielisen oli raskaaksi tehnyt.

Maalahden Maaritin tapaus viittasi jo siihen, että ehkä lapsenmurha ei aina ollut samanlainen rikos; 1800-luvulle tultaessa alettiin asiaa pohtia laveammin kuten muitakin rangaistuskäytäntöjä. Seurauksena oli kuolemanrangaistuksen poistaminen ja lievempien rankaisutapojen käyttöönotto. Samalla pyrittiin ennalta ehkäisemään lapsenmurhia kiinnittämällä paremmin huomiota erityisesti yksinäisten synnyttäjien ja heidän lastensa asemaan.

Erikoisimpia syitä naisen tuomitsemiseen kuolemaan on ollut miehen kuolema. Intiasta ja muualtakin on tuttu lesken polttaminen elävältä miesvainajansa kanssa roviolla. Tätä tapaa, jonka brittiläiset siirtomaaviranomaiset kielsivät v.1829, on kuitenkin intialaisessa traditiossa kuvattu lesken vapaaehtoiseksi itsemurhaksi: jokainen leski sai itse valita, nousiko roviolle vai ei. »Polttoitsemurhalle» on traditiossa erilaisia selityksiä. Uskonnollinen laki sanoo, että sillä tavalla leski voi päästä suoraan taivaaseen, yhdessä miehensä kanssa, jonka hyväksi hän itsemurhan tekee: »kuten käärmeenpyydystäjä kiskoo käärmeen kolostaan, niin kiskoo nainen, joka polttaa itsensä, miehensä helvetistä» (Manun lakikirja). Näitä pelastusoppiin liittyviä perusteluja pragmaattisempia ovat ne maallikkojen selitykset, joissa viitataan siihen, että leski jää miehensä perheen elätettäväksi, jolloin on tietysti suvulle edullisempaa saattaa hänet taivasmatkalleen. Rituaalinen status on ollut eräs selitys: leski, joka kuten vaimo yleensäkin on katsottu elimellisesti miehensä osaksi, välittää kuoleman saastuttavan vaikutuksen taloon ja saattaa sen rituaalisen puhtauden vaaraan. Rituaalisesti puhtaita ovat olleet lähinnä ylimmät kastit, ja niiden keskuudessa mm. Bengalissa leskien polttaminen oli tavallisinta. Alempien kastien perheet, jotka halusivat kohottaa rituaalista statustaan saattoivat pakottaa leskensä ikuiseen suremiseen, mutta polttaminen oli harvinaista.

Intialainen — tai muualla tapahtunut — lesken polttaminen tai muulla tavalla surmaaminen ja hautaaminen aviomiehen mukana ei ole osoitus näiden kulttuurien erityisestä julmuudesta. Tapa kertoo pikemminkin siitä, että naisilla (ja lapsilla ja orjilla) ei ole katsottu olevan omaa minuutta tai elämää irrallaan aviomiehen (patriarkan) elämästä. Erityisesti intialaisessa traditiossa mainittu pelastusopillinen perustelu viittaa siihen, että nainen ei yleensä ole ollut myöskään uskonnon tai pelastusajattelun subjekti vaan jotakin, joka on liitetty palvelemaan, täydentämään tai korjaamaan varsinaisen subjektin, miehen pelastusta.

»Ensimmäinen kuolema»

Mutta Aabraham ja Saara olivat iäkkäät, eikä Saaran enää ollut, niinkuin naisten tavallisesti on. Sentähden Saara naurahti itseksensä ja ajatteli: »Heräisikö minussa, näin kuihduttuani, vielä halu?»

Ennenaikainen kuolema, onpa se kuolema sairauteen tai väkivallan uhrina, katkaisee ihmisen elämän. Usein ennenaikainen kuolema on myös odottamaton, vaikka sairaus voi joskus sitä pitkittää. Kuoleminen ennenkuin on elämänsä elänyt, kuoleminen elämänsä kukoistuksessa, äkillisesti, riistää kuolijalta hänen kuolemansa, joka »luonnollisena» on pitkäaikainen prosessi ja osa elämää. On tietysti myös niitä, jotka sanovat, että jokainen kuolema on väkivaltainen, elämän loukkaus. Simone de Beauvoir kirjoittaa äitinsä kuolemaa pohtiessaan: »Ei ole luonnollista kuolemaa, ei mikään, mikä ihmistä kohtaa, ole luonnollista, koska hänen läsnäolostaan on maailma riippuvainen. Kaikki ihmiset ovat kuolevaisia; jokaiselle ihmiselle kuolema on tapaturma ja — huolimatta siitä, että sen tuntee ja hyväksyy — kohtuuton väkivallanteko.»

Haluaisimme, ettemme vanhenisi, ettei kuolemaa olisi — emmekä kuitenkaan osaa ajatella elämää, joka jatkuisi ikuisesti samanlaisena. Vanheneminen ja kuolema kuuluvat samaan kehitykseen kuin kasvaminen, aikuistuminen. Vauvasta tulee pikkulapsi, lapsesta nuori, nuoresta aikuinen: ja siihenkö haluaisimme kehityksen loppuvan? Ikuisen nuoruuden ja ikuisen elämän haave on mieletön: sehän edellyttäisi kaiken pysäyttämistä, luonnon kiertokulun, syntymän ja kuoleman vuorovaikutuksen. Ja milloin ihmiskunta on niin kehittynyt, niin jalostunut, että kannattaa edes ajatella pysähtymistä tähän ja nyt? Olkoonkin, että ihmisestä, joka ajattelee ole-

Käy tanssiin nyt kera Kuoleman,
kevytmielinen rouva Maa!
Älä kirkaise, kun sinun vyötäröäs
käsi luinen koskettaa.
Se on sentään varma ja voimakas,
ja se kernaasti viipyy uumillas.
Joka tanssia tahtoo, tanssia saa,
keveästi kuolema tanssittaa.
Käy tanssiin vain kera Kuoleman,
kevytmielinen rouva Maa!

Aale Tynni

vansa maailman olemassaolon ehto, kuolema tuntuu väkivallalta, tapaturmalta; mitä hän asettaisi tilalle? Ikuisen elämän, joka on olemattomuutta, elämättömyyttä?

Naiset eivät vanhene vain ihmisinä — yhtä vähän kuin he kuolevatkaan pelkästään ihmisinä. Se ihmisyys on varattu miehille. Naiset vanhenevat ja kuolevat naisina: ennen kaikkea he kuolevat »ensimmäisen kuolemansa» juuri naisina vaihdevuosien aikana, kun munasarjat lakkaavat toimintansa, kun he menettävät synnyttämiskykynsä. Puhuminen ensimmäisestä kuolemasta tai vaihdevuosista osana kuolemaa on tietysti kulttuurisidonnaista ja viittaa siihen, miten tärkeänä naisen identiteetille on pidetty tai pidetään suvunjatkamiskykyä. Tosiasia kuitenkin on, että naisen reproduktioelimet lakkaavat vaihdevuosien aikana toimimasta — toisin kuin miehen, jonka siittämiskyky säilyy loppuun asti. Vielä vuosisadan vaihteessa, kun naisen odotettavissa oleva keskimääräinen elinikä Euroopassakin oli vain noin 48 vuotta, eli vaihdevuosien alkamisikä, ero »ensimmäisen» ja lopullisen kuoleman välillä ei koskettanut kaikkia. Nykyään naiset elävät Euroopassa keskimäärin 30-35 vuotta vaihdevuosien alkamisen jälkeen. Subjektiivisena ja objektiivisena ilmiönä vaihdevuodet ja naisen elämä niiden jälkeen ovat siis saaneet aivan uutta merkitystä vasta tällä vuosisadalla. Kirjailija Doris Lesssingiltä kysyttiin eräässä haastattelussa muutama vuosi sitten, mitä viidenkymmenen ylittäminen hänelle oli merkinnyt. Hän vastasi kokeneensa vapautumisena sen siirtymisen pois »biologian kehältä», mitä vaihdevuodet merkitsivät. Hänelle se merkitsi energian vapauttamista kirjoittamiseen, luovaan työhön, kun ei enää, kuten hän sanoi »tarvinnut kiinnittää siinä määrin huomiotaan miehiin rakastajina tai rakastumisen kohteina eikä miettiä, synnyttäisikö lapsia ja kenelle miehelle». Lainaus saattaa olla vähän epätarkka, mutta ajatus oli tämä.

Mutta kuinka suuri lohdutus Lessingin ajatus on naisille länsimaisissa yhteiskunnissa ja kulttuurissa, jossa naisen itsetunto sidotaan ennenkaikkea sukupuoliseen viehätysvoimaan — ja sen kautta mieheen? Munasarjojen toiminnan lakkaaminen ja hormonitoiminnan muuttuminenhan eivät merkitse vain sitä, että nainen ei sen jälkeen voi synnyttää lapsia. Näitä muutoksia seuraa muita muutoksia naisen fyysisessä olemuksessa: lihomista tai laihtumista, ihon ja lihasten veltostumista ja ryppyjä, hiusten harmaantumista, ohenemista tai lähtöä. Nämä ovat kaikki muutoksia, jotka vähentävät seksuaalista viehätysvoimaa, niitä piirteitä, joita pidetään naisellisina, naisessa viehättävinä: katoavat ruusuinen iho, kimmoisat rinnat, lantion ja takamuksen tai reisien ja säärten lumoava linja. Sikäli on totta se, mitä saksalainen Rudolf Virchow kirjoitti vuonna 1863: »Nainen on nainen sukupuolirauhastensa ansiosta. — Sanalla sanoen, kaikki mitä ihailemme ja kunnioitamme naisellisena tosinaisessa, on riippuvaista hänen munasarjoistaan.»

Mutta Rudolf Virchow eli 1800-luvulla eikä tiennyt, millaisia mahdollisuuksia kehittyvä lääketiede, kosmetiikkateollisuus, muotiteollisuus tai ruumiinkulttuuri toisivat mukanaan. Jos nainen elää lähellä lääkäripalveluja, jos hänellä on rahaa, aikaa ja intohimoa »naisellisuutensa» säilyttämiseen, minkään edellä luetelluista naisellisuuden piirteistä ei tarvitse kadota. Hormonihoidot, kauneusleikkaukset, laihdutushoidot, kosmeettiset käsittelyt ja aineet, kuntoilu ja bodaus tulevat avuksi estämään naisen vanhenemista tai ainakin sen näkymistä päälle päin. Ja pienet jäljelle jäävät virheet voi peittää meikillä ja muodikkailla vaatteilla. Naistenlehdet esittelevät tuon tuosta ihmeellisen hyvin »säilyneitä» naisia. Sanoma on tietysti selvä: vanhenemista ei tarvitse hyväksyä, on omaa saamattomuutta, jos ei hoida itseään. Tosin hoitaminen pitää aloittaa hyvissä ajoin ennen vaihdevuosia, sillä »jo kaksikymmentä vuotta täy-

Lääkärit puhuivat aivokalvontulehduksesta, aivokuumeesta, mitään tarkkaa ei tiedetty. Oliko kysymyksessä tarttuva tauti vai odottamaton sattuma? Vai oliko Zaza menehtynyt liialliseen väsymykseen ja ahdistukseen? Hän on usein yöllä ilmestynyt minulle keltaisena vaaleanpunaisen lierihattunsa alla ja katsonut minua moittivasti. Yhdessä me olimme taistelleet meitä väijyvää katalaa kohtaloa vastaan, ja minä ajattelin pitkään, että olin ostanut vapauteni hänen kuolemallaan.

Simone de Beauvoir, Perhetytön päiväkirja

tettyäsi ihosi alkaa menettää kimmoisuuttaan ja vaatia entistä huolellisempaa hoitoa ja kosteuttamista». Ja hoitamiseen tarvitaan yhä uusia ja yhä ihmeellisempiä kosmetiikkatehtaiden valmisteita. Tämä on tehtävä naisellisuuden säilyttämiseksi.

Mutta jos naisen energiasta on kovin suuri osa käytettävä päivittäiseen kauneuden- ja ruumiinhoitoon, miten mahtaa käydä Doris Lessingin ajatukselle siitä, että siirtyminen pois biologian kehältä voisi olla myös vapautumista »naisellisuuden harhoista» ja energian vapauttamista luovaan työhön? Jos Doris Lessing olisi keskittynyt torjumaan vanhenemisen näkymistä, kirjoittaisiko hän yhä kirjojaan? Tietenkään kaikki eivät ole dorislessingejä. Kaikki eivät kirjoita kir-

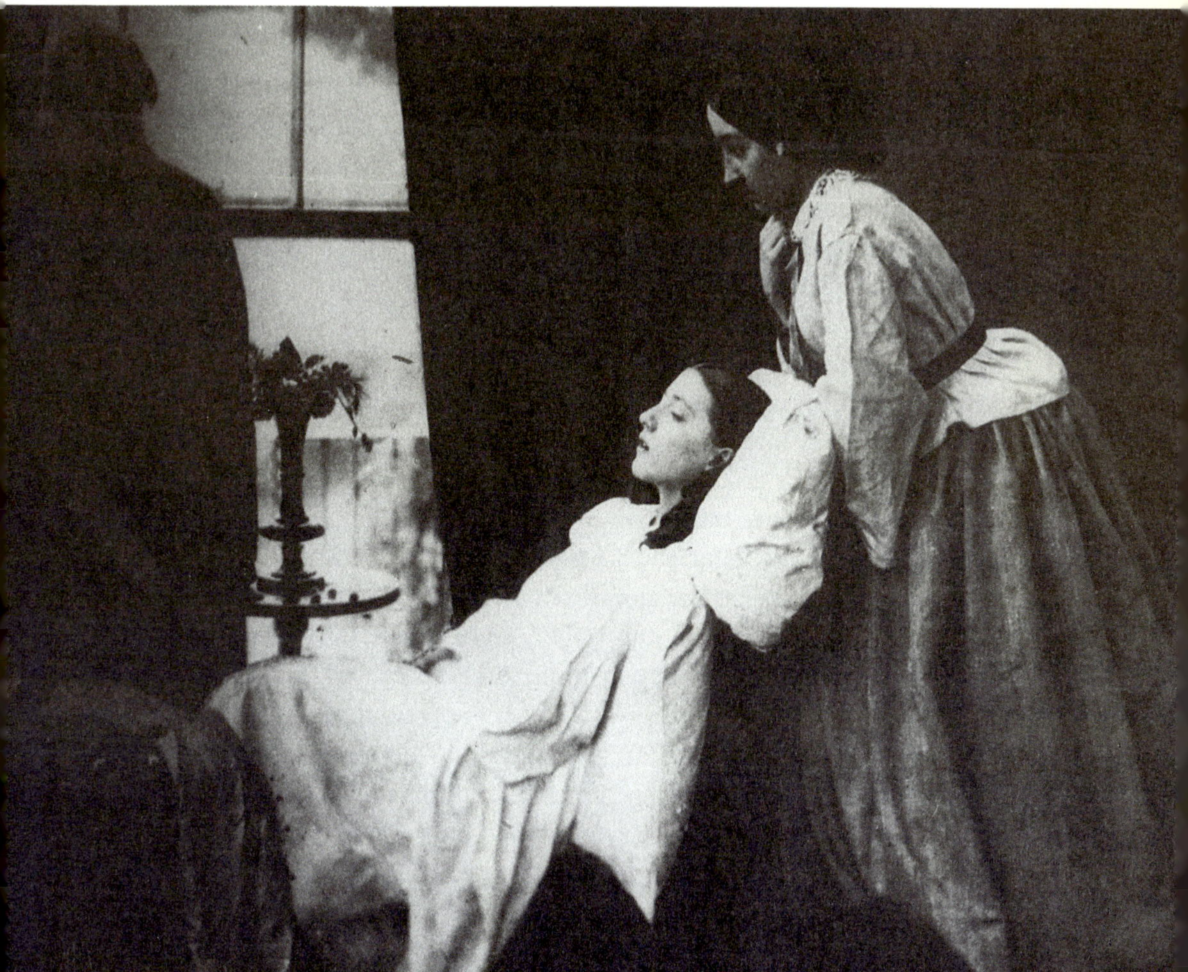

joja, vaikka luopuisivatkin naisellisuuden harhoista. Mutta mitä kaikkea muuta naiset voisivat tehdä tuon 30–35 vuoden aikana, jotka vapauttavat heidät lopultakin elämään omaa elämäänsä ennen viimeistä kuolemaa? Tosinhan vapautuminen ei riipu vain »biologian kehältä» pääsemisestä; voihan olla, että »sosiaalinen kehä», perhe, mies, lapset, lapsenlapset täyttävät yhä arkipäivän tarpeillaan. Tutkijakollegani kertoi kerran äidistään, joka eli maalla yksinäisessä mökissään yli kahdeksankymmentävuotiaana ja vastusti kaikkia yrityksiä saada hänet muuttamaan tyttären luo sanomalla, että »vasta kahdeksankymmentä täytettyään ja jäätyään yksin hän on voinut elää niinkuin olisi koko ikänsä halunnut». Vanhus tuli tyttärensä luo vasta kuolemaan.

Miksi on olemassa kokonaisia teollisuudenhaaroja, jotka keskittyvät tuottamaan tarvikkeita naisille, jotka haluavat torjua vanhenemisen näkymistä? Mikä saa naiset uskomaan, että heidän elämänsä on ohi, jos hiukset harmaantuvat, rinnat roikkuvat ja ihoon tulee ryppyjä? Kysymys on, kuten edellä kävi ilmi, käsityksestä siitä, mitä on seksuaalinen viehätysvoima. Länsimaisessa kulttuurissahan — kärjistetysti sanottuna — naisen seksuaalinen viehätysvoima todella liitetään pelkästään ulkomuotoon, jota myöskin nuoruudessa yritetään muokata kulloinkin muodissa olevan mallin mukaan. Miehen seksuaalinen viehätysvoima on — gigoloja lukuunottamatta — paljon suuremmassa määrin riippuvainen älystä, asemasta tai lompakon paksuudesta. Jos siis vanheneva nainen ei voi luottaa siihen, että hänen viisautensa, kokemuksensa, seksuaalinen kyvykkyytensä — joka tietysti on näkymätön — voisivat kompensoida sen, että hiukset harmaantuvat, rinnat roikkuvat ja ihoon tulee ryppyjä, mitäpä muuta sitä voi tehdä kuin yrittää pitää kiinni nuoruudesta ulkomuodossaan. Sitä paitsi, mitä vanhemmaksi nai-

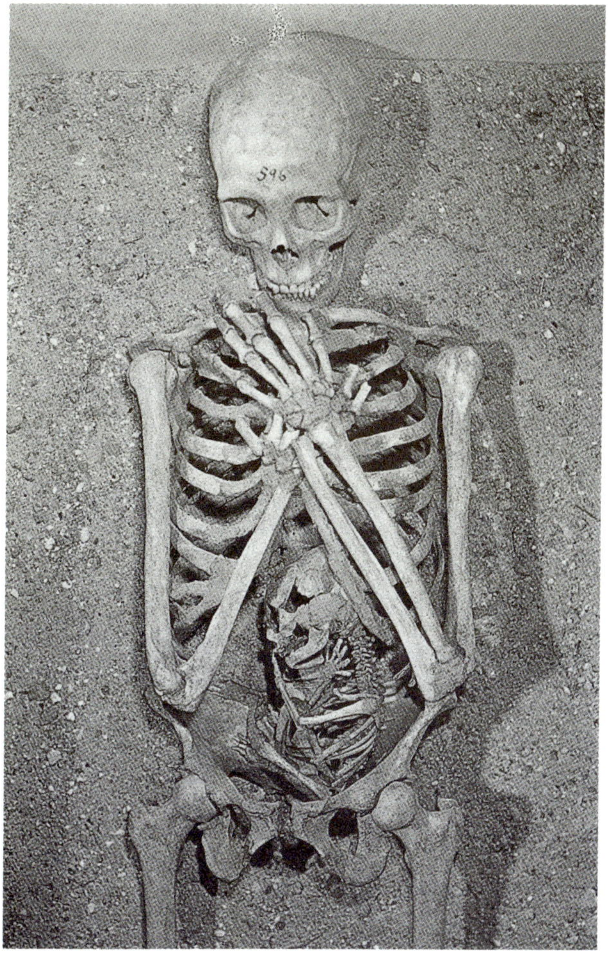

Kahden kuolema.

nen tulee, sitä kovemmaksi käy kilpailu seksuaalipartnereista: miehethän kuolevat aiemmin, joten mahdollisia ehdokkaitakin on vähemmän. Jos ne sitten vielä haikailevat vain nuorten ja kauniiden perään, kuten uskotaan, saattaa kaikki ponnistelu, aika ja raha joka tapauksessa valua tyhjiin.

Ehkä maailmassa olisi enemmän dorislessingejä, jos synnyttämisen kyvyn mukana vaihdevuosissa häviäisi myös seksuaalinen halu ja kyvykkyys. Niinhän on mielellään aiemmin ajateltu: seksi kuuluu nuorille. Syynä on ollut suvunjatkamisen ja seksuaalisuuden yhteenliittäminen, joka on tietysti vanha perinne ja perusteltavissakin. Mutta sitä mukaa kuin seksuaalinen käyttäytyminen on irronnut suvunjatkamisesta ehkäisymenetelmien kehittyessä, on voitu luopua ajatuksesta, että sukupuoliyhdynnän ainoa tarkoitus on lasten saaminen ja että se sen vuoksi kuuluu vain niille, jotka voivat lapsia saada. Viimeaikaisessa keskustelussa ikääntyvien ihmisten ongelmista sukupuolielämä on noussut yhä keskemmälle. Jos sukupuolisuus ja seksuaalinen käyttäytyminen vähitellen hyväksytään yhä avoimemmin osaksi vanhenevienkin, kuolemaa kohti kulkevien ihmisten elämää, voisiko tämä kehitys vapauttaa myös naiset pakonomaisesta nuoruuden tavoittelusta — kirjoittamaan kirjoja tai vaikkapa nauttimaan seksistä sellaisina kuin ovat, kyhmyineen ja ryppyineen?

Ikäisekseen hyvin säilynyt

säilynyt
kuin etikkaan hukutettu kurkku

ja miten niin ikäisekseen
mikä se ikä on
vuodet vai verisuonet

virkatodistus mieli vai rypyt

ja hyvin siis kuinka
ryppyinen mutta aivoiltaan virkku
unohteleva hupakko mutta elämänmyönteinen
virkku etikkakurkku
hellä höppänä
kurttuinen älypää

onhan sitä
monenlaista säilymistä

Kyllikki Villa

»Vanha rouva ei muista»

mutta hänen kaltaisiaan ei auta mikään
kuihtunut kukka haljennut maljakko
voiko kukaan yltää kuolevaan mieleen
voiko kukaan hypätä aikamuurin yli
Per-Hakon Påwals

Vanhuudessa kasvava seniliteetti tai dementia ei tietenkään ole vain naisia koskeva kohtalo, mutta useat kaunokirjalliset tekstit, sekä runot että proosa, näyttävät kuvaavan vanhenevan äidin tai isoäidin dementoitumista. Kun äiti unohtaa vähitellen lähimenneisyyden, palaa ehkä lapsuuteensa, nuoruuteensa, aikaan ennen avioliittoa ja lapsia; kun äidistä tulee huollettava, lapsen ja vanhemman suhde kääntyy ylösalaisin, miten lapsi, aikuinenkin, kokee sen? Petoksena, hylkäämisenä? »Kaikki mitä hän kerran tiesi on

Tuutin tuutin tummaistani
tummasen tuvan sisälle
lasta lautojen sisälle
Tuonelan tytön sylehen
Tuonen lasten kiekutella
manan tyttöjen pijellä
nurmen alla nukahdella.
parempi on tytön Tuonelassa
kuin kehnon miehen kainalossa.

Baju, baju, da ljuuli, jos sinä tänään kuolet, niin huomenna on äidillä kiisseliä ja blinejä. Ne ovat sinun muistajaisesi. Me teemme kirstun seitsemästäkymmenestä laudasta, me kaivamme haudan aukealle mäelle, aukealle mäelle, herrasväen puolelle. Kun lähdemme marjametsään, käymme sinun luonasi, lapsukainen.

yhä hänen sisällään, vangittuna hänen mielensä raunioihin — millainen minä olin lapsena, millainen hän oli kun olin lapsi. Mutta nyt on liian myöhäistä kysyä häneltä.» Näin kirjoittaa eräs kanadalainen kirjailija, mies, äidistään, joka ei enää muista. Äiti tunnistaa vielä poikansa, ainakin väittää tunnistavansa, mutta kirjoittaja pelkää sitä päivää, jolloin hän palaa kotiin ja äiti sanoo hänelle »hauska tavata» — niinkuin muillekin vieraille, joita hän on aina kohdellut viehättävästi. Ja kirjoittaja pohtii äitiään seuratessaan, mikä ihminen oikeastaan on:

> Mikä ihminen on? Tätä hän panee minut miettimään. Minkälainen ihminen on, jos jäljellä ovat vain tottumukset? Äiti ei muista pojanpoikansa nimeä, mutta hän muistaa aina ravistella sukkahousunsa illalla eikä koskaan ohita astioita yrittämättä puhdistaa niitä, pyyhkiä, siivota pois ja panna talteen. Talo on täynnä astioita, joita hän korjaa pois näkyvistä kaikkiin mahdollisiin kaappeihin. Minkälainen on tämä ihminen? (Suom. AN)

Poika hoitaa äitiään silloin harvoin, kun isä on yötä poissa kotoa, pesee, pukee, riisuu, nukkuu äidin vieressä, ettei tämän tarvitse olla yksin. Ja yöllä hän herää siihen, että äiti valvoo ja tuijottaa pimeyteen: »Joka yö, kun hän makaa hereillä, hän tuijottaa epätoivoon.» Sen sijaan että äidistä olisi tullut »hyväntuulinen höperö», kuten hän oli itse ennustanut viisi vuotta aiemmin, kun unohteleminen alkoi, pojasta tuntuu, että äiti muistamattomuudestaan huolimatta tuntee yhä itsessään menneet murheet ja tuskan omasta avuttomuudestaan.

Japanilaisen Yasushi Inouen »Äitini tarina» on kertomus dementoituvasta äidistä ja ajatuksista ja reaktioista, joita tapahtumasarja herättää kirjailijassa ja hänen sisaruksissaan. Eräänä iltana kirjailija ja hänen veljensä keskustelevat äidin kanssa ja yrittävät saada hänet muistamaan vanhoja asioita, erityisesti heidän lapsuuteensa liittyviä, isään liittyviä. Äiti ärtyy kysymyksistä ja muistamattomuudestaan, ja kaikki mitä hän kertoo, on muutamia muistikuvia siitä, miten rasittavaa oli aviomiehen palveleminen. Veljeä tämä harmittaa ja hän toteaa kirjailijalle: »Äiti on unohtanut elämästään kaikki onnelliset ajat isän kanssa ja muistaa vain tuskalliset tapahtumat. Se tuntuu olevan vanhuksille yhteinen taipumus, vai mitä mieltä sinä olet?» Veli toisin sanoen loukkaantuu isävainajansa puolesta, ehkä omastakin puolestaan: aika joka hänen muistoissaan oli onnellista lapsuutta oli siis äidin mielestä pelkkää vaivaa. Mutta kirjailija pohtii asiaa pitemmälle:

> Omat ajatukseni kuitenkin erosivat hieman veljeni mietteistä,sillä minäkin olin pohdiskellut sitä mitä olimme olleet todistamassa. Jos äiti olikin unohtanut kaikki onnellisimmat muistonsa, hän oli yhtä lailla unohtanut kaikki tuskallisimmat muistonsa. Hän oli unohtanut miten isä oli rakastanut häntä ja miten hän oli rakastanut isää, mutta hän oli myös unohtanut, miten isä oli kohdellut häntä huonosti samoin kuin miten tyly hän oli toisinaan ollut isälle. Tässä mielessä hänen elämänsä tilit olivat tasapainossa. Hän ei varmastikaan ollut pitänyt tänä iltana muistelemiaan asioita, isän luokse matkustamista,tämän saappaiden kiillotusta ja ruoanlaittoa, vaivoina silloinkun hän oli ne tehnyt, silloin kun hän oli nuori. Nyt hänen vanhoilla päivillään nämä joutavat asiat kuitenkin olivat kasaantuneet kuin pöly pitkän ajan kuluessa ja varmasti painoivat häntä raskaammin. Tavallisessa arkisessa elämässä tuollaista pölyä laskeutuu ihmisen hartioille joka päivä, miltei huomaamatta. Eikö äiti vain ollut tuntenut sen painoa?--- Ehkä tuota pölyä kasaantuukin vain naisen hartioille. Ehkä se pitkän yhteiselon aikana, ja jonkin

sellaisen tapahtumien kulun seurauksena, jolla ei ole mitään tekemistä vihan tai rakkauden kanssa, onkin jotain jonka aviomies sysää vaimonsa niskoille, päivästä päivään kasaantuvat mielipahan tunteet jotka eivät todellisuudessa olekaan mielipahaa. Jos asia on niin, silloin aviomies on kiusaaja ja hänen vaimonsa uhri.

»Nämä joutavat asiat», »mielipaha joka ei ole mielipahaa»: kirjailija kuvaa — osaksi ilmeisesti tarkoittamattaan — naisen arkea. Japanissa, jossa vaimon odotetaan palvelevan miestään kyselemättä, on ehkä edes kirjailijan ollut vaikeaa tajuta, että nainen ei ole syntynyt miestä palvelemaan, vaan siihen kasvatettu ja että se mikä luonnollisena asetetaan naisen työksi ei välttämättä tee häntä onnelliseksi edes nuorena, jolloin hän vielä jaksaa. Inouen äiti muisteli lopuksi vain aikaa ennen avioliittoa, lapsuuttaan ja lapsuuden ihastumistaan, josta hänen lapsensa tietenkään eivät olleet koskaan kuulleet. Hän palasi aikaan, jolloin hän oli vielä itsensä tai ainakin aikaan, jota lapset eivät tunteneet. Inouen kuvauksesta käy ilmi, että aikuisille lapsille oli jotenkin kiusallinen se ajatus, että äiti edes lapsena, kahdeksan–yhdeksänvuotiaana oli ollut ehkä rakastunut johonkin nuorukaiseen, joka ei ollut heidän isänsä.

Äiti ja äidin elämä kuuluu lasten mielestä heille — se alkaa siitä, kun he syntyvät. Sen vuoksi äidin paluu aikaan ennen heitä tuntuu loukkaukselta. Se on myös murheellista, koska samalla kun äiti unohtaa lapsensa, kun he menettävät merkityksensä, tapahtuu sama kuin äidin kuollessa: ei ole enää ketään, jolta kysyä »millainen minä olin lapsena».

Kirjailija Inouelle äidin taantuminen oli järkytys; sitä tärkeämpää hänelle miehenä oli ilmeisesti se, että hän saattoi muistaa isänsä toisenlaisena vanhuksena:

Kun kerran kuolema on, miksi puhua
verhoista, taloista, psykologiasta,
sillasta, jonka toinen pää kaartuu sumuun
mihin sen siellä kiinnität?
miksi kerrata eilisiä puheita
kun kerran kuolema on, ei tässä
enää etuja, ei oveluutta
ei edes oikeutta enää

    vain hellyys
    valoa

Liisa Laukkarinen

... äitiä saattoi verrata pyyhekumiin joka raaputti pois toista päätä siitä pitkästä elämänviivasta jonka hän oli piirtänyt. Luonnollisestikaan hän ei itse ollut tietoinen mistään tällaisesta: vanhuus piti kumia hyppysissään. Se oli väistämätön tapahtumasarja, ja vanhuus pyyhki heltymättä elämänviivaa pois niiltä kohdin, jotka olivat lähinnä nykyhetkeä. Uskon, että isä ei pyyhkinyt mitään pois ennen kuolemaansa. Se viiva jota hän käveli oli piirretty selkeästi paksulla ja varmalla vedolla. Hän ei taantunut kymmenen vuoden ikäiseksi, vielä vähemmän sylilapseksi.

Äidin, vanhemman taantuminen lapseksi, avuttomuuteen, sekavuuteen, uhkaa myös aikuista lasta: entä jos minulle käy samoin? Kirjailijat ja muutkin ihmiset voivat vain arvailla ja esittää tulkintojaan siitä, miltä tuntuu elää dementoituneena, muistamattomana, tottumusten varassa. Sen vuoksi kirjoitetaan »äiti ehkä tunsi niin» tai »äiti oli ehkä palannut lapsuuteen»; jotenkinhan on selitettävä se, että ihminen elää tuossa edessämme, emmekä silti tiedä, mitä hän on. »Voiko kukaan yltää kuolevaan mieleen?» Muistamattoman, hajaantuvan mielen kuvaaminen on kuin kuolemaa kuvaisi: puhumista ja kirjoittamista siitä, mitä tuntee, kohtaamisen ahdistuksen purkamista.

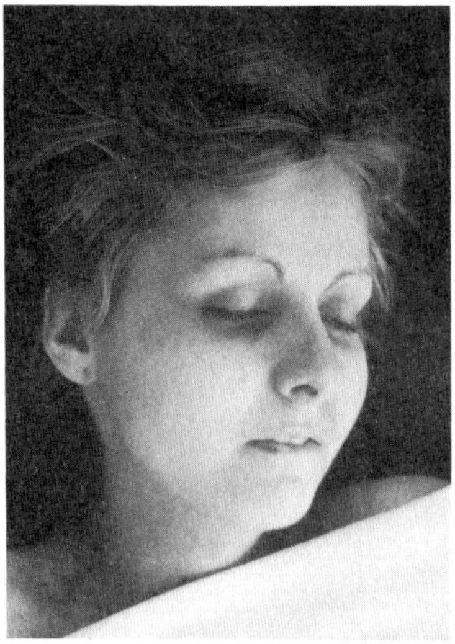

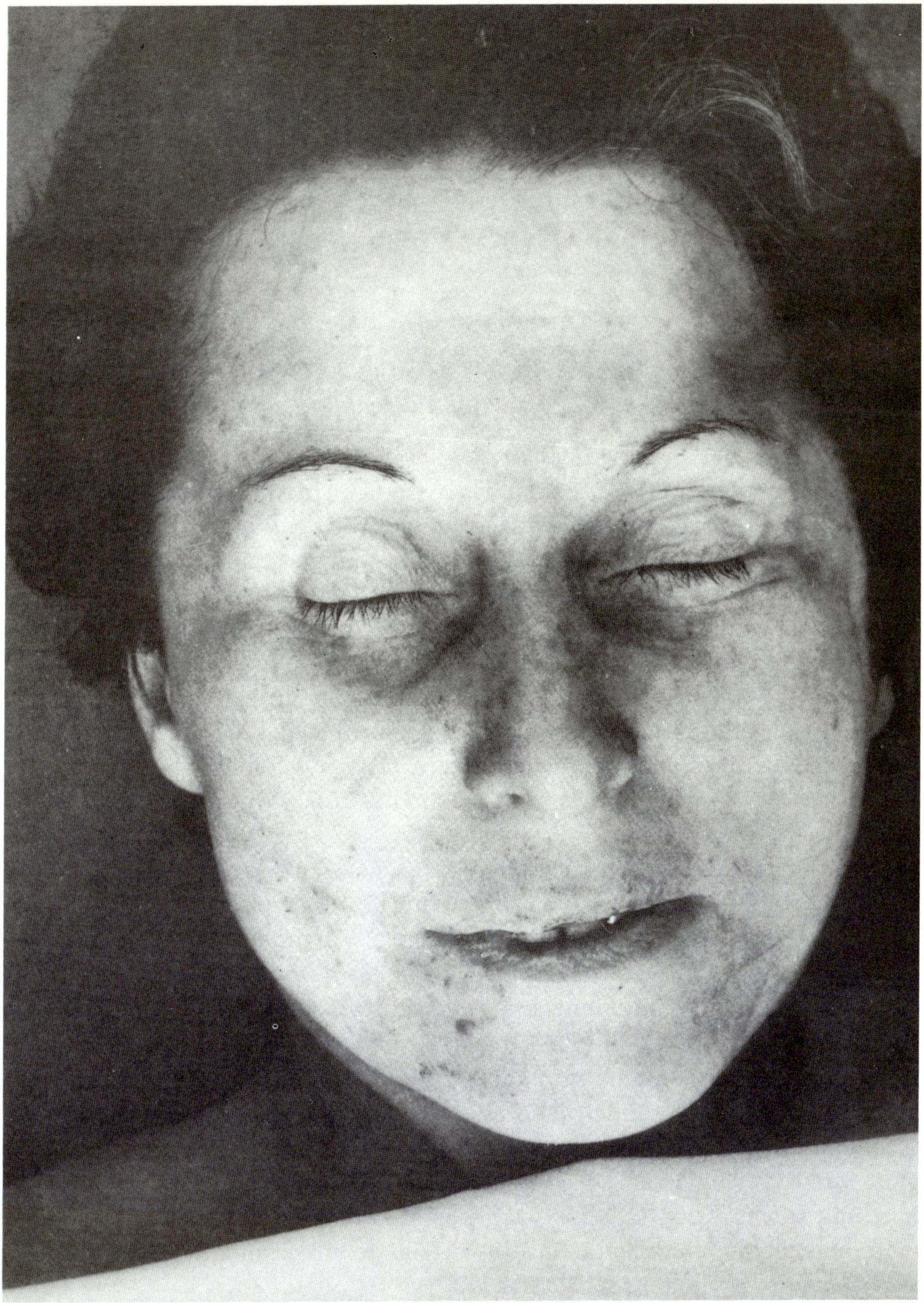

Perheenäidin lähtö

Hyvästi jääkää! Taivaastakin
äitinne huolenpito teihin kurkottaa.

Äitini kuoli kahdeksankymmenenvuotiaana. Ennen kuolemaansa hän oli elänyt leskenä seitsemäntoista vuotta ja asunut sen ajan yksinään. Kaikki kahdeksan lasta olivat aikuisia, osa asui lähellä, osa kaukana, oli suuri joukko lapsenlapsia ja lapsenlapsenlapsiakin. Vaikka äiti säilytti muistinsa ja melkein loppuun asti jaksoi huolehtia ja seurata lastensa perheitten tilannetta, kutoa sukkia pienemmille ja isommille lapsenlapsille, muistaa syntymäpäiviä, antaa neuvoja tyttärille, hoitosuhde oli jo usean vuoden ajan kääntynyt toisin päin: lapset, erityisesti lähellä asuvat sisareni ja veljeni perheineen hoitivat äitiä. Siitä huolimatta äitini oli kuollessaankin ennen kaikkea perheenäiti, joka oli pitänyt — tosin enimmäkseen jonkinlaisena kuulumisten välittäjänä — koossa suurta perhettään. Vajaata vuotta ennen lopullista lähtöään hän kävi hyvin likellä kuolemaa ja sinä muutaman viikon aikana hän ilmeisesti teki jo tilinsä selviksi meidän jälkeen jäävien kanssa. Kävimme hänen luonaan sairaalassa vuorotellen. En tiedä mitä hän puhui toisten sisarusten kanssa; me puhuimme kuulumisistani, tyttäristä, yleisistäkin asioista. Ei se ollut mitään suunniteltua tai varsinaista tilintekoa, mutta vähän ennen kuin minun oli lähdettävä junalle, äiti muutamalla sanalla teki selväksi, ettei meidän välillämme ollut ristiriitoja, että hän oli hyväksynyt elämänmuutokseni, jota hänen oli ollut vaikeaa ymmärtää. Tapasin häntä vielä muutaman kerran, kun hän tuosta kriisistä selvittyään palasi kotiin; lopullisen kuoleman hetkelläkin olin läsnä, mutta äiti oli jo tavoittamattomissa, kun saavuin kuolinvuoteen äärelle.

»Teki tilinsä selviksi»: sanonta on kulunut ja huonokin kuvaamaan sitä, millä tavalla ihminen valmistautuu kuolemaan, jos hänellä on siihen mahdollisuus. Kysymyshän on monista asioista yhtä aikaa. Kuluneen elämän arviointi, arvottaminenkin, läheisten ihmissuhteitten selvittäminen, käytännön asioiden järjestäminen. Nämä olivat myös vanhojen ars moriendi-oppaiden keskeisiä teemoja, mutta niihin tietysti sisältyi myös välien selvittäminen tuonpuoleisen kanssa.

Kirjallisuudessa esiintyy usein kuvauksia tavoista tai tavasta, jolla naiset, erityisesti perheenäidit valmistautuvat kuolemaansa. Näissä kuvauksissa eivät juuri painotu filosofiset tai uskonnolliset pohdinnat siitä, mitä elämä on ollut tai mitä kuoleman jälkeen; hämmästyttävintä niissä on se huolekkuus, jolla läheisten ihmisten, aviomiehen, lasten, asioihin paneudutaan. Naiset, jotka ovat yleensä vastuussa sukujuhlien järjestämisestä ja niiden käytännöistä, tietävät, millaista vaivaa on hautajaisista. Sen vuoksi sekä kirjalliset kuvaukset perheenäitien kuolemasta että myös kuullut kertomukset sisältävät usein viittauksia siihen, miten naiset järjestävät omat hautajaisensa etukäteen, tekevät jopa kuolinilmoituksensa valmiiksi. En tiedä, millaisia ohjeita oma äitini antoi; käytännön asioista hän neuvotteli vanhimman veljen kanssa, jolle hän siirsi vastuun taloudellisista asioista.

Antti Eskola kertoo äitinsä kuolemasta kirjassaan »Uhka, toivo ja vastarinta». Eskola käyttää kertomustaan esimerkkinä siitä, miten sivistynyt puhetapa, joka peittää välittömät tunteet, on joskus rehellisempi kuin avoin ilmaus.

> Kolmasti ehdin käydä sairaalassa äitiä katsomassa ennen hänen kuolemaansa. Toisella kerralla äiti alkoi jo epäillä, että »pääsenköhän minä täältä vielä kotiin». Minä tiesin, ettei hän pääse, mutta kiertelin: »Mitä siellä tähän aikaan vuodesta tekisit» tai

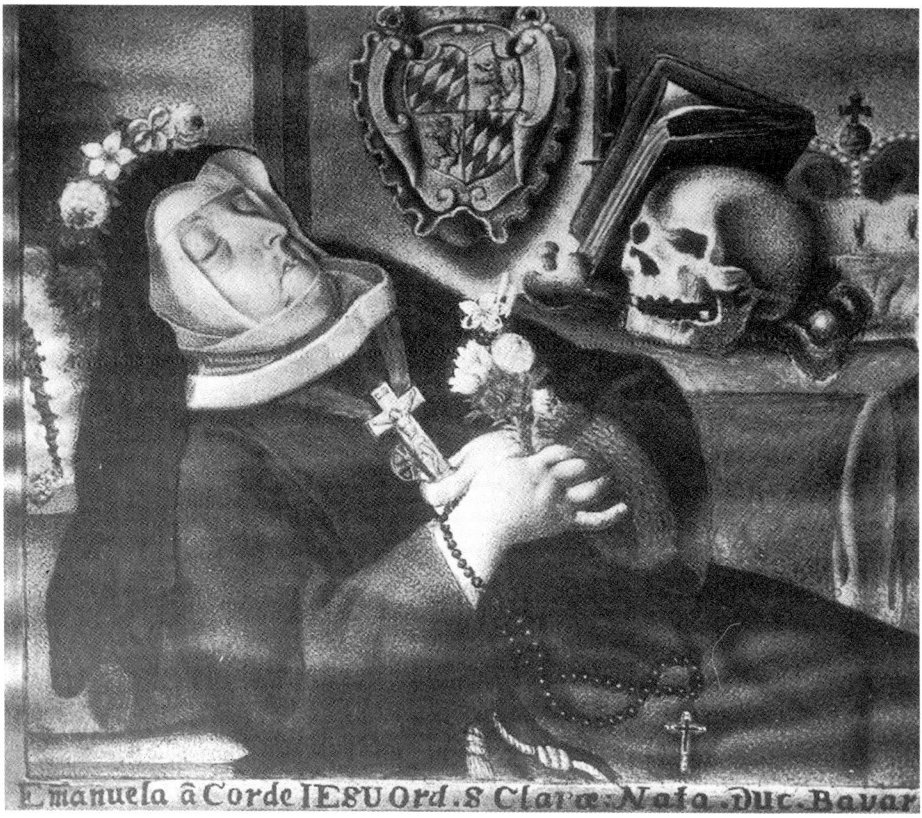
Emanuela à Corde IESU Ord. S Claræ: Nata. Duc. Bavar

Kuolemanmystiikassa morsiamella on monella tavoin merkittävä asema. Nunna vihittiin kuolemassa lopullisesti Kristuksen morsiameksi. Siksi hän kantoi kukkaseppeltä. 1800-luvun puolivälin myöhäsromantiikassa morsian edusti kuolemanhurmaa, jolla oli myös vahvasti eroottinen sisältö.

»Onko siellä niin erinomaista ollut, eikö täällä ole yhtä hyvä» taikka: »Tiedä häntä pääsenkö minäkään kotiin, kun tuosta onnikkaan nousen, on siellä niin liukas keli».

Äiti antoi vihjeensä yhtä epäsuorasti; esimerkiksi puhkesi kesken kaiken lausumaan, että

Sun ristis Golgatalla
Se voitonlippu on,
Vain siihen katsomalla
Mä kuljen voittohon.

— Mikä se on? minä säikähdin.
— Kyllä se siellä virsikirjassa on, äiti sanoi tiukasti. — Se oli Leppäkorven emännän kuolinilmoituksessa.
Siitä arvasin, että hän haluaa sen kuolinilmoitukseensa.

Siihen se pantiinkin, kun tunnin virsikirjaa selattuani kohdan lopulta löysin. (...)

Toisella käynnilläni olin, jotakin puhuakseni, sanonut että on minulla lämpöisempikin päällysvaate, kun eilen ostin halvalla kiinalaisen toppatakin. Viimeisellä kerralla, kun olin pistellyt lusikalla jääpaloja lievitykseksi äitini haavaiseen suuhun, hän poislähtiessäni kysyi:
—Tuoko se on se kiinalainen takki?
Ne olivat hänen viimeiset sanansa minulle, ei mitään »jää–hyvästi–poikani» -tyyppistä tunteellista roskaa. Äidillä oli ymmärrystä ja rohkeutta viedäkseen läpi sen ohjelman, että ihmisarvo on säilytettävä pakahduttavimmallakin hetkellä.

Voi tietysti kysyä, mihin ihmisarvo siitä häviää, jos ihmiset puhuvat tunteistaan suoraankin, sanovat vaikka, että pelottaa kuolla tai hyvästi poikani. Mutta tunteista on vaikea oppia puhumaan kuolinvuoteen äärellä, varsinkin, jos sekä kuolija että muut haluavat torjua kuolemisen ajatuksen. Värssyn miettiminen kuolinilmoitukseen, järjestelyistä huolehtiminen voivat silloin olla tapa sekä ajatella että olla ajattelematta kuolemaa: ainakin se muuttuu konkreettiseksi, käsiteltäväksi asiaksi, jota lähtijä voi pohtia ikäänkuin itse olisi läsnä niissä teoissa ja toimissa, joita jälkeenjääville suunnittelee. Englantilaisen William Cooperin kertomuksessa vaimonsa kuolemasta on tästä esimerkki. Vaimo kuoli syöpään vuonna 1988, miehen lisäksi häneltä jäi kaksi aikuista tytärtä. Katkelma on vaiheesta, jossa vaimo on sairaalassa ja hyvin lähellä kuolemaa.

> (Eräänä päivänä kun mies ja tyttäret tulevat sairaalaan:) »Olen käskenyt heidän ottaa pois ravintotipan.» Hän vaikeni hetkeksi ja lisäsi sitten painokkaasti: »Se on *minun päätökseni.*» Kukaan ei sanonut sanaakaan. Se oli todella lopullista. Ilman suonensisäistä ravintoa hän ei eläisi. Tietysti ymmärsimme. Hän kärsi jo nyt sietämättömästä pahasta olosta ja kivusta. Hän ei voinut syödä mitään ja oli niin heikko, ettei häntä voinut liikuttaa vuoteesta — ja tilaan liittyi kaikenlaista fyysistä nöyryytystä. Tietenkään ei ollut muuta mahdollisuutta kuin se mihin hän oli päätynyt. Emme vastanneet hänelle mitään.
>
> Sitten hän alkoi kertoa meille asioista, jotka hän halusi meidän tekevän, kun hän olisi kuollut. (Hän oli jättänyt selkeän ja johdonmukaisen testamentin, joka koski hänen omaisuuttaan; se sisälsi ohjeet myös siitä, että hänet oli »poltettava mahdollisimman vähin kustannuksin» — olimme kaikki suostuneet tähän aikanaan, mutta kaduimme sitä kyllä myöhemmin.) Se mistä hän nyt halusi puhua, oli eräiden hänen vähäisimpien tavaroidensa jakaminen. Sanomisen välttämättömyys näytti antavan epätavallisesti voimia. Hän puhui muistojuhlasta: »Teidän täytyy

kutsua koko minun sukuni», hän sanoi kuivan humoristisesti — koko sukuni oli sisko, joka asuu Philadelphiassa. »Heille pitää antaa jotakin syömistä jälkeenpäin. Hankkikaa vaikka voileipiä Marks ja Spenceriltä!» Oli vaikeata uskoa, että kaikki tämä tapahtui, tämä jokapäiväinen huolehtiminen triviaaleista asioista. Se kuten kaikki muukin, joka oli tapahtunut viime päivien aikana, oli jotenkin epätodellista. »Raskaat» puheenaiheet oli käsitelty, meillä ei ollut muuta puhumista. Kello oli yli kuuden, tavallinen aika lähteä ja hän oli valmis lähtöömme. Toukokuisen illan valo häipyi huoneesta, jonka harmaat seinät eivät muutenkaan olleet piristävät. Vaimoni oli sanonut kaiken. Hän makasi hiljaa, uupuneena. Emme voineet muuta kuin lähteä.»
Suom. AN

»Jokapäiväinen huolehtiminen triviaaleista asioista» — nainen, jonka elämässä näillä jokapäiväisillä asioilla on ollut keskeinen sija, tietää, että samat asiat on tehtävä vaikka hän kuolisikin. Jälkeenjäävien on saatava ruokaa, huolehdittava omaisuudesta, tavaroista, ulkonaisesta. Ja ensi vaiheessa heidän on haudattava se joka on kuollut ja pidettävä asiaankuuluvat menot. Cooperin vaimon tieto lähestyvästä kuolemasta oli epäämätön, koska hän oli jo kauan sairastanut, hän tiesi valmistautua. Varhaisemman esimerkin erään perheenäidin valmistautumisesta kuolemaansa 1700-luvulla kertoo Philippe Ariès: »(Madame de Rhertin) kuolema oli yhtä hämmästyttävä kuin hänen elämänsäkin. Hän järjesti hautajaisensa itse, antoi verhota kotinsa mustaan, järjesti messujen lukemisen etukäteen sielunsa pelastukseksi ja antoi pitää myös siunausmenot — ja kaiken tämän hän teki tuntematta itseään edes sairaaksi. Kun hän oli antanut kaikki määräykset, joiden piti säästää hänen aviomiehensä tehtäviltä, jotka tämä olisi muutoin joutunut suorittamaan, hän kuoli sinä päivänä ja sillä hetkellä, jonka oli ilmoittanut.»

»Etkö sie voi valveuvuksunnella vakavilta tuonelan varsisijoilta valkeih ilmoih siätelijä kantajaiseni?» laulaa Domna Huovinen.

Nuori tyttö on kuollut sotatoimien seurauksena. Miehet ovat sotatiellä ja ystävättäret, kylän naiset hoitavat hautaanpanon. Haudallaitku kerää ajankohtaiset surunaiheet poikkeuksellisen traagiseksi kokonaisuudeksi.

Arièsin kirjassa madame de Rhert on esimerkkinä naisesta, joka, kuten useimmat muutkin aikansa ihmiset, oli tietoinen kuolemasta, myös omasta kuolemastaan. Sen sijaan että olisivat vakavasti sairastuttuaan ilman muuta olettaneet, että tautiin oli lääke, ihmiset aiemmin pyrkivät päättelemään erilaisista merkeistä, oliko kyseessä kuolemantauti tai niinkuin Lönnrotin kertoman mukaan Vienassa kysyttiin »oliko kyseessä jumalantauti vai poikenluoma (noituminen)». Jumalantautiin ei ollut lääkettä, oli vain valmistauduttava kuolemaan.

Mutta kuolemaan valmistautuminen ei ennen alkanut sairastumisesta. Naiset, jotka huolehtivat omista ja perheensä vaatteista ja valmistivat ne raaka-aineista lähtien itse, tiesivät myös, että ihminen tarvitsee vaatteet viimeisellekin matkalleen. Niinpä morsian saattoi saada kuolinvaatteensa kapioarkkuun, jossa hän vei käyttövaatteet itselleen, tavallisesti lopuksi ikäänsä. Tai häämenojen aikana käytetty paita tai mekko säästettiin kuolinpaidaksi. Joka tapauksessa kuolinvaatteet valmistettiin hyvissä ajoin etukäteen: »Ennen aikaan oli vanhoilla vaimoilla tapana — ja niin tehdään vieläkin toisinaan — jo eläessään laittaa itselleen kuolinpuku: sukat, lakit ja kukkelit, läpituoheen (harsien) vain ommellut. ... Jotkut vanhat akat ompelivat vanhoille ukoilleenkin manan matkalle pantavaksi paidan ja housut». Nämä tiedot ovat vienalaisen Anni Lehtosen kertomuksesta, miten ennen kuoltiin Vienassa. Samanlaista tietoa sisältää Louise Hagbergin 1930-luvulla ilmestynyt suuri tutkimus ruotsalaisista kansanomaisista kuolemaan liittyvistä tavoista (När döden gästar — Kun kuolema vierailee): »Jokaisella kunnon ihmisellä oli 'hautavaatteet' itseään ja miestään varten vaatearkussaan. Niihin kuului kuolinmekko hänelle itselleen ja kuolinpaita miehelle sekä katevaate ja silmiliina. Vuonna 1879 näki kertoja pienen koulutytön, joka istui ompelemassa vielä nuoren äitinsä kuolinmekkoa.»

Pieni koulutyttö ompelemassa elossa ja terveenä olevalle äidilleen kuolinpaitaa — joka sitten kätkettiin äidin vaatearkkuun odottamaan kunnes sen tarve tuli — on kuva, jota nykyisenä hautaustoimistojen aikana on vaikea kuvitella. Kuolemaan ei tarvitse varustautua etukäteen, kuolinvaatteet valmistetaan sarjoina; ja silläkin, missä vainajan vaatteisiin kiinnitetään eniten huomiota, Yhdysvalloissa, ne voi ostaa ja valita vainajille tarkoitettujen pukineiden valikoimasta tai mallikuvastosta. Entisen ajan naisten omakohtaisesta vainajan — itsensä tai toisten — varustamisesta on tullut teollisuuden ja kaupan ala. Kuolemalle on käynyt niinkuin monelle muullekin ihmiselämän käännekohdalle: ensin sen on ottanut haltuunsa kirkko, sitten pääoma.

Mutta näin ei ollut vielä viime vuosisadalla Etelä-Karjalassa. Johannes Häyhän kuvaukset kotiseutunsa Rautjärven ja lähistön kansanelämästä sisältävät myös kertomuksen Niemelän vanhanemännän kuolemisesta ja maahanpanosta. Kuvauksessa toistuvat kaikki edellä käsitellyt teemat: kuoleman tietoisuus, valmistautuminen, jokapäiväisistä huolehtiminen ja vainajan varustamisen tärkeys:

(Vanhaemäntä oli sairastuttuaan haettanut avukseen parantajan,joka oli saunan ja loitsujen avulla koettanut häntä parantaa, mutta:)
Seuraavan yön sairas vietti levottomasti ja aamun tultua hänsanoi pojallensa:
— Kyllä minua ei taida muu vaivata kuin kuolema, vaikka minä epäuskossani olen maajumalilta apua etsinyt. Laita nyt, poikaseni, pappia perään minua ripittämään.

Päivä päivältä näytti sairas hupenevan ja seuraavana lauantaiiltana hän tuli jo kielettömäksi, puhumattomaksi. Pari tuntia sen jälkeen hän rupesi puhumaan ja hourailemaan. Vihdoin

hän selkeni uudelleen, kutsui perheensä vuoteensa ympärille ja sanoi heille:
— Rakkaat lapset, minä tunnen loppuni lähestyvän. Nyt minä menen sinne', josta ei kenkään ole palannut. Antakaa nyt minulle jokainen anteeksi, jos ketä vastaan olen rikkonut. Minä annan sydämestäni kaikille anteeksi enkä tahdo kostoa huutaa kenellekään. Minä en vie iankaikkisuuteen yhtään vihaa. Poikaseni, ojentakaat kätenne minulle!
(Perhe ja naapurit jättävät jäähyväiset kuolevalle.)
Sairas jatkoi:
— Hamasta siitä ajasta, kun miesvainajani kuoli, on vanhin poikani Mikko hoitanut taloutta, vaikka talo ja tila on ollut minun nimessäni. Hän olkoon vastakin teidän isäntänne ja te toiset olkaa hänelle kuuliaiset, niinkuin te tähänkin asti olette olleet. Ja sinä poikani Mikko, ole rehellinen ja katso aina yhteistä parasta, niinkuin sinä tähänkin asti olet tehnyt, äläkä sorra ketään.

Nämä sanottuaan ummisti sairas silmänsä. Vähän ajan perästä hän aukaisi ne jälleen ja sanoi:
— Miniäimeni Riitan saapi nostaa emännäksi minun jälkeeni. Olkaa hänelle kuuliaiset ja avulliset, niin kuin te olette minullekin olleet. Kun Helka-ämmä alkaa jo tulla vanhaksi eikä jaksa enää suuria taikinoita alustella, niin Mari-täti saapi käydä kolmanneksi emännäksi; kyllä näin suuressa talossa tarvitaan kolmekin emäntää.
Vähän aikaa vaiti oltuaan sairas teki vielä muutamia määräyksiä peruistansa ja neuvoi mitkä vaatteet hänen ympärilleen piti pantaman. Sitten hän pani kätensä ristiin ja luki:
Henkeni, Herra, haltuus annan, Isä, älä minua ylesanna, Poikas pyhän piinan tähden; siipeis alla päästä, aut hädästä, tykös turvaan täydell todell.

Läsnäolijat veisaavat lähtövirren ja sairas pyytää viimeiseksi tulla siirretyksi lattialle, jossa vetää viimeisen henkäyksensä. Seuraavat vainajan pesu, pukeminen ja arkkuunpano ja talossa ryhdytään suuriin hautajaisjärjestelyihin, joihin kuuluu sekin, että isäntä, vanhin poika, käy pyytämässä rovastia pitämään äidilleen ruumissaarnan »maksua vastaan», kuten ainakin arvohenkilölle.

Häyhän kuvaus on tietenkin kirjallinen, mutta perustuu omakohtaiseen kokemukseen ja tietoon siitä, miten Rautjärvellä kuoltiin. Merkittävää siinä on, että Niemelän vanhanemännän kuolema kertoo miten nainen, jolla on eläessään ollut asema ja valtaa pienessä yhteisössään, kuolee, haudataan ja muistetaan kaikella arvokkuudella, joka vaikuttajahenkilölle kuuluu. Olisikohan Mikko-isäntä käynyt pyytämässä rovastilta »maksua vastaan» ruumissaarnaa tekstissä mainitulle Mari-tädille, joka oli vanhanemännän naimaton tytär ja jolla sen vuoksi oli vaikeuksia pitää puoliaan naimisissa olevia sisariaan vastaan perinnönjaossa:

(Jaetaan vainajan hameita:)

— Mutta nuo harmaat uudet tiukkohelmahameet minä tahdonottaa, sanoi Mari-täti näyttäen kädellään hameita huoneen orrella.

—Kun nyt kerran ollaan iän jälkeen ruvettu jakamaan, niin ne otan minä, virkkoi Kalpin emäntä ottaen hameen kainaloonsa. Sinä vanhanpiian kasakka vältät vanhemmillakin hameilla. Vai toivotko sinä vielä itsellesi sulhasia, koska tahtoisit koreilla uudella hameella?

— Kuulkaahan hyvät ihmiset! Ovatko nuo nyt oikeita sisaren puheita? Olen minä mikä hyvänsä, vanha tai nuori piika, niin olenhan minä kunniallinen ihminen ja vainajan tytär niin kuin tekin. Jos äitivainajani olisi tuossa, niin ottaisi hän sinua tukasta kiinni, niin vanha ja emäntä kuin lienetkin.

Kuoleman huolenpito

Suurin osa kaikista sairaalassa vierailevista on naisia. Välillä tuntuu kuin olisinkin käymässä vain naisille tarkoitetussa talossa kun myös potilaat ja hoitajat ovat liki kaikki naisia.
Anja Kauranen, Kiinalainen kesä

Anja Kaurasen toteamus kroonikkovanhusten sairaalasta tuntuu yleispätevältä. Suurin osa vanhuksista on naisia, hoitohenkilökunta on naisia kaikkialla, ja perheissä usein myös sairaalassa olevien sairaiden huolto kuuluu naisille puhumattakaan kotona olevista. Sama koskee kuolevia ja vainajia. Kuolevien hoitajat kotona ja sairaalassa ovat enimmäkseen naisia, joskin aviomiehet saattavat hoitaa vaikeastikin sairasta ja kuolevaa vaimoaan jopa kotona. Nykyään kun enimmäkseen kuollaan sairaalassa, vainajasta huolehtivat ensi vaiheessa sairaanhoitajat, jotka asettavat vainajan katsomiskuntoon omaisia varten. Vainajan pukemisesta ja arkkuun panemisesta huolehtivat puolestaan yleensä hautaustoimiston työntekijät, jotka voivat olla miehiä tai naisia. Tällaisissa tapauksissa omaisille jää tuskin muuta tehtävää kuin sureminen — varsinkin jos hautaustoimisto hoitaa maksusta kaikki käytännön järjestelytkin kukkia, kuolinilmoitusta ja hautajaiskahveja myöten.

Kuolevaan ja vainajaan kohdistuva huolehtiminen, jota voisi nimittää otsikon tapaan »kuoleman huolenpidoksi» — runoilija Liisa Laukkarisen kirjan nimestä lainatulla termillä — on sekä meillä että muualla ollut aiemminkin suurimmaksi osaksi naisten työtä. Se on ollut toisaalta osa naisille kuulunutta ja kuuluvaa hoivatyötä, toisaalta siihen on sisältynyt perinteisen kuoleman kulttuurin hallinta, joka on siirtynyt sukupolvelta toiselle. Miehillä on ollut osansa tässä kulttuurissa, mutta miesten tehtävät ovat kohdistuneet enemmänkin vainajan ympäristöön kuin vainajaan sinänsä: miehet ovat tehneet ruumisarkun, kuljettaneet vainajan hautaan, kaivaneet haudan, täyttäneet sen, valmistaneet hautamuistomerkin. Siihen aikaan kun kuoltiin kotona ja valmistettiin hautaan kotona, miehet saattoivat joskus myös pestä ja pukea miesvainajan ruumiin. Mutta muutoin kuolevan tarpeista huolehtiminen, kuolinvaatteiden valmistaminen, kotona olevasta vainajasta huolehtiminen, rituaalinen sureminen, muiden surevien ohjailu tai lohduttaminen, hautajaisruokien valmistaminen ja tarjoilu, jopa vainajan rituaalinen muistaminenkin haudoillakäynteineen on ollut naisten asia.

Erityisesti viime vuosisatoina, jolloin kirkko Euroopassa oli ottanut haltuunsa myös kuoleman — määrittelemällä oppinsa mukaan hyvän ja huonon kuoleman, vainajan kohtalon tuonpuoleisessa ja tekemällä kirkollisen ruumiinsiunauksen pakolliseksi kaikille alamaisilleen — ja puuttunut myös tapoihin joilla hautajaisia vietettiin tai vainajia muistettiin, vanhojen, kansanomaisten kuolemaan liittyvien tapojen ja uskomusten ylläpito jäi naisille. Tai pitäisikö sanoa, että huolimatta noista kirkon toimenpiteistä naiset pitivät sitkeästi kiinni ainakin niistä vanhoista tavoista ja tiedoista, joista eivät joutuneet ristiriitaan kirkonmiesten kanssa. Lopullisesti kuolema siirtyi modernin kulttuurin piiriin silloin, kun lääketiede otti sen omakseen, ja hautauspalveluista tehtiin liiketoimintaa viime vuosisadalta lähtien. Tämä kehitys on siirtänyt kuoleman huolenpidon kompetenssin erilaisille instituutioille, samalla kun kuolema on vähitellen menettänyt uskonnolliset tai uskomukselliset merkityksensä, muuttunut yksilöruumiin elintoimintojen loppumiseksi toiseen ja parempaan maailmaan siirtymisen sijaan.

Kehitys ei kuitenkaan ole merkinnyt sitä, että naiset olisivat menettäneet tehtävänsä kuoleman huolenpitäjinä. He ovat yhä edelleen niitä, jotka huolehtivat kuolevien ja vainajien tarpeista, mutta nyt sairaalainstituution tai uuden saattohoitoideologian sisällä. Myös kirkko ja sen edustajat ovat kuolemankäsitteen maallistumisesta huolimatta yhä mukana näissä instituutioissa: sairaalateologin nimellä kirkon edustajat antavat sielunhoitoa niille, jotka sitä kaipaavat. Näistäkin kuolevien hoitajista yhä useampi on nainen.

Kuoleman huolenpidon siirtyminen instituutioille on merkinnyt sitä, että kun aiemmin kuolemaan ja vainajaan liittyvät asiat kohdattiin kotona ja kaikki perheenjäsenet seurasivat kuolemista ja osallistuivat tilanteeseen, nyt kuoleminen ja kuolema ovat jotakin, minkä sairaanhoitohenkilökunta ja hautaustoimistojen työtekijät hallitsevat. Monet sekä naiset että miehet voivat elää pitkälle keski-ikään kohtaamatta kuolemaa muutoin kuin televisioruudussa tai kirjoissa. Ehkä he ovat käyneet hautajaisissa, mutta nykyäänhän ei tarvitse osallistua edes sukulaisten hautausjärjestelyihin, joten sitten kun kuolema ensi kerran tulee konkreettisena eteen, tavallisesti kun vanha äiti tai isä kuolee, ei olekaan tietoa sen enempää kuolemisesta kuin hautaamisestakaan. Vanhuksenkin kuolema saatetaan kokea lääkärien epäonnistumisena, hautaustoimiston lasku on suhteeton, ja papin puheet ruumiinsiunaustilaisuudessa tuntuvat lähinnä kiusallisilta.

Niille taas, jotka työssään kohtaavat jatkuvasti kuoleman, vieraiden hoidettavien kuoleman, asia ei välttämättä ole sen selkeämpi. Yksilöllisestä maailmankatsomuksesta riippuen kuolevan hoitaja näkee kuolijassa taivasmatkalaisen tai vähitellen, hoitajien ponnistuksista huolimatta tuhoutuvan ruumiin. Keskustelu, joka parikymmentä vuotta sitten alkoi ns. kuolemantietoisuudesta liittyi suurelta osin juuri hoitohenkilökunnan, lääkärien ja hoitajien, ahdistukseen kuoleman edessä, ei niinkään kuolevien tai heidän omaistensa. Mutta tuosta keskustelusta on noussut esiin tietoinen kuolevien potilaiden, ihmisten, hoivaamisen käytäntö, saattohoito eli terminaalihoito. Siinä sekä kuolevan että hoitajan oletetaan läh-

Mummu paketoi viimeiset kirjansa hitaasti
ruskeaan paperiin. Ulkona satoi.
Kun hän kuoli, puut tekivät lehteä,
ilma helisi lintujen iloa
ja hän sanoi:
»Hyvä että saatiin taas
lämpimät säät.»

Liisa Laukkarinen

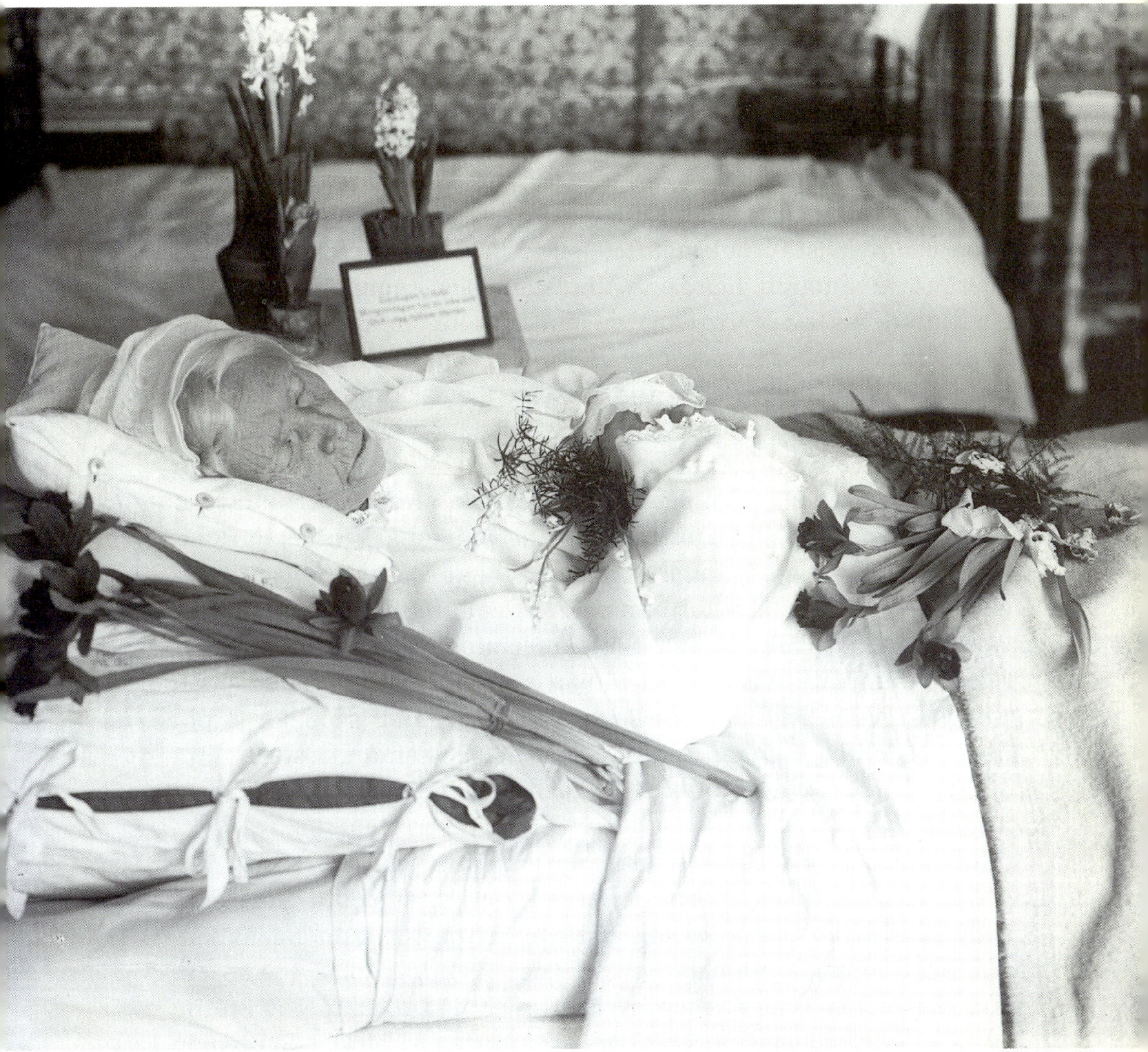

tevän kuoleman hyväksymisen ajatuksesta ja rakentavan sen varaan ihmisarvoisen ja mahdollisimman hyvän kuoleman mahdollisuuden. Saattohoito-idealla on äiti, englantilainen Cicely Saunders, joka perusti ensimmäisen hoitopaikan nimenomaan kuoleville ihmisille 1960-luvulla; Englannista saattohoidon ajatus on sitten levinnyt muualle, Suomeenkin.

Kuolemisen ja kuoleman, suremisen ja menetyksen pohtiminen, joka on osa nykyistä kuolemantietoisuus- ja saattohoitokeskustelua on herättänyt ainakin hoitoalan ihmisten, siis enimmäkseen naisten keskuudessa tarpeen tietää enemmän siitä, miten ennen kuoltiin, miten surtiin, miten kuolevan ja jälkeenjäävien tunteita käsiteltiin, mitä kuolemasta ajateltiin. Siksi erilaisia kuolemaa ja suremista käsitteleviä tutkimuksia ja selvityksiä on viime vuosina ilmestynyt syhteellisen paljon myös Suomessa. Kuolemantiedolla on kysyntää, käsittelipä se kuoleman kulttuurisia piirteitä, eri kulttuurien vastauksia kuoleman ongelmaan tai vaikkapa kehiteltyjä kaavamaisia esityksiä siitä, miten keskivertotapauksessa ihmisen kuolemisen prosessi kulkee torjunnasta ja kieltämisestä kohti kuoleman ajatuksen hyväksymistä. Silti kuoleminen ei koskaan ole samanlainen tapahtumasarja, ja tämän varmaan tietävät kuoleman huolenpitäjätkin. Sveitsiläinen Peter Noll, joka kuoli syöpään ja piti viimeisenä elinvuotenaan päiväkirjaa ajatuksistaan, totesi, että »kuolema on sekä yleisintä että kaikkein yksilöllisintä, mitä on olemassa».

Kun ihminen on kuollut, jokainen on yhtä kuollut. Mutta kukaan ei voi osallistua toisen kuolemaan, ei edes pientä osaa siitä voi antaa toiselle. Tämä koskee yhtä hyvin naisia kuin miehiäkin, rikkaita ja köyhiä, ylhäisiä ja alhaisia. Kukin kuolee itsekseen. Mutta naiset kuolevat naisina, miehet miehinä, ja naisten työtä on ollut ja on yhä olla läsnä, hoivata ja lohduttaa kuolevia. Syntymän talot ja kuoleman talot ovat naisten taloja.

Kirjallisuutta

Äitiys ja perhe:

Badinter, Elizabeth: Den kärleksfulla Modern. Om moderskärlekens historia. 1981.

Coontz, Stephanie: The Social Origins of Private Life. A History of American Families 1600-1900. New York 1988.

Dally, Ann: Inventing Motherhood. The Consequences of an Ideal. London 1982.

Dixon, Suzanne: The Roman Mother. 1988.

The Family in Ancient Rome. Ed. by Beryl Rawson. 1986.

Flandrin, Jean-Louis: Families in Former Times. Kinship, Household and Sexuality. Cambridge 1979.

Gittins, Diana: Fair Sex. Family size and structure 1900-39. London 1982.

A History of Private Life. From Pagan Rome to Byzantium. General Editors: Philippe Ariès & Georges Duby. Cambridge and London 1987.

Häyhä, Johannes: Perhe ja kylä. Kuvaelmia itäsuomalaisten vanhoista tavoista. Helsinki 1983.

Koonz, Claudia: Mothers in the Fatherland. Women, the Family and Nazi Politics. London 1986.

Kvinnovetenskaplig tidskrift. Tema: Konsten att göra barn. 4/1986.

Labor and Love. Women's Experience of Home and Family 1850-1940. Ed. by Jane Lewis. Oxford 1986.

Lewis, Jane: The Politics of Motherhood. Child and Maternal Welfare in England 1900-39. London 1980.

Luker, Kristin: Abortion and the Politics of Motherhood. Berkeley 1984.

May, Elaine Tyler: Great Expectations. Marriage and Divorce in Post-Victorian America. Chicago 1980.

Mäkelä, Anneli: Suvusta perheeseen. Satakunnan ja Karjalan naisen asema 1500-luvulla. Historiallisia tutkimuksia 151. Helsinki 1989.

Ollila, Anne: "Yhteiskunta kaipaa äidin sydäntä ja naisen kättä" - Martta-aate vuosina 1918-1939. Kulttuurihistorian lisensiaatintutkimus (painamaton). Turun yliopisto 1989.

Pollock, Linda A.: Forgotten Children. Parent-child relations from 1500 to 1900. 1983.

Pulma, Panu - Turpeinen, Oiva: Suomen lastensuojelun historia. Helsinki 1987.

Wilson, Elizabeth: Women and the Welfare State. London 1985.

Työ:

Acker, Joan: Samanarvoinen työ. Tutkimus työelämän sukupuolistuneista rakenteista. Tampere 1990.

Allén, Tuovi - Keinänen, Päivi - Laaksonen, Seppo - Ilmakunnas, Seija: Palkkaa työstä ja sukupuolesta. Tutkimus palkkaeroista Suomessa 1985. Tilastokeskus, tutkimuksia 169. Helsinki 1990.

Anttalainen, Marja-Liisa: Sukupuolen mukaan kahtiajakautuneet työmarkkinat Pohjoismaissa. Tasa-arvoasiain neuvottelukunta, naistutkimusmonisteita 1/1986.

Connecting Spheres. Women in the Western World, 1500 to the Present. Ed. by Marilyn J. Boxer & Jean H. Quataert. Oxford and New York 1987.

Den okända vardagen - om arbetet i hemmen. Brita Åkerman et al. Göteborg 1983.

Hardyment, Christina: From Mangle to Microwave. The Mechanization of Household Work. Cambridge 1988.

The Historical Meanings of Work. Ed. by Patrick Joyce. Cambridge 1987.

Hjerppe, Riitta - Schybergson, Per: Kvinnoarbete i Finlands industri ca. 1850-1913. Helsingin yliopiston talous- ja sosiaalihistorian laitoksen tiedonantoja n:o 5. 1977.

Lehto, Anna-Maija: Naisten ja miesten työolot. Tilastokeskus, tutkimuksia 138. Helsinki 1988.

Lown, Judy: Women and Industrialization. Gender at Work in Nineteenth-Century England. Minneapolis 1990.

Löfgren, Orvar: Kvinnfolksgöra - om arbetsdelning i bondesamhället. Kvinnovetenskaplig tidskrift 3/1982.

Markkola, Pirjo: Naisten ansiotyö maatalousyhteiskunnassa. Tutkimus Hämeen maaseudun naisista 1870-luvulta ensimmäiseen maailmansotaan. Suomen historian lisensiaattitutkimus (painamaton). Tampereen yliopisto 1989.

Miehet ja naiset työelämässä. Tilastokeskus, tutkimuksia 116. Helsinki 1986.

Our Work, Our Lives, Our Words. Women's History and Women's Work. Ed. by Leonore Davidoff & Belinda Westover. Hampshire and London 1986.

Pinchbeck, Ivy: Women Workers and the Industrial Revolution 1750-1850. London 1977.

Roberts, Elizabeth: Women's Work 1840-1940. Hampshire and London 1988.
Stadin, Kekke: Den gömda och glömda arbetskraften. Stadskvinnor i produktionen under 1600- och 1700-talen. Historisk tidskrift 3/1980.
Tilly, Louise A. - Scott, Joan W.: Women, Work and Family. London 1987.
Tuntematon työläisnainen. Toim. Leena Laine & Pirjo Markkola. Tampere 1989.
Women and Work in Preindustrial Europe. Ed. by Barbara A. Hanawalt. Bloomington 1986.

Kieli:

Cameron, Deborah: Feminism and Linguistic Theory. 1985.
Coates, Jennifer: Women, men and language. London and New York 1986.
Framtidsstrategier för Humanistisk Kvinnoforskning. Konferensrapport av Nordisk konferens i Finland 28.-30. maj 1989. Helsingfors.
Isosuinen nainen. Toim. Lea Laitinen. Helsinki 1988.
Kittredge, Cherry: WomanSword. What Japanese words say about women. Tokyo and New York 1987.
Kvinnovetenskaplig tidskrift 1/1990.
Lakoff, Robin: Language and Woman's Place. New York 1975.
Olin Hill, Alette: Mother Tongue, Father Time. A Decade of Linguistic Revolt. Bloomington and Indianapolis 1986.
Penfield, Joyce: Women and Language in Transition. New York 1987.
Women in Their Speect Communities. Ed. by Jennifer Coates & Deborah Cameron. London and New York 1988.
Women's Language, Socialization and Self-Image. Ed. by Dédé Brouwer & Dorian de Haan. Dordrecht and Providence 1987.

Muu kirjallisuus:

Akanvirtaan. Johdatus naistutkimukseen. Toim. Päivi Setälä ja Hannele Kurki. Helsinki 1988.
Ariès, Philippe: L'homme devant la mort. Paris 1977.
Barrett, Michèle: Nykyajan alistettu nainen. Jyväskylä 1985.
Beauvoir, Simone de: Toinen sukupuoli. Jyväskylä 1980.

Brownmiller, Susan: Kvinnligt. Myten och verkligheten. 1986.
Ehrenreich, Barbara - English, Deirdre: For Her Own Good. 150 Years of the Expert's Advice to Women. New York and London 1979.
Enäjärvi-Haavio, Elsa: Ritvalan Helkajuhlat. Helsinki 1953.
Erikson, Erik H.: Lapsuus ja yhteiskunta. Jyväskylä 1982.
Exploring Women's Past. Essays in Social History. Ed. by Patricia Crawford. Sydney, London and Boston 1984.
Frykman, Jonas: Dansbaneeländet. Ungdomen, populärkulturen och opionionen. Stockholm 1988.
Frykman, Jonas: Horan i bondesamhället. Lund 1982.
Frykman, Jonas - Löfgren, Orvar: Den kultiverade människan. Stockholm 1984.
Hagberg, Louise: När döden gästar. Svenska folkseder och svensk folktro i samband med död och begravning. Stockholm 1937.
Handbok i svensk kvinnohistoria. Red. Gunhild Kyle. Stockholm 1987.
Hämäläinen-Forslund, Pirjo: Maammon marjat. Entisaikain lasten elämää. Porvoo 1987.
Keller, Evelyn Fox: Tieteen sisarpuoli. Pohdintoja sukupuolesta ja tieteestä. Jyväskylä 1988.
Korte, Irma: Nainen ja myyttinen nainen. Helsinki 1988.
Lehto, Katri: Maria Heikintytär Kytäjältä. Ihmisiä ja kohtaloita 1700-luvun Suomessa. Helsinki 1989.
Lempiäinen, Pentti: Lapsensynnyttäjien ja morsianten kirkkoonotto. Suomalaisen teologisen kirjallisuusseuran julkaisuja LXXXI. Helsinki 1969.
Le Roy Ladurie, Emmanuel: Montaillou. Ranskalainen kylä 1294-1324. Keuruu 1984.
Die letzte Reise. Sterben, Tod und Trauersitten in Oberbayern. Hrsg. Sigrid Metken. München 1984.
Lewis, Jane: Women in England 1870-1950. Sexual Divisions and Social Change. Sussex and Bloomington 1984.
Miesten tiede, naisten puuhat. Yhteiskuntatieteen kritiikkiä naisten työn näkökulmasta. Toim. Liisa Rantalaiho. Jyväskylä 1986.

Mirrors of Mortality. Studies in the Social History of Death. Ed. by. Joachim Whaley. New York 1981.

Naisen tieto. Toim. Sara Heinämaa. Juva 1989.
Naiset ja valta. Naisnäkökulmia "hyvinvointivaltioon". Toim. Aino Saarinen, Eva Hänninen-Salmelin ja Marja Keränen. Jyväskylä 1987.
Nenola, Aili: Miessydäminen nainen. Naisnäkökulmia kulttuuriin. Helsinki 1986.
Paulaharju, Samuli: Syntymä, lapsuus, kuolema. Helsinki 1924.
Saarinen, Aino: Vapautta naisille. Puheenvuoroja naisten historiasta, naisliikkeestä ja teoriasta. Jyväskylä 1985.
"Sain roolin johon en mahdu". Suomalaisen naiskirjallisuuden linjoja. Toim. Maria-Liisa Nevala. Keuruu 1989.
Stenwall, Åsa: Hur flickor blir kloka. Om flickuppväxt i nyare finlandssvensk litteratur. Hangö 1987.
Sulkunen, Irma: Naisen kutsumus. Miina Sillanpää ja sukupuolten maailmojen erkaantuminen. Juva 1989.
Topo, Päivi: Tyttöjen elämäntavat ja tulevaisuudenkuvat. Kansalaiskasvatuksen keskus r.y., Tutkimuksia ja selvityksiä 2/1988.
Das Weib in der Natur- und Völkerkunde. Antropologische Studien von Dr. Heinrich Ploss und Max Bartels. Neu bearbeitet und herausgegeben von Dr. Paul Bartels. I-II. Leipzig 1908.
Weidegger, Paula: History's Mistress. A New Interpretation of a Nineteenth-Century Ethnographig Classic. Harmondsworth 1986.
Verdier, Yvonne: Tvätterskan, sömmerskan, kokerskan. Livet i en fransk by genom tre kvinnoyrken. Stockholm 1981.
Women and the Life Cycle. Transitions and Turning-Points. Ed. by Patricia Allat et al. Essex 1987.
Women from Birth to Death. The Female Life Cycle in Britain 1830-1914. Brighton 1986.
Åström, Lissie: I kvinnoled. Om kvinnors liv genom tre generationer. 1986.

Pääosa kuvista on Otavan kuva-arkistosta.
Muut kuvat:
Tapio Kaskinen 179
Lehtikuva Oy 86, 126, 414
Museovirasto, Historian kuva-arkisto 47, 104, 362-363, 391
Mirja Pikkola 117, 480
Rudolf Schäfer, Dead Faces. Granta 27, 286-487
Tampereen kaupungin museot, Pirkanmaan maakuntamuseo. Valokuva-arkisto 356, 377, 381, 383, 387
Turun Tietokuva Oy 99, 101, 102, 113, 167, 191